Das verborgene Wissen der Welt

ATLANTIS

wird herausgegeben von
Dr. Hans Christian Meiser.

Über den Autor:

Roger Housden beschäftigt sich seit mehr als 20 Jahren mit den spirituellen Traditionen Indiens. Als Schriftsteller veröffentlichte er zudem die Werke *Fire in the heart* und *Retreats*.

Roger Housden
Geheimes heiliges Indien
Ein Führer zu den Mysterien des Subkontinents

Aus dem Englischen von
Eluan Ghazal

BASTEI-LÜBBE-TASCHENBUCH
Band 70131
Erste Auflage: Oktober 1999

Deutsche Erstveröffentlichung
© 1996 by Roger Housden
Originaltitel: TRAVELS THROUGH SACRED INDIA
Originalverlag:
Thorsons, an imprint of Harper Collins Publishers, London
© für die deutschsprachige Ausgabe 1999
by Bastei-Verlag Gustav H. Lübbe GmbH & Co.,
Bergisch Gladbach
Printed in Germany
Einbandgestaltung: Wustmann & Ziegenfeuter,
Dortmund
Satz: Textverarbeitung Garbe, Köln
Druck und Bindung: Ebner Ulm
ISBN 3-404-70131-3

Sie finden uns im Internet unter
http://www.luebbe.de

Der Preis dieses Bandes versteht sich einschließlich
der gesetzlichen Mehrwertsteuer.

Inhaltsverzeichnis

Danksagung 13

Einführung: Das heilige Indien 15

I Die Volkstradition 23

  1 Die ursprüngliche Einheit 24
  2 Das heilige Land 40
  3 Der heilige Fluß 48
  4 Der heilige Berg 63

II Die klassische Tradition 81

  5 Das heilige Wort 82
  6 Heilige Bilder und Gottheiten 91
  7 Priester und Tempel 126
  8 Feste 146
  9 Sakrale Kunst 154
  10 Die heilige Stadt 169

III Die innere Tradition 195

  11 Sadhus und Asketen 196
  12 Gurus und Ashrams 238

IV Die anderen Traditionen 295

13	Sikhs und Jains	296
14	Das Indien der Sufis	309
15	Buddhismus in Indien	321
16	Das christliche Indien	334

Anhang 351

Alphabetisches Verzeichnis der heiligen Orte
Indiens 352
Gruppen heiliger Stätten in Indien 380
Gurus, Ashrams und Meditationszentren 388
Hinduistische Feste und Kalender 397
Glossar 399
Stichwortregister 407

Gewidmet denen,
die ihr Schweigen bewahren.

Om

*Der unzerstörbare Klang
ist der Same von allem, was existiert.
Die Vergangenheit, die Gegenwart, die Zukunft –
all das ist nur die Entfaltung des Om.
Und alles, was die drei Reiche der Zeit übersteigt,
ist in der Tat die blühende Entfaltung des Om.*

Das Gayatri Mantra

*Die Mutter der Mantras, das Große Mantra
der Reinigung, Huldigung an die Große Sonne, die
die Welt und die Tiefen des menschlichen Herzens
erleuchtet: dieses, das Gayatri Mantra,
wird jeden Tag von mehr Menschen rezitiert
als irgendein anderes Gebet auf Erden.*

Om

*Bhur Bhuvah Svah
Tat Savitur Varenyam
Bhargo Devasya Dhimahi
Dhiyo Yo Nah Prachodayat
(Rig Veda 3, 62, 10)*

Om

*Wir meditieren auf
den ruhmreichen Glanz des
göttlichen Lebensspenders.
Möge Er selbst unser
Bewußtsein erleuchten.*

Om

(aus: Raimon Pannikar, Das Vedische Experiment)

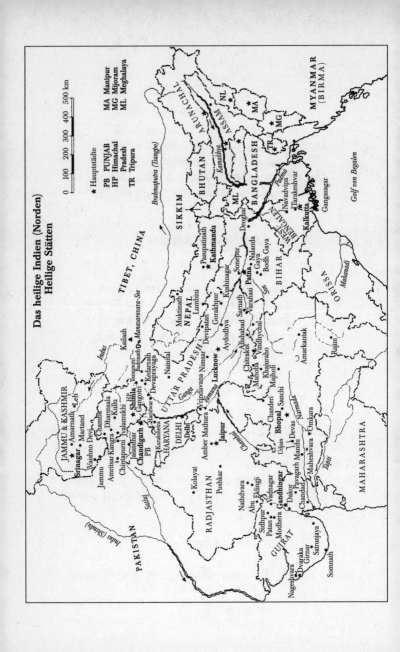

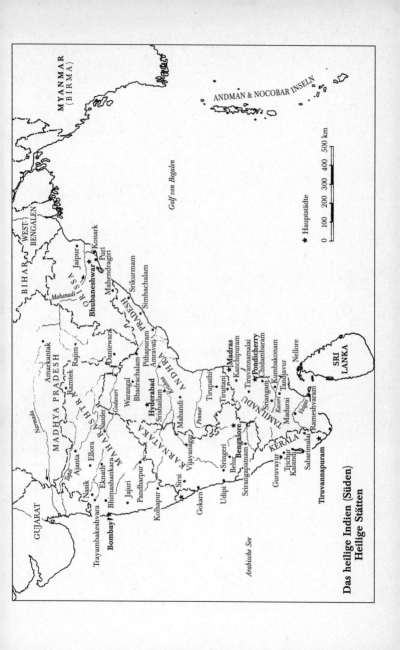

Danksagung

Ihnen, Richard Lannoy, danke ich für das hervorragende Buch über Indien *The Speaking Tree* (»Der sprechende Baum«) und für unsere Gespräche über verschiedene Aspekte dieses vorliegenden Projektes. Sie waren auch so großzügig, daß Sie mir das Manuskript Ihres unveröffentlichten Werkes über Benares geliehen haben. Es ist zu diesem Thema das beste Buch, das ich kenne. Ich danke auch John Lane und Bruder Doug Conlan, die mir in großzügiger Weise ihre Kontakte in Indien zur Verfügung gestellt haben und mich an ihrer Liebe zu diesem Land teilhaben ließen. Professor Saraswati in Delhi, Ihre spontane Großzügigkeit in Bezug auf Zeit und Ideen war ein Beispiel, dem ich selbst zugunsten anderer Menschen folgen möchte. Sie haben mir unschätzbare Unterstützung und makellose Reflexionen zukommen lassen, von denen viele in diesem Buch enthalten sind – und dasselbe gilt auch für Roy Horn, den wunderbaren Yogi, der in Hawaii lebt, aber dessen Herz im Arunachala ist. Asimkrisna Das, Ihnen danke ich für die Untersuchung der Materialien über das Holi-Fest in Vrindavana, Shobita Punja danke ich dafür, daß sie mich an ihrer Leidenschaft und ihrem Wissen über das Mahashivaratri-Fest in Khajuraho teilhaben ließ und Judy Frater danke ich dafür, daß sie mich mit den Rabari von Kutch bekannt machte. Om Prakash Sharma und Rana Singh, Sie haben Benares als lebendiges Buch für mich geöffnet. Ohne Sie wäre diese Stadt eine fremde Welt geblieben. Rana Singh, Ihr Nachschlagewerk am Ende dieses Buches ist eine unschätzbare Informationsquelle, für die viele Reisende und Pilger dankbar sein werden. Chris Fuller, Professor für Anthropologie am LSE in London, Sie haben dasselbe für mich in Madurai geleistet und mir außerdem viel geistige Nahrung in Ihrem Buch *The Camphor Flame* (»Die Kampferflamme«), einem großartigen Bericht über den volkstümlichen Hinduismus, gespendet. Bettina Baumer danke ich für ihre Inspiration zum Kapitel über das heilige Wort. Jacques Vigne sowie Sharda, Ihre Kommentare zu dem Kapitel über Gurus und Ashrams haben ein heikles Thema durch Klarheit und Verständnis bereichert. Haku Shah und Ihr Sohn, Parthiv Shah, Ihr Geschenk an mich war Ihre Hingabe an Wahrheit und Kunst; Shubha Madgal, Sie haben mich mit einigen der besten Musiker Indiens bekanntgemacht, zu denen Sie auch selbst gehören. Nanagaru, Chandra Swami Vijayananda, Ramana Maharshi und Ramesh Balsekar – Sie sind die Wächter des Schweigens, von dem ich wünsche, daß es die Worte dieses Buches überschatten möge. Vimala Thakar, Ihre tiefe Freundschaft, Ihr Auge der Wahrheit erweckt die Schlafenden. David Crosweller, Sie sind ein wunderbares Beispiel für tätige Liebe: Ihre Unterstützung und adminstrative Hilfe sind bei dieser ganzen Unternehmung unschätzbar gewesen. Chloe Goddchild, Deine Liebe erfüllt mich mit Dankbarkeit; ebenso Dein Gesang, dessen Geist diese Seiten übermitteln wollen. Warme Dankbarkeit geht an meine Lektorin Liz Puttick, für ihr Interesse und ihre Begeisterung wie auch für ihren verlegerischen Scharfblick, der diesem Buch seine letztendliche Form verliehen hat. Und schließlich danke ich meiner Mutter, die als erste in mir das Verlangen erweckt hat, das zu erkennen, was jenseits des Bekannten liegt.

Einführung:
Das heilige Indien

Ihr lebt in der Zeit; wir leben im Raum. Ihr seid immer in Bewegung; wir sind immer in Ruhe. Unsere größte Liebe ist die Religion. Wir ergötzen uns an der Metaphysik. Eure Leidenschaft ist die Wissenschaft; ihr erfreut euch an der Physik. Ihr glaubt an die Freiheit der Rede; ihr kämpft darum, euch auszudrücken. Wir glauben an die Freiheit des Schweigens; wir gleiten in die Meditation hinein. Selbstbehauptung ist der Schlüssel zu eurem Erfolg; Selbstverneinung ist das Geheimnis unseres Überlebens. Ihr werdet jeden Tag aufgefordert, immer mehr zu wollen; wir werden von frühester Kindheit an gelehrt, immer weniger zu wollen. Euer Ideal ist das Lustprinzip; unser Ziel ist die Überwindung des Verlangens. In den späten Jahren des Lebens zieht ihr euch zurück, um die Früchte eurer Arbeit zu genießen; wir entsagen der Welt und bereiten uns auf die Zeit nach dem Tode vor. *

Hari Dam hat das alte Indien beschrieben. Im neuen Indien schlagen die Computersoftwarefirmen von Bangalore tiefe Breschen in die westlichen Märkte; viele Dörfer haben eine Satellitenschüssel als Gemeindeeinrichtung; Biotique, eine Lizenzfirma für ayurvedische Schönheitspflege – vergleichbar mit der europäischen Firma Body Shop – hat in allen wichtigeren Städten ihre Zweigstellen; die Eigentümer von Nirulas Eisdiele in Delhi (21 verschiedene Sorten) fahren in etwa jeden Monat in die Vereinigten Staaten, um die neue-

---

* Aus: »Reflections on Life East and West« von Hari N. Dam, Professor der Philosophie an der Brian Young University, Brigham, USA, im Ensign Magazine, 1971.

sten Trends zu beobachten; und dann gibt es auch *Ahla Fast Foods*. Der Lastwagen, der auf allen Seiten das rot-blaue Pepsi-Logo trägt, steht vor dem Dal-Haus am Straßenrand. »Schnell, effizient, sauber« steht auf der Reklametafel: alles, was das alte Indien nicht ist. Nur einige Minuten weiter der Straße entlang – und man findet eine leere Teebude. Fliegen schwärmen um die Joghurttasse und über die Süßigkeiten. Nomaden fahren auf ihren Motorrädern vorbei und bringen von den hochgelegenen Weideflächen die Milch zur Stadt. *Ahla* macht gute Geschäfte. Zwei Familien sitzen unter gestreiften Sonnenschirmen und essen Pommes Frites und Hamburger. Die Kinder schütten Pepsi in sich hinein. Der Eigentümer von *Ahla*, ein freundlicher junger Sikh in gelbem Trainingsanzug und Reeboks, ist gerade aus Amerika zurückgekehrt, wo er sein Medizinstudium abgeschlossen hat.

»Alle wollen jetzt diese Art Essen und diesen Service«, sagte er. »Die Idee ist zwar westlich, aber sie verkauft sich gut.«

Vor allem in einem Ort wie Dalhousie. Vor zehn Jahren war diese Bergstation ein ruhiges, rückständiges Dorf in dem Vorgebirge des Himalaya, das Himachel genannt wird. Aber heute gibt es dort keine Bergstation, die diesem Begriff entsprechen würde. In den letzten Jahren sind die wachsenden Mittelschichten zu einer mächtigen ökonomischen Kraft in Indien geworden, das sich gegenwärtig wie China auf dem Weg einer umsichgreifenden Konsumhaltung befindet. Im Gefolge der liberalen Wirtschaftspolitik der letzten Jahre in Indien fressen sich profane westliche Werte wie ein Waldbrand durch das traditionelle Leben. Personen, die das Geld dazu haben, tun, was Leute dieser Art auch im Westen tun: sie reisen, essen in Restaurants, kaufen Designer-Waren und moderne Autos. Im Sommer quillt Dalhousie von indischen Touristen über, und *Ahla Fast Foods* befriedigt die Bedürfnisse, die ihnen ihr erst vor kurzem erworbener Geschmack diktiert. Ein großer Teil des neuen Reichtums ist »schwarzes Geld« – Bargeld, das nicht versteuert werden kann und auf Vergnügungstouren, wie etwa einem Ferienaufenthalt auf einer Bergstation ausgegeben werden muß. Korruption gehört schon seit langem zum indischen Leben, und keineswegs nur in die profane Welt des Alltags. Ich kenne mindestens einen großen Tempel im Süden, in dem jede Schicht der Verwaltungshierarchie der darüberliegenden Schicht eine Dividende zahlt, um fortdauernde Anstellung zu gewährleisten. Am untersten Ende der Pyramide sind die Bettler, sie zahlen einen Teil ihrer Einkünfte an den Tempeldiener, der ihnen einen Platz im Tempel garantiert. In der ganzen Welt hat es immer Korruption gegeben; aber in Indien hat sie in letzter Zeit jeden Winkel des Lebens in ungeheurem Ausmaß infiltriert.

Vor allem die Bewohner von Bombay und Delhi erwarten vom Besucher, daß er die Entstehung des neuen Indien wahrnimmt und schätzt. Aber es ist schwierig, über die hinterhältige Wirkung der Korruption auf menschliche Werte hinwegzusehen: schwierig ist auch, den Schmutz, den Lärm, die Kinderarbeit, die Mißachtung der Menschenrechte, die durch das Kastensystem verewigt werden, auszublenden. Und dennoch hat sich genau dieses Land, in dem die Profite hochschnellen und das Leben so wohlfeil erscheint – vor kurzem überfuhr der Shatabdi Express von Chandigarh nach Delhi einen Menschen, ohne daß sich der Fahrer überhaupt die Mühe machte, den Zug anzuhalten – die reichste spirituelle Kultur auf Erden bewahrt: dort ist die Allgegenwart des Heiligen für die große Mehrheit des Volkes (diejenigen, die noch nicht von Pommes Frites gehört haben) eine lebendige Wirklichkeit. Indien ist ein Land voller Extreme und Paradoxe; der jüngste Einbruch westlicher Konsumhaltungen hat nur eine weitere Farbe in einen Teppich eingewoben, der schon immer außerordentlich reich und vielfältig war. Einige hundert Kilometer südlich von Dalhousie, in Rajasthan, empfing eine indische Freundin von mir vor kurzem einen Gast aus New York. Es war sein erster Besuch in Indien, und er fragte, ob sie ihm ein Beispiel der Hindu-Spiritualität zeigen könne, über die er so viel gelesen habe.

»Ich möchte keine Gelehrten oder Heiligen kennenlernen. Ich möchte erleben, was Gott für normale Menschen bedeutet«, sagte er.

Sie setzten sich ins Auto und fuhren vom Berg Abu zu den Ebenen hinab und hielten beim ersten Feld an, auf dem jemand arbeitete. Meine Freundin fungierte als Übersetzerin und der Amerikaner fragte den etwa vierzigjährigen Bauern:

»Können Sie mir sagen, was Gott für Sie bedeutet?«

Der Befragte blickte auf meine Freundin und sagte: »Weiß er, was er fragt?«

»Natürlich weiß ich es«, antwortete der Amerikaner. Er hob eine Hand voll Erde auf. »Dies«, sagte er, »ist tote Materie, die Welt der Stofflichkeit.« Dann zeigte er auf den Himmel und fragte wieder: »Wo findet man Gott, wenn das die Erde ist? Was ist Geist?«

Er wollte schon die Erde auf den Boden werfen, aber der Bauer kam ihm zuvor, ergriff seine Hand und nahm ihm die Erde weg.

»Sie nennen meine Mutter tot?« sagte er. Er war den Tränen nahe. Er küßte die Erde und kniete sich hin, um sie dem Boden zurückzugeben.

Der Besucher verstummte. Mit einiger Verlegenheit dankte er dem Bauern und kehrte zum Auto zurück, nachdem seine Frage beantwortet worden war. Gegenwärtig lebt die Mehrheit der Inder noch immer in einer sakralen Welt. Auf jeden *Ahla Fast Foods*-Stand kommen Tausende von Menschen wie dieser Bauer in Rajasthan. Sie leben im »Alten Indien«, welches Hari Dam beschwor. Und dieses alte Indien ist das Thema dieses Buches. Ich möchte kein romantisches Bild malen, das von jedem, der Augen hat zu sehen, durch Erfahrung widerlegt werden könnte; vielmehr besteht das Anliegen dieses Buches darin, die Leser in die lebendigen Dimensionen des sakralen Indien einzuführen. Die Kämpfe und Mühen einer antiken Kultur im Übergang zu einer neuen Zeit werden dabei nur kurz gestreift. Auch wohlbekannte archäologische Fundstätten wie die Höhlentempel von Elephanta und Ellora oder die behauenen Felsen von Mahabalipuram werden nur flüchtig erwähnt (sind aber im Lexikonteil enthalten); auch möchte ich nicht die wichtigsten Touristenattraktionen, wie etwa den Taj Mahal und die Stadt Jaipur behandeln. Denn um ein kleines Buch über ein so riesiges Thema zu schreiben, mußte ich mir auch Grenzen setzen. Der Brennpunkt meiner Arbeit ist der lebendige Ausdruck des Sakralen, wie er heute in Indien betrachtet und praktiziert wird, und nicht so sehr die Bauwerke, die mehr als die noch bestehenden Tempel der Gegenwart nur ruhmreiche Erinnerungen an die Vergangenheit sind. Vielleicht erweckt jeder dieser Orte, und am meisten wohl der Taj Mahal beim individuellen Besucher ein Gefühl des lebendigen Geistes, aber sie sind alle eher eine Touristenattraktion als ein Pilgerort, und darauf habe ich bei meiner Auswahl geachtet.

85 % aller Inder sind Hindus, allerdings ist dies nicht ihr eigener Ausdruck für ihre Religion. »Hindu« wurde zuerst von den Arabern des achten Jahrhunderts verwendet, um die Menschen jenseits des Indus zu beschreiben. Ihr eigener Ausdruck für ihr religiöses Leben lautet *Sanatana Dharma* (»Ewiger Weg« oder »Weg der Wahrheit«). Diese Auffassung von Religion gibt es seit dem Anbeginn der Geschichte. Sie wurde in der größten spirituellen Literatur der Welt erklärt und dargelegt und umfaßt ein riesiges Spektrum von religiösen Ritualen und Bräuchen, und dennoch ist das Sanatana Dharma in seinem innersten Wesen weder durch äuße-

res Ritual noch selbst durch irgendeine Religion definiert: es ist einfach nur eine natürliche Lebensweise in Harmonie mit dem Fluß des Lebens. Im Zentrum seiner ethischen Begriffe liegt das Prinzip der sakralen Beziehung. Alles im Universum ist in Beziehung mit allem anderen, und das Göttliche ist nicht irgendwo über oder jenseits des Lebens, sondern unmittelbar in ihm, ja in gewisser Weise sogar in dem Schmutz, der sein Gegenteil zu sein scheint. Das Sakrale findet man in der Liebe, die eine Frau und ein Mann miteinander teilen, im Respekt, der den Eltern gezollt wird, in der Zärtlichkeit des Bauern für die Erde und für seine Tiere wie auch in der Bewunderung des Mystikers für das Unsichtbare. Wenn Sie ein Flugzeug von Air India betreten, werden Sie von der Stewardeß mit der traditionellen *Namaskar*-Geste begrüßt, bei der die Handflächen vor dem Herzen vereint werden. Diese Geste bedeutet »Ich grüße das Göttliche, das in Dir lebt.«

Daß das Sakrale so sehr in den alltäglichen Beziehungen verankert ist und eben nicht nur in einer Ideologie der Transzendenz, ist vielleicht der Grund, weshalb es am Ende des zwanzigsten Jahrhunderts in Indien noch immer lebendig ist. Natürlich ist vieles, was als heilig oder sakral bezeichnet wird oder so erscheint, nicht mehr als eine leere Form, die von der Tradition überliefert wurde, für das Individuum aber keine Bedeutung enthält, die über eine gedankenlose Achtung für die Tradition selbst hinausginge. Die tief verwurzelte Einsicht, daß die Bedeutung des Lebens jenseits der Sinne und des rationalen Bewußtseins liegt, bildet den kulturellen Kontext Indiens und fördert ganz natürlich seinen Ausdruck. Vielleicht ist Indien auch heute noch unter allen Ländern der Erde *das* Land der Heiligen und Weisen – was es auch sonst immer noch sein mag; und vielleicht ist das der Grund, weshalb andere Religionen dort blühten und ihre einzigartigen Ausdrucksformen entwickelten.

Die ersten drei Teile dieses Buches versuchen die vielfältigen Ausdrucksformen des *Sanatana Dharma* zum Leben zu erwecken. Der 1. Teil erforscht den uralten Mutterboden der gesamten Tradition, die ihre Wurzeln in Glaubensvorstellungen und Bräuchen hat, die lange vor dem Entstehen der besser bekannten brahmanischen Religion der Arier lagen. Teil 2 beschreibt einige von den vielen Facetten der klassisch brahmanischen Tradition, während Teil 3 die »inneren Traditionen« untersucht, die von verschiedenen esoterischen und asketischen Schulen gelehrt werden, wie auch das Leben und die Unterweisungen von bestimmten Gurus. Teil 4 richtet den Blick auf das Leben und die Gebräuche anderer spiritueller Traditionen, die in Indien eine Heimat gefunden haben. Ein Buch dieser Größe kann keinesfalls mehr sein als eine Einführung in ein so riesiges Thema – um ihm gerecht zu werden, wären 10 Bände erforderlich. Zum Beispiel wird nicht einmal der Versuch gemacht, die fundamentale Rolle religiöser Glaubensvorstellungen bei der Verewigung des Kastensystems und der Unterdrückung der Frauen zu erörtern. Aber als ich im indischen Subkontinent reiste, wurde mit klar, daß genau eine solche Einführung fehlte, und es war mein eigenes Bedürfnis, das mich als erstes auf die Idee brachte, dieses Buch zu schreiben.

Ich habe es nicht aus der Sicht eines Experten oder Gelehrten verfaßt, sondern auf der Basis persönlicher Begegnungen und Erfahrungen. Es ist die subjektive Betrachtungsweise eines Ausländers. Es soll keinen historischen oder soziokulturellen Überblick liefern, sondern einen lebendigen Bericht über das Sakrale, wie es sich im heutigen Indien ausdrückt. Die Autorität des Buches liegt hauptsächlich darin, daß es aus Liebe entstanden ist, ich habe es als Amateur, als Liebhaber geschrieben – und das ist ja die ursprüngliche Bedeutung des Wortes »Amateur«. Wie die meisten Menschen, die Indien lieben, finde ich dieses Land unerträglich. Und dennoch weiß ich, daß ich immer wieder seine Küsten besuchen werde. Mein größter Wunsch für meine Leser ist: mögen Sie von derselben Krankheit befallen werden, die es Ihnen erlaubt, die dunklen Flecken dieses Landes zu sehen und es dennoch umso mehr zu lieben.

I

Die Volkstradition

1
Die ursprüngliche Einheit

Indien ist immer ein äußerst urbanes Land gewesen: Vor dem sechzehnten Jahrhundert waren seine Städte reicher und größer als in Europa, und dies war der Hauptgrund, weswegen sich europäische Händler zu seinen Küsten hingezogen fühlten. Im heutigen Indien gibt es Dutzende von Städten, deren Bevölkerungszahl mehr als eine Million beträgt, und drei Städte mit mehr als zehn Millionen Einwohnern. Aber bei insgesamt neunhundertfünfzig Millionen Indern bleibt doch eine große Mehrheit, die wie schon immer in Tausenden von Dörfern auf dem Lande lebt. Außerdem gibt es am Rande der orthodoxen hinduistischen Gesellschaft fünfzig Millionen Stammesangehörige, von denen viele in den Bergen und den abgelegenen Regionen Zentralindiens wohnen. Sie alle haben ihre lokalen schamanistischen Traditionen, deren Ursprünge weit in der fernsten Vergangenheit wurzeln. Der Hinduismus ist eine einzigartige Mischung aus ländlichen, klassischen und in geringem Ausmaß auch Stammes-Traditionen, die als Gesamtheit jede vorstellbare Ebene der Beziehung zwischen dem Menschlichen und dem Göttlichen umfaßt. Die religiösen Volkstraditionen des ländlichen Indien erstrecken sich weit in die Zeit vor den Veden und den klassischen Texten zurück – bis zu den ersten Ackerbaugemeinschaften des Subkontinents. Nirgendwo auf Erden findet man eine so reiche und vielschichtige Tradition, die seit mindestens dreitausend Jahren ungebrochen und größtenteils unverändert geblieben ist. Die frühen Bräuche und Glaubensvorstellungen waren die Reaktion einer Kultur auf eine bedrohte Existenz, in der die Menschen Kräften ausgesetzt waren, vor denen ihre eigenen zwerghaft erschienen: Stürme, Fluten, Trockenheit, Krankheit, Mißernten, gefährliche Tiere und Nachbarstämme. Ihre einzige Verteidigung war offensichtlich die Anrufung von Mächten, die diesen Gegnern Paroli bieten konnten oder die übelwollenden Kräfte selbst besänftigten. Das dörfliche Indien lebt noch heute in dieser alten Weltanschauung. Wie schon vor langer Zeit, so ist diese Welt auch heute noch von einem lebendigen Geist erfüllt, der alles durchdringt, sei es belebt oder unbelebt. Der Geist eines Baumes, eines Teiches, eines Steines, eines Tieres, eines Toten, des Windes, des Regens, der Erde selbst kann mit angemessenen Riten und Ritualen angerufen werden. Das ländliche Indien ist ganz wörtlich eine magische Welt, in der alles möglich ist, in der die Grenzen zwischen dem Sichtbaren und dem Unsichtbaren so fein sind, daß es tagtäglich zu grenzüberschreitenden Interaktionen kommt.

Eine Französin, die fünfundzwanzig Jahre am Fuße des *Arunachala*-Berges in Tamil Nadu lebte, erzählte mir die folgende Geschichte. Seit den frühen neunziger Jahren hatte sie in den Dörfern um ihren Wohnort eine deutliche Zunahme von Verbrechen und Gewalt bemerkt. Vor zwei Jahren erwarb sie einen Hund, der ihr Grundstück schützen sollte. Vor kurzem hörte er auf zu bellen, und einige Tage später ließ sie den örtlichen Magier kommen. Er erklärte ihr, daß irgendjemand ihren Hund mit einem Zauber belegt hatte, damit er stillhalte. Er ließ seine Hand der Länge nach über den Hund gleiten und warf einen Stein vor ihm auf den Boden. Dies tat er fünfmal, und daraufhin begann der Hund wieder zu bellen. In dieser Nacht versuchten Diebe einzudringen, aber der Hund schlug Alarm, und sie liefen weg.

Bei einem erwachsenen Individuum werden persönliche Machtbedürfnisse in gewissem Maße durch ein Gefühl für Moral und Sozialverantwortlichkeit gemildert. Das Reich der Magie kennt auf der ursprünglichen Ebene, die ich hier erläutere, keine solche moralische Zurückhaltung.

Alles in einem indischen Dorf ist ohne Frage von Leben und Geist getränkt, aber dieser Geist kann ebenso leicht veranlaßt werden, zum Schaden anderer den eigenen Zwecken zu dienen, wie er auch für das Allgemeinwohl eingesetzt werden kann. Deshalb zielt der größte Teil der Riten und Rituale auf den Schutz entweder des Dorfes oder einer einzelnen Person ab, und deshalb wird der böse Blick in Indien ebensosehr gefürchtet wie in jeder anderen traditionellen Kultur. In unserer heutigen Kultur, in der einzelne Individuen ein Ausmaß von Entfremdung und Angst erleben, das in traditionelleren Teilen der Welt unbekannt ist, erscheint es verlockend, das indische Dorfleben als nahtlose Einheit romantisch zu verbrämen – eine Einheit, die noch nicht den Spaltungen und Übeln der gegenwärtigen städtischen Gesellschaft zum Opfer gefallen ist. Aber bevor wir dieser Idylle anheimfallen, tun wir gut daran, uns zu erinnern, daß diese magische Einheit nicht nur Gutes, sondern auch Böses umfaßt.

Die religiöse Kultur des ländlichen Indien wird von Antropologen oftmals als »kleine Tradition« bezeichnet, die sich von der »großen Tradition« des vedischen und brahmanischen Hinduismus unterscheidet. Aber in Wirklichkeit ist es genau umgekehrt: der Einfluß der »kleinen Tradition« ist größer als der der »großen«. Insofern ist es also zutreffender, sie als die Volkstradition bzw. die klassische Tradition zu bezeichnen. Während sich die klassische Tradition der großen Götter Brahma, Vishnu, Shiva und ihrer Gefährtinnen mit kosmischen Angelegenheiten befaßt – mit der Schöpfung, Erhaltung und Zerstörung der Welten – geht die Volkstradition voll und ganz in den lokalen Sorgen der jeweiligen Gemeinschaft oder Familie auf. Jedes Dorf und jeder Staat hat seine eigenen Versionen von Mächten und Gottheiten, die man besänftigt, um Schutz vor verschiedenartigen Gefahren einschließlich des Zornes dieser Gottheit selbst zu erlangen. Wenn keine Gefahr droht, wenn es kein Problem gibt, das gelöst, und keinen Wunsch, der erfüllt werden muß, so wird der Gottheit kaum Beachtung geschenkt. Gemeinsam bilden die klassische und die Volkstradition die vertikale und horizontale Ebene des Lebens, Himmel und Erde. Sie durchdringen sich gegenseitig und bilden die Gesamtheit des Hinduismus, der alles umfaßt: von den feinsten philosophischen Erkenntnissen bis zu Zaubersprüchen, die einen Hund am Bellen hindern sollen.

In ihren religiösen Überzeugungen und Ritualen sind die Hindus keineswegs deutlich nach Bildung und sozialer Klasse unterteilt. Auch die Städter und Landbewohner unterscheiden sich nicht allzusehr in ihren Glaubensvorstellungen. Zwar sind die lokalen Götter eher unmittelbar zugänglich und zuständig für das alltägliche Leben, aber auch Dorfbewohner verehren Vishnu und Shiva und besuchen die großen Tempel, die in der Nähe von Städten liegen. Andererseits habe ich gesehen, wie sich Frauen aus hohen Kasten in Benares am örtlichen Schrein der Göttin Durga verbeugen, ein wenig von dem Ruß aus der Flamme vor dem Göttinbild zwischen die Finger nehmen und als Schutz gegen das böse Auge um ihre Augen reiben.

Professor B. N. Saraswati, ein Brahmane und einer der führenden Anthropologen Indiens ist eine auffallende Mischung von gegensätzlichen Anteilen: ein städtischer Intellektueller, der nach traditionellen spirituellen Werten lebt. Der Professor ist ein kleiner Mann mit einer warmen und wohlwollenden Ausstrahlung, der in seinem Büro im Indira Ghandi Zentrum für Kunst in New Delhi noch immer ein *dhoti* trägt. Als ich ihn dort traf, erzählte er mir, wie wichtig die Volkstradition in allen Stadien seines Lebens gewesen war. Als er geboren wurde, empfingen ihn die Hände der Hebamme, einer Unberührbaren, die sofort Beschwörungen zu seinem Schutz aussprach. Während der heiligen Schnurzeremonie, durch die er als junger Erwachsener offiziell in die brahmanische Gemeinschaft eintrat, wurden den Ritualen der klassisch-vedischen Tradition vier Stunden gewidmet; aber alle anderen Vorgänge, die vier Tage lang andauerten, waren von Volksritualen zu seinem Schutz erfüllt – geleitet von der Gattin des Töpfers, der örtlichen Korbflechterin und der Wäscherin. Auch bei seiner Hochzeitszeremonie, die fünf Tage lang andauerte, erforderten die vedischen Riten nur eineinhalb Stunden, während die örtlichen Schutzrituale die ganze Nacht in Anspruch nahmen. Das Beispiel von Professor Saraswati ist typisch: die Volkstradition ist zwar das Lebensblut der dörflichen Gemeinschaft, berührt aber alle Hindus jedweder Kaste oder Bildung. Denn Indien ist noch immer ein Land mit Tausenden von Dorfgemeinschaften, deren unmittelbare Angelegenheiten und Glaubensvorstellungen den Vorrang vor jeglichem Gefühl nationaler Identität oder Religion einnehmen.

Jedes Dorf hat seine eigene, höchst komplexe Anordnung von Göttern, Göttinnen und Schutzgeistern. Eine einzige Gemeinschaft kann dreißig oder vierzig Tempel und Heiligtümer besitzen: meistens sind das bemalte Steine, die im Freien stehen, manchmal aber auch grobe Steinplatten unter einem Baum, in denen Steine oder Eisenspeere stecken, die die Gottheit verkörpern sollen. In seinem Buch *The Goddess in the Stone* (»Die Göttin im Stein«)[1] erwähnt Norman Lewis seine Begegnung mit einem indischen Stammesangehörigen, dessen Dorf vor kurzem von christlichen Missionaren besucht wurde. Die Priester boten kostenlos Malariatabletten und alle Vorteile der Bekehrung an, wenn das Dorf zugunsten von Jesus auf seine Götter verzichten würde. »Die meisten (unserer Götter) sind immer freundlich und hilfreich zu uns gewesen … Der Missionar erwartet von uns, daß wir dreiundzwanzig gegen einen plus einer Monatsration Navaquin tauschen. Das klingt nicht sehr vernünftig.«

---

[1] Lewis, Norman, *The Goddess in the Stone*, Macmillan, London 1992

Von all ihren Göttern ist die Dorfgöttin die wichtigste. Darin folgt das hinduistische Dorf der alten Tradition aller Ackerbaugemeinschaften auf der ganzen Welt, die die Erde als das ansahen, was Sie ist: die fruchtbare Mutter, die Quelle aller Geburt, der Nahrung wie auch des Todes. Das Dorf selbst ist ein Kosmos, der durch die göttliche Kraft der örtlichen Göttin beseelt wird. Sie wird bei immer wiederkehrenden Festen rituell mit dem Vorsteher des Dorfes verheiratet. Als Gegengabe für Verehrung und Opfer gewährt sie gute Ernten, Regen, Fruchtbarkeit, Schutz vor Dämonen und Krankheiten. Wenn der Dorfbewohner den magischen Kreis des Dorfes verläßt, verliert er auch den Schutz der Göttin.

Die Hauptgöttin ist oftmals von anderen Göttinnen umgeben, die bestimmte Funktionen innehaben. Viele davon stellen bestimmte Krankheiten dar und können deshalb Schutz gewähren, weil sie eben die Verkörperung dieser Krankheit selbst sind. Einige Dörfer im Süden Indiens haben Heiligtümer für die Pestmutter wie auch für die gewohnten Gottheiten der Cholera und – vor einigen Jahren – der Pocken. Wenn das Dorf von einer Epidemie bedroht ist, heißt es, daß die Göttin sich manifestiert. Sie ist doppeldeutig: sie kann dem Dorfbewohner ihre Gnade gewähren, indem sie ihn verschont, oder aber sie verleiht ihm das Privileg, durch ihr Fieber berührt zu werden. In beiden Fällen ist es die Wirkung ein und derselben Gottheit. Die jeweilige Krankheit wird oftmals als die »Gnade« der Göttin bezeichnet. Auch wenn sie Menschen zu Fall bringt, so heißt es dennoch, daß sie ihre Opfer ganz besonders liebt. Voller Wut und Wahnsinn wird sie durch die Ekstase ihre eigenen zerstörerischen Kräfte leicht zur Raserei getrieben. Sie ergötzt sich an der Krankheit und tötet nach Belieben.

Wo immer Intensität vorhanden ist, gibt es auch Macht, und in einer Welt, in der man Ereignisse kontrollieren möchte, die normalerweise außerhalb des menschlichen

Einflußbereiches liegen, ist Macht durchaus von Belang. Die Frage ist nicht, ob diese Macht gut oder böse ist, vielmehr geht es um die Intensität, die man zur Verfügung hat, wenn man die richtigen Rituale vollzieht. So können Menschen, die einen tragischen oder verfrühten Tod erlitten haben, zu Gottheiten erklärt werden. Jeder, der während seines Lebens berüchtigt war, und sei es selbst für Gewaltverbrechen, kann nach seinem Tod verehrt werden. Böse Geister können sich in Schutzgottheiten verwandeln. Der Vorgang der Vergöttlichung ist auch ein Weg, um die launenhafte Macht zu kontrollieren: wenn sie schon launenhaft sein muß, so sollen ihre Ränke die Gemeinschaft wenigstens nicht nur stören, sondern ihr auch dienen.

Auch Helden werden mit großer Wahrscheinlichkeit zu Göttern, und eines der deutlichsten Beispiele gezügelter Intensität ist die vergöttlichte Heldin – die *sati mata*. Diese Anrede wird einer Ehefrau verliehen, die sich zeremoniell auf den Verbrennungsscheiterhaufen ihres Ehegatten setzt und mit ihm verbrennt, um mit ihm verbunden zu bleiben. *Sati* ist zwar gesetzlich verboten, wird aber dennoch gelegentlich, vor allem in Rajasthan praktiziert: dort gibt es zahllose *sati matas*, die in kunstvoll errichteten Tempeln beigesetzt sind und von ungeheuren Mengen von Pilgern besucht werden. Man glaubt, daß diese zuvor menschliche Gottheit ganz besonders mitfühlend ist, weil sie aus eigener Erfahrung die schwierige Lage der Menschen kennt.

Bei Festen wird die Dorfgöttin oftmals als Tonstatuette oder als Tontopf dargestellt, der mit Wasser gefüllt und mit Blumen geschmückt ist. Das Wort für »Lehm« lautet in Hindi *mati* und ist gleichzeitig auch das Wort für »Mutter« und »Körper«. Der Topf ist ein Symbol für das menschliche Wesen, und alle Hindus verehren bei ihrer Hochzeit ihre Vorfahren durch das Symbol der zwei Töpfe. Der Topf ist also nicht nur ein Gegenstand des täglichen Lebens, sondern ein eigenes Geschöpf, das von Geist und Bedeutung erfüllt ist.

Deshalb spielt die Töpferin im Leben der Gemeinschaft auch eine besondere Rolle: vielleicht wird sie aus diesem Grund oftmals gerufen, um die Zeremonien für die Götter zu vollziehen. Die *pujaris*, die Priesterinnen der Dorfrituale und Feste sind keine Brahmaninnen, sondern werden aus verschiedenen Kasten und verschiedenen Dörfern herbeizitiert. Aber auch hier ist diese Ehre wieder ambivalent: zwar führen sie den Vorsitz als Stellvertreterinnen der Göttin, andererseits aber müssen sie auch den Akt des Blutopfers leiten, das zwar in das religiöse Leben des Dorfes integriert ist, dennoch aber als unehrenhafte Funktion betrachtet wird, sofern man unmittelbar damit zu tun hat.

Jeden Tag werden in ganz Indien Lämmer, Schweine und Ziegen zu rituellen Zwecken geschlachtet. Einige wenige wichtige Tempel wie der *Kali-Ghat*-Tempel in Kalkutta führen diesen Brauch auch in der Stadt fort, aber der größte Teil der Blutopfer erfolgt in Dorfritualen. Geopfert wird immer einer der wilden und zornigen Erscheinungsformen der Göttin – dies ist meistens Kali oder Durga beziehungsweise ihre Entsprechungen im jeweiligen Dorf. Ursprünglich wurden Menschen geopfert, und in ihrem Buch *Sacred Virgin* (»Heilige Jungfrau«)[2] erzählt Royina Grewal, daß in der Nähe des Narmadaflusses noch immer gelegentlich junge Mädchen verschwinden. Es heißt, daß sie von praktizierenden Tantrikern geraubt werden, die das Blut von Jungfrauen brauchen, um die Göttin des heiligen Flusses zufriedenzustellen.

Die Besänftigung der Göttin durch das Geschenk eines Lebens befolgt das universelle Prinzip gegenseitigen Austausches. Alles im Universum befindet sich im ewigen Prozeß des Essens und Gegessenwerdens. Das Höhere bietet sich selbst als Nahrung für das Niedere an, und das Niedere opfert sich wieder dem Höheren. Auf diese Art und Weise

---

2 Grewal, Royina, *Sacred Virgin*, Penguin, New Delhi 1994

wird die Schöpfung durch einen endlosen Kreis von Opfern am Leben erhalten. Die Götter brauchen die Opfer der Menschheit, um sich zu erhalten und den Fluß des Lebens zur Welt der Phänomene zurückzuleiten, vor allem zur Erntezeit.

Jemand, der in der heutigen Gesellschaft, sei es in Delhi oder in London oder Paris lebt, muß ein solches Ritual als primitiv und menschenunwürdig beurteilen. Aus der Perspektive der Gegenwart ist es das auch; aber genau diese Perspektive greift zu kurz: sie kann nicht verstehen, daß derselbe Dorfbewohner, der sein Tier zum Opfer führt, es gleichzeitig auch mit einer Achtung und Würde behandelt, die ein Tier auf einer modernen Farm nur selten erhält. Noch auf dem Weg zur Schlachtung, während des Opfers selbst, wird der Büffel als Vertreter der Gottheit verehrt. Denn in dieser antiken Weltanschauung ist der Tod nicht das Gegenteil des Lebens; vielmehr bilden sie zusammen einen ewigen göttlichen Kreis, in dem das eine ebenso heilig wie das andere ist. Ich habe beobachtet, wie Männer ihren Büffel eine Stunde oder noch länger im Ganges gewaschen haben, und zwar mit einer Sorgfalt und Aufmerksamkeit, die nur wenige Menschen im Westen ihren Kindern zukommen lassen. Sie sprechen mit ihm, streicheln seine Ohren und glätten seine Flanken mit einer Hingabe, die einem so wichtigen Familienmitglied auch wirklich zukommt. Die Büffelkuh liefert Milch, zieht den Pflug oder den Wagen und gibt außerdem Dung als Brennstoff ab. Ihre Verwandte, die Kuh, ist, wie jeder weiß, allen Hindus heilig, und zum Erstaunen vieler Besucher läßt man sie ungestört durch den Verkehr einer Großstadt wie Delhi wandern – über die Trambahnschienen, auf dem Bahnhof und im Tempel.

Das Opfer ist nur eine Möglichkeit, mit der Gottheit in Verbindung zu treten. Ein anderer Weg besteht darin, sich von ihr in Besitz nehmen zu lassen. Besessenheit ist in Indien äußerst verbreitet und braucht nicht einmal absichtlich oder selbst während eines religiösen Rituals zu erfolgen. In den frühen Neunzigerjahren fiel der Leiter der *Annamalai Reforestation Society*[3] in Tamil Nadu, der bisher allem Anschein nach ein ganz normaler Arbeiter wie all seine Kollegen gewesen war, plötzlich zu Boden und begann wie eine Schlange zu zischen und sich zu winden. Dieses Schauspiel wiederholte sich im Laufe der folgenden Wochen mehrere Male und gipfelte in orakelartigen Aussprüchen. Die Ortsbewohner kamen zu dem Schluß, daß er von der Göttin besessen sei und stellten ihm ein Haus zur Verfügung, wo er inzwischen regelmäßig als Seher für eine große Gemeinschaft fungiert.

Als ich eines Tages in Tamil Nadu über Land wanderte, bemerkte ich zwei Straßenschauspieler, die sich aus der entgegengesetzten Richtung näherten. Ein Mann, der mit roten Frauenkleidern und einer hohen goldenen Krone bekleidet war, dessen Augen und Gesicht geschminkt und bemalt waren, schwankte in Begleitung eines weiteren Mannes einher, der ebenso in rote, allerdings ein wenig schäbigere Kleider gehüllt war und eine Trommel schlug. An der Straße vor mir befand sich ein kleines Kaliheiligtum, und als sie es erreichten, wandten sie sich der Göttin zu und begannen wie betrunken davor zu tanzen. Ich bemerkte, daß dies keine Theateraufführung war, sondern voller Ernst geschah: sie forderten die Göttin auf, von ihnen Besitz zu ergreifen. Eine kleine Menge – meistens Frauen – hatte sich bereits dort versammelt, und als die beiden ankamen, begannen einige von ihnen, mit Handzimbeln zu spielen und auf kleine Trommeln zu schlagen. Als das Getöse seinen Höhepunkt erreichte, schlurfte eine der Frauen aus der Menge und fiel dem Mann, der Kali personifizierte, zu Füßen. Sie wand sich

---

[3] Annamalai Reforestation Society, c/o John Button, Rahman Ashram p. o., Tiruvannamalai, Tamil Nadu, Indien

am Boden und begann dann wild um die beiden kostümierten Männer zu tanzen, während von ihren Augen nur das Weiße zu sehen war. Der Mann, der die Göttin verkörperte, machte ein paar schwache Versuche, sie beiseite zu schieben, vielleicht weil sie ihm die Show stahl. Dann löste sich eine weitere Frau aus der Menge, zündete ein Streichholz an und hielt die Flamme über den offenstehenden Mund der besessenen Frau. Sofort fiel sie zu einem bewegungslosen Haufen zusammen. Einige wenige Minuten später wurde sie von ihren Freunden emporgezogen und benommen weggeführt.

In Indien sind Dorffeste auch Gelegenheiten, bei denen die ganze Gemeinschaft das geordnete Leben aufgibt und sich der lebendigen, chaotischen Kraft der Göttin unterwirft. Die Kasten vermischen sich, gesellschaftliche Regeln sind außer Kraft, oftmals werden auch die Rollen umgekehrt: die Reichen und Mächtigen müssen den Tadel und den Spott der untersten Kasten ertragen. Es kommt zu heldenhaften Taten: man geht über das Feuer, trägt brennende Töpfe auf dem Kopf und schwingt an Haken, die sich ins Fleisch bohren, hin und her. Um solche Leistungen zu vollbringen, muß man von »dem anderen Bewußtsein« besessen sein, das jenseits des bewußten Selbst liegt. Dies ist das Reich der Götter und vor allem der Göttin. Diese Akte drücken die Bereitschaft des hingebungsvollen Gläubigen aus, der gefahrvollen Macht der Göttin auf ihrem eigenen Terrain zu begegnen. Und weil sie einen Teil ihrer überschüssigen Hitze und Wut übernehmen, erlangen sie den Segen der Göttin, die sie während der gesamten Feuerprobe beschützt.

In einer Welt, in der alles, das Leiden wie auch die Freude, göttlicher Wille ist, kann es nichts geben, das nicht heilig ist – in dem Sinne, daß es von Geist erfüllt und außerdem auch ein integraler Teil der gesamten Existenz ist. Im indischen Leben sind Religion, Kunst und die alltäglichen

Verrichtungen unauflöslich miteinander verbunden. In einer Welt, in der die Götter in allem zugegen sind und in jeder einzelnen Handlung ihren Geist ausdrücken, kann Religion keine abgetrennte Aktivität sein, die nur einmal pro Woche stattfindet. Der Geist des Gottes oder der Göttin wohnt im Prozeß der Nahrungsaufnahme, in den Speisen selbst, in der Arbeit, in der Haltung eines Menschen zu alltäglichen Gegenständen. Wenn ein Reiskorn auf den Boden fällt, wird der Hindu es auflesen und ein kurzes Gebet murmeln. Mein Taxifahrer in Delhi begann gerade seinen Arbeitstag, ich war sein erster Kunde. Als ich bezahlt hatte, hielt er mein Geld gegen die Mitte des Lenkrades, dann an seine Stirn und schließlich vor das Bild seiner persönlichen Gottheit, die am Armaturenbrett befestigt war. Die Taxifahrer von Delhi kann man nur schwer als heilig bezeichnen. Sie sind geneigt, ihre Kunden nur zu gern und mehr als irgendwo sonst zu betrügen. Aber wie die meisten normalen Hindus haben auch sie das nahezu angeborene Gefühl, daß in den Details des täglichen Lebens eine größere Macht wirkt. Diese Macht verlangt nicht, daß sie anständig sind. Sie brauchen nur ihre Existenz in ihrem Leben zu erkennen, diese höhere Macht zu achten und ihr zu huldigen.

Auch die Kunst ist nicht vom täglichen Leben abgetrennt. Für einen auf dem Dorf lebenden Hindu ist Kunst niemals um ihrer selbst willen vorhanden, immer entspricht sie einer bestimmten Funktion. Haku Shah ist einer der bekannteren Künstler des heutigen Indien und außerdem Direktor des *Tribal Museum* in Ahmedabad. Er erzählte mir von zwei Stammesangehörigen, die er in Ahmedabad getroffen hatte: sie waren in die Stadt gekommen, da im Dorf Trockenheit herrschte. Der Mann und seine Ehefrau waren die Dorfsänger, ein Beruf, den schon der Vater des Mannes ausgeübt hatte. Ihre Aufgabe bestand darin, das Dorf am

Morgen aufzuwecken und abends in den Schlaf zu singen. Hakubai – so lautet der Rufname von Haku Shah – hatte den Einfall, den Mann zu fragen, ob er ihm ein Bild zeichnen wolle. Dieser verstand zuerst nicht recht, was Zeichnen bedeutete, aber als Hakubai es ihm erklärte, fragte er: »Warum sollte ich das tun?« Für ihn war es unvorstellbar, daß irgendjemand ohne praktischen Grund malen, zeichnen oder singen solle. »Für mich«, erwiderte Hakubai. Dies wiederum erschien dem Mann aus dem Dorfe vernünftig. Im Verlauf der nächsten paar Tage – denn für Stammesangehörige vom Lande wird Zeit nicht in Minuten gemessen – begann er seine Lieder zu zeichnen. Er legte sich in voller Länge auf den Boden, schlief zwischendurch laut schnarchend, während er zeichnete. Hakubai erkannte, daß der Schlaf ein Teil des Zeichnens war. Die Zeichnungen brauchten Zeit, denn einen Fluß zu zeichnen war für ihn beispielsweise nur vorstellbar, wenn er jeden einzelnen Wassertropfen zeichnete. Wie konnte man auch nur einen auslassen? Später bat Hakubai auch die Ehefrau am Zeichnen teilzunehmen. Sie tat es, und mit ihr auch ihr Kind. Ein Jahr später wurde die Arbeit der Familie bei einer Ausstellung im Museum präsentiert.

Die Rabari von Kutch

Es gibt kein besseres Beispiel für diese nahtlose Existenz, in der jeder einzelne Wassertropfen zählt, als die Rabari-Gemeinschaft von Kutch im westlichsten Teil von Gujarat. Kutch ist eine Halbinsel an der Grenze zu Pakistan, die von den großen Wüsten Sind und Tar eingeschlossen ist, und die Rabari sind eine halbnomadische Gemeinschaft, die mit ihren Kamelen einen Teil des Jahres wandern und die restliche Zeit in ihren Dörfern verbringen, die in ihrer Abwesenheit leerstehen.

Jede kleine Handlung in der Welt der Rabari feiert das Leben, und dieses zeremonielle Element ist in sich schon der Ausdruck ihrer Kunst und Religion. Sie pflegen ihre Häuser, die gewöhnlich aus nur einem Innenraum bestehen, der dann auch besonders sauber und ordentlich ist. Ihre Göttin hat beschlossen, daß Rabari-Häuser nur aus Lehm (*mati* – Sie erinnern sich? – bedeutet sowohl »Mutter« wie auch »Lehm«) gebaut werden und weder Petroleum noch Elektrizität enthalten sollen (dieser letzte Wunsch wird heute allerdings nicht mehr beachtet). Die Rabari-Frauen sind berühmt für den kreativen Geist, den sie auf jeden Aspekt ihrer häuslichen Welt anwenden. Die immer glänzenden Messingtöpfe werden übereinander in der Wand angeordnet und bilden große und wunderschöne Muster. Die Frauen fertigen aus Kuhdung und Lehm auch Türpfosten, Göttinfiguren, Spielzeug für ihre Kinder wie auch Schmuckobjekte, die mit Spiegelbruchstücken verziert und an den Innenwänden angebracht werden. Das Zaumzeug ihrer Kamele und alle möglichen Decken oder Sitze in ihren Häusern schmücken sie mit Perlen und Stickereien. Ihr Leben ist ein Ausdruck lebendiger Kunst ohne Künstler.

Während die Männer weiße Gewänder, große weiße Turbans und riesige geschwungene Schnurrbärte tragen, kleiden sich die Frauen mit schwarzen Wollröcken und leuchtend bunt bestickten Blusen. Das Sticken erlernen sie schon in frühestem Alter, wenn sie beginnen, ihre spätere Mitgift zu fertigen. Sie verbringen lange Stunden in einer magischen Welt spontaner Musterbildung: sie schaffen Kleidung und Quilts mit unendlich vielfältigen Stichen, schmücken sie mit Applikationsarbeiten, bringen sie mit kleinen Spiegeln zum Strahlen und nähen Perlen in Form von Tiergestalten und Geistwesen daran. Die amerikanische Anthropologin Judy Frater verbrachte den größten Teil ihrer zwanzig Studienjahre damit, die Lebensweise der Rabari und vor allem ihre Stickerei zu erforschen. Im Jahre 1995 brachte sie eine der Familien nach Delhi, um dort eine Stickereiausstellung am Ghandi Center for the Arts zu eröffnen[4] (Nachdem die autochtone Kunst jahrzehntelang als minderwertig betrachtet worden ist, wird sie im heutigen Indien zur Mode). Eine der Organisatorinnen fragte die Familienmitglieder öffentlich, wie ihnen Delhi gefiele. Sie sahen sie erstaunt an, und eine von ihnen antwortete: »Wir sind hier. Was sollen wir sagen?« Für die Rabari ist das Leben immer dort, wo sie sind.[5] Die Frauen verzieren auch die sichtbaren Teile ihres Körpers mit Tätowierungen. Der Handrücken, die Arme, der Hals, die Füße werden mit Dutzenden von Mustern bedeckt, die Tempel, Altäre, Symbole der Götter und tierische Schutzgeister, wie etwa den Skorpion, darstellen, um den bösen Blick abzuwenden.

Die großen Übergänge des Lebens: Geburt, Heirat und Tod sind für die Rabari wie für jeden Hindu offene Tore zur Welt der Götter. Bei manchen Rabari-Clans werden Hochzeiten kollektiv am Festtag der Göttin abgehalten. Die Vorbereitungen beginnen schon eine Woche vorher. Die Häuser werden mit grünen Zweigen geschmückt und eine kompliziert bestickte *torana* wird am Tragbalken der Eingangstür aufgehängt. Es ist eines der wichtigsten Dinge im Bündel der Braut und symbolisiert für Gäste den Willkommensgruß und für die Gottheit die Verehrung. Die Frauen haben sich in kleinen Gruppen aneinandergedrängt (Rabari-Frauen sieht man nie allein), singen glückbringende Lieder und bereiten die Nahrung in riesigen Messingkesseln zu. Der Bräutigam

---

[4] Das *Indira Ghandi National Centre for the Arts*, Janpath Road, New Delhi veröffentlichte im Jahre 1995 ein illustriertes Buch *The Rabari of Kutch* verbunden mit einer Ausstellung der Rabari-Kunst.

[5] Wenn Sie sich über die Arbeit von Judy Frater mit den Rabari und über Bezugsquellen ihrer Handwerkskunst informieren wollen, schreiben Sie an Judy Frater, c/o N. D. Vaydia, Nagar Chakla Bhuj Kutch 37001, Gujarat, Indien

bleibt bis zum Hochzeitstag abgeschlossen in seinem Haus, die Hochzeit findet oftmals nachts statt und wird durch mehrere Festtage verlängert.

Wie in vielen Dörfern und in allen Stammesgemeinschaften gibt es bei den Rabari (sie sind Hindus und gehören nicht zu den frei lebenden Stämmen) einen Schamanen, der als Heiler und als Seher fungiert, um den Willen der Göttin zu erkennen. Der Rabari-Schamane liest ihre Beschlüsse vom Rücken einer eben geborenen Ziege. Er reibt sie entlang des Rückrats von hinten bis zum Kopf. Wenn die Ziege zittert, antwortet die Göttin positiv. Pro Jahr feiern die Rabari zwei Göttinfeste, bei denen Männer besessen werden. Andere kommen dann zu ihnen, um ihnen bei der Lösung ihrer Probleme zu helfen. Diese Feste sind die einzigen Zeitpunkte, zu denen Kinder einen Namen bekommen können, und diese Zeremonie wird vom Schamanen im Sinne der Göttin durchgeführt. Wie andere Dorfgöttinnen ist auch die der Rabari launenhaft: manchmal erhebt sie sich in die Lüfte, streicht über jemanden hinweg, hinterläßt einen Muskelkrampf oder ein verdrehtes Glied. Dann müssen die Rabari zum Schamanen gehen, um sich von ihm heilen zu lassen.

Judy Frater hat einen Fall beobachtet, der vor den Schamanen gebracht wurde. Ein Kind war verrückt geworden und hatte den Charakter eines verstorbenen Moslems angenommen. Dieser Tote befal dem Knaben, sich auf unsoziale Art und Weise zu verhalten. Der Schamane sagte, daß diese Störung folgendermaßen enstanden sei: als der Junge einmal Schafe hütete, hatte er auf den Ort uriniert, an dem der Moslem begraben war. Die Seele war beleidigt worden und suchte nun nach Rache. Er empfahl, genau das zu tun, was der Moslem von ihm forderte, ohne daß die Eltern ihn davon abhielten. Die Familie folgte diesem Rat, und wenige Tage später war der Junge geheilt.

Auch wenn wir uns beeilen, irgendeine psychologische Erklärung für diesen Ausgang abzugeben, können wir nichts daran ändern, daß dieses Ereignis in seinen Kontext verwoben ist. Es ist sinnlos, wenn es aus der magischen Welt des gesamten Rabari-Lebens entfernt wird. Fraglich ist, wie lange diese Welt und das traditionelle Leben des ländlichen Indien im allgemeinen in dieser Zeit der Massenkommunikation und der Satellitenschüsseln noch dauern kann. Der Westen hat eine Magie geschaffen, die viel mächtiger ist als irgendeine, die die Welt bisher kannte, und es gelingt nur schwer, die traditionelle Art des Überlebens noch lange zu betrachten – in einem globalem Dorf, dessen moderne Zauberer heute Formeln haben, die jenseits aller Grenzen liegen.

2
Das heilige Land

*Verschiedene Orte auf dem Antlitz der Erde haben
eine jeweils andere Ausstrahlung, eine andere Schwingung
oder chemische Ausdünstung, eine jeweils andere Polarität
mit den Sternen; nennen Sie es, wie Sie wollen.
Aber der Geist eines Ortes ist eine große Wirklichkeit.*
D. H. Lawrence[6]

Wo immer ein Heiliger geboren wird, auf der Erde schreitet, Wunder wirkt und stirbt, strömen in Indien Pilger zusammen, um ihn zu verehren. Auch dort, wo einer der Götter in aller Pracht und Glorie erschienen ist, oder ein natürliches oder sonstiges Zeichen auf seine Gegenwart hinweist, werden Heiligtümer erbaut, entwickeln sich die Städte, kom-

---

6   Lawrence, D. H., *Studies in Classical American Literature*, Heinemann, London 1964

40

men die hingebungsvollen Anhänger zusammen. Ein heiliger Ort ist von der Gegenwart eines irdischen Bedingungen nicht unterworfenen Wesens begnadet. Dort gibt sich durch die eine oder andere Vermittlungsinstanz die ungezähmte Energie und das Leben des Götterreiches in der begrenzten Welt zu erkennen. Indien ist ein riesiges Netzwerk von heiligen Orten. Viele davon kennzeichnen die Stelle, an der eine der großen Gottheiten einen Dämon besiegt haben soll, wie etwa die Stadt Gaya, die noch immer den Namen der unterworfenen bösen Macht trägt. Oder es sind Orte, an denen die Götter auf Erden weilten, wie etwa Bra, das Land Krishnas oder Chitrakut, wo Rama zu Beginn seines Exils von Ayodhya weilte. Ein Ort kann auch durch die unmittelbare wohltätige Einwirkung eines Gottes geheiligt werden, wie im Fall der Stadt Pushkar, deren See Brahmas Willen zufolge allen, die darin baden, Erlösung schenkt. Eine ungewöhnliche Erscheinung der Natur, der Zusammenfluß von zwei Strömen, die Quelle eines Flusses, ein Berg, eine heiße Quelle – kann ein Zeichen dafür sein, daß hier das Heilige zugegen ist.

Einundfünfzig Orte, die über ganz Indien verstreut sind[7], kennzeichnen all jene Punkte, an denen die verschiedenen Körperteile der großen Göttin Sati zu Boden gefallen sind. Shiva, der über Satis Tod fast wahnsinnig vor Schmerz war, wanderte in einem einsamen Tanz über die Erde und trug dabei Satis Körper auf seinen Schultern. Voll Mitgefühl folgte ihm Vishnu und schnitt Satis Körper nacheinander in Stücke, um Shiva von seiner Last zu befreien. Der Mythos der Zerstückelung der Göttin illustriert die Selbstaufopferung der Mahadevi, damit die vielfältigen Gestalten der Erde entstehen. Ihr Opfer gewährt der Menschheit Nah-

---

[7] Im Anhang finden Sie eine Aufstellung dieser Orte
    (s. S. 383 ff.)

rung, weil es die zyklische Wiederkehr der Ernten in Gang setzt.

Die mächtigsten dieser s*hakti pithas* oder »Plätze der Göttin« sind folgende: Kamakhya in Assam, wo ihre *Yoni* bewacht wird, Kali-Ghat in Kalkutta, wo ihr kleiner Zeh liegt, und Jvalamukhi in Himachel Pradesh, wo sich ihre Zunge befindet. In Kamakhya hält eine natürliche Quelle eine Felsspalte feucht. Während des großen Festes im Juli/ August färbt sich das Wasser durch Eisenoxid rot, und den Gläubigen wird ein rituelles Getränk angeboten, welches das Menstruationsblut der *devi* oder Göttin darstellt. Menstruation ist ein Beweis für die ewige Erneuerungskraft der Frau beziehungsweise der Göttin.

Ferner – als ob Indien irgendwelche weiteren Zeugnisse für seine Heiligkeit bräuchte, gibt es die sieben heiligen Städte Dvaraka, Mathura, Kanchi, Ayodhya, Ujjain, Banaras[8] und Haridwar, die sieben heiligen Flüsse Ganga (Ganges), Yamuna, Cauvery, Narmada, Godavari, Sarasvati, Sindhu und die vier heiligen Wohnorte in den Haupthimmelsrichtungen: Badrinath im Norden, Dvaraka im Westen, Puri im Osten und Rameshvaram im Süden. Der heiligste der sieben Berge, der himmlische Wohnort aller Götter, der Berg Kailash, liegt heute in Tibet.

All diese Kraftorte und Tausende mehr sind die Knoten eines komplexen Musters von Pilgerrouten, dessen Fäden über ganz Indien gespannt sind. Dadurch wird der Subkontinent zu einem Körper-Kosmos, in dem keine einzige Region ohne stärkere und schwächere Quellen der heiligen Kraft auskommen muß. Das gesamte Land ist heilig, und eine der alten Pilgerrouten, die im Mahabharata beschrieben ist und heute noch gelegentlich von dem einen oder ande-

---

[8] So wird es üblicherweise in Indien buchstabiert, während Benares die deutsche Schreibweise ist. Dieser Ort heißt auch Varanasi.

ren Sadhu beschritten wird, umläuft fast das gesamte Indien innerhalb seiner heutigen politischen Grenzen. Das *Devi Bhagavata Purana* setzt die Erde mit der Göttin Maha Devi gleich: Die Berge sind ihre Knochen, die Flüsse ihre Adern, die Sonne und der Mond ihre Augen. Im zentralen Schöpfungsmythos der *Brahmanas* unterzog sich Prajapati harten asketischen Übungen und entfesselte dann seine ungeheure gespeicherte Energie, um damit die Grundsubstanz des Kosmos zu erschaffen und ihn mit Leben und Energie zu durchdringen. Wie die Erde eine Göttin ist, so ist der gesamte Kosmos ein lebendiger Organismus. Die Heiligkeit des Landes und nicht irgendeine politische Vision verleiht Indien noch heute ein Gefühl der Einheit, obwohl es so viele Religionen, Kulturen, Rassen und Parteien beherbergt. Die nationalistische Bewegung des neunzehnten Jahrhunderts kapitalisierte dieses Gefühl, indem sie das Land, die Erde zu einem Symbol Indiens als nationaler Identität machten. Sie setzte den modernen Kult der *Bharata Mata* oder »Mutter Indien« in die Welt und erbaute in Benares einen Tempel, in dem die geographische Darstellung des Landes als Gottheit fungierte. Aber traditionell wurde Indien nie auf diese buchstäbliche Weise betrachtet. Nichts in Indien ist buchstäblich. Es ist weder Arroganz noch Chauvinismus, der Hindus veranlaßt, ihr Land für heilig zu halten. Es ist aber weder mehr noch weniger heilig als irgendwo anders auf der Welt: die Erde selbst ist heilig und Indien *ist* für sie die Erde. Wenn William Blake von einer »Welt im Sandkorn« spricht, so wird es hier tagtäglich gelebt. Wenn Sie gerne um den ganzen Ganges herumgehen würden – dies ist eine bekannte Sadhu-Pilgerroute, die etwa 4.500 km lang ist –, aber nicht die Zeit dazu haben, so genügt es auch, wenn Sie auf irgendeiner Stelle am Ganges stehen, die Hände zum Gruß erheben und sich einmal um ihre Achse drehen. Dies ist der Mikrokosmos des Gesamtumganges. Alle großen heiligen Plätze in Indien haben ihre kleineren Entsprechungen in

Benares, insofern ist diese Stadt also der Mikrokosmos von ganz Indien. Wenn Sie ihre Pilgerreise dorthin richten, so sind sie überall gewesen.

Manche Orte sind dennoch heiliger als andere und aus diesem Grund ein Knoten im Netz der Pilgerrouten. Man nennt sie *tirthas* – damit ist eine Furt oder Kreuzung gemeint. An einem Kraftplatz kann man von der normalen Wirklichkeit in andere Dimensionen gelangen. Ein *tirtha* läßt dies zu, weil er ein Knoten im Gewebe der Schöpfung ist, durch den eine besonders große Anzahl von Fäden gezogen wurde. Jeder Faden ist eine andere Perspektive auf das Ganze, und deshalb kann uns ein heiliger Ort mit vielen Schichten der einen Wirklichkeit verbinden.

Die Heiligkeit des Ortes ist im Inneren des Pilgers wie auch im äußeren Raum zugegen. Die Pilger wählen sich verschiedene Orte entsprechend ihrer traditionellen Vorschriften, aber auch ihrer eigenen Vorlieben. Anhänger des Rama werden zu dem einen Ort gehen, Liebende des Krishna zu einem anderen. Das Heiligtum einer Göttin beispielsweise könnte sie beide in seinen subtilen Einflußbereich ziehen. In Wirklichkeit wählen nicht wir den Ort, vielmehr wählt er uns. Oder noch besser gesagt: dieser Prozeß verläuft in beiden Richtungen. Wenn die Vorstellungskraft des Pilgers nicht für die tieferen Wirklichkeiten des jeweiligen Ortes sensibilisiert ist, wird nichts weiter stattfinden als ein touristisches Betrachten um des Betrachtens willen. Der Hindu hat den Vorteil, daß er durch seine Kultur bereits darauf eingestimmt ist, alles in allem sehen zu können, und daß ein *lingam* in Benares im Grunde die Essenz aller zwölf wichtigen Lingas in Indien ist. Das ist für ihn keine Redewendung, keine Metapher, sondern eine Wirklichkeit. Und dennoch beginnt auch bei den Hindus der Tourismus mit den traditionellen Motiven einer Pilgerreise zu konkurrieren, bei denen es darum geht, Verdienste und Segnungen zu erwerben.

Eine Pilgerreise war zu keiner Zeit eine leichte Angelegenheit. Noch vor 100 Jahren bedeckte dichter Urwald weite Teile des Landes – obwohl man damals bereits mit dem Abholzen begonnen hatte, um Holz für Eisenbahnbohlen zu erhalten. Man mußte wilden Tieren, Räubern und den Gefahren eines unbekannten und oftmals feindseligen Territoriums trotzen. Die Reise wurde immer zu Fuß zurückgelegt, und dies ist noch immer die beste Art und Weise, um zu einem heiligen Platz zu gelangen. Das Gehen beschäftigt den Körper, verleiht Rhythmus. Und der Schweiß, der dabei entsteht, wird dem Herrn oder der Göttin des Ortes geopfert. Bewegung öffnet die Blutgefäße, trainiert das Herz, reinigt den Geist und schwemmt das Strandgut angesammelter Tagträume hinweg. Der Vorteil dabei ist auch, daß es dauert. Selbst wenn man nach einer nur halbstündigen Wanderung an einem solchen Ort ankommt, verleiht dies eine tiefere Einsicht, als wenn man sich aus einem Bus herausdrängt, um über die Schwelle zu treten. Beim Gehen erkennt man auch schnell, daß der Weg selbst schon das Ziel ist, und das wird in Indien durch eine Reihe von Pilgerrouten bestätigt, die im Kreise verlaufen. Wo soll man schließlich hingehen, wenn alles immer schon da ist, wo man gerade ist? Dennoch setzt man sich in Bewegung, denn dies ist das Wesen der menschlichen Existenz. Wir gehen immer im Kreis, und ob es eine heilige Reise ist oder nicht, hängt von der Art unserer Intentionen ab. Ebenso wie irgendwelche besonderen Riten, die wir auf dem Weg vollziehen, kann auch die Qualität unserer Intentionen eine normale Tätigkeit zu einer heiligen ritualisieren.

Manche Menschen klettern noch immer zu Fuß die Pilgerwege auf dem Himalaya nach Badrinath, Gangotri und Kedarnath hinauf, aber die überwiegende Mehrheit der Pilger fährt heute mit dem Bus. Deshalb reisen heute sehr viel mehr Menschen auf den Pilgerstraßen als jemals zuvor. Noch im Jahre 1976 sollen zwanzig Millionen Menschen hundertfünfzig der wichtigsten Pilgerorte besucht haben.[9] Im Jahre 1994 besuchten zwei Millionen das Heiligtum des Gottes Ayappan in Kerala. Seit Jahrtausenden haben die Hindus diesen Stätten ihre Verehrung gezollt, auch wenn sie in früheren Zeiten nicht in so großen Mengen kamen. Badrinath ist seit mindestens 1.500 Jahren ein wichtiges Pilgerzentrum und wurde vorher als buddhistisches Heiligtum verehrt. Die Orte, die seit Jahrhunderten mit der einen oder anderen Gottheit des Hindu-Pantheons assoziiert werden, sind schon lange vor dem Auftreten dieser Gottheiten verehrt worden. Sie waren natürliche Quellpunkte des Heiligen – nicht Orte der »Naturverehrung« – sondern Teil einer lebendigen Theologie, in der alles Leben ein Sakrament war. Meistens wurden sie in der Form einer Göttin verehrt, die spätere Hindu-Götter zu ihren Begleitern machte, um auf diese Weise ihre Macht über den Ort zu etablieren.

Wie kann ein Nicht-Hindu eine bedeutsame Pilgerreise in einem Land unternehmen, dessen religiöse Mythologie so fremdartig erscheint? Manche kommen vielleicht, um einen ganz bestimmten Heiligen oder Guru zu besuchen, während andere von der natürlichen Schönheit des Himalaya oder der Wüste von Rajasthan angezogen sind. Die natürliche Welt selbst ist für die Hindus die Entfaltung des Göttlichen. Aber sie ist es für jeden, der mit seinen inneren Sinnen sehen und hören kann. Heilige Orte kommen im Westen wieder in Mode. Pilgerreisen werden zu einem Zweig der Tourismusbranche. Aber in Indien ist die Pilgerschaft schon immer ein natürlicher Teil des Lebens gewesen. Selbst wenn jemand wenig über den kulturellen Zusammenhang weiß, wird das Land ihn darin unterstützen, seine eigene heilige Reise zu vollziehen. Die Hauptsache ist – und das unterscheidet einen Pilger von normalen Reisenden – ob man willens ist,

---

[9] Ghurye, G. S., *Indian Sadhus*, Popular Prakashan, Bombay 1995

den Übergang vermittels des *tirtha* zu wagen, und aus dieser Welt der profanen Wirklichkeit zu jener – und das ist dieselbe! – zu gelangen, in der die Reise, das Ziel und der Pilger selbst allesamt Ausdruck des Einen Göttlichen Ganzen sind.

Pilgerreise durch Braj

Wer in Indien Gott als »den Geliebten« bezeichnet, ist meistens ein Anhänger des Gottes Krishna. Es ist bekannt, daß Krishnas Heimat die Gegend von Braj ist. Dort wurde er geboren, wuchs unter Kuhherden auf und wurde zum Liebesobjekt von Radha und all der Gopis. Für Menschen, die diesen Gott lieben, ist Braj eines der wichtigsten Pilgerziele in Indien. Der kreisförmige Weg, der die gesamte Region umschließt, beginnt und endet in der Stadt Mathura. Er enthält alle heiligen Stätten, die mit Krishnas Leben und Taten assoziiert werden.

Die gesamte Pilgerroute von Braj erstreckt sich über fast dreihundert Kilometer, aber viele Pilger gehen nur zu einem oder zwei der wichtigsten Orte – vor allem Vrindavana, wo das Kind Krishna mit den Gopis spielte, ist inzwischen das Zentrum des Pilgerverkehrs. Ein weiteres Ziel ist der Ranakunda-See, den Krishna auf Radhas Wunsch hin aus den Wassern aller heiligen Flüsse erschuf, ferner Gokul, wo Krishna als Kind aufgezogen wurde, und Govardhan. Weitere Orte kennzeichnen die *tirthas* von Radhas und Krishnas heiligem Spiel: Ajnokh, wo Krishna Radhas Augen mit Khol schminkte, Pisaya, wo Radha den ohnmächtigen Krishna mit Wasser wiederbelebte, Javakban, wo Krishna Radhas Füße mit roter Javakfarbe schmückte. Sankari Khor ist der Ort, an dem Krishna von den Kuhhirtinnen seine Bezahlung in Küssen forderte und Chir-Ghat ist der Name des Yamuna-Ufers, wo Krishna ihre Kleider stahl und sich in einem Baum verbarg, während sie badeten.

Vrindavana bedeutet »Wald von Vrinda-Bäumen«. Normalerweise ist der Wald in Indien ein Ort für den Ashram und den Asketen, aber für Krishna ist es eine Stätte der Erotik und eine archetypische Verbindung mit der Natur. Wenn ein Pilger in Braj von einem *tirtha* zum nächsten reist, so nährt er in seinem Herzen den Geschmack intensiver Hingabe und Liebe und gelangt in die transzendentale Welt von Krishnas *lila* oder »Spiel«, das in der geographischen Landschaft verankert ist. Darin ist Braj ungewöhnlich: während die meisten hinduistischen Pilgerreisen zum Zweck von materiellem Nutzen oder spirituellem Verdienst unternommen werden, so ist es nur um der Liebe willen, wenn der Pilger in Braj sein Bewußtsein in Krishnas heiterem Zeitvertreib versenkt und seinen Körper im physischen Raum dieser Landschaft bewegt. Liebe ruft Liebe hervor, und Krishna antwortet, indem er im Herzen seines Anhängers verweilt.

3
Der heilige Fluß

O Mutter Ganga, möge dein Wasser,
der überquellende Segen dieser Welt,
der Schatz des Herrn Shiva, des spielerischen Herrn
der ganzen Erde,
die Essenz der Schriften und die verkörperte Güte der Götter,
möge dein Wasser, der feinste Wein der Unsterblichkeit,
unsere betrübten Seelen heilen.[10]

Weil die Tür unseres Raumes offenstand, konnten wir das Rauschen des Flusses hören. Während wir den Anbruch des

---

[10] Hawley, John Stratton and Wulff, Donna Marie, Hrsg. *The Divine Consort: Radha and the Goddesses of India.* Berkeley Religious Studies, Berkeley, ca. 1982

Tages miterlebten, schlich der Reinigungsangestellte mit seinen braunen Schilfbesen herein. Er war gebückt und sah älter aus, als er in Wirklichkeit war – ein trauriger kleiner Mann. Ich fühlte mich veranlaßt zu fragen, ob er eine Familie habe. »Ja«, sagte er und fügte nach einer Pause hinzu, »aber Frau krank und Kinder auch. Kein Geld für Medizin, sehr schwierig.« Er sprach ohne eine Spur von Verschlagenheit, ohne auch nur den Schimmer eines Hinweises, daß wir ihm Geld geben sollten. Er konstatierte ganz einfach die Tatsachen seines Lebens. Dann wandte er sich seiner Arbeit zu und, als erinnere er sich an etwas, wandte er sich um und zeigte durch das Tor auf den Fluß. »Aber Ma Ganga wird für uns sorgen.« Ohne ein weiteres Wort begann er, den Boden zu fegen.

Dieses Gespräch fand vor einigen Jahren im Touristenbungalow von Haridwar statt. »Ma Ganga wird für uns sorgen« – niemals zuvor hatte ich gehört, daß jemand in dieser Weise von einem Fluß sprach. Für diesen Mann war der Ganges eine lebendige Kraft, ein schützendes Wesen, das ihn von Krankheiten heilte. Während dieses Aufenthaltes in Indien kam ich zu der Erkenntnis, daß dieser Reinigungsangestellte damit nicht allein war. Der Ganges lebt heute wie schon seit jeher in den Hoffnungen und Träumen einer ganzen Kultur. Selbst der erzmoderne Nehru verlangte, daß seine Asche bei Allahabad in den Ganges geworfen werde. Auch für ihn war dieser Fluß Indien, und mehr, als irgendeine politische Partei oder Vision dies jemals hoffen konnte. Die gesamte Hinduwelt kommt noch immer an seine Ufer, um zu singen, zu beten, sich zu waschen, um Gnaden und Segen zu bitten, zu urinieren, zu handeln und zu sterben. Während der ganzen restlichen Reise kehrte der große Fluß immer wieder auf irgendeine Weise in meine Gedanken zurück.

Er ist groß – aber nicht, weil er fast zweieinhalbtausend Kilometer lang ist, denn es gibt viele längere und breitere

Flüsse –, sondern weil er mehr als jeder andere Fluß auf Erden ein lebendiges Symbol für die Lebensweise einer alten Kultur und die sakrale Dimension der Natur selbst ist. Von allen Hindugöttinnen ist Ma Ganga die einzige, die keine Schattenseiten aufweist. Sie ist die unbestreitbare Quelle von Gnade und Mitgefühl und existiert in dieser Welt nur, um ihre Kinder zu trösten. Ihr Wasser ist die Milch, der Nektar der Unsterblichkeit, die Quelle allen Lebens und Reichtums. Oftmals wird sie dargestellt, wie sie einen Teller mit Nahrung und einen überfließenden Topf trägt. In Bihar stellen die Bauern einen Topf mit Gangawasser auf ihre Felder, bevor sie säen, um eine gute Ernte zu erlangen. Kurz nach ihrer Hochzeit entfalten junge Ehefrauen ihren Sari vor Gangaji und beten um Kinder. Schon der physische Anblick dieses Flusses kann trösten. Er selbst, und nicht so sehr seine Personifikation als Göttin, ist es, der Verehrung und Hingabe erzeugt. Jeden Tag werden zahllose Blumen in das Gangeswasser geworfen, Millionen von Lichtern tanzen jeden Abend auf dem Wasserspiegel. Mythen von Göttern und Göttinnen kommen und gehen im Laufe der Zeitalter, ein Mythos ersetzt oder bekämpft den anderen, aber die organische Gegenwart der Mutter Ganga bleibt immer erhalten, sie nimmt die Opfer und die Asche ihrer Verehrer genauso in sich auf, wie sie es schon seit undenklichen Zeiten getan hat.

Meine erste Berührung mit der Ganga als lebende Göttin erfolgte durch den Reinigungsangestellten und im Verlaufe einiger Stunden, die ich kurz darauf am Ganga-Ufer von Haridwar verbrachte. Und dies allein konnte meine Phantasie so sehr entflammen, daß ich drei Jahre später nach Indien zurückkehrte, um ihrem Lauf zu folgen. Ich beschloß zu Fuß, mit dem Boot und mit dem Bus von ihrer Quelle im Himalaya bis nach Benares zu reisen. Das ist die Hälfte des gesamten Flußlaufes.

Die Quelle des Flusses heißt *gomukh* oder »Kuhmaul«. Die Hindus tragen es mit sich, wenn sie zur Mutter Ganga gehen: denn der Schnabel der Kupferkanne, mit der sie heiliges Wasser für ihre persönlichen Rituale aus dem Fluß schöpfen, hat oftmals die Form einer Kuh. Und der Ganges strömt in der Nähe eines Gletschers, der etwa 5.000 Meter hoch in den Bergen liegt, aus einem »Kuhmaul«. Dort lebt ein *sadhu*, der das ganze Jahr über keine Kleidung trägt. Ich begegnete ihm im Oktober, als der Pilgerverkehr sich beruhigt hatte. Ich war den schmalen Weg von Gangotri, dem nächstliegenden Dorf, zu Fuß gegangen und hatte mich hin und wieder an dem Holzgeländer festgehalten, das entlang des Stromes am Rande des Felsens verläuft. Das Terrain ist kahl und felsig, auf beiden Seiten ragen schneebedeckte Gipfel bedrohlich auf. Mir war kalt, ich war hungrig, in meinem Kopf drehte sich alles wegen der Höhenkrankheit. Ich lächelte matt. Er blickte auf mich, als ob er das alles schon tausende Male zuvor gesehen hatte. Sein verfilztes Haar fiel bis unter seine Schultern. Ein winziger Stoffetzen lag über seinen Schenkeln. »Welches Land?« sagte er. »England.« Er nickte. Ich blieb noch einige Augenblicke dort sitzen und versuchte die Heiligkeit dieser Quelle von Gnade und Mitgefühl zu verspüren. Weiß Gott, ich brauchte dieses Gefühl, aber es wollte sich einfach nicht so recht einstellen, jedenfalls nicht so, daß meine Sinne es wahrnehmen konnten. Ich saß dort oben eine Stunde lang mit dem *sadhu*, wie durch einen Schleier nahm ich die strenge Erhabenheit nicht nur der Berge, sondern auch seiner Erscheinung wahr. Aber ebenso war mir auch bewußt, daß zwischen mir und Gangotri einige Stunden anstrengenden Fußmarsches lagen, wenn ich dort vor Einbruch der Nacht ankommen wollte. Viele Pilger schlagen ein Lager in Gomukh auf, manchmal sogar noch höher bei einer Stelle, die den Namen Tapovan trägt. Aber ich bin besonders anfällig für die Höhenkrankheit, und der Fußmarsch zurück nach Gangotri erschien mir schließlich wohltuender als eine Nacht mit dem *sadhu*.

Bei Männern wie Bhagiratha gab es niemals solche Schwächen. Wenn wir alles, was wir hören, auch glauben, so verbrachte dieser antike König Jahrhunderte in der Nähe eines Himalaya-Gletschers wie diesem und vollzog asketische Übungen, um die Seelen seiner Vorfahren zu befreien. Sie alle waren durch einen Blick des Weisen Kapila zu Asche verbrannt worden, weil sie seine Meditation gestört hatten. Ganga, die flüssige Essenz der drei großen Götter und Quelle alles himmlischen Wassers, war durch seinen Eifer so sehr gerührt, daß sie in physischer Gestalt vor ihm erschien und ihm versprach, daß sie ihn unterstützen würde, wenn er einen der großen Götter dazu bringen könne, ihr Niederströmen auf die Erde aufzuhalten – denn sonst würde die Kraft ihres Wassers die Erde zerstören. Ganga war in Brahmas Topf gespeichert, deshalb betete Bhagiratha zu ihm um Hilfe. »Gehe und frage Vishnu, ob er dir hilft«, sagte Brahma. »Ich werde Gangas Wasser freisetzen, aber nur Vishnu kann ihr Niederströmen aufhalten und eindämmen.« Bhagiratha betete mit so viel Hingabe, daß Vishnu befriedigt war. Brahma segnete Vishnu mit einem Teil von Gangas Kraft und dabei fiel die Essenz von Gangas Wasser auf Vishnus Fuß. Von dort strömte es durch Shivas Haar und teilte sich dabei in viele Flußläufe auf, die in verschiedene Teile der Erde strömten und sie heiligten. Der Hauptstrom floß durch Indien und schuf sich einen Weg zu dem Ort, an dem die Asche von Bhagirathas Vorfahren beigesetzt war. Er befeuchtete sie und die 60.000 Söhne wurden auf diese Weise gereinigt und konnten die Reise zum Land ihrer Väter antreten. Ganga floß weiter durch das Land und löste sich schließlich im Meer auf. Das ist der Grund, weshalb Ganga mit der Kraft der ganzen hinduistischen Göttertriade gesegnet ist. Sie ist »diejenige, die in den drei Welten fließt, im Himmel, auf der Erde und in der Unterwelt unter dem Meer.« Sie ist eine flüssige Weltachse, das *tirtha* der *tirthas* und verbindet alle Sphären der Wirklichkeit. Aus diesem

Grund spielt sie eine so wichtige Rolle im Todesritual der Hindus. Menschen, deren Asche in den Ganges gestreut werden, können wie Bhagirathas Vorfahren sicher sein, daß sie ihre Reise ins Land der Vorfahren antreten können.

Es war wirklich himmlisch, die Lichter von Gangotri in der einsetzenden Dämmerung zu sehen und einige wenige Momente auf der hölzernen Brücke auszuspannen, die die Ufer des rauschenden Stromes überspannt, der dort oben den Namen Bhagirathi trägt – zu Ehren des Königs, dessen asketische Übungen die Ganga zur Erde hinabgezogen hatten. Und obwohl mein Kopf vor Schmerz raste, mußte auch ich einen Augenblick innehalten, um diese rosa und weißen Felsblöcke am Fuße der Schlucht zu bewundern, die durch das unablässig strömende Wasser im Laufe der Zeitalter zu lebenden Gestalten geformt wurden. Sie entzünden die Phantasie vieler Pilger, die diesen Weg gehen. James Fraser, der erste Ausländer, der Gangotri auf seiner Reise im Jahre 1815 zu sehen bekam, machte sich mit seinen Pinseln und seiner Staffelei sofort an die Arbeit. Schon im Jahre 1820 konnte er seine Aquarelle von der Gangotri-Schlucht in London verkaufen. Inzwischen erklangen die Glocken im Tempel der Flußgöttin und riefen die Gläubigen zur Abend-*puja*. Aber für mich war Schlaf das einzige, an das ich denken konnte, und von Gangotri sah ich in jener Nacht weiter nichts, als die Tür zu meinem Zimmer.

Am nächsten Morgen machte ich mich auf den Weg, um flußabwärts zu wandern und fühlte mich von Minute zu Minute wohler, je weiter ich nach unten kam. Ich folgte Wegen, die sich durch Zedern und Pinienwälder von einer kleinen Bergsiedlung bis zur nächsten zogen. Wie immer versetzte mich das Gehen in einen Rhythmus, für den mein Körper und Geist dankbar waren. Ich kam in Einklang mit der Bewegung der Tiere, mit den Mauseln oder Ziegen, die mir gelegentlich auf dem Weg begegneten. Es erlaubte mir, in Zeichensprache mit Fremden zu kommunizieren, um mit irgendwelchen Hirten einen Topf Tee zu teilen. Ich konnte ein wenig trödeln und die Vögel beobachten, die mit ihren dreißig Zentimeter langen blauschimmernden Schwänzen und Schwingen, die zu klein für ihren Körper waren, unbeholfen über den Fluß hin und her flatterten. Und die ganze Zeit über konnte ich das unablässige Rauschen des wilden Wassers durch die Bergschluchten hören, seine turbulente weiße Gischt und seine wilden Wellen und Wirbelseen.

Am nächsten Morgen erwachte ich auf einem Felssims am Rande des Wassers und sah hier und dort am Ufer aufgerichtete Felsen, die mit Blumen bekrönt worden waren. Ein Mann stand mit dem Gesicht zur aufgehenden Sonne, eiskaltes Wasser tropfte noch immer an ihm herab, nachdem er in den Fluß eingetaucht war. Er hielt die Augen geschlossen und legte die Handflächen in der traditionellen Grußgeste aneinander. Leise murmelte er einige Gebete, drehte sich dann auf der Stelle im Kreis, verbeugte sich vor den vier Himmelsrichtungen und ließ aus einem Messingtopf, den er vor sich hielt, einen kleinen Wasserstrahl in den Fluß zurückfallen. Er legte zwei gelbe Ringelblumen auf einen senkrecht stehenden Stein, entzündete zwischen ihnen einen Weihrauchkegel, verbeugte sich noch einmal vor den Blumen und dem Fluß und ging dann seines Weges. Vielleicht zu seinem Schneideratelier oder zu seinem Feld. So einfach! Er machte kein Aufhebens, zeigte nicht einmal den leisesten Schimmer von Verlegenheit bei der Gegenwart eines staunenden Ausländers. Auf diese Weise begann er seinen Tag, jeden Tag seines Lebens, wie es Millionen von Hindus tun, die in der Nähe eines Flusses, eines Sees oder selbst eines Teiches wohnen.

Einige Tage später zeltete ich auf einem weißen Sandstreifen eine kurze Strecke stromaufwärts vor Rishikesh. Dies ist das Tor zur Weite der indischen Ebene, die erste Stadt, die der Fluß erreicht, nachdem er die Berge verlassen hat. Der Strom, der in den Bergen von Schlucht zu Schlucht gefallen war, sah nun nach einem richtigen Fluß aus. Ma Ganga ist an diesem Ort breiter, langsamer und schon halb gezähmt. An ihren Ufern treten die Züge der Zivilisation in Erscheinung. Die Strohhütten von Asketen in orangefarbenen Kleidern säumen das Flußufer, große Ashrams und Tempel beherrschen die Stadt. An diesem Ort haben die Beatles immer wieder mit dem Maharishi gesessen, dessen Ashram noch immer einer der größten in der ganzen Umgebung ist. Die Menschen baden, waschen ihre Kleidung, beten, werfen Blumen auf das Wasser, verkaufen Töpfe. Leuchtende Farbflecken erfüllen meinen Blick, schöne Turbane, ganze Meter von blauem und gelbem Tuch bilden eine Schleppe, die von der Schulter einer Frau herabhängt. Ewige Gesten: Saris werden lässig gefaltet, Geld wird von Hand zu Hand gereicht, Kinder werden gefüttert, es wird gebettelt, immer wieder gebettelt, das heilige Zeichen wird auf die Stirn gemalt, eine Frau bückt sich anmutig und ohne irgendeine Spur von Eitelkeit oder Verlegenheit, um eine Opfergabe, ein Blumenboot ins Wasser gleiten zu lassen. Alles ist genauso, wie es immer gewesen ist.

Als ich eines Tages am Ufer entlang wanderte, begegnete mir eine Gruppe von Sanyassins in orangefarbenen Kleidern, die ihre heiligen Lieder über einem Lehnstuhl sangen, in dem eine alte Frau saß. Irgendjemand schlug eine Trommel, am Ufer wurde ein Boot angebunden. Als ich näher kam, bemerkte ich, daß die alte Frau tot war. Man hatte sie in ihren Mönchsgewändern an den Stuhl gebunden. Neben ihr stand eine große Kiste. Mehrere Sannyasins hoben den Stuhl in die Kiste, ohne dabei ihre Gesänge zu unterbrechen, und legten Steine um die Füße der alten Frau. Als sie genügend Ballast aufgehäuft hatten, befestigten sie den Deckel der Kiste mit Nägeln und schafften es schließlich mit einigem Schieben und Heben, die Kiste auf das wartende Boot zu befördern. Die Bootsmänner ruderten bis zur Mitte des Stromes und kippten ihre Last ganz unzeremoniell über den Bootsrand ins Wasser. Sanyassins brauchen keine Verbrennung, da ihre Unreinheiten noch während ihres Lebens durch das Feuer ihrer spirituellen Praxis verzehrt werden. Auch kleine Kinder entgehen der Verbrennung, denn man glaubt, daß sie noch zu jung sind, als daß sie schlechtes Karma auf sich geladen hätten.

Haridwar liegt eine halbe Stunde stromabwärts von Rishikesh und ist eine der sieben heiligen Städte Indiens. Millionen Menschen besuchen sie jedes Jahr, um in der Flußbiegung, die den Namen Brahmakund (»Brahmas Becken«) trägt, zu baden. An diesem Ort grüßte Brahma die himmlische Ganga bei ihrem Abstieg zur Erde, dort hinterließ auch Vishnu (Hari) seinen Fußabdruck, deshalb heißt dieser Ort auch Hariki-Pairi oder »Haris Fuß«. Dieser Abdruck wird im Gangadwara-Tempel (»Tor des Ganges«) auf dem rechten Ufer verehrt. Das Wasser von Haridwar ist deshalb also doppelt heilig, und deshalb gilt diese Stadt auch als Ort der Erlösung. Verbrecher kommen hierher, um in der Menge der Mönche zu verschwinden, Ausreißer aus unglücklichen Ehen und Familienproblemen, versklavte Arbeiter, die vor ihren tyrannischen Gutsherren flüchten, respektable Familien aus Delhi, Geschäftsleute aus dem Punjab, Dorfbewohner aus Rajasthan, die ganze Welt des nördlichen Indien drängt sich in einer einzigen Masse an den Ufern des Flusses, am »Tor des Herrn« – Haridwar – sind sie alle gleich.

Bei Einbruch der Dämmerung glitzern Tausende von Lichtern bei Hariki-Pairi: Boote aus Blättern schaukeln mit einer Ladung von Blumen und einer Kampferflamme auf dem Wasser; sie wurden von Pilgern losgeschickt, die sich durch diese Opfergabe die Gunst der Ma Ganga sichern wollen. In der ganzen Stadt läuten die Glocken, unten am Flußufer singen die Priester ihre heiligen Gesänge und schwenken Messingkerzenleuchter, in denen das Licht in der Form des heiligen Lautes Om aufflammt. Pilger drängen sich durch das Hariki-Pairi-Tor, den am meisten Segen spendenden Badeort in der ganzen Stadt; der ganze Fluß ist, wie es sich für eine Göttin auch ziemt, von Rosen- und Chrysanthemengirlanden gesäumt, ein Teppich aus Blütenblättern tanzt auf den Wellen.

Von Haridwar aus fuhr ich mit dem Zug nach Allahabad, das in alten Zeiten Prayaga hieß. Dies ist eine der sieben heiligen Städte. Sie ist sogar doppelt heilig, weil sie am Zusammenfluß der Yamuna und der Ganga liegt. Die Kraft dieser Gegend wird durch geographische Besonderheiten verstärkt und der Zusammenfluß von zwei Flüssen ist besonders heilig, weil er in der Vorstellung des Hindu an das Bild der Yoni, der Vagina, der Pforte allen Lebens erinnert. Prayaga ist nicht nur durch die Vereinigung von zwei, sondern sogar drei Flüssen gesegnet: Sarasvati, ein unsichtbarer unterirdischer Strom, fließt, wie man glaubt, am selben Ort wie der Yamuna in den Ganges.

In Allahabad hatte ich eine Gruppe von Freunden getroffen, und wir wollten mit dem Boot weiter stromabwärts nach Benares fahren, das von Allahabad etwa 75 km entfernt ist. Mit dem Boot dauert das drei Tage. Wir hatten jemand beauftragt, das Boot für uns vorzubereiten, und früh am Morgen schob er uns auf eines der kleinen Fahrzeuge, die im Schatten der großen Festung angetaut sind. Die Nußschale, in die wir nun getreten waren, war so eng, daß wir nicht einmal die Beine ausstrecken konnten, es gab nur einige Bretter, um darauf zu sitzen und kaum einen Sonnenschutz. Im Bug saß ein verschlagen aussehender Mann mit nur einem Auge, dessen Beine dünner als meine Handgelenke waren. Er ruderte einige wenige phlegmatische Züge und gab uns dann zu verstehen, daß wir auf seinen Sohn warten müßten. Eine halbe Stunde später warteten wir noch immer. Alle Boote neben uns sahen stabiler aus als das unsrige, alle hatten sie Sitze mit Kissen darauf, und alle anderen Bootsleute schienen auf der Höhe ihrer Lebenskraft zu sein und nicht in ihrem ausgezehrten Zustand, in dem unser

Bootsmann dahinzuschwinden schien. Als ich mich bereits nach einem anderen Boot umsah, entdeckte der Einäugige plötzlich eine verborgene Kraft und beförderte uns in die Mitte des Stromes, wobei er versicherte, daß wir eigentlich überhaupt nicht auf seinen Sohn warten müßten.

Seine Begeisterung war von kurzer Dauer. Andere Boote, die sehr viel schwerer beladen waren als das unsrige, die mit fetten Pilgern aus Delhi oder Bombay vollgepackt waren, glitten an uns vorbei, um zur Vereinigung der beiden Flüsse zu kommen, einen der am meisten verehrten Orte auf der ganzen Länge des Ganges. In Allahabad beginnt die Ganga die Proportionen einer geradezu episch breiten Wasserstraße anzunehmen. Wo die beiden Flüsse sich vereinigen, gleicht sie einem riesigen See, auf dem Dutzende von Pilgerbooten in der Mitte der Strömung verankert scheinen. Für unseren Bootsmann war die Fahrt auf dieser ungeheuren Wasserstraße anscheinend eher ein Nachmittagsausflug als eine Reise, die drei Tage dauern würde. Mit dieser Geschwindigkeit würden wir noch lang in die Nacht hinein rudern müssen.

Obwohl wir es nicht wollten, gewöhnten wir uns an den Rhythmus des Einäugigen, und bald war das einzige Geräusch, das wir hören konnten, das Ächzen der Ruder – das waren Pfosten, an die als Ruderblätter die Überreste einer orangefarbenen Kiste angenagelt waren – und die fernen Gesänge und Rufe aus dem Gewirr der Boote, die den Zusammenfluß erreicht hatten, der sich etwa einen oder zwei Kilometer von der Stadt entfernt befand. Als unsere Fahrt schon fast den Hauptfluß erreicht hatte, bemerkte ich eine Gestalt, die über eine gekrümmte Sanddüne auf dem entfernter liegenden Ufer in unsere Richtung ging. Der Bootsmann manövrierte uns zum Ufer, und die Gestalt schritt durch das seichte Wasser auf unser Boot zu. Es war sein Sohn. Jeder lächelte – alles war vorbestimmt. Nur wir waren im Dunkeln umhergetappt. In jeder kleinen Lebensangelegenheit und im Herzen seiner ganzen chaotischen Organisation besitzt Indien seine eigene unerbittliche Logik, in die sich der Besucher erst nach und nach fallen lassen kann. Es ist nutzlos, vollkommen nutzlos, sich zu widersetzen oder die Dinge auf irgendeine andere Art und Weise zu lenken.

Wir waren fast das einzige Boot auf dem Fluß. Wir sahen ein Fischerboot und einige kleine Schleppkähne, die mit Sand gefüllt waren und von Männern an einem Uferpfad stromaufwärts gezogen wurden. Dies geschah mittels eines langen Taus, das am Mast dieser Kähne vertäut war. Der Sand war aus der mittleren Fahrrinne mit Eimern herausgeschürft worden, die am Ende von Bambusstäben befestigt waren. Es gab keine Motorboote. Der einzige Außenbordmotor, den ich auf der gesamten Reise zu Gesicht bekam, befand sich auf der Fähre von Rishikesh. Ein weiteres Motorboot, das wir nach Allahabad passierten, war ein kleines Boot mit breitem Frachtraum, das mit Schilfbündeln beladen war. Zwischen ihnen spähte ein flaches Gesicht mit hohen Backenknochen, das in weißes Tuch gehüllt war, hinter dem Steuerruder hervor.

Als wir die Stadt verließen, folgten wir unserem Weg in ein Land, das sich in tausend Jahren kaum verändert haben konnte. In starkem Kontrast zu jenem Indien, das die meisten Menschen erleben, war der Fluß still und geräuschlos, nur das Wasser schwappte und platschte gegen das Boot, und die Vogelschreie über uns durchbrachen das Schweigen. Indien muß wohl eines der lärmendsten Länder auf der ganzen Erde sein. Die Inder sind niemals allein: sie gehen in Gruppen, sitzen in Knäueln, reisen in Familien. Ihr unablässiges Reden erreicht oftmals eine Lautstärke, die weit über der eines normalen Gespräches liegt. Sie spielen gerne laute Musik aus indischen Varietéfilmen, um Kunden in ihre Geschäfte zu locken, um ein Fest zu feiern (es gibt immer ein Fest zu feiern), und um Gläubige zum Tempel zu rufen. Die Tempellautsprecher machen sich bereits um vier Uhr morgens bemerkbar und verschonen keinen Winkel ihres Viertels. Auf den Straßen halten indische Lastwagen- und Busfahrer, die 90 % des Verkehrs ausmachen, Tag und Nacht ihre Hand ständig auf der Hupe; und deren Volumen und Tonhöhe ist in etwa mit der Alarmsirene bei einem Luftangriff zu vergleichen. Insofern war der Fluß ein Heiligtum, vielleicht auch ein Echo dessen, was Indien vor 50 Jahren gewesen ist. Wir glitten zwischen hohen Ufern dahin, ab und zu wand sich ein verstaubter Weg zu einem Dorf hinauf. Eine Frau mit einem Topf auf dem Kopf schwang sich auf Stufen hinauf, die in den Schlamm eingegraben waren; Kinder spielten am Ufer, eine Großmutter wusch ihr Leinen, Büffel badeten im Fluß, Geier schmiegten sich auf dem Sand aneinander.

Spät am Morgen versammelte sich eine Gruppe von Geiern auf dem linken Flußufer und hackten der Reihe nach die sterblichen Überreste von einem gebleichten Skelett, das auf den Sand geschwemmt worden war. Ein wenig später, gerade bevor auch wir auf den Sand aufliefen, überraschte uns der Einäugige mit zwei englischen Worten: »Toter Körper!« rief er aus und zeigte stolz in das Wasser. Der geschwollene Leichnam eines Mannes, der noch immer bekleidet und mit dem Bauch nach oben im Wasser trieb, streifte unser Schiff auf der linken Seite.

Die letztendliche Auflösung in der Ganga reinigt einerseits, aber aus moderner Sicht trägt sie andererseits auch zur ökologischen Verschmutzung bei. Die Hindus sind im allgemeinen der Überzeugung, daß nichts ihren heiligen Fluß verunreinigen kann, und aus vielen Tests geht hervor, daß das Gangawasser tatsächlich eine beachtliche Fähigkeit hat, seine Reinheit zu bewahren. Andere Testergebnisse beweisen das Gegenteil, nämlich, daß die Ganga ebenso wie jedes andere Gewässer den Belastungen durch eine moderne Gesellschaft und eine schnell wachsende Bevölkerung ausgesetzt ist. Für welche Version man sich entscheidet, hängt gegenwärtig noch vom eigenen Glaubensystem ab. »Ja, unser Wasser kann ohne weiteres getrunken werden«, hatte mir der Eigentümer meines Hotels in Haridwar mit einem Lächeln versichert. »Es kommt vom Ganges.« Damals entschied ich mich für Mineralwasser aus der Flasche.

Die Hindus sind Reinheitsfanatiker, und für sie ist die Mutter Ganga so altehrwürdig, daß die Verschmutzung, die alltäglich durch den Kontakt mit den niederen Kasten und anderen unerwünschten Situationen erfolgt, einfach dadurch ausgelöscht werden kann, daß man sich eine Hand voll Flußwasser über den Kopf gießt. Im Agni Purana heißt es, daß alle Sünden weggewaschen werden, wenn man von einem Lufthauch berührt wird, der auch nur einen Tropfen von Gangeswasser mit sich führt. In den Tempeln der Guptaperiode schmücken oftmals Statuen von Ganga und Yamuna das Eingangstor und reinigen alle, die es durchschreiten. Selbst das Land, durch die die Ganga fließt, ist allein schon durch ihre Gegenwart gereinigt, und das ist eine Ansicht, die für das moderne Bewußtsein noch eher annehmbar ist. Es fordert die Logik heraus – aber Indien lebt ja nicht nach westlicher Logik – daß dieser heiligste aller heiligen Flüsse als allgemein zugänglicher Abflußkanal benutzt wird. Die Städte leiten die Exkremente in ihn hinein, Millionen von Einzelpersonen verwenden ihn als öffentliche Toilette, und natürlich laden auch Industriebetriebe ihre Abwässer in ihm ab. Das ist eine seltsame Art, eine Göttin zu behandeln.

In seiner ersten Rede an das indische Parlament erklärte Rajiv Gandhi die Ganga zum nationalen Erbe und stellte beträchtliche staatliche Geldmittel zur Verfügung, um ihre Verschmutzung zu beheben. Wie es in Indien eben so ist, wurden auf lokaler Ebene eilends alle möglichen Projekte erdacht, um dann in unangemessener Weise durchgeführt zu werden.

Und wie immer ging ein großer Teil der gewidmeten Gelder durch Korruption verloren. Für die Verschmutzung der Erde tragen die Länder des Westens die größte Schuld, und den Grund dafür glaubte ich immer in der westlichen Trennung zwischen Natur und Gott zu finden. Wenn Natur träge Materie ist, kann man sie straflos malträtieren. Wenn sie jedoch eine Göttin ist, eine Manifestation des Göttlichen, würde ich erwarten, daß man sie mit größerer Sorgfalt behandelt. Aber vorläufig reinigt sich der Gläubige noch immer im Wasser der Ganga von seinen Sünden, die dann stromabwärts in diesen riesigen Abflußkanal treiben.

Als sich die Sonne dem Horizont näherte, erstarb der Wind, und Delphine, Dutzende von Delphinen spielten und tauchten neben unserem Boot. Jeder der beiden Bootsmänner nahm ein Ruder. Aber sie schienen nicht in der Lage zu sein, in einem gemeinsamen Rhythmus zu rudern: immer blieb einer hinter dem anderen zurück, bis der andere dann seinen Rhythmus annahm. Einige wenige Sekunden lang ruderten sie dann zusammen, um alsbald wieder aus dem Rhythmus zu fallen. Zwei Tage später erblickten wir durch den frühen Abendnebel die Umrisse der Paläste und Tempel in Rosa und Braun, die die Flußseite von Benares schmücken. Unser Boot zog seinen Weg um die einzige Biegung, die die Ganga in ihrer gesamten Länge einschlägt: sie lenkt ihren Lauf zurück nach Norden, der Richtung der Weisheit und weg vom Süden, der Richtung des Todes. Diese Biegung hat die Form eines Halbmondes wie eine von Shivas Frauen. Endlich zogen wir nun in Shivas Stadt ein, in der der Tod besiegt wird: Benares ist der einzige Ort auf der ganzen Länge des Flusses, an dem das Feuer des großen Gottes durch das Element des Wassers gekühlt wird. In Benares sind Feuer und Wasser, Leben und Tod versöhnt. Nun war ich also von der Quelle bis zur Stadt des Lichtes gekommen. Mit der Hand schöpfte ich Wasser aus dem Fluß, erhob es zur sterbenden Sonne und ließ es in den Strom zurück tröpfeln. Ich erinnerte mich an den Putzmann von Haridwar und wußte, daß ich mit dem Rhythmus des Wassers eins geworden war.

4
Der heilige Berg

Als ich schließlich erkannte, wer ich bin,
fragte ich, was ist diese meine Identität anderes als Du,
der Du als der hochragende Berg Aruna vor mir stehst?
Sri Ramana Maharshi – Verse für Arunachala

Immer wenn in Indien von Bergen die Rede ist, denkt man sofort an den Himalaya. Aber obwohl nach Ansicht der Hindus die ganze Gebirgskette des Himalaya in gewisser Weise heilig ist, spielt in der Mythologie nur ein ganz besonderer Berg eine wichtigere Rolle. Der Berg Kailash, die Wohnstätte der Götter und Shivas bevorzugte Heimat, befindet sich nun auf tibetischem Grund. Als Ganzes ist die Gebirgskette des Himalaya heilig, weil sie im Norden liegt: denn der Norden ist für die Hindus die Richtung der Weisheit und spirituellen Wiedergeburt. Hier findet man auch die höchsten Berggipfel der ganzen Welt, ein Anblick, der in Menschen jeder Rasse oder Glaubensrichtung Ehrfurcht und Bewunderung hervorruft.

Aber mit Ausnahme des Berges Kailash hebt keiner der wichtigeren Pilgerorte im Himalaya – Gangotri, Kedarnath, Badrinath – den Geist irgendeines besonderen Berges hervor. Auf der ganzen Welt werden heilige Berge verehrt; in Indien findet man den besten Ort, um diese noch lebendige Tradition zu erleben, ganz im Süden, wo sich der Berg Arunachala etwa 180 km von Madras entfernt jäh aus der tamilischen Ebene erhebt.

Am Fuße des Arunachala liegt der Ashram von Ramana Maharshi, eines der größten spirituellen Meister dieses Jahrhunderts. Obwohl er im Jahre 1950 starb, ist sein Ashram heute einer der mächtigsten spirituellen Orte in Indien und zieht Menschen aus der ganzen Welt zu sich. Das einzige, was Ramana schriftlich niedergelegt hat, sind Gedichte der Verehrung für diesen Berg. Später sollte er sagen, daß Arunachala die physische Verkörperung von Shiva, Gott selbst, ist. Weshalb also irgendwo anders hingehen?

Dies ist eine merkwürdige Behauptung in bezug auf einen Berg, aber es gibt viele merkwürdige Aussagen über Arunachala und seine Kraft, jene zu sich zu rufen, die er liebt. Einmal traf ich dort die schon erwähnte Französin. Als sie sechzehn Jahre alt war, ging sie in Frankreich einmal auf einen Skiausflug. Auf den Hängen fühlte sie sich plötzlich zu einem nahegelegenen Gletscher hingezogen. Die Lehrerin verbot ihr, dort hinzugehen, aber sie marschierte zum Fuß des Gletschers hinüber. Dort kniete sie nieder und fand einen Stein, der sich exakt in die Innenfläche ihrer Hand fügte. Sie nahm ihn mit sich nach Hause und legte ihn auf den Kaminsims. Rings um den Stein ordnete sie einige Blumen an. In den nächsten Wochen kam sie zu der Ansicht, daß er am besten aussehen würde, wenn sie ihn einölte, und das tat sie dann tagtäglich. Sie wußte nichts über die Kultur der Hindus und hatte keine Ahnung davon, daß sie tatsächlich ein *puja*, also hingebungsvolle Verehrung an den Stein, vollzog.

Zehn Jahre später fuhr sie nach Indien und besuchte auf Vorschlag eines Mönches, den sie in Frankreich getroffen hatte, den Arunachala. Sie wußte über ihn nur, daß er als heiliger Berg verehrt wurde. Ihren Stein trug sie immer mit sich, wenn sie auf Reisen war, und als sie Arunachala zum ersten Mal sah, nahm sie den Stein aus der Tasche und blickte voller Erstaunen sowohl auf den Arunachala wie auch auf ihren Stein. Beide hatten genau dieselbe Form. Als sie einige Wochen später nach Frankreich zurückkehrte, legte sie den Stein wieder auf den Kaminsims. Am nächsten Morgen war er verschwunden. Niemand in der Familie konnte dies erklären. Nachdem sie zunächst erschrocken war, spürte sie allmählich, daß sie den Stein nicht mehr brauchte, da sie ja nun den Arunachala gesehen hatte. Bald darauf fuhr sie wieder nach Indien, um in der Nähe des Berges fünfundzwanzig Jahre zu leben und hat ihn seither nicht mehr verlassen.

Ein Finanzberater aus London betrat eines Tages einen Buchladen und griff nach einem Buch über das Leben und die Lehren von Ramana Maharshi. Innerhalb derselben Woche saß er bereits im Flugzeug, um am Fuße des Arunachala drei Wochen in Ramanas Ashram zu verbringen. Als er den Berg sah, wußte er, daß er nach Hause gekommen war. Sechs Monate später verbrachte er schon wieder zwei Monate an diesem Ort, und ein Jahr danach hatte er alle seine Vermögenswerte in London, New York und Mexiko verkauft und lebte als Mönch am Fuße des Arunachala.

Worin besteht der Ruf dieses Berges, der Weise, Yogis und spirituell Suchende seit Jahrtausenden und noch heute zu sich zieht, so daß sie selbst von fernen Weltteilen zu ihm gelangen? Natürlich gibt es auch über Arunachala eine Geschichte. Aber bevor wir sie hören, tun wir gut daran, über den Unterschied zwischen Mythos und Wirklichkeit nachzudenken. Denn in Indien gibt es zwischen diesen beiden Dingen keinen Unterschied. Für die größere Mehrheit der Inder heißt glauben auch sehen. Eine Vorstellung ist per se schon Wirklichkeit. Man braucht irgendetwas nur mit vollem Vertrauen zu denken, und schon ist es geschehen. Und obwohl es im Westen tiefgreifende kulturelle Veränderungen gibt, ist es dort üblicherweise genau umgekehrt: nur wenn man sieht, glaubt man auch. Wenn wir das Wort Mythos verwenden, denken wir automatisch an »Geschichte«, »Sage« oder »Trugbild«. Der Mythos ist nicht »wahr«. Er ist eine poetische Erklärung des Unerklärlichen, die irgendeine kollektive Angst lindern kann. Das ist die Überzeugung des »Realisten«.

In Indien ist die Vorstellungskraft das Reich des schöpferischen Willens. Und das gilt sowohl für die erhabensten und die am meisten inspirierten spirituellen Texte wie auch für das tägliche Leben des analphabetischen Bauern. Der Unterschied zwischen beiden betrifft nur das Ausmaß der Verfeinerung, nicht jedoch die Perspektive. Die Vorstellungskraft ist ein Reich der Existenz, aus dem sich die Welt der konkreten Form sozusagen verdichtet. Aus dem feineren Reich der Vorstellungskraft werden physische Gestalten zum Leben erweckt. Ein Mythos entstammt unmittelbar jener zeitlosen Welt der schöpferischen Vorstellungskraft. Seine Logik und Wahrheit ist die Logik und Wahrheit der Götterwelt, und jene Welt ist aus indischer Perspektive wirklicher als die physische Welt um uns, ebenso wie eine Ursache substanzieller ist als ihre Wirkung. In den Mythen erfährt man nicht die Geschichte tatsächlicher Ereignisse, sondern die der menschlichen Existenz, und wie Eliade darlegt, wird man in einer Welt, die sich auf religiöse Werte gründet, »nur dann wirklich ein Mensch, wenn man nach der Lehre der Mythen lebt, und das heißt, die Götter nachzuahmen«.[11]

In diesem Lichte betrachtet klingt in der Geschichte von Arunachala lebendige Wahrheit nach. Diese Geschichte ist eine lokale Version einer Geschichte aus dem Shiv Purana, die in Südindien jahrhundertelang weitergegeben wurde. Wie alle großen Mythen der Menschheit muß sie für das lineare, begriffliche Denken immer unbegreiflich bleiben. Um also zu erkennen, was wirklich geschehen ist, müssen wir einen Schritt in jene Zeit jenseits der Zeit vollziehen. Und nun der Mythos:

---

[11] Eliade, Mircea, *The Sacred and The Profane*, Harcourt Brace, Orlando 1987

Zu Anbeginn der Zeit entstanden Brahma und Vishnu aus Shiva, der unmanifestierten Quelle alles Seins. Kaum hatten sie Gestalt angenommen, als sie schon darum zu streiten begannen, wer von ihnen die wichtigere Rolle als Schöpfer und Beschützer des Universums innehabe. Um ihren Streit zu beenden, manifestierte sich Shiva als Lichtsäule von solch strahlender Kraft, daß sowohl Brahma wie auch Vishnu zeitweilig erblindeten und ihre Streitereien unterbrechen mußten. Dieses Licht nun war die ursprüngliche Manifestation des Berges Arunachala. Shiva teilte ihnen mit, daß derjenige von ihnen, der entweder den Anfang oder das Ende der Lichtsäule finden könne, zum Mächtigsten ernannt würde. Vishnu verwandelte sich daraufhin sofort in einen Wildeber und grub sich durch alle unterirdischen Reiche, um nach dem Anfang der Lichtsäule zu suchen. Ganze Zeitalter lang grub und grub er, aber so sehr er es auch versuchte, die Quelle des Lichtes wurde ihm nicht geoffenbart. Schließlich mußte er die grenzenlose Macht Shivas selbst als des wahren Schöpfers und Erhalters aller Welten anerkennen. Voll Verehrung und Reue, weil er so stolz gewesen war und seine eigenen Urspünge vergessen hatte, erwies Vishnu dem Großen Herrn seine Huldigung.

Während Vishnu in der einen Richtung gegraben hatte, verwandelte sich Brahma in einen Schwan und flog in die oberen Reiche des Himmels, um das obere Ende der Lichtsäule zu finden. Aber solange er auch flog, die Säule strahlte weit jenseits seiner Reichweite im unendlichen Raum. Aber Brahma konnte es nicht ertragen, von Vishnu besiegt worden zu sein, und als seine Schwingen ihn nicht mehr weitertrugen, kehrte er zurück und erzählte ihm, daß er das Ende des Lichtes endgültig gesehen habe.

In diesem Augenblick erschien Shiva, um auf Vishnus Verehrung zu antworten und um Brahma zu verwirren. Er erschien in seiner prachtvollen universellen Form inmitten des Lichtes. Auf seinem weißen Stier sitzend trug der Herr eine Mondsichel auf seinen verflochtenen Locken, eine Girlande aus Schädeln um den Hals, eine Schlange anstelle der heiligen Schnur, Schlangen als Ohrringe, ein Auge in seiner Stirn, fünf Gesichter und fünf blaue Hälse.

Wie man sich vorstellen kann, war Brahma ganz schön beeindruckt und kniete vor dem Allmächtigen nieder. Weil er gesündigt hatte, schlug Shiva ihm den fünften Kopf ab und bestimmte, daß keine Tempel für ihn erbaut werden sollten. Selbst heute noch gibt es in ganz Indien nur einen wichtigen Tempel für Brahma – er befindet sich in Pushkar. Brahma akzeptierte Shivas Urteil in gutem Mute und lobte den Herrn mit einer solchen Hingabe, daß Shiva ihm die Rolle des Schöpfers zurückerstattete und zuließ, daß er in den vedischen Opfern verehrt werde.

Dann betete Brahma zu Shiva und bat um drei Geschenke: daß er die Strahlungskraft des Arunachala so mindern möge, daß auch Menschen sich ihm nähern und ihn verehren könnten; daß der Berg sein ruhmreiches Licht einmal im Jahr im Monat Kartikai (November/Dezember) am Abend des Vollmondes offenbaren möge; und daß Shiva für immer an diesem Platz in Form eines *lingam*s verbleibe, so daß Götter und Menschen seine Gestalt in normaler Art mit Sandelpastewaschungen und Blumen verehren könnten. Vishnu betete, daß alle, die voller Hingabe, mit Verbeugungen bis zum Boden, mit Tanz und Gesang den Umgang um den Berg (*pradakshina*) vollziehen, befreit sein sollten.

Shiva kam ihren Wünschen nach und verschwand dann. An seiner Stelle erschien ein *lingam* auf der Ostseite des Berges. Brahma und Vishnu befahlen dem himmlischen Architekten Visvakarma, einen Tempel um den selbsterschaffenen *lingam* zu bauen, und zwar zu Ehren Shivas in seiner Gestalt als Arunachalesvara. Sie schufen ein Becken mit dem Wasser aller heiligen Flüsse und gründeten die Stadt, die später zu Tiruvannamalai wurde. Jedes Jahr im Monat Kartikai wird dort am Vorabend des Vollmondes das Deepam-Fest abgehalten, um den vollen strahlenden Glanz von Shiva-Arunachala zu feiern. Deepam ist noch immer eines der wichtigsten Feste in ganz Südindien.

Als ich zum ersten Mal in Tiruvannamalai ankam, kannte ich keine einzige von diesen Geschichten. Ich war nur wegen des Ashrams von Ramana Maharshi gekommen. Aber der Berg war das erste, was ich sah, als ich mich der Stadt näherte. Die Ebene, die ihn umgibt, ist flach, riesig und erstreckt sich über einen großen Teil von Tamil Nadu. Arunachala ragt wie eine einsame Pyramide mehr als achthundert Meter aus ihr hervor. Im staubigen Licht schimmerte er purpurfarben und golden. Er wirkt über der Stadt, die zu seinen Füßen liegt, so beherrschend, daß man ihn kaum übersehen kann.

Ich beschloß, diesen Berg zu erforschen, bevor ich noch irgendetwas anderes unternahm. Hinter dem Ramana Ashram gibt es einen Weg, der über die unteren Berghänge führt. Er zieht sich wie ein Faden zwischen Büschen und riesigen runden Felsblöcken in Richtung der Stadt, die etwa drei Kilometer entfernt liegt. In den dreißiger und vierziger Jahren unseres Jahrhunderts wurde Arunachala von Ramanas Schülern als Berg im Dschungel beschrieben. Der Ashram selbst wurde aus der Wildnis gehauen, und noch vor zwanzig Jahren konnte man ihn nur mit dem Ochsenwagen erreichen. Wilde Tiere machten den Berg zu einem gefährlichen Ort – nur Yogis lebten auf seinen Abhängen. Aber jetzt war das einzige, was ich hören konnte, der Lärm der Landstraße nach Bangalore, die an den Toren des Ashram vorbeiläuft. Nicht genug damit, daß es keinen Dschungel mehr gibt, findet man auf dem ganzen Berg kaum mehr irgendeinen Baum, der älter als fünf Jahre ist. Und trotzdem ist dieser Weg angenehm. Es ist immer eine Befreiung, wenn man zumindest teilweise dem Lärm und dem Chaos einer indischen Stadt entkommt. In fünfundzwanzig Minuten hatte ich Skandashram, den ursprünglichen Ashram von Ramana in seinen frühen Tagen erreicht. Er besteht aus nur einem weiß getünchten Gebäude mit einem Hof und blickt auf den Arunachalesvara-Tempel in der Stadt herab. Hier verzweigt sich der Weg. Entweder beginnt man nun mit einem Aufstieg von zwei oder drei Stunden, um den Gipfel zu erreichen, oder geht einige hundert Meter nach unten über einen Fluß zu der Veerupaksha-Höhle, in der Ramana vor der Gründung seines Ashrams sechzehn Jahre in Schweigen und Einsamkeit lebte.

An diesem ersten Morgen entschied ich mich für den leichteren Weg. In einigen Minuten hatte ich den kleinen Hof vor dem Höhleneingang erreicht. Ein einzelner Brotfruchtbaum warf seinen Schatten über einen winzigen *lingam*, der in einem Wasserkreis aufgestellt worden war. Irgendjemand hatte eine rote Rose auf der Spitze des *lingam* hinterlassen. Die Blütenblätter einer gelben Chrysantheme waren rings um ihn im Wasser verstreut. Ich setzte mich auf das niedrige Geländer, das den Baum umgab, und blickte nach unten, wo die gesamte Stadt sich auf der Ebene ausbreitete. Die fünfundzwanzig Hektar, über die sich der Arunachalesvara-Tempel erstreckt, konnte ich mit einem einzigen Blick übersehen. Obwohl das Hupen der Autos bis zum Berg hinauf zu hören war, herrschte auf diesem Hofeingang eine ungewöhnliche Ruhe. Eine Tafel am Eingang der Höhle forderte Besucher zum Schweigen auf. Außer mir war niemand zugegen, aber neben dem Baum standen drei Paar Schuhe.

Ich stellte meine eigenen Schuhe dazu und durchquerte einen Vorraum, in dem Bilder von Ramana hingen, um in die Dunkelheit der Höhle selbst zu gelangen. Drei Menschen saßen bewegungslos vor einem Steinsims. Auf ihm erhob sich kaum wahrnehmbar im Lichte einer winzigen Öllampe ein länglicher Erdhaufen, über den ein verblichenes gelbes Tuch und eine Blumengirlande lagen. Ich setzte mich neben den anderen beiden auf den Boden. Die Luft war

70

heiß und dick. Schweigen und Stille begannen in mein Bewußtsein einzutreten.

Welch eine Befreiung, nach dieser gleißenden Sonne in Dunkelheit zu sein. Ich spürte die Weisheit jener Menschen, die die alten romanischen Kirchen erbaut hatten, an denen ich in Europa so oft vorbeigegangen war, weil ich die Pracht und die aufstrebende Kraft ihrer gotischen Nachfolger bevorzugte. Aber wie eine dieser frühen Kirchen war auch diese Höhle ein Schoß. Ihre Dunkelheit war die Dunkelheit des Nichtwissens eines Geheimnisses, das jenseits der Erwartungen oder Begriffe des Tagesverstandes keimte. Ich hatte vielleicht eine Stunde auf diese Weise verbracht, als plötzlich eine Stimme von nirgendwoher durch die Ruhe meines Körpers klang: »Komm doch zur Ruhe«, sagte sie, »komm doch zur Ruhe.«

Ich hatte geglaubt, daß ich bereits ruhig war, aber als ich diese Worte hörte, nahm ich sofort die unterschwelligen Bemühungen wahr, die ich die ganze Zeit unternommen hatte, um das Schweigen, in dem ich mich befand, wahrzunehmen. Und selbst diese leise Bemühung war noch ein Rest Zurückhaltung, der mich davon abhielt, einfach da, wo ich war, in äußerster Einfachheit zu sein. Ich ließ es zu, daß die dunkle Höhle mich ergriff und hielt. Und in diesem Augenblick war es mir, als ob sich der Berg durch mich bewegte. In diesem Augenblick spürte ich tatsächlich, das Arunachala lebte. In diesem Augenblick erfuhr ich das Leben des Berges, der Höhle und mein innerstes Sein als ein und dasselbe.

Auf der ganzen Welt gibt es heilige Berge, und immer ist für die jeweils dort Ansässigen ihr eigener heiliger Berg die Achse der Welt. In Südindien glaubt man, daß Arunachala jener Berg ist, der die Urflut von Zeitalter zu Zeitalter überlebt, und daß er alle verborgenen Samen des zukünftigen Wachstums des Universums enthält. Ein Berg symbolisiert wie ein Pfeiler, ein Baum oder eine Leiter immer die Begegnung verschiedener Welten. Er ist der archetypische heilige Platz, ein Tor zum Göttlichen und zu den Regionen der Unterwelt. Dieser Berg hat wirklich eine lebendige Energie, die Menschen hilft, in die Höhle ihres eigenen Herzens einzutreten, in den Berg der Stille, der in und hinter jedem menschlichen Wesen steht.

Die Höhle wird Veerupaksha genannt, und zwar nach einem Yogi, der vor dreihundert Jahren in ihr lebte. Ramana war nur der letzte in einer ununterbrochenen Reihe von Bewohnern, die sich über die Jahrhunderte erstreckte.

Eines Tages sammelte Veerupaksha seine Schüler um sich und teilte ihnen mit, daß er am nächsten Tag aus dem Leben scheiden werde. Es gilt als Regel auf diesem Berg, daß Yogis dort nicht begraben werden sollen (Yogis und kleine Kinder werden niemals verbrannt). Aber Veerupaksha wollte nicht, daß seine sterblichen Überreste die Höhle verließen. Er befahl seinen Schülern, den Eingang zu versperren und erst am folgenden Abend wieder zu öffnen. Als sie den Felsblock wegrollten, fanden sie einen Haufen Asche, der in der Form ihres Lehrers auf dem Boden ausgelegt war. Diese Asche liegt noch immer unter dem ockerfarbigen Tuch auf dem Sims innerhalb der Höhle. Noch dreihundert Jahre nach seinem ungewöhnlichen Verscheiden wird Veerupaksha täglich mit Blumengirlanden und Weihrauch verehrt.

Heute leben viele andere Yogis und Weise in der Nähe des Berges. Einige davon wie Lakshman Swami und Annamalai Swami[12] verwirklichten sich durch ihre Verbindung mit Ramana Maharshi. Andere wie Ramsurat Kumar, der in ganz Tamil Nadu eine große Anhängerschaft hat, fühlten sich nur durch die Gegenwart des Arunachala angezogen.

---

[12] Siehe die Autobiographie von Annamalai Swami: Godman, David, *Living by the Words of Bhagavan.* Sri Annamalai Swami Ashram Trust, Tiruvannamalai, Tamil Nadu 1994

Auf dem Gipfel des Berges lebt ein Yogi, der im Verlauf der gesamten sechs Jahre, die er dort oben verbrachte, keine Nahrung zu sich nahm. Er hat ein grobes Schutzdach, das aus wenigen Zweigen besteht, und sitzt dort in vollständiger Stille und Einsamkeit. Über seinem Kopf trägt er ein Tuch, damit seine Augen diejenigen, die den anstrengenden Kletterpfad auf sich nehmen, um ihn zu sehen, nicht verbrennen. Wenn ein Besucher einige wenige Minuten neben ihm gesessen ist, gibt er ihm Zeichen, daß er sich wieder auf den Weg machen soll.

Den Berg zu besteigen, in den Berg durch eine seiner Höhlen einzutreten und um den Berg herumzugehen, sind einige der Möglichkeiten, um in eine physische Beziehung mit dem Arunachala einzutreten. Eine weitere Möglichkeit erlebte ich eines Morgens, als ich den Geschäftsmann traf, der mir am Abend zuvor Tee serviert hatte. Als ich an seinem Haus vorbeiging, trat er vor mich hin und verbeugte sich bis zum Boden vor einer Ganeshfigur, die am Straßenrand stand. Dann erhob er sich und legte mit dem Gesicht zum Berg seine Hände vor dem Herzen aneinander und blickte auf den Berg mit Augen, die vor spiritueller Hingabe strahlten. Er drehte sich auf der Stelle im Kreis, verbeugte sich ein weiteres Mal tief vor dem Berg und begab sich dann auf den Weg zu seinem Teeladen.

Hunderte von Menschen vollziehen jeden Tag das *pradakshina* für den Arunachala. Traditionsgemäß wandern sie barfuß im Uhrzeigersinn und bleiben dabei auf der linken Seite der Straße, denn auch die Seelen der Verstorbenen vollziehen das *pradakshina* für Arunachala und gehen gegen den Uhrzeigersinn auf der rechten Seite der Straße. Der Weg beträgt zwölf Kilometer und durchquert nur ein einziges Dorf. Abgesehen von den letzten beiden Kilometern, die den Pilger durch die Stadt führen, ist diese Wanderung Balsam für die Seele und die Sinne. Vielleicht wäre sie jedoch nicht so balsamisch gewesen, wenn ich barfuß gegangen wäre. Eines Abends ging ich diesen Weg mit John Button, der seit fünf Jahren in der Nähe des Arunachala als führender freiwilliger Helfer für die *Annamalai Reforestation Society* (Annamalai Wiederaufforstungsgesellschaft) arbeitet. John ist einer dieser seltenen Menschen, die die Kraft und die Begeisterung haben, zahlreiche Ideen zu verwirklichen. Ursprünglich kommt er aus Australien und ging im Auftrag des australischen *Rainforest Information Center* nach Indien. Dieses Zentrum hatte beschlossen, in Tiruvannamalai eine Gruppe zu unterstützen, die ein Aufforstungsprojekt auf dem Arunachala begannen. In fünf Jahren haben sie mehr als fünftausend Bäume auf dem Berg angepflanzt.

Nur zwei Kilometer von Ramanas Ashram entfernt verließen wir den Lärm der Hauptstraße und bogen in einen Feldweg ein, der uns auf das Land führte. Nun gab es keine Lastwagen mit rülpsenden Abgasen mehr, nur gelegentlich trafen wir einen Motorradfahrer oder einen Büffelwagen, abgesehen von dem spärlichen Strom der Pilger, die ihren Weg rund um den Berg zurücklegten. Es war Januar, aber von der Teerstraße erhob sich warme Luft, und bald klebte das Hemd an meinem Rücken. Nur einige wenige hundert Meter von der Hauptstraße entfernt fanden wir den ersten *nandi*, Shivas Stier, der voller Bewunderung auf seinen Herrn und Meister in der Gestalt des Berges blickte. Wir hielten einen Augenblick inne, um seinen glatten Steinrücken zu streicheln, der im Abendlicht schwarz glänzte.

»Schau seine Augen an«, sagte John. »Wie die Augen eines Liebenden, und der Kopf ist leicht auf die eine Seite geneigt.«

Wirklich, auch mir war oft der liebende Blick der *nandis* aufgefallen. Vielleicht lag es an dem inneren Wesen der Rinder: diese großen mandelförmigen Kuhaugen, die niemals zu zwinkern oder irgendeine Boshaftigkeit zu bergen schienen!

Wir wanderten an bewässerten Feldern, offenem Land und Feldern vorbei, wo Büffel einen Pflug durch das niedrige Gebüsch zogen. Das erste Heiligtum zu Ehren der Durga, dem wir begegneten, befand sich neben einem Baum, dessen Stamm durch eine große Kobra aus Metall bewacht wurde. Der Tempel war rot angemalt, und eine *pujari* hockte davor, um einen Tupfen Farbe für das Stirnmal gegen eine Spende einzutauschen.

»Dieser Tempel ist erst vor kurzem entstanden«, erklärte John. »Als ich zum ersten Mal hier ankam, gab es ihn noch nicht.« Durga erlebt gegenwärtig – ebenso wie auch Hanuman – eine allgemeine Renaissance.

Der Hanuman-Tempel lag ein wenig weiter entfernt und war der einzige auf dem ganzen Weg, aus dem ein Lautsprecher quäkende Musik von sich gab. Offenbar hatte er vor kurzem eine Verwandlung durchgemacht: der ursprüngliche kleine Tempel war um eine überdeckte Fläche für den *darshan* erweitert worden, und der gesamte Komplex war nun mit Comics-artigen Illustrationen von Hanumans Taten gepflastert. Die Investition schien sich gelohnt zu haben: ein Dutzend Motorräder parkten vor dem Tor und jeder Wanderer, den wir sahen, hielt an, um dem *darshan* des Affengottes beizuwohnen.

Bald nach dem Hanuman-Tempel gelangten wir zu einem der acht Lingas, die rings um den Berg stehen und die Haupthimmelsrichtungen anzeigen. Der *lingam* war in einem Garten aufgestellt, der von der *Arunachala Reforestation Society* restauriert worden war. Alle Lingas rings um den Berg haben Gärten, die lange Zeit vernachlässigt wurden. Sie zu erneuern, war eines von Buttons Projekten, das inzwischen Frucht zu tragen begann. Dazu kam noch die Erneuerung des Tempelgartens selbst, der sich im Arunachalesvara-Tempel in der Stadt befand. »Früher haben die Tempelgärten all die Blumen und Früchte geliefert, die für die täglichen *pujas* erforderlich waren«, erklärte John. »Aber heute hält kaum irgendein Tempel in Indien seinen Garten instand. Die Tempelbehörden sahen, daß wir die *lingam*-Gärten umgewandelt haben, und deshalb waren sie nur zu glücklich, als wir dasselbe auch für das Grundstück des Haupttempels vorschlugen. Wir sammelten den gesamten organischen Mist, den wir brauchten, von den Tempeltürmen, die von den Exkrementen der Fledermäuse schon seit Jahren bedeckt waren.«

Je länger wir sprachen, umso klarer wurde mir, daß die Ökologie für John Button und sein Team ein immanenter Teil der spirituellen Weltsicht war. Ich erkannte, daß das Anpflanzen von Bäumen, die Restauration von Gärten und das Perma-Kultur-Projekt, das die ARS in der Nähe durchführte, ebensosehr religiöser Natur war, wie die Verehrung der Gottheit in einem Tempel.

»Ja, aber es ist nur die richtige Technologie, die wir zur Verfügung stellen – für eine Weltsicht, die in Indien schon Jahrtausende akzeptiert wurde: die Anschauung der Natur als lebendiger Geist. Sieh dir zum Beispiel diesen Baum an!«

Wir hielten einen Augenblick an einem Baum an, von dessen Zweigen Hunderte von kleinen Lumpenwiegen hingen. Ich schaute ins Innere einer dieser Wiegen und sah, daß sie einen Stein enthielt. Andere Zweige trugen Stofftaschen und Arm- und Fußringe von Frauen. An den Wurzeln des Baumes wuchs ein großer Termitenhügel in einer Höhe von mehr als einem Meter, dessen Basis rot gefärbt war. Zwischen ihm und dem Baum erhob sich eine Kobra aus Metall mit einer riesigen Halskrause.

»Bäume und Termitenhügel sind Ausdrucksformen der Kraft, die der Mutter Natur innewohnt«, fuhr John fort. »Die hier ansässigen Leute haben die Wiegen aufgehängt, um die große Mutter um ein Kind zu bitten; die Taschen sind eine Bitte um Geld und die Ringe und Reifen wurden von unverheirateten Frauen, die auf der Suche nach einem

Mann sind, dort aufgehängt. Für sie ist die Natur eine lebendige Intelligenz, ein heiliges Reich. Deshalb sind so viele Bäume, Blumen und Pflanzen bestimmten Göttern heilig, wie etwa der *banyan*-Baum und der *neem*-Baum dem Shiva, oder die *tulsi*-Pflanze dem Vishnu.«

Inzwischen hatten wir das einzige Dorf auf diesem Weg erreicht. Adi Annamalai beherbergt einen Tempel, der genauso heißt und eine verkleinerte Version des großen Tempels in der Stadt ist. Der Name *Adi* (»der Ursprüngliche«) ist ein Hinweis darauf, daß er der ältere der beiden ist. Als wir ankamen, war der ganze Ort von Bambuspfosten und Gerüsten eingezäunt. Ein großer freundlicher Mann in Orange kam uns entgegen und stellte sich als Ramananda vor. Er hatte es sich zum Ziel gemacht, den Tempel in seiner früheren Pracht wiederherzustellen. Zuvor war er der Geschäftsführer eines nahegelegenen Ashram gewesen, und vor dieser Tätigkeit hatte er einige Jahre allein auf dem Berg verbracht. Nun widmet er sich dem Werk der Tempelrestaurierung, das er in eigener Regie unternommen hat. Er kümmert sich um Spendengelder, ist Vorarbeiter auf der Baustelle und Unternehmer in einer Person. Die meisten seiner Sponsorengelder kommen von kleinen ausländischen Organisationen. Er hatte eine Aufgabe übernommen, die für nur einen Menschen wirklich ungeheuerlich war.

»Was soll ich tun?« lächelte er, als wir ihn verließen. »Diese Arbeit geschieht aus Liebe. Ich liebe den Arunachala, und auf diese Weise kann ich es ausdrücken. Kommen Sie in ein oder zwei Jahren wieder! Sie werden sehen: alles wird anders aussehen.«

Wir wanderten ungefähr eine Stunde weiter um den Berg, der uns nacheinander jeden seiner fünf Gipfel zeigte. Nachdem wir das Dorf hinter uns gelassen hatten, erfüllte das Gehen unser Bewußtsein mit seinem Rhythmus und die Worte versiegten. Als wir Tiruvannamalai erreichten, gingen gerade die ersten Sterne über dem Berg auf. John verließ

mich, und ich stand noch eine Weile im Schutz des großen
Tempels und stellte mir vor, wie es hier wohl während des
Deepam-Festes sein mochte.

Zwischen November und Dezember feiern Hundertau-
sende von Menschen dieses Fest in einer zehntätigen Dra-
matisierung der Geschichte des Arunachala – ein heiliges
»Mysterienspiel«. Jeden Morgen und Abend ziehen große
Wagenprozessionen um den Arunachaleshvara-Tempel, und
jeder Wagen trägt das Bild einer der Götter. Der Tempelelefant führt die Prozession an, ihm folgt Ganesh, dann der Murugan (diese beiden Götter sind Söhne Shivas), schließlich
kommen Shiva, Parvati und Shivas wichtigste Anhänger unter den dreiundsechzig Shiva-Heiligen des Südens. Aber der
Tempelelefant wurde nun von der Prozession entfernt, weil
er vor kurzem eine Frau getötet hat. Sie hielt den Elefanten
für den Gott Ganesh selbst und wollte ihm huldigen, indem
sie eine brennende Lampe unmittelbar vor seinem Rüssel
schwenkte. Der Elefant reagierte als Tier und nicht als Gott
und erschrak vor der Flamme. Er hob die Frau mit dem Rüssel hoch, setzte sie auf den Boden und stampfte auf ihr herum.

Die meiste Zeit während des Festes sind diese Wagen mit
Silber verziert, aber am siebenten Tag sind sie aus Holz und
der Wagen Shivas ist dabei fünf Stockwerke hoch. Er wird
mit zwei riesigen Ketten um den Tempel gezogen, wobei
Hunderte von Männern an der einen Kette ziehen, und
Hunderte von Frauen an der anderen. Das ganze Ereignis
steigert sich schrittweise bis zum Höhepunkt am zehnten
Tag, an dem ein großer Kessel mit *ghee* (gereinigte Butter)
zum Gipfel des Arunachala hinaufgetragen wird. Bevor er
mit einem Stoffdocht entzündet wird, fährt eine letzte Prozession rings um den Tempel. Dabei wird Parvatis Wagen
wild von einer Seite zur anderen geschaukelt: dies soll ihr
brennendes Verlangen andeuten, sich mit dem unmanifestierten Shiva zu vereinigen. Tausende von Gläubigen er-

klimmen dann in der Deepam-Nacht den Berggipfel, um die Entzündung der Flamme mitzuerleben, durch die Shivas Manifestation als Licht des Arunachala ins Leben gerufen wird. Sobald der Docht entzündet ist, beendet der Wagen Parvatis in der Prozession tief unten in der Stadt seine chaotische Bewegung, denn die Göttin hat sich mit ihrem Herrn vereinigt. Im Mythos erschien Shiva als Lichtsäule; er reagierte damit auf Parvatis glühende Hingabe und erklärte sie zu seiner ewigen Gattin. In diesem Augenblick wurde sie zu seiner linken Seite, und in dieser Form des vereinten Männlichen und Weiblichen wird Shiva im Tempel von Arunachaleshvara verehrt.

Während mein Bewußtsein noch von dieser Geschichte erfüllt war, kehrte ich zu Ramanas Ashram zurück. Die ganze Legende des Arunachala, so überlegte ich in der Riksha, endet in der alchemischen Hochzeit der scheinbar gegensätzlichen Kräfte. Sowohl im Kosmos wie auch im individuellen menschlichen Wesen verwirklichen das Göttliche und die natürliche Welt ihre Vereinigung. Indem sie in den Körper des Schülers eingeht, führt Mutter Shakti den Gläubigen durch richtiges Handeln zu ihrem Bräutigam Shiva, der in der Höhle des menschlichen Herzens wohnt. Ich vermute, daß es an dieser Alchemie liegt, weshalb Arunachala noch heute Menschen zu sich ruft.

II

Die klassische Tradition

5
Das heilige Wort

O Mutter Wort, gibt es irgendetwas in dieser Welt,
das nicht deine Ohren rühmt, da dein Körper ja aus allen
Wörtern besteht? In allen Formen nehme ich nur deinen Körper
wahr, sei er nun im Bewußtsein geboren oder in der äußeren
Wirklichkeit manifestiert.
Abhinavagupta, Mystische Hymnen, 10. Jahrhundert

Ja, am Anfang war das Wort, der *logos* – das Wort des Westens. Aber bald, nachdem es geäußert wurde, verlor es die Hälfte seiner Bedeutung. Der *logos* ist männlich, und ursprünglich hatte er zwei Bedeutungen: Einerseits die ordnende Fähigkeit des Geistes, die *ratio*, andererseits auch die Kraft der Offenbarung und des Ausdrucks, die mit dieser Ordnung kommunizieren kann – das gesprochene Wort. Aber da man sich im Westen hauptsächlich mit der rationalen, begrifflichen, ordnenden Fähigkeit des Logos befaßte, ging der intuitive Teil nach und nach verloren. Beide Prozesse verstärkten einander gegenseitig, und so entstand ein überwiegend starkes Interesse am geschriebenen Wort.

In Indien entspricht dem *logos* der Begriff *vac.* Aber *vac* ist eine Göttin, und sie verkörpert das kreative Prinzip des gesprochenen, nicht des geschriebenen Wortes. In den Brahmanas sind Bewußtsein und Wort ein Ehepaar. In den Tantras sind Shiva und Shakti miteinander vereint und symbolisieren die Bedeutung und das Wort selbst. Dann gibt es auch das Wort *matrika*, das sowohl »Mutter« wie auch »Buchstabe« bedeutet. Insofern verleiht und erzeugt das Alphabet in Indien Leben. Die vereinte Kraft eines jeden Vokals und Konsonanten enthält das Universum in sich, und deshalb entsteht alles aus dem Sanskrit, das selbst eine Verkörperung des Heiligen ist, und zwar so sehr, daß in der grammatikalischen Tradition dieser Sprache die Grammatik selbst als Erlösungsweg angesehen wird: Wenn man seine Rede zu perfekter Grammatik schleift und verfeinert, so wird man eins mit dem *brahman*.

Im Gegensatz zu den Traditionen des Vorderen Orients ist der klassische Hinduismus keine Buchreligion, sondern beruht auf der mündlichen Überlieferung. Seine Schriften werden rezitiert oder gesungen, aber nicht gelesen. Obwohl das Rig Veda bereits vor 1500 v. Chr. bekannt war, wurde es erst 3.000 Jahre später niedergeschrieben. Zwar stand ein Alphabet zur Verfügung, aber die Verse betrachtete man als so mächtig, daß man sie vor möglichem Mißbrauch schützen wollte und deshalb nur mündlich vom Lehrer zum Schüler oder vom Vater zum Sohn übermittelte. Alles wurde auswendig gelernt, und ein kompliziertes Kontrollsystem sollte sicherstellen, daß die Verse nicht auf dem Weg einer vielfachen Weitergabe verändert würden. Selbst heute sind die Bücher nicht in sich selbst heilig, sondern nur aufgrund dessen, was sie enthalten. Sie werden mit äußerster Hochachtung behandelt. Heilige Texte werden immer in einem Tuch aufbewahrt, und wenn sie beschädigt oder von Würmern zerfressen werden, werden sie nicht ausgebessert, sondern feierlich der Ganga überantwortet.

Die heiligsten hinduistischen Texte – die Veden, Brahmanas, Aranyakas und Upanishaden – werden allesamt *sruti* genannt. Dieses Wort bedeutet »was gehört wird« und bezieht sich auf die Einsichten der ursprünglichen vedischen Rishis, deren inspirierte Äußerungen vom Meister zum Schüler weitergegeben wurden. Als die mündliche Tradition allmählich degenerierte, entwickelte sich ein zweites Kompendium, das man dann *smrti* oder »an was man sich erinnert« nannte. Während die *sruti*-Werke als göttliche Offenbarungen betrachtet werden, schreibt man den *smrti* zwar Heiligkeit zu, ist aber der Meinung, daß sie von Menschen erdacht worden sind. Dazu gehören die Epen – das Ramayana und das Mahabharata – die Dharma-Sutras (von

denen die berühmtesten die »Die Gesetze des Manu« sind)
und die Puranas.

Während Gelehrte aus dem neunzehnten Jahrhundert ihr
Interesse fast ausschließlich den Sanskrit-Texten widmeten,
gestehen zeitgenössische Forschungen auch vielen Texten,
die in den Sprachen des Südens geschrieben wurden, tiefen
spirituellen und poetischen Wert zu. Von allen indischen
Sprachen hat das Tamilische, das nur mit dem Sanskrit zu
vergleichen ist, die älteste literarische Tradition. Aber im
Gegensatz zum Sanskrit ist es eine lebende Sprache. Die
Vaishnava Alvar-Dichter, die Shaiva Nayanmars, die ihre
Verse vom zehnten Jahrhundert an verfaßten, könnten noch
heute hören, wie diese in den Tempeln von Tamil Nadu gesungen werden. Das Buch »Kural« des Dichters Tiruvalluvar, das als das schönste Beispiel der klassischen tamilischen
Literatur betrachtet wird, wurde irgendwann zwischen dem
zweiten Jahrhundert vor und dem achten Jahrhundert nach
Christus geschrieben. Noch heute wird sein Werk im Süden
von vielen Menschen gelesen und das Heiligtum, das ihm zu
Ehren in Madras errichtet wurde, zieht noch immer Tausende von Pilgern an.

Der Mantra-Guru: Sri Vaimanasa Bhattachariar

Alle indischen Traditionen – sowohl im Norden wie auch im
Süden – verwenden das *mantra* – ein heiliges Wort der
Macht, das die inneren und äußeren Welten verbindet. Oftmals bildet ein *mantra* die Grundlage der Meditation. In
Madras wurde mir Sri Vaimanasa Bhattachariar vorgestellt,
er ist ein Guru, der sich im *mantra-yoga* spezialisiert hat. Die
Bekanntschaft wurde durch einen pensionierten Staatsbeamten hergestellt, und ich war überrascht, als mein Freund
mir von seinem Guru erzählte; ich wußte, daß er ein gründ-
liches Wissen über die Upanishaden besaß, und ich erwar-

tete deshalb, daß er mit einer eher philosophischen Tradition in Verbindung stehe, als mit einer Strömung, die seiner Beschreibung nach eher wie ein Zweig einer tantrischen magischen Schule klang.

»Ich bin von der Integrität dieses Menschen beeindruckt«, erklärte er. »Es gibt nur sehr wenige, die ihr Wissen nicht für ihre eigenen Zwecke verwenden. Er nimmt kein Geld und stellt überhaupt keine emotionalen Forderungen an seine Schüler. Und ich muß sagen, daß er meinen Weg von bestimmten Schwierigkeiten befreit hat, aus denen ich selbst keinen Ausweg mehr wußte.«

»Wie hat er das getan?« fragte ich.

»Mit Mantras. Sie werden es sehen.«

Mein Freund brachte mich zu einer unauffälligen Wohnung im ersten Stock in einem Vorort von Madras. Die Tür stand offen. Im Inneren saßen etwa zwölf Leute um einen älteren Mann, der in Weiß gekleidet war und – um das Bild vollständig zu machen – auch mit einem dazu passenden langen Bart ausgestattet war. Die Atmosphäre war entspannt und informell, es war, als unterhalte sich ein Großvater mit seinen Enkeln. Mein Freund stellte mich vor und erklärte, daß ich gerne mehr über Mantras wissen wolle.

Ohne zu zögern stürzte sich Bhattachariar auf sein Thema und verwendete dabei meinen Freund als Dolmetscher. »Mantra ist heiliger Klang«, begann er. »Wenn ein Schüler in ein Mantra eingeweiht wird, so erhält er Zugang zu der Quelle der Macht dieses Wortes, zu seiner *shakti*. Das Mantra erlaubt ihm, unmittelbar an der kosmischen Kraft der betreffenden Gottheit teilzuhaben. Jede Gottheit hat eine andere Funktion und ein anderes Mantra. Die Gottheiten wohnen im feinstofflichen Körper eines Menschen, dem *antaratman*, und dies trifft auch auf alle Mantras zu, die bereits in einem Menschen schwingen. Es geht nur darum, durch Konzentration mit ihnen in Kontakt zu treten. Indem man die Schwingung des Mantras hebt, stimmt man den feinstofflichen Körper auf das Absolute ein, und wenn man das tut, kann man den Körper willentlich verlassen. Es gibt buchstäblich Millionen von Mantras, von denen viele vollständiger Nonsens sind. Aber durch diesen Nonsens umgehen sie den rationalen Verstand und berühren die tiefere Kraft des Klanges.«

»Und warum sollte man mit diesen Kräften in Kontakt treten?« fragte ich.

»Das letztendliche Ziel des Mantra-Yoga«, antwortete er, »ist *moksha*, Befreiung. Aber dafür muß man sexuell enthaltsam leben, nur reine Nahrung essen und reine Beweggründe haben. Dann wird die Nahrung in Blut verwandelt, das dann zu Samen und schließlich zu Energie wird. Diese Energie wird mit Hilfe der Mantras an der Wirbelsäule emporgezogen und manifestiert sich in Form eines Nektars, den wir *amrit* oder Götternahrung nennen. Ein Tropfen davon genügt, um das Leben vierzundzwanzig Stunden lang aufrecht zu erhalten.«

»Und wie ist es bei den Frauen?« fragte ich. »Wie können sie Befreiung erlangen, denn Sie haben ja angedeutet, daß man dafür männlichen Samen braucht.«

»Dasselbe Prinzip wirkt bei Frauen vermittels der Eierstöcke«, antwortete Bhattachariar. »Allerdings dauert es länger.«

»Kommen Ihre Schüler zu Ihnen, um *moksha* zu erlangen? Viele von ihnen scheinen doch Familienväter zu sein.«

»So gut wie alle sind Familienväter. Ich selbst bin es auch, aber abgesehen von einer kurzen Phase als Priester habe ich nicht für den Lebensunterhalt gearbeitet. Ich lebte von einer Erbschaft. Jetzt bin ich im dritten Lebensstadium, dem *vanaprasta ashrama*. *Vanaprasta* bedeutet wörtlich »Waldbewohner« und bezieht sich auf den Zeitraum, in dem ein Mann nicht mehr mit seiner Gattin schläft oder von ihr abhängt, um seine Nahrung zuzubereiten. Er lebt noch immer mit ihr, bleibt aber enthaltsam und sorgt selbst für sich. Seit sieben

Jahren habe ich nun so gelebt. Heute sind nur sehr wenige Menschen an *moksha* interessiert. Sie suchen nach Erfolg und Glück im weltlichen Leben. Spirituelle Disziplin hilft ihnen, ein ehrenvolles Leben zu führen und dennoch ihre weltlichen Wünsche zu erfüllen. Aber wenn sie mit der Praxis mehr und mehr vertraut werden, interessieren sich manche von ihnen mehr für die spirituelle Welt als für materiellen Gewinn. Dies ist meine Hoffnung.«

Ich fragte ihn, zu welchen Vorteilen Mantras einem Menschen verhelfen können.

Bhattacharial lachte: »Zu allen möglichen«, antwortete er. »Im Atharva Veda sind die Mantras in acht Gruppen eingeteilt. Es gibt Mantras, um Menschen an sich zu ziehen; Mantras, um jemand an einem Ort festzuhalten, Mantras für Liebestränke, Mantras zur Heilung von Geisteskrankheiten, Mantras, um den nächsten Schritt im Leben erkennen zu können, um jemand an einen bestimmten Ort zu schicken, um sich vor Mord zu schützen, um Gifte und spirituelle Hindernisse unwirksam zu machen. Mantras können für jedwede Situation verwendet werden, aber sie sind nur wirksam, wenn sie von einem Guru empfangen werden.«

Bhattchariar ratterte die verschiedenen Kräfte der Mantras ohne irgendein Zeichen von Wichtigtuerei herunter, aber es war deutlich zu sehen, daß seine Schüler der Meinung waren, daß er jedwede Wirkung, die er wünschte, durch die ihm zur Verfügung stehenden Formeln auch erzeugen konnte. Er war einer der wenigen Praktiker, teilte mir mein Freund später mit, der das Atharva Veda auswendig kann.

»Woher wissen Sie, ob ein Mantra wirkt?«

»Man kann das auf verschiedenerlei Weise erkennen«, erwiderte Bhattacharial mit Hilfe meines Freundes und Dolmetschers. »Auf der weltlichen Ebene geschieht alles, was Sie sich vorstellen. Dann werden Sie auch das *devata*, die göttliche Form des Mantras sehen und in die Zukunft blicken.

Wie bei allem anderen können auch Mantras für gute oder böse Zwecke verwendet werden. In Indien gibt es eine große Menge von praktizierenden Schwarzmagiern, aber wahres Tantra wird zum Nutzen der Menschheit ausgeübt. Die schnellsten Resultate können durch eine mehrfache Anrufung von Hanuman oder Kali durch Musik und *bhajans* erzielt werden, wie auch durch die Verwendung ihrer jeweiligen Mantras.«

Als ich Bhattachariar über seine eigene Lehrlingszeit im Mantra-Yoga befragte, erzählte er, daß er seinen eigenen Guru vor vierzig Jahren in Tanjore getroffen hat und achtzehn Jahre bis zu seinem Tod bei ihm geblieben war.

»Man hat nur einen einzigen Guru«. Er lächelte. »Genauso wie man nur eine Mutter oder einen Vater hat.«

Ich stellte die Frage, ob diese Tradition auch nach seinem Tod weitergeführt würde, denn schließlich lebten wir in einer Zeit, in der es hauptsächlich um den Konsum materieller Güter geht.

»Ich habe meine Söhne eingeweiht«, erwiderte er. »Aber sie sind nicht interessiert. Sie haben ihre Berufe, und das genügt ihnen. Ich habe einige ernsthafte Schüler, aber keiner von ihnen nähert sich dem Zustand des Asketen.«

Als er dies sagte, nickte er in die Richtung eines Mannes zu meiner Linken. Anantharam war achtunddreißig Jahre alt und hatte vor kurzem seinen Beruf als Rechtsanwalt aufgegeben, um bei der Organisation der Tätigkeiten seines Guru zu helfen. Er war unverheiratet, hatte sich aber noch nicht dem Leben eines Asketen verschrieben. Anantharam hatte mit seinem Guru sechs Jahre verbracht, und als ich ihn über seine persönliche Praxis befragte, antwortete er, daß er dreizehn verschiedene Mantras für verschiedene Zwecke erhalten habe. Die meisten davon waren Schutzmantras. Als erstes chantete er immer das Ganesh-Mantra, dann sein Wurzel-Mantra, das Chandi Yajna-Mantra. Er rezitierte alle dreizehn Mantras täglich mindestens sechzehnmal.

»Morgen wird unser Guru eine besondere *puja* für eine Familie in der Stadt vollziehen«, sagte Anantharam. »Wenn Sie kommen, werden Sie Mantra-Yoga in Aktion erleben.«

Der Guru nickte zustimmend bei diesem Vorschlag seines Schülers Anantharam, und als ich mich zum Gehen erhob, reichte er mir eine Plastiktasche und eine kleine Tube mit Sandelholzpaste. In der Tasche befand sich ein *yantra*, ein magisches Diagramm von goldenen, ineinander verflochtenen Dreiecken.

»Salben Sie das Yantra jeden Tag mit der Sandelholzpaste«, sagte Bhattachariar.

Am nächsten Tag war mein Freund verhindert. An seiner Stelle brachte mich Anantharam zum Haus des Verwaltungschefs einer internationalen Marketingberatungsgruppe. Vielleicht beruhten Bhattachariars Praktiken auf reinem Aberglauben, aber sie wurden von hochgebildeten Menschen angefordert. Der Haushaltsvorstand teilte mir mit, daß er die Zeremonie bestellt hatte, um böse Einflüsse abzuwenden, die gegen seine Familie und sein Geschäft gerichtet worden waren. Sie sollte auch die Deckung von schweren Schulden sichern.

Bhattachariar saß zwischen zwei Priestern, die mächtige Sanskrit-Mantras über einer Feuerstelle chanteten. Riesige Mengen von rotem Chilly wurden neben dem Feuer aufgehäuft, und während die Priester immer weiter sangen, tauchten sie die Chillies nacheinander in eine Schale mit *neem*-Öl und warfen sie ins Feuer. In den Flammen häuften sich die gerösteten Pfefferschoten, und dennoch war in diesem Raum weder Rauch noch Geruch zu verspüren. Bhattachariar bemerkte meine Überraschung und lächelte.

»Brennende Pfefferschoten werden oftmals verwendet, um böse Kräfte zu vertreiben«, erklärte Anantharam. »Aber was Sie hier miterleben, werden Sie nirgendwo sonst sehen.

Normalerweise würde diese Menge von gerösteten Pfeffer-schoten alle aus dem Haus treiben. Aber unser Guru hat ihren Geruch durch die Mantras neutralisiert. Dies steigert die reinigende Kraft des Rituals. Außerdem ist es auch sehr selten, diese Zeremonie nach der Art der höheren Kasten mit Priestern zu erleben.«

Später wurde eine zweite *puja* zu Ehren der drei Göttin-nen Lakshmi, Sarasvati und Durga vollzogen. Die Priester entzündeten von neuem das Feuer, und zwar aus einem Funken, der durch die Reibung von zwei Stäben erzeugt worden war, was etwa zwanzig Minuten anstrengende Mus-kelarbeit erforderte. Diese *puja*, sagte Anantharam, sollte die jeweiligen Segnungen der Göttinnen garantieren: Reichtum, Weisheit und Schutz. Schließlich wurde eine dritte *puja* zu Ehren der fünfgesichtigen Version des Hanuman vollzo-gen.

Der fünfgesichtige Hanuman, so erfuhr ich später, soll Bhattachariars Geschenk an die Nachwelt sein. Er ist sich bewußt, daß seine uralte Tradition wahrscheinlich nicht mehr lange in der ursprünglichen Form der Übertragung vom Meister zum Meister anhalten wird, und sammelt des-halb Geld für eine außergewöhnliche Statue, die Menschen dazu verhelfen wird, selbst in den Genuß von Mantras zu kommen. Diese Statue soll im Jahre 1996 außerhalb von Madras erbaut und fertiggestellt werden: es ist ein etwa zehn Meter hohes Götterbild mit fünf Gesichtern auf Hanumans Affenkörper. Bhattachariar wird jedes der fünf Gesichter mit der Kraft verschiedener Mantren erfüllen. Der Bittsteller muß ein rituelles Bad nehmen und dann, wenn er vor einem der Gesichter steht, das richtige Mantra chanten, das ihm ei-ne Broschüre erklären wird.

Das Löwengesicht wird vor Mord schützen, das Adlerge-sicht soll Gifte und spirituelle Hindernisse unschädlich ma-chen, das Schwein soll Reichtum erzeugen, der Affe soll alle negativen Einflüsse auflösen, und das Pferd ganz oben wird eine gute Familie und Erziehung gewähren. Kurz gesagt: Bhattachariar ist dabei, einen wunscherfüllenden Mantrabaum zu pflanzen. Mögen alle, die den echten Klang zum Klingen bringen, seine Segnungen empfangen.

6
Heilige Bilder und Gottheiten

Möge Hari (der Herr), all deine Sehnsüchte befriedigen.
Hari, den die Shivaanhänger als Shiva verehren,
die Veda-Gläubigen als Brahman, die Buddhisten
als Buddha und die Jains als Arhat.
Aus dem »Hanuman Nataka«

Unzählige Götter und Göttinnen, Affengötter, Elefantengötter, vierarmige Götter, ferner Göttinnen mit Halsketten aus Schädeln, bewehrt mit Reißzähnen, strahlende Göttinnen mit schwellenden Brüsten und wogenden Körperformen werden tagtäglich mit ehrenvollen Bädern begossen, parfümiert, in feines Tuch und Seide gekleidet, besungen, beweint und angefleht. In Indien erstreckt sich die himmlische Familie auf Tausende verschiedener Namen und Gestalten, und um das Ganze noch komplizierter zu machen: viele von ihnen sind nur Variationen über ein einziges zugrundeliegendes Thema. Eine einzige Gottheit kann sich vervielfältigen, und die mannigfachen Gestalten können zu einer einzigen werden. Wie in einem Traum fließen die vielfältigen Gestalten ineinander und auseinander hervor, und je nach Gelegenheit, Jahreszeit, Augenblickslaune oder Notwendigkeit tritt eine dieser Gestalten in den Vordergrund.

Genauso könnte man auch die tagtägliche Funktionsweise der individuellen Persönlichkeit beschreiben: Wir wissen, daß sie aus einer ganzen Reihe von Charakteren besteht, von denen jeder unter bestimmten Umständen die Hauptrolle übernehmen kann. Mit dieser Sicht der menschlichen Psyche konnte C.G. Jung die Bedeutung des griechischen Pantheons für den christlich-monotheistischen Westen neu definieren. In der Psychotherapie kommt es heutzutage öfters vor, daß Menschen ihre verschiedenen Stimmungen und Neigungen mit dem einen oder der anderen der griechischen Götter und Göttinnen identifizieren. Dennoch war C.G. Jung der Meinung, daß Götter viel mehr seien als nur Symbole für Teile der individuellen Psyche. Er betrachtete sie als archetypische Kräfte, die im kollektiven Bewußtsein einer Kultur aktiv und lebendig sind. Er vertrat die Ansicht, daß diese Kräfte sowohl für die Kultur als Ganzes als auch für die einzelnen Individuen ein schöpferisches, aber auch zerstörerisches Potential innehaben. Ob ihr Einfluß wohltätig oder schädlich ist, hängt seiner Meinung nach vom Grad der Bewußtheit der betroffenen Menschen ab.

Und so sieht man die Götter auch in Indien: als Personifikationen von Kräften, die sowohl in der individuellen Psyche, wie auch im kollektiven und universellen Rahmen wirken. So ist die Zeit zum Beispiel innigst mit der Göttin Kali verbunden, und dies erklärt – zumindest teilweise – ihr zerstörerisches Wesen. Energie, die in Einsteins Gleichung durch die Formel $E = mc^2$ bestimmt ist, wird in Indien durch die Göttin Shakti in ihren vielen Gestalten personifiziert. Jede dieser Formen kann wohltätig oder bösartig sein, und der Hauptgrund für die Verehrung, die man ihnen in ihren Personifikationen erweist, besteht in der Hoffnung, daß sie sich eben wohltätig und nicht bösartig verhalten. Die christlichen Missionare und noch mehr die moslemischen Eroberer waren logischerweise schockiert, als sie die zahlreichen »Götzenbilder« in allen Städten und Dörfern des Landes sahen. Aber ihre Abneigung beruhte mehr auf ihrem eigenen buchstäblichen Denken als auf der Unangemessenheit der hinduistischen Religion. Die drei Religionen des Nahen Ostens sind allesamt Buchreligionen. Das Wort, von dem sie alle abhängen, tendiert unausweichlich zur Konkretion: »Dies ist die Wahrheit, also muß alles, was anders ist, falsch sein.« Wenn man die Wahrheit einmal in Stein gehauen hat, kann sie sich nicht mehr frei bewegen. Sie wird linear, ist für alle Zeiten festgelegt und wirft einen Schatten, der ebenso schwarz ist, wie die Wörter strahlen. Der Hinduismus hatte keine Gründerpersönlichkeiten, kein einzelnes Buch, keine bestimmte Organisation, die einheitliche Standards und Regeln hätten erzeugen können. Wie im echten Leben blühen dort alle subtilen Variationen von Hell und Dunkel, und es wird gern gesehen, daß dies so ist.

Eine bestimmte Gottheit kann in der einen Gegend unter einem Namen in Erscheinung treten und in einer anderen Region einen anderen Namen tragen. In dem einen Tempel, bei dem einen Fest ist Shiva der wilde tanzende Asket, der daran Gefallen findet, im Friedhof zu leben; in einem anderen Kontext ist er der Yogi einer unermeßlichen erotischen Kraft, die durch Jahrtausende spiritueller Disziplin erlangt wurde; in der Gestalt des Bhairava ist er der zerstörerische Dämon, und in anderen Situationen ist er der glorreiche Herr des Lichtes und der Wohltätigkeit. In ähnlicher Weise kann die Göttin einmal als dunkle und blutdürstige Kali in Erscheinung treten, dann wieder lautet ihr Name Gauri – »goldenes Strahlen«. Um die Sache noch subtiler oder komplizierter zu machen, werden Ihnen die meisten Inder versichern, daß es in Wirklichkeit nur einen Gott gibt, aber daß man ihn in beliebiger Gestalt anbeten kann. Das ist ein Grund dafür, daß der Hinduismus bereitwillig die Gottheiten anderer Religionen akzeptiert. Alle Namen und Formen des Herrn sind Seine elementaren Manifestationen, die aus dem Vollkommenen Schweigen hervorgegangen sind, das am Anfang war und dennoch immer auch im Jetzt ist.

Dieses Schweigen existiert nicht in irgendeinem transzendenten Himmel, sondern jetzt und hier, im Herz der Menschen. Für den Hindu ist auch ein menschliches Wesen eine Gestalt des Allerhöchsten, und es gibt keine klare Trennlinie zwischen dem Reich der Götter und der Menschen. Dies ist auch die Bedeutung des Namaskar-Grußes, bei dem die beiden Handfächen vor der Brust aneinandergelegt werden. Diese Geste wird sowohl an Götter wie auch an Menschen gerichtet, und im letzteren Fall bedeutet sie: »Ich grüße die Gottheit in dir!« Traditionellerweise betrachtet eine Ehefrau ihren Ehemann als Gott. Noch heute wird jedes hinduistische Ehepaar zumindest an einem Tag ihres Lebens, an seinem Hochzeitstag, als göttliches Paar gefeiert. Braut und Bräutigam werden von der Familie und den Gästen als Verkörperungen des göttlichen Paares Rama und Sita behandelt. In den großen Shiva- und Vishnu-Tempeln vollziehen die Priester ein Ritual, um sich während des öffentlichen Gottesdienstes in eine Gestalt des Gottes zu verwandeln, denn es heißt, daß nur Shiva Shiva verehren kann. In diesem Zusammenhang löst der Anspruch eines Menschen auf Göttlichkeit keineswegs eine Sensation oder einen Skandal aus, wie dies im Westen der Fall wäre. Menschen werden oft von Göttern besessen, und es gibt immer einige wenige große Seelen in Indien, von denen man allgemein annimmt, daß sie unmittelbare Inkarnationen des Höchsten sind. Jesus Christus hätte einen leichteren Tod gehabt, wenn er in Indien geboren worden wäre.

Die unzähligen Gestalten Gottes, und die Vorstellung, daß Er in allen Dingen zugegen ist, sind der Ausdruck einer ungeheuren Lebendigkeit, mit der Indiens kollektive Bilderwelt durch die Zeiten vererbt wurde. Zahllose lokale Glaubensvorstellungen und Bräuche haben ihren Weg in die eher orthodoxe brahmanische Tradition der Veden gefunden. Dies erklärt die Existenz vieler Tiergötter, wie etwa Hanuman, der Affengott, oder Ganesh, der Elefantengott, deren Ursprünge wahrscheinlich in den freilebenden Stämmen des frühen Indien liegen. Dies ist auch eine Erklärung für die paradoxen Gesichter Shivas, der im Laufe der Jahrtausende verschiedene kleinere Lokalgottheiten absorbiert hat. Die brahmanische Tradition und die der örtlichen Bevölkerung haben sich immer gegenseitig genährt, und deshalb waren die klassischen Theologien des Hinduismus immer ein Spiegel dafür, wie sich die Bedürfnisse der Zeiten und Menschen wandelten und entwickelten.

Das ist heute ebenso wahr wie in der Vergangenheit. Obwohl westliche Werte und Konsumhaltungen immer mehr zunehmen, können die spirituellen Ströme Indien auch heute noch ihre Fruchtbarkeit bewahren. Noch immer werden neue Gottheiten geboren, und noch immer steigen alte Götter aus dem Dunkel des Vergessens zu neuer Popularität auf. Vor einigen Jahren rätselte ich darüber, wer wohl diese Gruppen von Männern waren, die man am Jahresende in ganz Südindien auf den Straßen sah. Sie waren – und sind noch immer – in einer einzigen Farbe bekleidet, oftmals schwarz, manchmal grün oder orange. Sie wirkten konzentriert, waren von der Reise gebräunt, hielten ihre Augen auf die Straße gerichtet, und ihre nackten Füße bewegten sich schnell über die heiße Erde. Auf den indischen Pilgerrouten gibt es so viele unüblich aussehende Personen, daß ich zuerst glaubte, sie seien Mitglieder einer der zahllosen *sadhu*-Sekten. Aber diese Menschen besaßen noch immer ein weltliches Aussehen. Ihre Uniformen waren zwar staubig, aber nicht zerschlissen – es waren nicht die Kleider von *sadhus*. Es dauerte eine Zeitlang, bis ich feststellen konnte, daß sie allesamt Pilger waren, die sich auf den Weg gemacht hatten, um ihrem Herrn und Gott Ayappan Verehrung zu erweisen.

Bis vor etwa fünfzehn Jahren war Ayappan eine kleinere Gottheit, deren bedeutendster Tempel in Sabarimalai in den Bergen von Kerala nur von den wenigen Ausdauernden besucht wurde, die bereit waren, sich dem anstrengenden Marsch auf den Berg zu unterziehen. Ayappan ist der Sohn von Shiva und Mohini, einer weiblichen Form des Vishnu. In den letzten zehn Jahren nahm seine Beliebtheit sosehr zu, daß im Jahre 1994 buchstäblich Millionen von Pilgern die Reise zu seinem Heiligtum in der besonders günstigen Zeit zwischen Dezember und Januar vollzogen. Das ist umso eindrucksvoller, wenn man weiß, was diese Reise den Pilgern abverlangt: Während der einundvierzig Tage, innerhalb derer sie ihr Ziel erreicht haben sollten, dürfen sie weder Fleisch noch Eier essen und müssen auf dem nackten Boden schlafen. Außerdem müssen sie ihren Fußmarsch barfuß ableisten.

Die Anhänger von Ayappan sind fast ausschließlich Männer, da Frauen, die das Alter der Menstruation erreicht haben, nicht in den Tempel eingelassen werden. In den Wintermonaten sieht man auf den Straßen Südindiens ganze Busladungen dieser Männer. Weshalb gerade dieser Gott plötzlich so beliebt ist, bleibt unklar; aber Ayappan wird große physische Kraft zugeschrieben, und sein Kult spricht offensichtlich jüngere oder höchstens Männer mittleren Alters an. Meistens entstammen sie der städtischen unteren Mittelklasse, und das ist genau jene große Gruppe, die eine Standardausbildung genossen hat und dennoch keine Arbeit finden kann.

Dieselbe soziale Gruppe spielte auch eine Rolle bei der Neubelebung des Affengottes Hanuman, dem ebenfalls übernatürliche Kraft zugeschrieben wird. Wieder einmal ist er zum beliebten Ziel der Verehrung geworden. Im Minakshi-Tempel von Madurai, der kein offizielles Hanuman-Heiligtum hat, entstand ein Kult um eine Hanuman-Figur, die in eine der Tempelsäulen gehauen wurde. Obwohl die meisten Tempelpriester ihre Zustimmung verweigern, weil diese Statue noch nicht als wirkliches Götterbild geweiht wurde, brennt ohne Unterlaß ein Licht vor ihr, und ein unablässiger Strom von Männern und Frauen wandern zu Ehren ihres Helden um den Pfeiler. Vor zehn Jahren ist er niemand auch nur aufgefallen.

Ähnliche Entwicklungen hat es auch bei weiblichen Gottheiten gegeben. In den letzten Jahren hat die Leiterin des Kalitempels von Madras einen Ritus für Durga, die kriegerische Version der Göttin popularisiert, bei dem eine Flamme in einer Zitronenschale geopfert wird. Dieses Ritual findet freitags statt und wird fast ausschließlich von Frauen vollzogen. Eine weitere Göttin, die im Süden wieder neue Beliebtheit erworben hat, ist Adi Parashakti, eine Gestalt der Großen Göttin. Aber ihr jüngster Erfolg beruht darauf, daß eine bestimmte Person in Tamil Nadu von ihr besessen ist. Dies soll später noch genauer erläutert werden.

Aus dieser ungeheuren Menge himmlischer Wesen werden natürlich nur einige wenige dem Auge des ausländischen Besuchers begegnen. Niemand kann Ganesh mit seinem Elefantenkopf und seinem glücklichen Bauch übersehen. Von allen Göttern wird er am häufigsten verehrt. Der Grund: Er ist der Herr der Neuanfänge. Bevor man irgendeinen anderen Gott in einem Tempel verehrt, beginnt man mit Ganesh, dessen Abbild sich meist am Tempeleingang befindet. Er entfernt die Hindernisse, die einem hingebungsvollen Bewußtsein im Wege stehen, und sichert damit einen sanften Übergang zum übrigen Tempel. Hindus haben gewöhnlich ein Bild von ihm im eigenen Haus, damit sie sich beim Beginn eines neuen Tages oder einer neuen Aktion vor ihm verbeugen können. Bei Hochzeiten, beim Jahresanfang oder dem Beginn irgendeiner geschäftlichen Unternehmung muß er günstig gestimmt werden. Auch ein Geschäftsmann aus Bombay mit internationalen Interessen und Erfahrungen wird nicht mehr als alle anderen zögern, Ganesh vor Unterzeichnung eines Vertrages ein Opfer darzubringen.

Wahrscheinlich wird er zu Beginn eines neuen Geschäftsjahres auch Lakshmi, der Göttin des Reichtums, seine Verehrung zollen. Jede Nacht zünden Millionen von indischen Ehefrauen ein Licht für Lakshmi in ihrer Wohnung an, damit sie der Familie Wohlstand und Schutz gewährt. Als ich vor kurzem abends in einem schäbigen kleinen Restaurant saß – einem, das zur Straße mit ihren Autoabgasen hin offen ist – kam der Eigentümer mit einer fettverschmierten Zinnplatte in den Händen dahergewatschelt, auf der ein Docht aus Stoff eine rauchige Flamme aufsteigen ließ. Der Mann reichte diese Platte nacheinander einem jeden seiner Angestellten einschließlich des unterwürfigen Putzgehilfen, der normalerweise schon beim Anblick seines Chefs in sich zusammenfiel. Jeder von ihnen umschloß die Flamme – fast gierig – mit beiden Händen, um sie dann auf den Kopf zu legen. Dies war das einzige Mal innerhalb einer ganzen Woche, daß ich den Putzgehilfen glücklich sah. Das Lichterfest Diwali im Herbst ist Lakshmi geweiht und eines der größten Feiertage im Hindukalender.

Aber der Geltungsbereich der wichtigsten Götter erstreckt sich weit über den der anderen hinaus. Zwar werden die meisten weniger bedeutsamen Götter angerufen, um in alltäglichen Angelegenheiten zu helfen, aber die wichtigeren Götter sind die Herren und Schöpfer des Universums. Dies sind Brahma, Vishnu, Shiva und Mahadevi, die Große Göttin. Die ersten drei stellen die Dreifaltigkeit des Hinduismus dar. Brahma erschafft das Universum, Vishnu erhält und verwaltet es, und Shiva führt es zum Ursprünglichen Nullpunkt am Ende eines jeden Weltenzyklus zurück. Die Anhänger der Göttlichen Mutter wiederum sind der Meinung, daß die Handlungen dieser drei Götter durch die Macht oder *shakti* der Mahadevi Gestalt annehmen. Brahma hat nur einen einzigen Tempel in ganz Indien, der ihm und nur ihm geweiht ist – in Pushkar im Staat Rajasthan. Im religiösen Leben des volksnahen Hinduismus spielt er fast keine

Rolle. Aber Vishnu und Shiva werden ungefähr in gleichem Maße angebetet, und etwas weniger auch Mahadevi in ihren verschiedenen Gestalten. Die Anhänger eines Gottes glauben, daß ihr jeweiliger Gott – vor allem Shiva und Vishnu – alle anderen Götter enthält und deshalb die manifeste Form des Einen Allerhöchsten Wesens ist.

Gott Shiva

Niemand kann Shiva mit Worten begreifen. Als göttlicher Trickster kann er als Bettler in Erscheinung treten – der da drüben auf der Straße: vielleicht sieht er, wie du ihn behandelst. Als ekstatischer Tänzer wird er im großen südlichen Tempel von Chidambaram verehrt; als konzentriertester von allen Asketen sitzt er seit undenklichen Zeitaltern auf dem Berg Kailash in tiefer Versenkung; als Meister aller erotischen Kraft bleibt sein Phallus ohne den Reiz des Verlangens unablässig erigiert; als Dakshinamurti ist er der größte Guru, der durch Schweigen lehrt; als Bhairava verkörpert er heftigen Zorn und fordert die sozialen Konventionen heraus und ist dennoch der ruhmvolle und mitfühlende Herr allen Seins. Shiva ist alles für alle Menschen. Er überwindet Diskriminierungen und vereint alle Gegensätze. Da er jenseits aller Beschreibungen liegt, kann er auf alle möglichen Arten verehrt werden. Manche wollen ganz sichergehen und verehren ihn, indem sie alle seine 1008 Namen nacheinander intonieren. Denn Shiva ist von allen Göttern derjenige, der auf den großen Raum jenseits von Namen und Formen verweist.

In Chidambaram wird er als Akash-*lingam*, aber auch als Nataraja verehrt. *Akash* oder »Äther« ist das erste Element der Manifestation. Es dehnt sich in alle Richtungen aus und ermöglicht die Existenz des Raumes. *Akash* durchdringt die anderen vier Elemente und alles, was sich manifestiert hat, bleibt aber selbst unsichtbar. Der *lingam* im Allerheiligsten von Chidambaram soll aus diesem Element geschaffen worden sein. Deshalb ist er für das Auge unsichtbar, und das Innere des Heiligtums erscheint leer.

Aber für das dritte Auge in der Mitte der Stirn ist er nicht unsichtbar. Dies ist das echte, das visionäre Auge des Shiva, der auch »Dreiäugiger Herr« heißt. Shivas linkes Auge ist der Mond, sein rechtes Auge ist die Sonne, sein drittes Auge ist der Pfeil der Wahrheit. Das ist das Auge, das die Schleier des Egoismus, der Unwissenheit und Faulheit verzehrt. Das Feuer, das dort brennt, ist das innere Feuer, das Shiva durch seine strenge Askese erzeugt hat. Es ist das Auge, das Kama, den Herrn des Verlangens, verbrannte, als er seinen Pfeil auf Shiva abfeuern wollte, um seine Yoga-Kräfte zu zerstören.

Shiva wird weithin auch als Bhairava verehrt, der auf wunderbare Weise aus Shivas Zorn entsprang, als er gezwungen wurde, das eitle Selbstlob Brahmas anzuhören. Bhairava sprang nach vorne und schnitt einen von Brahmas fünf Köpfen ab. Zur Strafe mußte Bhairava ohne Ende umherwandern, während Brahmas Kopf an seiner Hand festgewachsen war. Erst als er Benares erreichte, fiel der Kopf von ihm ab, so daß er Befreiung erlangte. Er wird als ungebändigter junger Asket mit dichter Haarmähne und einem erigierten Phallus dargestellt. Für die *sadhus* der Kapalika-Sekte ist er der Hauptgott. Auch sie wandern ziellos mit einem Schädel (*kapala*) als Bettlerschale umher und sind sich sicher, daß sie wie Bhairava am Ende durch Shivas Gnade Befreiung erlangen.

Shivas Ursprünge reichen zurück zu den vorarischen Völkern, obwohl die frühesten Darstellungen in rein menschlicher Form, die man im nordwestlichen Indien gefunden hat, nur bis ins erste Jahrhundert unserer Zeitrechnung zurückgehen. Mit Sicherheit wurde er jedoch schon lange vorher als Phallus verehrt, als religiöses Objekt, das in den

Veden verächtlich abgehandelt wird. In Mohenjo Daro und Harappa wurden dreitausendjährige *lingam*-Figuren gefunden. In den Veden selbst erscheint das Wort Shiva in der Bedeutung von »Wohlwollender« oder »Gesegneter« als Beschreibung des Sturmgottes Rudra. Zum erstenmal wird Shiva im Svetasvatara Upanishad um 300 vor unserer Zeitrechnung als Höchstes Wesen anerkannt, als seine ursprüngliche Verbindung mit dem wilden Rudra so modifiziert wurde, daß er auch der Gott der Liebe und die Quelle allen Seins wurde.

Shivas Lingam

Mehr als zweitausend Jahre lang wurde Shiva immer nur im Allerheiligsten der ihm geweihten Tempel in der Gestalt eines Pfeilers oder aufgerichteten Steines verehrt. Dies ist der *lingam*, der unbehauene Block, der dem Bild der Formlosigkeit so nahe kommt wie überhaupt nur möglich. Seit frühester Zeit haben Menschen nicht nur in Indien, sondern auf der ganzen Welt Pfeiler oder aufgerichtete Steine als Abbilder des Göttlichen verehrt. Als Jakob in seinem Traum eine Leiter sah, die zum Himmel aufstieg, erwachte er und fühlte sich in der Gegenwart Gottes. Um dieses Ereignisses zu gedenken, nahme er den Stein, auf den er seinen Kopf gelegt hatte, richtete ihn als Denkmal auf und begoß ihn mit Öl. Ein buddhistischer Text spricht von dem Erscheinen Buddhas in Gestalt eines von Flammen umgebenen Pfeilers. In Amaravati, dem großen buddhistischen Tempelgelände in Andhra Pradesh, ist ein Pfeiler, der diese Szene darstellen soll, auf einem Thron zur Anbetung ausgestellt.

Die senkrechte Achse gleicht einem Blitzstrahl: Sie bringt die Kräfte des Himmel auf die Erde, vereint die Welten und erhält dadurch die Ordnung der Welt. Denn das irdische Leben kann nur entsprechend dem Modell des Götterreiches in Gang gehalten werden. Wenn Oben und Unten getrennt werden, herrscht Chaos auf Erden. Wenn eine Person vor einem dieser Steine steht, ist sie im Zentrum der Welt, und ihr

Leben kann entsprechend dem Muster der göttlichen Ordnung in Einklang gebracht werden. Für einen Shiva-Anhänger ist dieses Muster die Emanation von Shiva, die den Gott und den Gläubigen in einen gemeinsamen Rhythmus und sogar zu zeitweiliger Einheit bringt.

Die ursprüngliche Bedeutung des Wortes *lingam* ist die eines »Zeichens«, das die Existenz irgendeines Dings beweist. Dieses Wort wurde zum erstenmal in der sakralen Tradition des Svetesvatara Upanishad verwendet, in dem es heißt, daß Shiva keinen *lingam*, kein Zeichen hatte – damit war gemeint, daß er transzendent und »jenseits aller Merkmale« war (*The Presence of Shiva*, S. Kramrisch). Das wichtigste Kennzeichen eines menschlichen Wesens sind die Sexualorgane, und später nahm das Wort *lingam* auch die Bedeutung von Phallus an.

Aber der Phallus stellte nicht nur sexuelle Kraft, sondern auch den essentiellen Samen oder die Essenz des menschlichen Wesens dar (oder vielleicht doch nur des »männlichen« Wesens? Anm. d. Übs.). Deshalb deutete der *lingam* die Existenz wahrnehmbarer Dinge an, gleichzeitig aber auch das nicht mehr sinnlich erkennbare Wesen eines Dinges, also das ihm innewohnende Potential an. Als *lingam* ist Shiva die Essenz allen Seins, die Quelle allen Lebens und aller Segnungen. Deshalb reflektiert er den Gläubigen auch ihr eigenes unmanifestiertes Wesen – jene Essenz, die hinter dem Gesicht im Spiegel liegt.

Der *lingam* besitzt drei Teile. Die Wurzel, die im Boden liegt, enthält die vier Himmelsrichtungen in sich. Die Basis, die – meist in Gestalt einer elliptischen Schale oder *Yoni* (Vagina) – unmittelbar über dem Boden liegt, ist Vishnu, der das Gebilde ernährt. Der Stein selbst ist Shiva, dessen Macht jenseits aller faßbaren Darstellung versammelt ist. Auf diese Weise enthält der *lingam* also die Macht der Dreifaltigkeit in Einem. Als ich den alten Tempel von Adi Annamalai am Fuße des Arunachala besuchte, sah ich dort im innersten

Heiligtum hinter dem *lingam* einen Spiegel. Der Priester erklärte den Grund dafür: Im Tempel wurden Restaurierungsarbeiten durchgeführt, und der Spiegel sollte alle Kraft aus dem Gebäude in den *lingam* ziehen. Wenn die Arbeiten dann abgeschlossen sind, wird der Spiegel zertrümmert, und die Macht der Drei im Einen kann wieder vom *lingam* in den gesamten Tempel ausstrahlen.

Der lichterfüllte Himmelspfeiler, die Flamme, die in der Geschichte des Berges Arunachala beschrieben wird, ist Shivas erste Ebene der Manifestation in der materiellen Welt. Der Pfeiler verdichtet sich dann weiter in reines Kristall und schließlich in den *lingam*, der sich im inneren Heiligtum befindet. Diese *lingas*, die die Gegenwart Shivas an einem bestimmten Ort kennzeichnen, werden *jyoti-lingas* oder Licht-*lingas* genannt (damit ist das Licht des Wissens gemeint). Von ihnen gibt es zwölf in ganz Indien, die im Shiv Purana aufgelistet werden; aber wie der Arunachala erheben auch andere Orte in anderen Puranas und Mahatmaya-Texten den Anspruch, einen *jyoti-lingam* zu beherbergen. Zu den zwölf anerkannten *jyoti-lingas* gehört der *lingam* des Vishvanath-Tempels in Banaras; der Omkara-*lingam* am Ufer des Narmada; der *lingam* von Kedernath im Himalaya und der *lingam* im Shiva-Tempel von Rameshvaram in Tamil Nadu.

Am meisten werden »selbstgeschaffene«, *svyambhu-lingas* verehrt. Das sind natürliche Gebilde, die als wunderbare Manifestationen von Shiva gelten. Auf der menschlichen Ebene bedeutet der selbstgeschaffene *lingam* nichts weniger als die alchemische Transformation des Gläubigen, die durch Shivas Gnade stattfindet. Ebenso wie das Licht von oben herabdringt, um der Materie das Sein einzuflößen, kann das Individuum diesen Prozeß umkehren und seine trägeren Elemente in einen Lichtkörper aufnehmen. Dies ist die innere Botschaft des Mythos, der wie immer in Indien, keine Trennung zwischen der Welt des Göttlichen und Menschlichen annimmt.

Die lingas *der Fünf Elemente*

Die anderen wunderbaren *lingas* sind jene fünf, die man als Darstellung der ewigen Elemente Shivas betrachtet. Sie befinden sich alle in südindischen Tempeln und bilden in ihrer Gesamtheit eine Pilgerroute. Die fünf Elemente bilden das bekannte Universum; als Matrix von allem sind sie die Hauptmanifestation der alles durchdringenden Kraft Shivas. Der Feuer-*lingam* befindet sich im Tempel von Tiruvannamalai; die Erde tritt in Kanchipuram in Erscheinung, das Wasser in Tiruvanaikkaval, die Luft in Kalahasti, und der Äther in Chidambaram. Parvati selbst erzeugte den *lingam* von Kanchi, als sie für die Verdunkelung des Universums büßte, die sie erzeugt hatte, da sie für kurze Zeit Shivas Augen bedeckte. Sie formte den *lingam* aus Sand vom Flußufer und betete glühend zu ihm, um wieder mit Shiva vereint zu werden. Heute steht dieser *lingam* im Heiligtum des Ekambareshvara-Tempels. Diese fünf *lingas* stellen die Lebensenergien dar, die unser ganzes Sein konstituieren, und wenn wir auf dieser Pilgerreise über ihre Bedeutung nachsinnen, soll uns dies dazu verhelfen, unser eigenes Wesen, das letztlich in Shiva ruht, tiefer zu erkennen.

Shiva: Herr des Tanzes

Shiva hört niemals auf zu tanzen. Er tanzt für die Göttin in ihren drei Gestalten als Uma (»Die Erde«), Gauri (»Die Strahlende«) und Kalika (»Die Dunkle«). Er tanzte als Bettler um Parvatis Hand, und er tanzte als Bhairava, als der Schädel in Banaras von seiner Hand abfiel. In seiner zehnarmigen Gestalt tanzt er mit Kali auf dem Verbrennungsplatz. Er tanzt im Wirbel der Atome, im Kreisen der Planeten, der Sterne und Milchstraßen und vor allem im rhythmischen Schlag des menschlichen Herzens. Shivas Tanz kennt kein Ende, und in seiner Ekstase schleudert er seine feurige Energie und Glorie durch die Welten.

Shiva liebt den Verbrennungsplatz. Er selbst ist das Feuer, das den Körper verzehrt. Was er in seinen tanzenden Flammen zerstört, sind nicht nur die Welten, sondern auch die Fesseln, die die menschliche Seele angekettet halten. Der Verbrennungsplatz, auf dem Shiva so gerne tanzt, ist das Herz seines Gläubigen. Wenn seine Illusionen in Asche liegen, hat ein Mensch, der Gott liebt, nichts mehr als nur die Hoffnung auf die unmittelbare Gegenwart seines Herrn.

Ein Text aus dem Mittelalter, das Umai Vilakkam (V. 32, 37, 39) sagt über Shiva: Die Höchste Intelligenz tanzt in der Seele ... um unsere Sünden zu entfernen. Dadurch zerstreut unser Vater die Finsternis der Illusion, verbrennt den Faden der Kausalität, stampft das Böse nieder, läßt Gnade regnen und taucht die Seele voller Liebe in ein Meer von Seligkeit. Alle, die diesen mystischen Tanz betrachten, werden keine Wiedergeburt mehr erleben.

Der Tänzer im Herzen ist niemand anderer als Shiva in der Gestalt des Nataraja, des am häufigsten wiedergegebenen Bildes in der gesamten indischen Kunst. Er tanzt in einem Kreis, und die gesamte Figur wird gewöhnlich in Bronze gegossen. Trotz seiner weltweiten Anerkennung findet man Nataraja nur im südindischen Staat Tamil Nadu oder in Tempeln, die unter tamilischen Einfluß geraten sind. Der wichtigste Ort seiner Verehrung ist Chidambaram (von *Chit* für »Bewußtsein« und *adambaram* für »grenzenlos«), das allgemein als der höchste Shiva-Tempel anerkannt wird. Dies ist nur deshalb möglich, weil die Essenz von Chidambaram, dem Ort des Tanzes, dem Zentrum des Universums im Herzen eines jeden Individuums liegt. Das äußere Chidambaram ist ein Modell des Herzens, und sein Rang ist so hoch, daß es im Tamil Nadu einfach nur »Der Tempel« heißt. Die Symbolik des Nataraja wird im Kapitel über Sakrale Kunst weiter untersucht.

Vishnu

In der hinduistischen Dreifaltigkeit verkörpert Vishnu (»Der Durchdringer«) die Rolle des Welterhalters, der die kosmische Ordnung in Gang hält. Er wird immer mit Königsherrschaft assoziiert und trägt normalerweise eine Krone. Die Menschen wenden sich an Vishnu, um Stabilität, sicheres Wissen und die Sicherheit einer tragfähigen Gemeinschaft zu erlangen. Er verkörpert alle Eigenschaften, die in einem orthodoxen hinduistischen Haushalt am höchsten bewertet werden. Dort gelten das Wohlergehen der Familie und der Kaste als wichtiger als das einzelne Individuum. Nur selten betrachtet man Vishnu als Asketen, obwohl es einige asketische Orden gibt, die ihn als Hauptgottheit verehren.

Wie Shiva erscheint Vishnu erst in den späteren Veden, und ein Abbild von ihm taucht zum erstenmal im ersten Jahrhundert unserer Zeitrechnung in der Gegend von Ghandara im nordwestlichen Indien auf. Es sieht so aus, als hätten Shiva und Vishnu entgegengesetzte Rollen, dennoch aber übernehmen sie häufig Eigenschaften des jeweils anderen Gottes. Die Alvars – Dichterheiligen des Südens – waren zwar aufrechte Vishnu-Anhänger, machten aber dennoch keine wesentliche Unterscheidung zwischen Shiva und Vishnu, während die Nayanmars, die glühende Verehrer von Shiva sind, Gott Vishnu als linke Hälfte von Shivas Gestalt betrachten.

Der Hauptunterschied zwischen Shiva und Vishnu – und die wichtigste Tatsache über Vishnu selbst – besteht darin, daß der letztere in bestimmten Perioden der Erdgeschichte die Gestalt eines menschlichen Avatars angenommen hat. Shiva mag zwar seinen Anhängern spontan erscheinen, steigt aber niemals in menschlicher Gestalt zur Erde herab. Vishnu dagegen ist in neun verschiedenen Inkarnationen zur Erde herabgekommen, in denen sich die Spanne eines evolutionären Wachstums von seiner Fischinkarnation durch verschiedene Tierinkarnationen bis zu seinen am meisten bekannten Inkarnationen in Rama, Krishna und Buddha abzeichnet. Durch diesen Inkarnationsprozeß wurde es möglich, daß auch andere Götter in den Vishnu-Kult einbezogen wurden, und daß auch jetzt noch zahllose neue Namen und Kulte hinzukommen. Am häufigsten wird heute Christus als Inkarnation Vishnus genannt, und der zehnte Avatar wird stündlich erwartet.

Die Bhagavad Gita nennt den Grund für Vishnus Abstieg zur Erde. Krishna erklärt es dem Kriegsgott Arjuna:

> *»Obwohl ich ungeboren, unzerstörbar und*
> *der Herr der Wesen bin, komme ich dennoch*
> *durch meine eigene Maya in die Existenz,*
> *indem ich mein eigenes Prakrti unterjoche.*
> *Immer, wenn Dharma verfällt und Adharma*
> *sich breitmacht*
> *Verkörpere ich mich, O Bharata.*
> *Zum Schutz der Guten, zur Zerstörung der Bösen*
> *und zur Durchsetzung von Dharma werde ich*
> *von Zeitalter zu Zeitalter wiedergeboren.«*

Die Gita, der am häufigsten gelesene hinduistische Text, bildet einen kleinen Teil des riesigen Epos Mahabharata. Das Mahabharata hat den dreifachen Umfang der Bibel. Es gilt als das fünfte Veda und sollte – unter anderem – die alten Veden für eine neue Ära neu formulieren. Das Mahabharata war – und ist noch immer – der Veda für die Massen und für alle Kasten. Als es in den frühen neunziger Jahren als Serienproduktion im Fernsehen gesendet wurde, drängten sich die Menschenmengen in allen Cafés und öffentlichen Plätzen, wo es einen Fernsehapparat gab, bis auf die Straßen. Jede Woche wurde es in dieser halben Stunde in Indien ungewöhnlich ruhig. Die Botschaft des Mahabharata ist religiös und kreist um die Idee des Gottes als Erlöser in Form von Krishna.

Das Mahabharata und das zweite große Epos aus derselben Zeit, das Ramayana (die »Erzählung von Rama«) wurden vor mehr als zweitausend Jahren zusammengestellt. In der hinduistischen Vorstellung von den Weltzeitaltern war dies der Beginn des dunklen Zeitalters, des Kali Yuga, in dem Mensch und Gott am wenigsten miteinander kommunizieren können. In einer solchen Zeit, in der wir uns noch immer befinden (obwohl sich bereits das nächste Zeitalter ankündigt), ist der direkteste Weg zu Gott die religiöse Hingabe – *bhakti*. Vishnus Inkarnation in menschlicher Form läßt das Ziel der Hingabe greifbarer werden. Einige Zeit vor dem Christentum wurden *bhakti*-Kulte in Indien zunehmend beliebter, und noch heute sind sie die am meisten verbreitete Art der religiösen Verehrung. Hingabe ist für alle Menschen möglich, sie erfordert nicht notwendigerweise irgendeinen Spezialisten, irgendein esoterisches Wissen und hängt auch nicht von den Amtsfunktionen eines Priesters ab. Im Herzen des Vishnu-Glaubens liegt die persönliche Beziehung zu Gott – abgesehen von seiner monotheistischen Lehre und göttlichen Gnade. Heute kennt und liebt man Vishnu vor allem in seinen Inkarnationen als Rama und Krishna.

Dennoch ist der reichste und beliebteste Vishnu-Tempel in Indien keiner dieser beiden Inkarnationen geweiht. Es geht um den Tempel des Vishnu in der Gestalt von Venkateshwara in der Nähe von Tirupathi im südlichen Teil von Andhra Pradesh. Durchschnittlich dreißigtausend Pilger strömen tagtäglich durch seine Tore, über dreitausend Gratismahlzeiten werden dort jeden Tag vom Tempel gespendet, und sein jährliches Einkommen liegt über fünf Billionen Rupien. Das Tempelpersonal umfaßt mehr als sechstausend Personen, und die meisten Schenkungen werden wieder in die Infrastruktur investiert – in Pilgerheime, Waisenhäuser, Armenhäuser, Schulen und Colleges. Einer der Namen des Gottes Vishnu lautet »Spender der Wohltaten«, und in seiner

Gestalt als Venkateshwara ist er der höchste Wunscherfüller. Deshalb strömen hier tagtäglich Tausende von Menschen aus allen Richtungen des Landes zusammen. Vishnu hat hier einen anderen Namen, und zwar aus folgendem Grund: Sowohl Shiva wie auch Vishnu sind jenseits von Zeit und Form, dennoch aber möchte man ihnen als Herren des Kosmos einen bestimmten Ort und eine bestimmte Zeit zuweisen. Dieses Problem löst man durch eine Mythologie, die sie mit einem Lokalgott assoziiert, der dann alle Kräfte des großen Gottes in sich aufnimmt. In diesem Fall besagt der Mythos, daß der Berg von Venkata auf Vishnus Befehl an diesen Ort gebracht wurde, weil er beschlossen hatte, hier zu ruhen, nachdem er in seiner Wildschwein-Inkarnation die Erde von den Wassern errettet hatte, die das Universum nach seiner Auflösung bedeckten.

Rama

Das Ramayana ist in Indien ebenso populär wie das Mahabharata. Es ist die ruhmreiche Geschichte, in der der Held ein Königreich verliert, vierzehn Jahre in der Verbannung verbringen und den Raub seiner Ehefrau erleben muß, den Herrn der Teufel besiegt und schließlich Weib und Königreich wiedergewinnt. Es ist die Reise des wahren Helden, nur, daß dieser Held ein verkleideter Gott ist. Vishnu inkarniert sich im Königreich Ayodhya als Prinz Rama. Niemand, nicht einmal Rama selbst, ist sich seiner wirklichen Identität bewußt, obwohl ihn die Vollkommenheit seines Charakters vor allen anderen Menschen auszeichnet. Alle lieben und bewundern ihn und freuen sich schon auf die bevorstehende Zeit, in der Rama König von Ayodhya sein wird.

Aber durch eine List des Schicksals – die den Hergang der ganzen Geschichte auslöst – wird Rama für einen Zeitraum von vierzehn Jahren aus dem Königreich verbannt und gewinnt seinen Thron erst wieder zurück, nachdem er Ravana, den Herrn der Dämonen besiegt und seine Ehefrau Sita wiedergewonnen hat, die Ravana entführt hatte.

Trotz aller Versuche von Ravana, sie zu verführen, bleibt Sita ihrem Ehemann Rama treu. Schon zu Beginn beharrte sie darauf, Rama in die Wildnis zu begleiten, obwohl er versucht hatte, sie zum Bleiben zu bewegen. Sie führt dabei das Argument an, daß eine Frau immer an der Seite ihres Ehegatten sein sollte. In der patriarchalen Gesellschaft, die Indien noch immer ist, stellt Sita das ideale Modell der vollkommenen Gattin dar. Sie ist eine der Inkarnationen von Lakshmi, Vishnus Gefährtin, die ihn in all seinen irdischen Gestalten begleitet. Als Radha, die die Geliebte des Gottes Krishna ist, spielt sie später eine ganz andere Rolle.

Rama ist die eigentliche Verkörperung von Tugend, königlicher Gesinnung, Ausdauer und Ehrlichkeit. Er stellt niemals in Frage, was das Schicksal von ihm verlangt, er ist voller Hingabe an seine Pflichten als Ehemann und König: Furchtlos im Kampf und so bescheiden, daß ihm nicht einmal die Größe bewußt ist, die alle anderen in ihm sehen. Rama ist der ideale Gatte, das ideale Oberhaupt von Familie und Königreich.

Sein treuer Diener Hanuman ist das Modell selbstloser Hingabe und übermenschlicher Kraft. Die Anhänger Ramas, die sich hauptsächlich im Norden Indiens befinden, orientieren sich an Hanumans Art der Hingabe an ihren Herrn und Gott. Die Geisteshaltung ist die eines Dieners im Verhältnis zu seinem Meister – eine respektvolle Distanz, die der glühenden Liebesbeziehung vorgezogen wird, die oftmals von Krishna-Anhängern gepflegt wird. Es wird überliefert, daß Ramas Name in das ganze Herz Hanumans eingeschrieben war, und das Chanten des Namens von Rama ist bei seinen heutigen Anhängern eine sehr verbreitete Praxis. Ein großer Heiliger, Neemkiroli Baba, der in den frühen siebziger Jahren unseres Jahrhunderts starb, soll auf wunderbare Weise mit dem Gott Rama verbunden gewesen sein: Auf seinem ganzen Körper war schwach sichtbar der Name Rama geschrieben.

Die verschiedenen Orte, die Rama auf seinen Wanderungen im Exil durchquerte, sind heute seine wichtigsten *tirthas* – Pilgerziele für seine Gläubigen. Rameshvaram, eine kleine Stadt an der Südspitze von Tamil Nadu hat das Glück, jener legendäre Ort auf dem Subkontinent zu sein, von dem aus Hanuman eine Brücke zur Insel Sri Lanka erbaute, auf der Ramas Armee das Meer überqueren und die Horden von Ravana angreifen konnte. Tatsächlich erstreckt sich von Rameshvaram aus eine Kette von Riffs, Sandbänken und kleinen Inseln bis nach Sri Lanka und bildet fast eine Verbindung zwischen beiden Ländern. Für die Gläubigen, die aus ganz Indien dorthin reisen, ist der Ramanathaswami-Tempel der Hauptanziehungspunkt. Außerdem ist dieser Tempel auch Shiva- und Vishnu-Anhängern heilig, weil er den Ort kennzeichnet, an dem Rama bei seiner Rückkehr nach dem Sieg über Ravana Shiva ehrerbietig seinen Dank abstattet – ein weiteres Beispiel für die gegenseitige Bewunderung und Verwandtschaft von Shiva und Vishnu.

Zwei andere wichtige *tirthas* sind den Anhängern Ramas heilig: Sitas Geburtsort, der in Nepal liegt, und Ramas legendärer Geburtsort und Königsthron – die Stadt Ayodhya. An Ramas Festtag, dem *Ramnavami*, der gewöhnlich im April gefeiert wird, kommen Hunderttausende von Pilgern aus ganz Nordindien in Ayodhya zusammen.

Krishna

Krishna und Christus sind die schönsten Ausdrucksformen einer Religion der Liebe auf der ganzen Welt. Obwohl die Art, in der sie diese Liebe verkörpern, deutliche Unterschiede aufweist, ist die Geschichte des Gottes Krishna dennoch in einigen wesentlichen Punkten der Geschichte Christi bemerkenswert ähnlich. Die Geburt in armen Umständen, die Flucht der Eltern mit dem Kind, und das Massaker an den männlichen Neugeborenen sind alles Züge, die Krishna mit Christus gemeinsam hat. Auch in der Anbetung des Kindes und der Betonung vollkommener Hingabe ähneln sich die beiden Traditionen.

Aber danach bewegen sich die beiden Geschichten in verschiedene Richtungen. Krishna war so schön und strahlte eine so mächtige Art spiritueller Liebe aus, daß sich alle Kuhhirtinnen – die *gopis* – in ihn verliebten. Er war ein schelmischer junger Mann und konnte es sich nicht verkneifen, seinen Bewunderinnen Streiche zu spielen. Als sie einmal im Fluß badeten, stahl er ihre Kleider und hängte sie kunstvoll auf einen Baum. Oder er spielte Flöte, und schon ließen sie alles liegen und stehen und stahlen sich ohne das Wissen ihrer Ehemänner aus dem Haus, um sich rings um ihn zu versammeln. Als sie einmal im Fluß mit ihm spielten, verschwand Krishna. Sie suchten ihn überall, aber da sie ihn nicht finden konnten, begannen sie seine Bewegungen und Handlungen nachzuahmen. Dies ist der Beginn des sogenannten *Krishna Lila*, des »Krishna-Spiels«. Dann nahmen sie seine Fußabdrücke wahr und waren verstört, als sie bemerkten, daß sie daneben die Fußabdrücke einer anderen Person sahen. Und als sie die Mädchen ihrer eigenen Gruppe nachzählten, stellten sie fest, daß eine von ihnen namens Radha fehlte. Aber Krishna war auch vor Radha verschwunden, und die *gopis* fanden sie zwischen den Bäumen. Weinend kehrten sie alle nach Vrindavana zurück, und dort tauchte Krishna wieder auf und begann mit dem *rasa lila*, dem berühmten Kreistanz. Er spielte seine Flöte in der Mitte des Kreises, und alle *gopi* drehten sich um ihn, wobei jede einzelne von ihnen überzeugt war, daß er nur mit ihr tanzte.

Das übrige Leben Krishnas interessiert seine Anhänger nicht mehr so sehr, abgesehen von einem großartigen Porträt von ihm, das in der Bhagavad Gita (»Lied des Herrn«) niedergelegt ist: dort erscheint er dem Arjuna und erteilt ihm tiefe spirituelle Belehrungen. Auch begegnet er Arjuna in seiner vollen strahlend-göttlichen Gestalt, um zu verdeutlichen, daß der Gott durch seine Gnade seine Anhänger auf diese Weise segnen kann. Hier ist Krishna die Verkörperung des Kriegeradels: Er preist die Tugenden der Pflicht, des Dienstes und vor allem der Hingabe. Diese Hingabe ist in der Bhagavad Gita von respektvoller Distanz geprägt, es ist die Hingabe des Dieners an seinen Herrn. Seit der Zeit des Mittelalters und noch heute ist Krishnas frühes Leben in Vrindavan – und vor allem das Liebesspiel des *rasa lila* das zentrale Thema der religiösen Philosophie seiner Anhänger.

Was in den früheren Texten als das Spiel eines Kindes beginnt, wird im Bhagavata Puran des zehnten Jahrhunderts zum Liebesspiel.

Wie kann das Herz gereinigt werden – wenn nicht die Haut erschauert, wenn sich nicht der Verstand auflöst, wenn man nicht vor Freudentränen die Sprache verliert?

Nicht die Tötung von Dämonen und und die Wiederherstellung der Ordnung, sondern das Feuer der Liebe in den Herzen der Gläubigen anzufachen, ist das wirkliche Ziel von Krishnas Herabkunft zur Erde. In der Erfahrung derer, die ihn lieben, will er die volle Offenbarung der Göttlichkeit ermöglichen.

Die gesamte Geschichte des Bhagavata Purana dreht sich um vollkommene Unterwerfung unter den Gott. Um mit Krishna zu sein, geben die *gopis* all ihre weltlichen Pflichten auf und sind bereit, den Zorn ihrer Ehemänner auf sich zu nehmen. Krishnas Flöte, ein phallisches Symbol erscheint in diesem Purana zum erstenmal. Vorher hatte Krishna die *gopis* mit seiner Stimme verzaubert. Wenn er sein Spiel (*lila*) spielt und vor ihnen verschwindet, so steigert er ihre Sehnsucht nach ihm in einem solchen Maße, daß er wieder vor ihnen erscheinen muß. Krishna reinigt ihr Verlangen durch seine Trennung von den *gopis*, und wenn er wieder auftaucht, und wenn das *rasa lila* beginnt, so wird der ganze Tanz in reiner spiritueller Liebe (*prema*) vollzogen.

Radha wird in den früheren Texten kaum erwähnt, aber die Gita Govinda, die im zwölften Jahrhundert geschrieben wurde, stellt sie unter allen *gopis* als das Paradebeispiel der spirituellen Hingabe und als Verkörperung seliger Wonne dar. Im Brahmavaivarta Purana aus dem sechzehnten Jahrhundert ist sie zur linken Körperhälfte von Krishna geworden, und im Radha Ramana-Tempel in Vrindavana gibt es ein Abbild von Krishna, aber von Radha sieht man nur die Krone, denn sie ist vollständig mit Krishnas Gestalt verschmolzen. In Indien sind Krishna und Radha mehr als alle anderen das Modell der spirituellen Liebe und der Neugeburt, die aus der Vereinigung des inneren Männlichen und Weiblichen hervorgehen. Im Reich des Himmels fließt zwischen ihnen ein unablässiger Strom der Seligkeit, und dies ist die Quelle aller reinen Liebe zwischen den Männern und Frauen dieser Erde.

Die göttlichen Mütter

Ich schwitze wie der Sklave eines bösen Geistes.
Kaputt bin ich, einfach kaputt, ein Kuli,
der für nichts schuftet,
einer, der Gräben aushebt, und mein Körper
frißt den Gewinn.

Fünf Elemente, sechs Leidenschaften, zehn Sinne –
Ja, zähle sie – alle schreien nach Aufmerksamkeit.
Sie wollen nicht hören – um mich ist es geschehen.
Ein Blinder klammert, so glaubt man,
die Hand um den Stock, den er verlor,
wie ein Wahnsinniger.
Und genauso klammere ich mich an DICH, Mutter.
Aber mit meinem Karmabündel beladen,
muß ich dich loslassen.
Und Prasad schreit:
Mutter, durchtrenne dieses schwarze Gewirr
aus Handlungen, schneide es durch.
Laß das Leben, wenn der Tod herniedergeht,
voller Freude wieder emporschießen,
aus meinem Kopf emporschießen wie eine Rakete.
L. Nathan und C. Seely, Übersetzer;
Gnade und Mitgefühl in Ihrem Wilden Haar:
Ausgewählte Gedichte an die Muttergöttin

»Durchtrenne dieses schwarze Gewirr von Handlungen«,
schreit die Dichterin: »Durchtrenne dieses unablässige Gefühl, daß ich es bin, der mein Leben führt, der sich selbst
managt – diese Vorstellung, daß meine ganze Existenz nur
von meinen Bemühungen abhängt. Tod dieser Wahnvorstellung – es ist Deine Show, nicht meine. Ich lege meinen Kopf
in Deinen Schoß. Nur mit Deiner Gnade wird das Leben
wieder durch meine Adern schießen.« Dieses oben abgedruckte Gedicht ist nur eines von vielen Beispielen in Dichtung, Literatur und Psychologie wie auch in soziokulturellen
Angelegenheiten, das auf ein neues Interesse des Westens
am Thema des Femininen, vor allem in der personifizierten
Form der Göttin verweist.

Die beiden Themen, die die Dichterin anspricht – die
Macht der Göttin, das Ego zu töten, und ihre Macht, neues
Leben zu spenden – sind die Fäden, die durch alle Göttin-

115

nen-Mythen auf der ganzen Welt laufen. Es sollte uns nicht überraschen, daß zeitgenössische AutorInnen dieselben Themen in ihrer eigenen Sprache ausdrücken, denn die Mythen sind ewig: sie sind die immer wiederkehrenden kollektiven Träume der Menschheit. Und wenn diese Themen nun in Zusammenhang mit der Göttin auftreten, so ist dies nur ein Beitrag unter vielen, in denen ihre Mythologie im Westen neu entdeckt wird. Seit Jahrhunderten – fast während der gesamten Zeit des Christentums – wurde das Wissen um die weiblichen Mysterien von Leben und Tod unterdrückt und im Dualismus von Körper und Geist sogar mit dem Bösen gleichgesetzt. Dementsprechend wurde sogar die Erde selbst als Verkörperung aller weiblichen Dinge entwertet und zur Nebensache erklärt.

Vor zweieinhalbtausend Jahren war die Göttin in der ganzen Welt die wichtigste Gottheit. Zwar gibt es in allen größeren Religionen noch immer Spuren ihrer einstigen Allgegenwart, aber nur in Indien wird sie noch immer mit ähnlicher Lebendigkeit und Formenvielfalt verehrt und angebetet, wie dies zu Beginn der christlichen Zeit der Fall war. Für die frühen Ackerbaugesellschaften stellte, wie wir gesehen haben, der fruchtbare Boden eine unendliche Quelle von Ehrfurcht und Bewunderung dar. Die Erde wurde – und wird in Indien noch immer – in vielen lokalen Göttingestalten verehrt (s. S. 29). Als Ausdruck der lebenspendenden Kräfte der Erde hatten die Formen und Phänomene der Natur ihre eigene Heiligkeit und wurden in ihrer jeweiligen Gestalt angebetet. Außerdem gibt es, über ganz Indien verstreut, Megalith-Kultplätze, die die Große Mutter Erde eher in ihrem universellen als in ihrem lokalen Aspekt personifizierten. Sie entstanden vor mindestens zehntausend Jahren. Ein prähistorischer Megalith in Bolhai, Madya Pradesh, wird auch heute noch als Heiligtum der Erdmutter verehrt. Es ist ein gut zwei Meter hoher, ovaler mit roter Farbe überzogener Stein, der wie eine Glocke klingt, wenn man ihn anschlägt. In der Gegend von Kaimur in Zentralindien gibt es ein Steinmal aus spätpaläolithischer Zeit, das in dieser Gegend als Altar von Kalika Mai oder Mutter Kali gilt. Vor eineinhalb Jahrtausenden begann die Mutter des Universums Schritt für Schritt vor der angreifenden patriarchalen arischen Kultur zurückzuweichen, nur, um mehrere Jahrhunderte später als Gegenstand der Shakti-Verehrung in den tantrischen Abhandlungen wieder aufzutauchen, allerdings in modifizierter Form, denn die Zeiten hatten sich ja geändert. Wie alle Götter und Göttinnen (im Gegensatz zur Höchsten Gottheit, die unwandelbar und ewig ist), ist sie ein Prozeß und kein fixes Ereignis.

Ein gegenwärtiges Beispiel für die Lebenskraft der Großen Göttin ist ihre neue Popularität in der alten Gestalt der Adi Parashakti. Unter diesem Namen zieht sie wieder einmal Tausende von Pilgern an; diesmal ist es ein unauffälliges kleines Dorf im Süden von Madras namens Melmeamathur. Der Ursprung dieses außergewöhnlichen Interesses liegt in der Geschichte eines Mannes namens Bangaru Adigala, der in diesem Dorf lebt. Es heißt, daß Adigala im Alter von zehn Jahren durch die Felder wanderte und großen Durst verspürte. Daraufhin hatte er eine Vision von Adi Parashakti, die zu ihm kam und ihm Milch reichte. Einige Jahre später fällte ein Gewittersturm einen *neem*-Baum im Dorf, und in seinem Inneren wurde ein *lingam* entdeckt. Noch Tage nach dem Sturm sickerte Milch aus den Zweigen des Baumes. Im Alter von fünfzehn Jahren hatte Adigala eine weitere Vision von Adi Parashakti: sie befahl ihm, daß sein Vater, ein wohlhabender Gutsbesitzer, einen Tempel für sie unter ihrem Namen Mariamman bauen solle. Der Tempel wurde erbaut und Adigala besuchte ihn jeden Tag, um dort zu beten. Als er zwanzig war, behauptete er, daß er visionäre Kräfte besäße, und die Menschen begannen ihn um Rat und Hilfe zu bitten. Er führte seinen Beruf als Lehrer weiter, bis er dreißig Jahre alt war. Dann nahm Adi

Parashakti dauerhaft von ihm Besitz. Er wurde zum hauptberuflichen Guru und hat seine frühere Beschäftigung vollständig aufgegeben.

Heute ist er dreiundfünfzig Jahre alt und wird regelmäßig von hohen Staatsbeamten und einflußreichen Personen aus ganz Indien konsultiert. Das Dorf liegt an der Hauptstraße zwischen Madras und Trichy, aber die Besucherströme sind so groß geworden, daß eine Umgehungsstraße gebaut wurde, um das Dorf abzuschirmen. Abgesehen von der Anziehungskraft des Orakels gewährt der Tempel, der sich zu einem riesigen Betrieb entwickelt hat, Menschen aller Kasten und Glaubensrichtungen den Zutritt zum Allerheiligsten, was in Indien eher selten ist. Frauen dürfen ihn auch während ihrer Menstruation besuchen, was in brahmanischen Tempeln einem strengen Tabu unterliegt. Adigala ist ein Nicht-Brahmane, und der Tempel ist ebenfalls nicht-orthodox, wie es ja oftmals bei Göttinnen-Tempeln der Fall ist.

Vielleicht liegt es an der Popularität dieses Tempels, daß nun auch die Adi Parashakti-Heiligtümer in den wichtigeren südindischen Tempeln, die seit Jahrzehnten vernachlässigt wurden, ebenfalls zum Brennpunkt einer neuen Welle der Religiosität geworden sind.

Mahadevi ist die schöpferische Energie, die all die Teilchen des Atoms wirbelt, die Milchstraßen kreisen läßt und auch den Tanz zwischen dem Männlichen und Weiblichen verursacht. Der elektrische Ventilator in dem Raum, in dem ich schreibe, trägt den Markennamen *Devi* auf seinen Flügeln. In der Beziehung zum Gott, der die tiefste Ruhe verkörpert, ist Devi als seine Gefährtin das Medium, durch das er die Welten erschaffen kann. Für Shakti-Anhänger ist sie jedoch nicht nur ein Teil einer Polarität, sondern als Mahadevi die gesamte, in sich vollkommene Wirklichkeit.

Die Energie oder *shakti* der Mutter, die in unablässigem Tanz aus den Formen hervor- und in sie zurückwirbelt, ist die Ursache von *maya*, dem Mysterium, das uns von der wirklichen Realität zu trennen scheint. Die übliche Übersetzung von *maya* als Illusion wirft auf die Welt der Phänomene jenes negative Licht, das ihr in den großen Weltreligionen meistens zugeschrieben wird. Die Welt der Sinne ist unwirklich, die Welt des Geistes wirklich. Aber das ist mit Maya nicht gemeint. Es ist nicht die Blume, die Sonne, der Mond, unsere Ehepartner, unser tägliches Leben in der Welt, was unwirklich ist: alles ist eine Manifestation der Göttin, der einen Wirklichkeit. Das Geheimnis der Maya – ihr Zaubertrick – besteht darin, daß Wirklichkeit überall ist, in allem atmet und dennoch nicht definiert oder benannt werden kann. Unser Bedürfnis, Namen zu finden und auf Antworten zu verweisen, also die Wirklichkeit eines Wesens in Zeit und Raum zu fixieren – das ist die eigentliche Illusion. Die gesamte Welt der Phänomene mit all ihren Schmerzen und Freuden ist der Garten der Wahrheit; aber keine einzige Blume hört auf diesen Namen. Mahadevi bringt uns auf trickreiche Weise immer wieder dazu, die Antwort zu wissen: da gibt es diese Theorie, jenen Guru, dieses Problem, jene spirituelle Erfahrung – bis wir schließlich erschöpft von unseren eigenen Erklärungen und Entdeckungen in Schweigen verfallen. Und dann wird die Welt heil, und alles bleibt, wie es immer war.

Die hellen Göttinnen

In ihren strahlenden, wohltätigen Gestalten ist Mahadevi fast immer die Gefährtin des einen oder anderen großen Gottes. Parvati ist die Gattin von Shiva, Lakshmi die Gattin von Vishnu, und Sarasvati die von Brahma. Parvati und Lakshmi nehmen in verschiedenen Gegenden und Mythologien viele Gestalten an und werden fast immer zusammen mit ihren Ehegatten angebetet. Sarasvati, die Göttin der Weisheit und der Bildung, wird sehr viel häufiger als ihr Mann verehrt, der fast nirgendwo besonders beachtet wird.

Ob strahlend oder dunkel, in jeder Form verkörpert die Göttin Energie – *shakti*. Die Götter brauchen ihre Gefährtinnen, um handeln zu können, da sie selbst für sich genommen aller Manifestation vorausgehen und der Ruhepunkt in der Mitte sind. »Ohne dich«, sagt Krishna zu Radha, »bin ich in allen Unternehmungen leblos.« Nur durch die Kraft seiner *shakti*, der Göttin, kann Shiva das Universum entstehen lassen. In ihren Beziehungen zu menschlichen Wesen setzen die hellen Göttinnen ihre Kräfte ein, um Leben, Wohlstand, Glück, Fruchtbarkeit, Schönheit und Nahrung zu gewähren.

In ihrer Rolle als Gefährtin steht die Göttin selten allein. Die heftigen und gefährlichen Eigenschaften ihrer dunklen Schwestern sind in ihr durch die Ehe mit dem Herrn und Gott »gezähmt« worden. Und deshalb ist sie auch die ideale indische Ehegattin – immer an der Seite ihres Gemahls.

Die dunklen Göttinnen

Durga

Ich beobachtete sie etwa eine Stunde lang: Arme Frauen in schmutzigen Saris, kleine Frauen mit Kindern an ihren Brüsten und zu ihren Füßen, Großmütter, die durch ein Leben der Plackerei gebückt gingen, heranwachsende Mädchen mit geölten Haarbündeln, wohlhabende Damen in hellen, gebügelten Kleidern, und sie alle kamen und gingen und strömten schwatzend, in Gruppen, niemals allein zum Heiligtum der Durga im Minakshi-Tempel von Madurai. Sie kamen mit einer Limone, schnitten sie in der Mitte durch und füllten die eine Hälfte mit Öl und entzündeten in ihr einen Docht. Nachdem sie die Lampe vor dem Altar auf den Boden gesetzt hatten, umrundeten sie das Bild der Durga und gesellten sich dann wieder zu der Menge, die vor ihr saß. Es war Freitag, Durgas Tag, und die Menge quoll bis in die Gänge auf beiden Seiten des Heiligtums. Einige wenige Männer waren mitgekommen, um an der Durgaverehrung teilzunehmen. Einige Familien hatten ihr Mittagessen mitgebracht, und es lag ein dichter Geruch von Weihrauch, brennendem Öl, mit Curry gewürzten Gemüsen und Mangos in der Luft. Auf die Wände rings um das Heiligtum und den größten Teil des Bodens vor ihm war mit roter Paste ein Dreizack gemalt. Dies ist das Emblem des Gottes Shiva, paßt aber auch für Durga, da sie Shiva in seiner ungebändigten weiblichen Form ist. Hin und wieder erhob sich die eine oder andere Frau und schmierte einen weiteren Dreizack über die bereits vorhandenen und murmelte dabei den Namen der Göttin vor sich hin. Irgendjemand begann mit Handzimbeln zu spielen, und wenige Augenblicke später wiegte sich die Menge im Rhythmus eines religiösen Gesanges. Eine Frau begann unkontrolliert zu zucken und gab alle paar Augenblicke einen durchdringenden Schrei von sich. Dann ebbte der Gesang ebenso plötzlich ab, wie er begonnen hatte, und die Frauen wandten sich wieder ihren Sandwiches zu, entzündeten weitere Limonenlampen und fütterten oder schalten ihre Kinder.

Als ich ging, waren meine Sinne, mein ganzes Bewußtsein wach und euphorisiert. Was ich gerade miterlebt hatte, war nur ein kleines Beispiel für die Renaissance der Göttin Durga und die Kraft, die sie heute für indische Frauen verkörpert. Im Gegensatz zu ihren hellen Entsprechungen sind Durga und Kali äußerst unabhängige Göttinnen. Der Name Durga bedeutet »unerreichbar«, und zwar im Sinne von jungfräulicher Autonomie. Durga gehört niemandem außer sich selbst. Sie widerlegt voll und ganz das Modell der Hindufrau, das durch die Gefährtinnen der Götter definiert wird. Sie führt keinen Haushalt, unterwirft sich keiner männlichen Gottheit – mehr noch, sie ist eine hervoragende Kämpferin. Sie lebt am Rande der normalen Gesellschaft

und ist eng mit den wilden Bergketten des Himalaya wie
auch dem Vindhya-Gebirge in Zentralindien verbunden.
Dort ist sie die bevorzugte Gottheit vieler Stammesangehörigen, die fern der Zivilisation leben.

Anstatt ihre Kraft einem männlichen Begleiter zu leihen,
nimmt ihm Durga vielmehr seine Kraft, um ihre Aufgaben
als Kämpferin zu erfüllen. In der Mythologie ist es ihre wichtigste Rolle, die Dämonen zu besiegen, die die Stabilität des
Kosmos bedrohen. Sie ist eine große Kriegskönigin mit vielen
Armen, von denen jeder eine Waffe trägt. Ihr Reitpferd ist
ein Löwe, und Ihr größter Sieg war der über den Büffeldämon Mahisa, den keiner der Götter überwinden konnte.

Die Götter müssen ihr inneres Feuer der Schöpfungskraft
der Durga leihen, damit sie vollziehen kann, wozu sie nicht
imstande sind. Sie verkörpert ihre Potenz und kleidet sie in
ihre eigene Gestalt weiblicher Schönheit und Anziehungskraft. Deshalb verlieben sich ihre Feinde – ausschließlich
Männer – in sie. Sie teilt ihnen mit, daß sie sie im Kampf be-
zwingen müssen, um sie zu gewinnen, aber das gelingt ihnen
nie. Durgas Schönheit dient also nicht dem üblichen Zweck,
nämlich der Anziehung eines Ehegatten, vielmehr lockt sie
ihre Opfer in den Kampf, der für sie immer vernichtend ausgeht. Man kann kaum den Gedanken vermeiden, daß die
männermordende Durga zumindest teilweise jenen riesigen
Speicher von Kraft und Ressentiment verkörpert, der noch
immer zutiefst unterdrückt im Bewußtsein der traditionellen indischen Frauen ruht. Allerdings wäre es eine Verein-
fachung – und auch eine Beleidigung der Göttin – wollte
man eine so große archetypische Kraft wie Durga auf einen
einzigen psychologischen Komplex reduzieren wollen.

Später in ihrer Entwicklung nahm Durga die Rolle von
Shivas Gattin und auch die einer Mutter an, aber dies konnte nichts an ihrer Unabhängigkeit verändern. Sie beinhaltet
auch eine uralte Verbindung zu Fruchtbarkeit und Ernte,
denn wie bei allen Göttinnen liegen auch ihre Wurzeln in

den Stammes- und Bauern-Kulturen des ländlichen Indien, aus denen sie noch heute ihre vitale Kraft schöpft.

Mit ihrer männlichen Entsprechung Shiva teilt sie den doppeldeutigen Charakter des Tricksters und vereint die Gegensätze. Sie ist die Wilde Frau am Rande der Welt, aber sie ist auch die Beschützerin des Kosmos, wenn sie die Dämonen zerstört, die die Position der Götter usurpiert haben. Sie durchdringt den Kosmos, sie erschafft, erhält und zerstört ihn, und wie Vishnu manifestiert sie sich in greifbarer Gestalt, wenn die Zeiten wieder einmal sehr düster geworden sind. Auch sie ist eine persönliche Erlöserin, und ein Grund für ihre Beliebtheit besteht darin, daß sie bereit ist, in schwieriger Zeit für ihre Gläubigen einzutreten. In allen Traditionen der Welt spielen alle Göttinnen diese Rolle; denn die Mutter steht dem Kind näher als der Vater und ist immer bereit, die Nöte ihres Kindes zu lindern.

Kali

Im Minakshi-Tempel stehen zwei überlebensgroße Figuren von Kali und Shiva im *Tandava*, jenem Tanzwettbewerb, zu dem Kali Shiva herausforderte. Eines Nachmittags saß ich am Fuße der Shiva-Statue und beobachtete, wie Paare und Familien vorbeigingen und Butterklumpen von einem Mann kauften, der seinen Stand neben der Kali-Statue hatte. Sie kicherten schüchtern, wie Inderinnen dies oft tun und warfen ihre Butter auf die Statue. Kali war von Kopf bis Fuß von triefendem Fett bedeckt. Der Gehilfe eines Priesters stand auf einer Plattform auf der Höhe ihres Halses und verstärkte die schmierige Schicht noch, indem er Kokosnußwasser über den Kopf der Göttin laufen ließ; hin und wieder fügte er außerdem eine Blume als Opfergabe hinzu. Ich saß eine Weile, bis mir klar wurde, daß Butter im ayurvedischen Nahrungssystem ein kühlendes Mittel ist. Die Gläubigen wollten Kali helfen, sich abzukühlen, damit sie in der Hitze ihres Tanzes die Welt nicht zu Asche verbrennen würde.

Das *Tandava*, in dem Shiva und Kali sich gegenseitig zu immer wilderem Tanz aufstacheln, hat Tausende von Liedern, vor allem in Bengalen, inspiriert.

> *Verrückt ist mein Vater, verrückt meine Mutter,*
> *Und ich, ihr Sohn, bin auch verrückt!*
> *Shyama (»Die Dunkle«, ein Beiname von Kali)*
> *ist meiner Mutter Name.*
> *Mein Vater schlägt auf seine Wangen*
> *und macht einen hohlen Ton:*
> *Ba Bum! Ba Bum!*
> *Und meine Mutter, betrunken und schwankend,*
> *Fällt über den Körper meines Vaters!*
> *Shyamas strömende Zöpfe hängen in ungeheurer*
> *Unordnung herab;*
> *Unzählige Bienen schwärmen*
> *Um ihre dunkelroten Lotusfüße her.*
> *Hört, wie ihre Fußkettchen klingen, wenn sie tanzt!*
> Gospel von Sri Ramakrishna

In Bengalen (aber nicht im Süden, wo Shiva verehrt wird), ist Kali gewöhnlich die Siegerin des Tanzes, und bildliche Darstellungen zeigen sie, wie sie tanzt oder auf Shivas liegendem Körper steht. Wenn beide in sexueller Vereinigung abgebildet werden, so liegt sie gewöhnlich obenauf. Wie Shiva tanzt sie mit Vorliebe auf dem Friedhof: schwarz und nackt mit aufgelöstem Haar, mit einem Halsband aus frischabgeschnittenen Köpfen, einem Gürtel aus abgetrennten Armen, mit Kinderleichen als Ohrringen, Schlangen als Armringen, umgeben von Schakalen und Feuergeistern. Lange Fangzähne kommen zwischen ihren Lippen hervor, die von Blut bedeckt sind. Auf dem Schlachtfeld erscheint sie trunken vom Blut ihrer Opfer.

Kali ist die Schwärzeste der Schwarzen, die Heißeste der Heißen. Als innerstes Wesen von Durgas Wut, so teilt uns das Devi Mahatmaya mit, sprang sie aus Durgas Stirn hervor, um die Dämonengeneräle zu enthaupten. Gleichzeitig ist sie zusammen mit Durga eine der dunklen Manifestationen von Parvati, Shivas Gemahlin. Auch als Gefährtin von Shiva ist sie gefährlich, denn sie stachelt Shiva – der doch selbst kaum aufgefordert zu werden braucht – zu heftigen Handlungen an, die die Stabilität des Universums bedrohen. Insofern kann man sich vorstellen, weshalb sie soviel Butter braucht, und weshalb jener Priester dort oben den ganzen Tag Wasser über ihren Kopf gießt.

Kali beschwört alles, was der orthodoxe, reinheitsbewußte Hindu – und die meisten von uns – eher nicht ins Auge fassen möchten. Sie ist jener Aspekt der Existenz, der alles verzehrt. Ihre Spuren sind Tod, Zerstörung, Angst und Schrecken. Sie ist das Reich des Verbotenen, die Unreinheit par excellence. Sie lebt in uns allen und verewigt sich in einem immer wiederkehrenden universellen Prozeß. Sie verkörpert alles, was jenseits der Grenzen des orthodoxen Hinduismus liegt, und unzweifelhaft ist sie das Medium, »durch das diese Kultur die systemimmanenten Mängel ihrer eigenen überfeinerten Weltanschauung bewältigen kann. Sie ist ein Ventil, ein Eingeständnis des Unvorhersagbaren, des unverwischbar Schmutzigen, sie ist die ewige Drohung für die Versuche der Gesellschaft, Dinge zu ordnen, die im wesentlichen unordentlich sind – nämlich das Leben selbst.« (*Hindu Goddesses,* D. Kinsley*).*

Kali ist die hervorragendste Gottheit der tantrischen Schule wie auch der vielfältigen Formen bengalischer Religiosität. Ihre Anhänger streben durch ihre Übungen nach unbegrenzter Macht und Energie. Ein anderer Name für Kali lautet Vama: »Sie, die auf der Linken ist«, und die linkshändige Schule des Tantra folgt Kalis Beispiel und setzt sich über alle gesellschaftlichen Konventionen hinweg. Ihr Leitsatz lautet: »Was dich zu Fall bringt, macht dich stark.« Indem sie das *pancatattva*-Ritual der fünf verbotenen Dinge

– Wein, Fleisch, Fisch, gedörrte Körner (halluzinogene Drogen?) und Sex – vollziehen, erzeugen sie Kalis Energie, ihre *shakti*, und überwinden die dualistische Unterscheidung zwischen rein und unrein, zwischen heilig und profan. Auf diese Weise bekräftigen sie die essentielle Einheit des Lebens, denn das Göttliche, sagen sie, beinhaltet alles – nirgends gibt es etwas, in dem Gott nicht ist.

Für Menschen, die Spiritualität praktizieren – und zwar die inneren, nicht die äußeren Opfer – ist sowohl der Weg der Göttin Kali wie auch der des Gottes Shiva ein Weg der Negation. Ihre Anhänger dürfen leiden und in weltlichen Angelegenheiten und Wünschen enttäuscht werden. Weder Kali noch Shiva sind Gottheiten, die Wünsche erfüllen – es sei denn den Wunsch nach innerer Leere, der die Seele offenlegt, damit sie eintreten können. Erst dann können sie kommen, dort drinnen tanzen und auf diese Weise das höchste Geschenk, das der Selbsterkenntnis spenden.

7
Priester und Tempel

Als Haus der Götter heiligt der Tempel ohne Unterlaß die Welt,
weil er sie sowohl darstellt wie auch in sich enthält.
Wenn man es genau betrachtet, geschieht es durch den Tempel,
daß die Welt in jedem ihrer Teile neu geheiligt wird.
Wie unrein die Welt auch werden mag, sie wird ohne Unterlaß
durch das Allerheiligste neu gereinigt.[13]

Wenn man über die Schwelle eines Hindu-Tempels schreitet, so betritt man eine Welt zwischen Schlafen und Wachen.

---

[13] Eliade, Mircea, *The Sacred and the Profane*, Ibid

Schon jetzt, während ich mich dem Haupttor eines südindischen Tempels nähere, habe ich die Empfindung, als betrete ich ein Reich, in dem sich verschiedene Welten vereinigen. Ich blicke zu den hohen Türmen oder *gopurams* hinauf, die über den vier Eingängen stehen und bewundere all die Standbilder von tanzenden, Flöte spielenden, liebenden, Dämonen besiegenden und singenden Göttern und Menschen. Sie fließen kaum wahrnehmbar ineinander und auseinander, in ihnen lebt derselbe schöpferische Genius, der Nacht für Nacht unsere Träume spinnt.

Dann ist da auch die Gestalt und Ausrichtung der Türme selbst. Sie rollen sich zwölf Stockwerke oder mehr nach oben, aber nicht auf die Art eines gotischen Kirchturms, der direkt zur Spitze strebt, sondern in einer umständlichen kreisenden Art, die auf jedem Quadratzentimeter des Gebäudes eine Skulptur, eine Figur oder eine Szene aus den Schriften erfordert, um ihre nach oben gerichtete Bewegung zu bekräftigen. Der Zweck eines *gopuram* besteht nicht in seiner Entwicklungsrichtung, sondern in den Geschichten, die er auf seinem Weg erzählt. Im Gegensatz zur Kirchturmspitze, die zum Himmel emporstrebt, braucht der *gopuram* nirgendwo hinzugehen, denn für die Hindus ist der Himmel ja genau hier, wo wir uns befinden, in der Mitte von allem anderen.

Auf dem Weg durch den Tempeleingang versuchen Dutzende von Verkäufern dem Gläubigen all das zu verkaufen, was er für die Anbetung der Götter braucht: Kokosnußhälften, die mit Bananen und Blumen gefüllt sind und als persönliche Opfergabe dargebracht werden können; Kampfer, um dem Gott eine Flamme opfern zu können; Sandelholzpaste; rotes Kum-Kum-Pulver; Bildpostkarten von der höchsten Gottheit des Tempels; aber auch ein Sammelsurium von Plastikspielzeug, Eimern, Besen, Aluminiumpfannen, Töpfen, Haarspangen, Perlen bis hin zu Musikkassetten und sogar Transistorradios. Auf der Schwelle selbst sitzen auf beiden Seiten Reihen von Bettlern: Mit verdrehten Körpern, Fetzen aus Sackleinwand, mit leprösen Stummeln statt der Hände, mit eingebundenen Füßen, mit Gliedern wie Zweigen, die sich um die Fliegenschwärme nicht kümmern – und dennoch lächeln sie manchmal mit zahnlosem Grinsen – ein Leben, das sich durch die Nähe des Todes nicht besiegen läßt. Hinter den verfallenen Bettlern sieht man dann die fülligen Formen der Göttin Ganga mit ihren überaus breiten Brüsten, welche die lebenspendenden Weinreben trägt, die sich in fruchtbarer Fülle zum Gewölbe über ihnen emporwinden.

Gleich hinter den Bettlern, auf der linken Seite jenseits der Schwelle, befindet sich der Elefantengott Ganesh in einer Nische der Wand, vor seinen Füßen brennt eine Kampferflamme, sein geschwärzter Körper ist von Öl bedeckt, in seinem Schoß liegen die Überreste einer Blume. Da steht er also, Er, der die Hindernisse entfernt, gerade einen Meter hinter der letzten ausgestreckten Hand eines Bettlers. Ich trat über die Schwelle in den ersten großen Hof des Arunachalesvara-Tempels in Tiruvannamalai. Auf der linken Seite befindet sich ein großes rechteckiges Wasserbecken – der Brahma Tirtha-Tank mit drei Stufen, die den Gläubigen nach unten führen. Dort kann er seine Unreinheiten hinwegschwemmen, bevor er sich dem Heiligtum weiter nähert. Aus dem Wasser springen riesige Fische hervor, um den Puffreis aufzufangen, der ihnen von den Gläubigen zugeworfen wird. Vor mir sehe ich den nächsten *gopuram*, sein Torbogen ist wie eine Einladung zum zweiten Innenhof, einen weiteren Schritt näher zum Gott. In diesem ersten großen offenen Raum sitzen eng gedrängte Gruppen von Menschen vor dem einen oder anderen Heiligtum; manche essen, spielen mit Kindern, wieder andere verneigen sich in Richtung des Allerheiligsten oder vor einem der Altäre im Hof selbst. Noch immer werden hier Postkarten verkauft, und *sadhus* in Orange sitzen und liegen vor einer Wand.

Insgesamt fünf rechteckige Höfe ziehen den Gläubigen in immer kleiner werdenden Kreisen, die er jeweils kreisförmig durchschreiten sollte, bevor er den nächsten betritt, zum *garba-grah*, dem Haus des Schoßes, in dem der Gläubige wiedergeboren wird. Im vierten Hof nimmt der Tempelelefant Opfergaben entgegen, rollt seinen Rüssel zum Gruß und legt ihn sanft auf den Kopf des Gläubigen, um ihn so zu segnen. Jeden Abend kniet er vor dem Altar des Ganesh nieder und trompetet seinen Lobgesang an die vergöttlichte Form seiner eigenen Gattung.

Auf dem Weg zur Begegnung mit dem höchsten König und Gott zollt der Gläubige auch der Familie und dem Gefolge des Königs seinen Respekt: sie alle haben in den verschiedenen Höfen ihren Altar, und manchmal sogar mehr als nur einen. In jedem Tempel wird Ganesh als erster verehrt, da er den Zugang zu den restlichen Höfen gewährt. In einem Shiva-Tempel kommt dann als nächstes Murugan, während in einem Vishnu-Tempel eher die Göttin Lakshmi den Platz des Murugan einnimmt.

Ganesh und Murugan sind zwei Söhne Shivas. Wenn man Ganesh an die erste Stelle der Anbetung setzt, so folgt man damit einer immanenten Logik. Als Personifikation günstiger Anfänge symbolisiert er auch die Fähigkeit, in der Welt erfolgreich zu sein, wie auch die Erfüllung weltlicher Wünsche. Der Hinduismus geht davon aus, daß ein Mensch auf seiner spirituellen Reise nicht sehr weit fortschreiten kann, wenn er nicht – sei es in diesem Leben oder in einem früheren – sein Streben nach weltlicher Erfüllung befriedigt hat. Nur, wenn er dies getan hat und dabei bemerkt hat, daß er noch immer nicht zufrieden ist, wird er auf einer tieferen, spirituelleren Ebene nach Glück suchen. Und dann wird er (zumindest im Süden, wo praktisch alle wichtigeren Shiva-Tempel liegen) eher Murugan als Ganesh als seine persönliche Gottheit betrachten. Denn Murugan ist der Kriegsherr des Yoga. Er ist sowohl die Willensenergie, die für die Disziplinen des Raja-Yoga und das esoterische Wissen über Yoga erforderlich ist. In anderen Höfen können ihm die Altäre von Heiligen weiterhelfen, bis er dann am Ende seinen letztendlichen Guru, Gott Shiva selbst mit seiner Gefährtin, der universellen Mutter und Königin Parvati trifft. Auf dem Weg zu Shiva werden auch die Planeten des Sonnensystems verehrt. Jeder Hindu, ob er nun nur dem Namen nach dieser Religion angehört oder aber tatsächliche spirituelle Disziplinen praktiziert, erkennt die Macht himmlischer Einflüsse über sein Schicksal an und möchte seine Reise durch das Leben erleichtern, indem er auch dem Navagraha, dem Altar der Planeten, seine Ehrerbietung erweist.

Ein südlicher Tempel wie der von Arunachalesvara ist ein raffiniertes Diagramm der spirituellen Reise eines Gläubigen zum Mittelpunkt seines eigenen Seins. Die Reise von einem Hof zum nächsten ist eine fortschreitende Verinnerlichung, weg von der taghellen Welt normaler Angelegenheiten durch räumliche Anordnungen, die immer enger und dunkler werden; wenn man dann schließlich das innere Heiligtum erreicht, so befindet man sich in einem kleinen höhlenartigen Schoß, in dem die einzige Lichtquelle die Flamme ist, die Gott Shiva dargebracht wird. Der gesamte Grundriß des Tempels ist ein Spiegel; nicht nur des menschlichen Körpers, sondern auch der feinstofflichen Anatomie. Die fünf Höfe symbolisieren die hinduistische Vorstellung von den fünf Körpern des menschlichen Wesens; insofern ist die Reise vom äußeren Hof zum Allerheiligsten ein Weg von der physischen Existenzebene durch die feinstofflicheren Reiche des Seins bis zum verklärten Körper der Seligkeit im Allerheiligsten, wo man Gott von Angesicht zu Angesicht begegnet. Das Allerheiligste hat zwei Seiteneingänge, welche die Ohren symbolisieren und der Gott ist an der Stelle des Dritten Auges placiert. In einem Shiva-Tempel steht das Bild des Nataraja, dessen, der im Herzen tanzt, links unter der Hauptgottheit, wie auch das menschliche Herz links und unterhalb des Kopfes liegt.

Seit dem fünften Jahrhundert nach Christus entstanden im Norden die ersten freistehenden Tempel, welche internationale Kontakte mit den tempelbauenden Völkern Ostasiens unterhielten. Doch mit der Zeit wurden all diese großen Tempel mit Ausnahme von Khajuraho durch die einfallenden Moslems zerstört. Aus diesem Grund sind diejenigen, die bis heute erhalten geblieben sind, meist nur regional bedeutsam. Erst einige Jahrhunderte später begann der Tempelbau im Süden. Aber dort blieben der Kultur die Eroberungen, die der Norden erleiden mußte, erspart und die Tempel, die vor 1.200 Jahren gegründet wurden, stehen auch heute noch in voller Blüte.

Die Tempel des Südens entwickelten ganz eigenständige Züge, die in der nördlichen Tradition niemals vorgekommen sind. Ungefähr im fünfzehnten Jahrhundert wurde der *gopuram*, der Tempeleingang, zum visuell dominierenden Merkmal des gesamten Tempels. Bald darauf wurden bereits ganze Reihen von *gopurams* errichtet, die den Eingang der verschiedenen Höfe bewachten. So kann man es in den Tempeln von Srirangam, Minakshi und Arunachalesvara beobachten. Die *gopurams* waren nicht nur Symbole königlicher Macht, sondern symbolisierten auch die Füße des göttlichen Wesens, das in der gesamten Umgebung gesehen und vergegenwärtigt werden konnte. Die Füße des Gottes, aber auch des Gurus betrachtet man in Indien als Quelle eines unablässigen Stromes von Segnungen.

Im Norden dagegen war der *shikara*, der Turm über dem Allerheiligsten, immer schon ein beherrschendes Merkmal. Er symbolisiert den Berg Meru, das Zentrum des Universums. Das Allerheiligste ist die »Höhle« am Fuße des »Berges«. Während im Süden alle größeren Tempel prächtig und ausladend gestaltet wurden, gab es im Norden niemals genügend Vertrauen, um so dramatische Zeichen zu setzen. Im sechzehnten Jahrhundert waren die Tempel des Südens zu eigenständigen städtischen Einheiten geworden, sie besaßen ungeheure Mengen von Personal, ganze Reihen von ineinandergebauten Hofmauern, und ihre eindrucksvollen, buntbemalten *gopurams* konnten meilenweit gesehen werden. Zu einem bestimmten Zeitpunkt besaß der Tempel von Chidambaram dreitausend Priester und Priesterinnen, die aktiv den Gottesdienst unterhielten. Heute sind es dreihundert.

Durch alle Wechselfälle der Geschichte hindurch hat der Tempel dennoch Merkmale aus der frühesten vedischen Zeit behalten. Die Anlage des Tempels, die ganz exakt in den *shastras* aus der Zeit um Christi Geburt beschrieben ist, stellte die Gestalt des Purusa, des ersten menschlichen Wesens und des Kosmos dar, und zwar basierend auf der ursprünglichen Konstruktion des Opferaltares. Gott war im Zentrum, umgeben von den konzentrischen Quadraten seiner Schöpfung. Das Quadrat, das archetypische Muster der Ordnung, war auf die vier Himmelsrichtungen ausgerichtet. Der makrokosmische Grundriß spiegelte sich im Mikrokosmos des menschlichen Wesens, und deshalb ist der Tempel eine Landkarte der verschiedenen Ebenen des Bewußtseins – sowohl im menschlichen Wesen wie auch im Kosmos.

Die frühen Höhlentempel haben ebenfalls ihre Spuren in den heutigen Tempeln hinterlassen. Tempel, die aus Höhlen gebildet waren, setzten die Prinzipien des alten Kultes der Muttergöttin fort. Die Verehrung der Göttin kreiste um das Thema der Fruchtbarkeit, und davon abgeleitet auch um die Rituale von Tod und Wiedergeburt. Genau diese Themen wurden durch religiöse buddhistische Bewegungen und dann auch von den Hindus aufgenommen. Die Gläubigen werden auf ihrer Pilgerreise zum Tempel neu geboren. Die Befruchtung findet im Dunkeln, im Geheimnis statt, und das zentrale Heiligtum des Hindu-Tempels wird als »Haus des Schoßes« bezeichnet: es ist jene kleine schwarze Höhle, aus der das neue Leben geboren wird.

Die Liebe zur Muttergöttin hat sich in Indien seit Jahrtausenden ungebrochen erhalten, und noch heute wird sie im äußeren Tempelhof angebetet. Dort sieht man verschlungene Gruppen von Schlangengestalten in einer Ecke oder unter einem Baum. Vielleicht sind es auch einige aufgerichtete Steine, die neben einer Quelle oder dem heiligen Wasserbecken stehen und mit einem roten Auge bemalt sind. Kleine Wiegen aus Lumpen hängen an einem oder mehreren Bäumen: Sie wurden von Frauen dort angebracht, die der Göttin auf diese Weise ihren Kinderwunsch mitteilen wollen. All diese verschiedenen Ebenen von Aktivität und religiöser Hingabe finden gleichzeitig im Tempel statt. Im äußeren Hof tritt Animismus in Erscheinung, in einer Ecke werden Geschäftsverträge mit Handschlag besiegelt, Ströme von Menschen kommen, um ihre Religion auf normale orthodoxe Weise auszuüben, und hier und dort sitzt am Fuße eines Pfeilers ein Yogi oder *sadhu* in tiefer Kontemplation.

Im Westen ist ein heiliger Ort meistens ein Hafen der Ruhe, an dem Menschen, wenn überhaupt, nur in gedämpftem Ton sprechen. In Indien hat der Tempel die Funktion, Menschen aus sich heraus in die Ekstase zu führen, soll sie jedoch nicht veranlassen, sich der Welt zu entziehen. Wenn jemand sitzen und schweigen will, so kann er dies tun, aber er muß sich gegen den Lärm in seiner Umgebung immunisieren. Dies ist eine Fähigkeit, mit der alle Inder geboren zu sein scheinen. Die leuchtenden Farben, die Standbilder, die wilde, wollüstige, kontemplative oder tanzende Gestalten darstellen, die Flammen in den Lampen, der Rauch, die Weihrauchschwaden, die Trommelklänge, die Flöten, das vedische Chanten, die Hitze und das Gedränge der Menge – dieses ganze Erlebnis erzeugt eine sensuelle Überbelastung, eine Ekstase, deren Schock Menschen ganz buchstäblich dazu bringen kann, ihren Verstand zu verlieren und ins Reich der Götter einzutreten.

Darshan, Puja und Prasad

Irgendwie war es mir gelungen, mich in den kleinen Vorraum zu quetschen, der sich unmittelbar vor dem dunklen Allerheiligsten des Gottes Arunachalesvara in seinem Tempel von Tiruvannamalai befindet. Das Allerheiligste ist über und über mit dem Rauch von Jahrhunderten geschwärzt. Keine Verzierungen, keine Skulpturen lenken das Auge vom Bild der Gottheit ab. Der winzige Raum war von Hitze, Rauch, Glockenklängen und dem Flackern der Kerze erfüllt. Es war dunkel, nur einige wenige Augenblicke, bevor der Vorhang zurückgezogen wurde, um den Gott seinen Anhängern zu enthüllen. Dies war eine der letzten *pujas* dieses Tages. Das Wort *puja* bezeichnet im allgemeinen jede Art ritueller Anbetung, aber als ich mich umdrehte und hinter mich blickte, konnte ich seine wörtliche Bedeutung der »Anbetung« verstehen: Hunderte von Menschen bemühten sich und drängten sich nach vorne, um einen Blick auf ihren Gott werfen zu können. Die Männer standen rechts, die Frauen links, in der Mitte ein enger Korridor, der leer geblieben war. Am Eingang des Allerheiligsten stand Shivas Reittier, der Stier Nandi, und durch den Korridor hatte er den unmittelbaren Blick auf seinen geliebten Herrn. Ich war zwischen anderen Besuchern eingezwängt, denen es gelungen war, sich einen Ringplatz zu ergattern. Wir hatten die Asche und das rote Kum-Kum-Pulver vom Priester erhalten, die Asche hatten wir über die Stirn geschmiert, zwischen die Augen hatten wir einen Punkt mit dem Kum-Kum-Pulver gezeichnet. Gerade hatte ich zu meiner Schande das Zuckerwasser – eine Opfergabe – das der Priester in meine Hand geschüttet hatte, durch meine Finger fließen lassen. Das Bananen- und Kokosnußmus, das er als nächstes austeilte, verursachte bei mir einen zweiten inneren Kampf.

Ich drehte dem Priester den Rücken zu – denn was ich ehrfürchtig bewunderte, war die Menge der Pilger. Sie lehnten sich weit über das Geländer von Nandis Korridor, um eine bessere Sicht zu haben. Einige kletterten sogar auf das Geländer und hängten sich mit nur einem Arm oder einem Bein daran, so daß sie Nandi den Blick versperrten, aber durch einen Stockschlag des Tempeldieners wurden sie recht schnell wieder auf ihren Platz verwiesen. Plötzlich wurde eine große Glocke angeschlagen und sofort wurden die Gläubigen wie zu einem Körper. Sie riefen im Chor das heilige Mantra Om aus, stellten sich in einem einzigen Schwung auf die Zehenspitzen, und diejenigen, die in der Nähe des Geländers waren – jetzt war auch der Tempeldiener hilflos – drängten sich vor Nandi nach vorne, während ihnen die Augen fast aus dem Kopf fielen, als sie den Gott Arunachalesvara erblickten. Irgendwo draußen explodierten Feuerwerkskörper.

Ich drehte mich wieder zurück zum Allerheiligsten. Der Vorhang war zurückgezogen worden, und Shivas *lingam*, prächtig bekleidet mit Blumengirlanden, Juwelen und feinen Tüchern, wurde enthüllt. Mehr als all der andere Schmuck zog das goldene Visier, das um seine Augen gewickelt war, den Blick aller Besucher auf sich. *Darshan*, der Anblick des Herrn, hatte stattgefunden. Ich erlebte hier eine echte und glühende religiöse Hingabe, und trotz all meiner anglikanischen Erbschaft und meiner persönlichen Vorlieben für schweigende, blicklose Kontemplation war ich erschüttert und bewegt.

Seit Jahrhunderten haben Ausländer die Liebe der Hindus für Götterbilder verachtet. Aber sie haben niemals verstanden, daß die Hindus nicht die Götterbilder anbeten. Sie wissen ebenso gut wie jeder andere – und wahrscheinlich eher noch mehr –, daß Gott niemals auf ein Bild reduziert werden kann. Die Gläubigen blicken im *darshan* auf die Augen des Götterbildes. Durch diese Augen strömt die Kraft, die durch die Gnade des Gottes und die Anrufungen der Priesterschaft im Götterbild lebt.

Deshalb sind die Augen immer proportional größer als der Rest des Standbildes, und aus diesem Grund wird auch ein rotes Auge auf die Steine gemalt, die der Göttin eines Dorfes geweiht sind. Nicht das Göttinnenbild, sondern die Kraft in diesem Bild wird von den Gläubigen verehrt. Durch die rituelle Fertigung des Bildes, das in den *shastras* genau niedergelegt ist und durch rituelle Anrufungen, wenn es aufgestellt wird, verwandelt sich das Abbild in den Verweilplatz des Gottes, der zwar überall im äußeren Raum und jenseits davon existiert, sich aber bereit erklärt, im Tempelbild mit konzentrierter Kraft anwesend zu sein. Hier befinden wir uns nun tatsächlich im Reich der Magie, das nur von Menschen erfaßt werden kann, die die Wirklichkeit feinstofflicher Welten und ihren Einfluß auf die physische Welt akzeptieren. Die Quintessenz der Magie und der ganze Zweck einer Pilgerreise zum Tempel besteht im *darshan* des Gottes.

Dieses Sehen ist ein doppelter Prozeß: der Gott sieht den Gläubigen, wie der Gläubige den Gott sieht. In dieser Begegnung der Augen werden die Gläubigen eins mit ihrem Gott. Für eine kurze Zeitspanne identifizieren sich die Gläubigen mit dem Gott, der im tiefsten Sinne ihre eigene Lebensquelle darstellt. Die gesamte *puja* ist eine fortschreitende Identifikation von Menschen und Gott, die in der Begegnung der Augen und dem Weiterreichen der Flamme, der *arati*, beim Abschluß des Rituals kulminiert. Die Flamme wird vor das Götterbild gehalten und den Gläubigen gereicht, die ihre Hand durch das Feuer ziehen, um sie dann auf ihre Augen zu legen. Der Gott sieht das Gesicht des Individuums in der Flamme, und seine Kraft wird durch die Flamme in die Augen der jeweiligen Person übertragen.

»Vergessen Sie aber nicht«, sagte Professor Sarasvati, als ich – zurück in Delhi – das Thema des *darshan* mit ihm erörterte, »daß selbst ein Blinder zum *darshan* in den Tempel geht. Es sind nicht so sehr die physischen Augen, als vielmehr das innere oder Dritte Auge, das den *darshan* von Gott empfängt. Die Begegnung findet im Reich der übersinnlichen Intuition statt, und da dieses Reich nicht durch Zeit oder Raum begrenzt ist, können auch die Unberührbaren, die traditionsgemäß niemals in den Tempel gelassen wurden, ihr *darshan* empfangen, indem sie ganz einfach von außen auf den Tempel blicken; und Menschen, die in einiger Entfernung vom Tempel wohnen, können ihr *darshan* dadurch beziehen, daß sie auf die hohen Tempeltürme blicken. Die eigentliche Begegnung findet im Bewußtsein statt.«

Ein Ausländer kann nur schwer ermessen, wie tief die Wichtigkeit des *darshan* für den normalen Hindu ist, es sei denn er erwacht früh am ersten Tag eines Monats und nimmt an der ersten *puja* teil, bei dem der Gott aufgeweckt wird. Dies ist die günstigste Zeit für den *darshan* und Menschenströme sind nun auf dem Weg zum Tempel. Am ersten Morgen des Monats Margali, dem tamilischen Monat, der Dezember und Januar verbindet, drängen sich riesige Menschenmengen durch die Dunkelheit, um am ersten *darshan* teilzuhaben. In Madurai muß die Polizei vor dem Minakshi-Tempel ganze Menschenschlangen kontrollieren, die verzweifelt darauf warten, Milch als Opfer – *prasad* – darzubringen. Wenn dann die Dämmerung heraufzieht, sind zwanzigtausend Gläubige im Tempel gewesen.

Die tägliche Runde von *pujas* in einem Tempel erscheint einem Außenstehenden nur dann sinnvoll, wenn er sich bewußt wird, daß er einen königlichen Palast betreten hat, in dem der Gott der lebende Herrscher ist. Die anderen Götter des Tempels gehören zur Familie und zum Gefolge des Herrn, und die Priester sind die Diener im königlichen Haushalt. Die *pujas* folgen dem Rhythmus im Tag des Königs. Am frühen Morgen wird er zeremoniell aufgeweckt, gebadet, gekleidet und gespeist. Noch mehrere Male wird er während des Tages genährt, abends wird er dann zu Bett gelegt. Die Weck- und Einschlafrituale werden normalerweise mit kleineren, puppenähnlichen Figuren des Königs und seiner Königin vollzogen, und nicht mit den eigentlichen Götterbildern. Oftmals hat jede Puppe ihre eigene königliche Wohnung, König und Königin werden nur nachts zusammengebracht und zusammen auf die königliche Schaukel gesetzt. Jeder Tempel hat seine eigenen Abwandlungen und speziellen Bräuche. Typischerweise finden während eines Tages sechs oder acht Haupt-*pujas* statt, die dem König und dann seiner Königin getrennt dargebracht werden.

Die *puja* ist eine öffentliche Möglichkeit, um dem König Opfer darzubringen und eine Audienz bei ihm zu erlangen. Der Lebensunterhalt der Obst- und Blumenverkäufer und der Ladenbesitzer am Tempeleingang hängt von der Großzügigkeit des Pilgers gegenüber dem Tempelgott ab. Vielleicht kauft er eine Pflanze, die diesem Gott heilig ist, vielleicht auch eine Blumengirlande, eine Frucht, Kampferholz, ein kleines Essenskörbchen, ein Tablett mit Süßigkeiten oder vielleicht sogar feines Tuch oder Juwelen.

Zuerst wird die Gottheit mehrere Male rituell besprengt oder gewaschen – mit Safran, Reismehl, Sandelholzpaste, Rosenwasser, Zitronensaft, Honig, Kokosnußmilch und Kuhmilch. Dieser Prozeß heißt *abishekam* und hat die Aufgabe, die Seelen der Anwesenden zu reinigen. Außerhalb des Heiligtums befindet sich eine Düse in Gestalt irgendeines Tieres, durch die die flüssigen Opfergaben in ein Becken abfließen können. Mit tiefer Rührung beobachtete ich eines Tages, wie ein fünfjähriger Junge unter dieser Düse im Minakshi-Tempel saß und seinen Kopf in die heiligen Abflüsse des Gottes tauchte und dabei mit hoher Stimme im Staccato den Namen des Gottes sang.

Nach dem *abishekam* wird die Gottheit in feine Baumwolle, Seide und Gold gehüllt; es werden ihr Speiseopfer dargebracht, die dann in symbolischer Menge unter den Gläubigen verteilt werden. Der Empfang dieses *prasad* – jener Nahrung, die der Gottheit bereits dargebracht wurde, – ist die erste Kommunion zwischen Gott und Gläubigen. Während die Shiva-Tempel mehr zu dem *abishekam*-Ritual neigen, ziehen die Vishnu-Tempel eher die Speiseopfer vor. Im Jagganath-Tempel von Puri, der dem Krishna geweiht ist, empfängt die Gottheit jeden Tag zweiundfünfzig Speiseopfer! Blumengirlanden werden über das Götterbild gelegt, und unmittelbar bevor der Vorhang weggezogen wird und der *darshan* erfolgt, werden schließlich besondere Lampen in der Form des Lautes Aum geschwenkt. Während dieser ganzen Zeremonie intonieren die Priester und Priesterinnen Sanskrit-Mantras und Verse aus den *agamas*, immer wieder werden Glocken geläutet, und das ganze Schauspiel endet beim *darshan* mit Feuerwerksraketen.

Nichts geschieht bei diesen Zeremonien durch Zufall. Die physischen Handlungen, Materialien und Opfergaben haben alle eine Bedeutung, die über ihr bloßes Aussehen hinaus geht. Der Duft einer Blume ist ihre spirituelle Essenz. Die Gläubigen werden niemals an ihren eigenen Blumenopfern riechen, denn wenn sie dies täten, würden sie ihm seine essenzielle Kraft rauben, bevor die Gottheit sie empfangen konnte. Die Asche, die die Gläubigen in einem Shiva-Tempel erhalten, um sie dann auf ihre Stirn zu schmieren, ist eine Reduktion des Holzes auf seine reinste Form. Asche kann nicht mehr gereinigt werden, da sie bereits rein ist; genauso verhält es sich mit den Gläubigen in der Gegenwart ihres Gottes. Die Sandelholzpaste, die man erhält, ein Geschenk des Sandelholzbaumes, ist ein Symbol höchsten Mitgefühls; denn dieser Baum strömt seinen Duft selbst für die Axt aus, die ihn fällt. Das rote Kum-Kum-Pulver, ein Geschenk der Göttin, steht als Zeichen für die Macht ihrer Weisheit. Das Kampferholz, das verwendet wird, um die *arati*-Flamme zu speisen, hinterläßt keinen Ruß. Wenn es bei seiner Verbrennung Licht und Duft spendet – beides kann physisch nicht berührt werden – so symbolisiert es sowohl die Transzendenz der Form wie auch die Verkörperung der Form, deren der Gott fähig ist. Sie steht auch für die Transzendenz des Gläubigen, denn in der Flamme werden Gott und Gläubige eins.

Wenn so reiche Segnungen auf die Gläubigen niederregnen, weshalb sollten sie zurückkommen und immer noch mehr erwarten? Nur einige wenige Stunden später wird das gesamte Drama in leicht verschiedener Art und Weise von neuem inszeniert, denn die Hindus haben eine angeborene Empfindsamkeit für die Vergänglichkeit aller Dinge. Die flüssigen Opfergaben fließen ab,[14] die Blumen welken, die Kampferflamme erlischt schnell, die Asche wird abgerieben, das Öl erstirbt im Rauch. Alles das verweist darauf, das die Identifikation der Gläubigen mit der Gottheit flüchtiger Natur ist, und daß die *puja* immer und immer wieder vollzogen werden muß, damit ihre Verbindung mit dem Göttlichen aufrecht erhalten bleibt.

Die Gläubigen können dies auch privat mit einer eigenen *puja* tun. Familien beten vielleicht um Segen, wenn sie in ein neues Haus ziehen, um Heilung von Krankheiten oder göttliche Hilfe bei irgendwelchen Unternehmungen. Die einfachste Opfergabe ist eine Kampferflamme, die sie selbst vor ihrer erwählten Gottheit entzünden können. Vielleicht kaufen sie auch einen kleinen Korb mit Kokosnüssen und Früchten und übergeben ihn dem Priester der Hauptgottheit.

Die großen Tempel bieten eine ganze Skala von Opfergaben an: vom Fruchtkorb bis zu Schenkungen, die ausreichen, um die Priester dazu zu veranlassen, die Glocken zu läuten und in einer Prozession außen um den Tempel zu ziehen. »Spende großzügig und empfange die Segnungen der Göttin«, steht in großen Buchstaben im Minakshi-Tempel.

---

[14] Diese Beschreibung der Vergänglichkeit des *puja* wurde durch das Buch *The Camphor Flame*, C.J. Fuller, Penguin, New Delhi 1992 inspiriert.

Und die Menschen tun es auch. In den großen Tempeln des Südens nimmt die Anzahl der Gläubigen gleichzeitig mit der Großzügigkeit der Opfergaben zu. Wenn der Minakshi-Tempel täglich nur von zwanzigtausend Menschen besucht wird, so drängen sich in Tirupathi die Menschenmengen zu Hunderttausenden in den Tempeln, und die Geschenke, die hereinströmen, belaufen sich pro Tag auf einen Wert von Millionen Rupien.

Als ich Professor Sarasvati zu verstehen gab, wie sehr ich von diesen Zahlen beeindruckt sei, setzte er sie sofort in Relation. »Vergessen Sie nicht«, sagte er, »daß der Tempel keine Kirche ist. Die Hindus brauchen nicht zum Tempel zu gehen, um Hindus zu sein. Religiöse Verehrung ist für uns nicht in erster Linie eine kollektive Angelegenheit. Sie ist individuell, und wenn viele Menschen zum Tempel gehen, so praktizieren hundert Mal mehr ihre Verehrung auf andere Weise. Gott ist überall für uns da. Er kann in einem Baum, einem Stein oder einem Fluß wohnen. Wir können durch unsere Beziehung mit unseren Eltern, unserem Ehepartner und auch durch Geschenke – selbst an Tiere – in Beziehung zu Gott treten. Vishnu inkarnierte sich als Fisch und Eber; die Götter und Göttinnen werden immer in tierischer wie auch in menschlicher Form geboren. Deshalb zollen wir dem Göttlichen unsere Hochachtung, wenn wir uns gegenseitig Geschenke geben. Traditionellerweise ist für uns auch der Gast eine Manifestation Gottes, und deshalb werden Sie so gut behandelt, wenn Sie zu einer frommen Hindufamilie kommen. Der Tempel ist keineswegs ein zentraler Punkt, sondern nur ein Teil des Lebensmosaiks, in welchem alles heilig ist. Das ist die immanente Freiheit des *Sanatana Dharma*: Sie können zu einem Tempel gehen oder es unterlassen, sie können eine Pilgerreise beginnen oder zu Hause bleiben, sie können eine Gottheit verehren oder auch nicht: alles ist in ihrem Innern, und was sie im Äußeren tun, obliegt ihrer individuellen Entscheidung.«

Die Priester

Die Priester haben in Indien immer eine schlechte Reputation gehabt. Schon vor zweitausend Jahren wurden sie in den Gesetzen des Manu als geldgierige Ignoranten angeklagt. Wie jeder geschlossene Verein ziehen sie die Eifersucht und Animosität von Außenstehenden auf sich, die ihnen das Geld für ihre Dienste nicht gönnen. Nicht alle Brahmanen sind Priester, aber alle Priester gehören zu der einen oder anderen Brahmanen-Sekte. Ihre Stellung wird vom Vater auf den Sohn vererbt und garantiert eine sichere Anstellung – in einer Gesellschaft, in der Millionen ein knappes Dasein fristen und weitere Millionen mit guter Ausbildung keine Arbeit finden können. Seit vedischen Zeiten haben hinduistische Priester geheiratet, und zwar mit der Begründung, daß nur ein Paar eine Einheit bilden kann, und daß der Mann die Energie oder *shakti* der Frau braucht, um der Gottheit richtig dienen zu können. Daraus ergibt sich, daß eine Familie ihren Lebensunterhalt an ihre Nachkommenschaft weitergeben kann. Aber in Wirklichkeit sind die meisten dieser Gehälter in all den tausenden kleinen Tempeln in ganz Indien recht mager. Nur diejenigen, die in die berühmteren Tempelkomplexe geboren wurden, können auf eine angemessene Entlohnung hoffen.

Die Behauptung, daß diese Priester ignorant seien, hat schon einen etwas größeren Wahrheitsgehalt. Jeder große Tempel verwendet seine eigene Auswahl aus den *agamas* bei seinen Ritualen, und schon die einfachsten *agamas* stehen der Offenbarung des Johannes an Komplexität in keiner Weise nach. Nur einige der älteren Priester haben heute noch eine gewisse Ahnung davon, was sie eigentlich chanten, und einige von ihnen bereiten sogar jedweden Nonsens auf, da sie wissen, daß die Pilger es eben auch nicht besser wissen. Kaum einer von den älteren Priestern hat auch nur ein rudimentäres Wissen des Sanskrit.

Zum Glück ändert sich dieses Bild. Im Laufe der letzten zehn Jahre haben die jüngeren Priester zumindest in den größeren Tempeln des Südens eine bessere Ausbildung erhalten, und manche von ihnen lernen auch Sanskrit. Während es in den Achtzigerjahren politisch vorteilhaft war, gegen die Brahmanen und die Religion zu sein, fördert die Regierung von Tamil Nadu (Tamil Nadu ist der »Tempel-staat«) heute aktiv den Tempelgottesdienst. Die Premiermi-nisterin, die selbst eine Brahmanin ist (ein Zufall?), hat einen Fonds für die Renovierung der Tempel gegründet und Sans-kritschulen initiiert. Der erste Priester des Minakshi-Tem-pels, der eine formelle Ausbildung in den Veden und Aga-mas erhielt, begann mit dieser Ausbildung erst im Jahre 1976. 1994 hatten zehn von Minakshis achtzig Priestern einen Lehrgang in einem Sanskrit-College abgeschlossen, Zehn weitere waren eingeschrieben. Manche von ihnen haben auch akademische Grade erworben und betrachten sich nun als Professionelle. Ihr Selbstbewußtsein steigt und finanziell geht es ihnen besser, da die Mittelklassen, die ei-nen großen Prozentsatz der Tempelgläubigen bilden, reicher geworden sind.

Sadashivam, einer der Priester, der in Minakshi zele-briert, gehört zur Adisaiva-Kaste der Brahmanen, die seit mehr als tausend Jahren das ausschließliche Recht auf die Priesterschaft in Minakshi besitzt. Ich traf ihn in seinem win-zigen Haus in der Nähe des Tempels. Er erzählte mir, daß er bis zum Tod seines Vaters, dessen Position als Tempelprie-ster durch ein Familienmitglied übernommen werden muß-te, in der Telefonvermittlung tätig war. Seine älteren Brüder, die alle ihre Berufe hatten, erwählten ihn für diese Aufgabe. Sadashivam war zweiunddreißig Jahre alt und durchaus glücklich über diese neue Aufgabe, da seine Aussichten in der Telefongesellschaft nicht gerade rosig waren. Im Alter von siebenundfünfzig Jahren ist er heute ein geachtetes Mit-glied seiner Familie und Gemeinschaft, und als ich ihn traf, hatte er gerade ein Jahr in Kanada verbracht und dort in einem neuen Tempel gedient. Heute werden viele Tempel im Ausland errichtet, um die Bedürfnisse großer indischer Gemeinschaften im Ausland zu befriedigen, und sie bieten Priestern eines großen indischen Tempels immer mehr Möglichkeiten für einen lukrativen Karrieresprung. Wie jeder andere Priester, der eine Zeitlang im Westen gelebt hat, kehrte Sadashivam mit einer Ladung von dauerhaften Konsumgütern zurück, von denen der Priester einer früheren Generation nur hätte träumen können. Sein Sohn, der etwas über zwanzig Jahre alt war, versicherte mir, daß er in die Fußstapfen seines Vaters treten wolle.

Die Priester des Chidambaram-Tempels sind in jeder Hinsicht eine Ausnahme von der Regel. Zunächst einmal kann ihr Haarschnitt mit den ausgefallensten Frisuren, die man in London oder New York zu sehen bekommt, mithalten. Die Hälfte ihres Kopfes ist rasiert, während aus der linken Hälfte eine lange schwarze Mähne sprießt, die auf dem Kopf zu einem Knoten gebunden ist. Auf diese Weise verkörpern sie sowohl das Männliche wie auch das Weibliche, also die Vereinigung von Shiva und Parvati. Sie alle gehören zu der Dikshitar-Gemeinschaft, deren Mitglieder behaupten, daß sie vor dreitausend Jahren von Nataraja selbst nach Chidambaram gebracht worden sind, um in seinem Tempel zu dienen. (Allerdings ist dieser Tempel in Wirklichkeit nicht älter als 1.500 Jahre). Die Dikshitars leben noch immer nach Traditionen, die seit Jahrhunderten unverändert geblieben sind – ähnlich wie die Amish in Nordamerika oder die chassidischen Juden. Alle Heiraten finden innerhalb des Clans und in frühem Alter statt, meistens, wenn die Kinder etwa sieben Jahre alt sind. Das Paar lebt zusammen, sobald das Mädchen die Pubertät erreicht hat, und von diesem Zeitpunkt an trägt sie einen neun Meter langen Sari und lebt ihr Leben zwischen der Küche und dem *puja*-Raum der Familie. Sobald ein männliches Kind sprechen kann, nimmt es an den häuslichen Gebeten, den Tempel-*pujas* und allen religiösen Feierlichkeiten teil. Wenn der Junge sieben Jahre alt ist, beginnt er mit dem regelmäßigen Unterricht in den Veden. Ein Dishitar-Priester ist ungewöhnlich fromm und verfügt über ein großes Wissen sowohl in den Schriften wie auch in den Traditionen seines Tempels.

Aber wie lang diese Lebensweise noch erhalten bleiben kann, ist unsicher. In den letzten paar Jahrzehnten hat die Geburtenrate dramatisch abgenommen, was fast mit Sicherheit aus ihrer strengen Inzucht resultiert. Diese ausschließlich religiöse Lebensart unterliegt auch einem harten ökonomischen Druck. Chidambaram ist der einzige Tempel in Tamil Nadu, der keiner staatlichen Kontrolle unterworfen ist, weil die Dikshitars in einem Rechtsstreit beweisen konnten, daß der Tempel und seine Ländereien immer der persönliche Privatbesitz des Clans gewesen sei. Die Dikshitars haben also ihren Stolz und die Kontrolle über ihren Tempel gehalten, sind aber staatlicher Unterstützung verlustig gegangen, obwohl Chidambaram eigentlich der Tempel der Tempel ist. Trotz seines hohen Ansehens liegt er fernab von den wichtigsten Touristenstraßen, und die kleine Stadt liefert nur ein Rinnsal von örtlichen Gläubigen. Schon jetzt lassen sich viele der jüngeren Priester außerhalb des Tempels anstellen, um ihre mageren Subsistenzmittel, die sie aus den Tempelopfergaben beziehen, aufzubessern.

Der einzige Bereich des öffentlichen Lebens, in dem die Brahmanen noch immer all ihre alten Privilegien genießen, ist die Religion. Aufgrund von Rechtsreformen und politischem Druck, dem sie während der achtziger Jahre ausgesetzt waren, verfügen sie nicht mehr über die sozioökonomische Macht, die es zwei Prozent der Bevölkerung erlaubte, die ganze Kultur jahrhundertelang zu beherrschen. Kastenquoten sichern heute, daß die meisten Studienplätze und Verwaltungsposten an Mitglieder der anderen Kasten gehen, die die überwiegende Mehrheit der Bevölkerung stellen. Aber nur ein Brahmane kann Priester sein und nur eine darauf spezialisierte Unterkaste kann als Priesterschaft eines großen und wichtigen Tempels fungieren. Die anderen Kasten haben im Verlauf der letzten zehn Jahre viele Siege erfochten, aber noch immer haben sie einen langen Weg vor sich, bis Indien zu einer Gesellschaft mit Chancengleichheit oder auch nur echter Demokratie wird. Trotzdem sind die Inder im allgemeinen bereit zuzugeben, daß die Religion die rechtmäßige Domäne der Brahmanen ist. Es wurde mir versichert, daß der Priester immer notwendiges Übel bleiben würde.

8
Feste

Wenn der Tempel ein sakraler Raum ist, so ist ein Fest das Hervortauchen sakraler Zeit aus dem normalen profanen Zeitfluß. In Indien wird jede Woche irgendwo ein Fest gefeiert. Das hinduistische Fest ist sakral, weil es eine mythische Urzeit in der Gegenwart inszeniert. Man gedenkt nicht irgendeines sakralen Geschehnisses, sondern aktualisiert es: Jeder, der daran teilnimmt, wird durch die Rückkehr zum zeitlosen »Anfang« – der ewigen Gegenwart –, in dem der Mythos verwurzelt ist, verjüngt und erneuert. Das Fest erweckt einen bestimmten Mythos zu neuem Leben, der entweder für irgendeinen bestimmten Ort relevant ist oder das Heraufdämmern und Entschwinden der Jahreszeiten feiert oder aber die Leiden und Leidenschaften von Göttern und Göttinnen inszeniert. Die sakrale Zeit des Festes bringt die Gemeinschaft von neuem in Einklang mit der göttlichen Ordnung des Kosmos, und wenn auf diese Weise ihr göttlicher Ursprung anerkannt worden ist, so bekräftigt dies auch die Heiligkeit der menschlichen Existenz.

Ebenso wie jedes Dorf hat auch jeder Tempel und jede Region ein eigenes Fest. Die Feierlichkeiten, die der uralten Kunst des Sakraldramas am meisten ähneln, werden in den wichtigeren Tempeln vollzogen. Einige davon, wie etwa das Car-Fest des Jagannath in Puri, das im Juni oder Juli stattfindet, sind international berühmt. Um die Reise Krishnas von Gokul nach Mathura zu feiern, werden die Abbilder von Jagannath (»Herr der Welt«), seines Bruders und seiner Schwester mit großem Getöse aus dem Tempel entfernt und in riesigen Wagen durch die Stadt zum Gartenhaus der Götter gezogen. Der wichtigste Wagen, der des Jagannath, der sich auf sechzehn Rädern fortbewegt und vierzehn Meter hoch ist, wird Zentimeter für Zentimeter von viertausend Tempelangestellten vorangezogen, und noch früh in unserem Jahrhundert warfen sich Gläubige oftmals vor diesen Wagen, damit sie im Angesicht des Gottes sterben konnten. Hunderttausende von Pilgern strömen aus ganz Indien zu diesem aufsehenerregenden Fest nach Puri. Wenn die Götter ihr Gartenhaus erreichen, verbringen sie dort ihren einwöchigen Sommerurlaub, werden dann wieder zum Tempel zurückgeschoben, und die Feierlichkeiten erreichen einen neuen Höhepunkt.

Der Minakshi-Tempel von Madurai feiert sein Fest am Vollmondtag des Monats Chittirai im April und Mai. Die gesamte Stadt ist einen Tag und eine Nacht lang auf den Füßen, um die Hochzeit der örtlichen Göttin Minakshi mit Shiva in seiner Gestalt als Sundareshwara zu feiern. Wie jede Hochzeitsfeier ist auch diese eine fröhliche und oftmals ausgelassene Angelegenheit. Die Gläubigen kleiden sich in gelbe Gewänder und tanzen stundenlang in der Prozession, die dem Paar folgt, wenn es um die äußeren Tempelmauern in die Stadtmitte gezogen wird. Die Göttin ist mit prächtigen Juwelen und einer Perlenkrone geschmückt und wird auf einem goldenen Stier, dem Reittier Shivas, aus dem Tempel geführt. »Wie schön sie aussieht!« ruft die Menge aus. Minakshi wird dem Bräutigam von ihrem Bruder übergeben, und dazu gehört auch ein fein gearbeitetes Edelsteingebinde, eine dicht mit Juwelen besetzte Krone sowie Süßigkeiten.

Maha Shivaratri, das größte Fest, das Shiva geweiht ist, wird in ganz Indien gefeiert, aber nirgendwo mit mehr Begeisterung und Hingabe als im Matangeshwara-Tempel von Khajuraho. Shivaratri fällt jeden Monat auf die schwarze Nacht des Neumondes, aber das wirklich große Fest findet im Monat Phalgun (Februar/März), dem letzten Monat des Hindu-Jahres statt. Da dieser Zeitraum die ungünstigste Zeit des Jahres ist, wird das Shiva-Fest, dessen Name »Die Günstige« bedeutet, gegen die dunklen Kräfte dieser Zeit begangen. Um die zwanzigtausend Menschen kommen im Dorf Khajuraho für die alljährlichen Feierlichkeiten zusammen, die sich in diesem Tempel auf die göttliche Hochzeit von Shiva und Parvati konzentrieren.

In ihrem Buch *Divine Ecstasy* (»Göttliche Ekstase«)[15] hat Shobita Punja gezeigt, daß die erotischen Skulpturen von Khajuraho die in Stein gehauene Illustration des Shiv Purana ist: dort wird erzählt, wie Shiva den Gott des Verlangens, Kama, zu Asche werden ließ und dann vollkommen befreit von jedem sexuellen Verlangen Parvati heiratete. Diese Skulpturen sind also keineswegs ein Loblied auf Kama, vielmehr beschreiben sie seine Niederlage und feiern die Vereinigung des göttlichen Paares. Der *lingam* im Matangeshwara-Tempel – mit fast drei Metern Höhe einer der größten in Indien – ist angeblich ein *swayambhav-lingam*: Er soll sich in jenem Augenblick spontan manifestiert haben, als Shiva den Gott des sexuellen Verlangens vernichtete. Die verschiedenen Tempel von Khajuraho wurden, wie Punja behauptet, als Wohnorte der Götter bei den Hochzeitsfeierlichkeiten des göttlichen Paares erbaut.

---

[15] Punja, Shobita, *Divine Ecstasy: The Story of Khajuraho.* Viking, Delhi 1992

Diese Hochzeit wird jedes Jahr in der Nacht des Shiva-Festes neu vollzogen. Die elf Brahmanen, die als Hochzeitspriester ausgewählt wurden, versammeln sich beim Haus des *pandit*, und von dort aus macht sich die Prozession, geführt von einer Musikgruppe, auf den Weg zum Tempel. Eine große Krone, die den Gott Shiva symbolisiert und jedes Jahr von den örtlichen Bambuswebern hergestellt wird, wird feierlich auf dem Dach eines Luxusautos transportiert, das inzwischen den traditionellen Elefanten ersetzt. Die Straßen quellen über von Gläubigen, und am Eingang zum Tempel warten noch Tausende mehr, die mit Fahnen winken und Hochzeitslieder singen. Die Pilger betrachten sich selbst keineswegs als Zuschauer, sondern als Teil der Hochzeitsgesellschaft des heiligen Paares.

Die Krone wird feierlich die Stufen hinaufgetragen und auf die Spitze von Shivas *lingam* gelegt, während die brahmanischen Priester, die die Zeremonie zu leiten haben, in einem Halbkreis um den *lingam* sitzen. Die örtlichen Brahmanen, die die »Familienmitglieder« der Braut sind, sitzen auf der anderen Seite. Der »Vater der Braut« trägt einen Turban als Zeichen der Achtung gegenüber den anwesenden Würdenträgern. Der Hauptpriester spielt die Rolle des Gottes Brahma, der im Shiv Purana die Riten von Shivas Hochzeit vollzog. Die Nacht ist in vier Teile aufgeteilt, und jeder davon beginnt mit Verehrungszeremonien für den *lingam*: er wird gebadet, gewaschen und mit Asche aus dem Bestattungsgelände von Benares versehen. Er wird in eine weiße *dhoti* mit gelbem Gürtel gekleidet und verwandelt sich im Laufe der Nacht in einen schönen Bräutigam. Man bringt dem Gott ein Haschisch-*chillum* dar, und die Hochzeitsgesellschaft folgt seinem Beispiel. Während des ganzen Rituals chanten die Brahmanen Gebete, bis die Hochzeit dann endlich etwa um vier Uhr morgens vollendet ist. Nun wird das Paar zu den Tempelstufen gebracht, um den Polarstern zu betrachten – »den einzig konstanten Punkt im Universum, ein Symbol der Standhaftigkeit ehelicher Liebe«.

Bald nach Shivaratri findet das Frühlingsfest Holi statt, das in ganz Indien ein Anlaß für wilde Zügellosigkeit und Trinkgelage ist. Freudenfeuer feiern das Ende des Winters, die Menschen malen ihre Gesichter an, und Jugendbanden laufen durch die Städte und werfen Beutel mit gefärbtem Wasser oder rotem Pulver über jeden, der gerade vorübergeht. Holi erinnert an einen Krishna-Mythos: Er und seine befreundeten Kuhhirtinnen besuchten Radhas Dorf und forderten die Mädchen auf, ihre Kräfte zu messen, indem sie einander mit Farbpulver und Wasser überschütteten. Diese Tradition nahm ihren Ausgang in Braj, der Gegend rings um Vrindavana, die dem Krishna heilig ist, und verschmolz wahrscheinlich mit einem örtlichen Fest aus dem Mittelalter, als die *bhakti*-Bewegung in voller Blüte stand.

In Braj ist das Fest Holi noch immer sowohl eine sakrale wie auch ausgelassen freudvolle Angelegenheit. Am ersten Frühlingstag, vierzig Tage vor dem Vollmond des Monats Phalgun (Februar/März), wenn der Rest des Landes Holi feiert, beginnt in den Tempeln von Vrindavana das Verspritzen von Farbe und das Singen der Holi-Lieder. Jeder Tempel hat seine eigene Tradition des *samaj*, der gesungenen Rezitation von Krishnas Tagen, und die vierzig Tage des Holi-Festes sind die beste Zeit, um diese ekstatischen Ausdrucksformen sakraler Musik zu hören. Jeden Tag werden im Tempel der Radha-Madanamohana während des *samaj* von den Tempelpriestern außerordentlich feine Farbverzierungen gezeichnet.

Offiziell beginnt das Holi-Fest in Vrindavana erst am elften Tag des zunehmenden Mondes, wenn die Tempelpriester gefärbtes Wasser über die Gläubigen verspritzen. Niemand wird in den Straßen verschont, nicht einmal die Tiere, denn in Vrindavana halten alle eine solche Brause für einen Segen Radhas und Krishnas. Aber in Radhas Dorf in dem Tempel auf dem Berg Barsana beginnen die Feierlichkeiten in ihrer ernsteren Form bereits drei Tage früher. Ein Botschafter wird aus Krishnas Dorf – Nandagaon – geschickt und teilt den *gopis* mit, daß Krishna am nächsten Tag kommen werde. Die Gläubigen bewerfen sich und die Musiker, die den *samaj* singen, mit Farben. Das Tempelpersonal füllt ganze Tücher mit großen Mengen von Farbpulver und wirft sie immer wieder über die Sänger, die deshalb bald schon wie Regenbogen aussehen. *Sadhus* tanzen in wilder Ausgelassenheit, und selbst einige der Frauen mischen sich in den Tanz, was sie außerhalb der heiligen Zeit des Holi-Festes niemals tun würden.

Holi ist in Braj ein überaus reiches und komplexes mythisches Ereignis, das viele soziale, spirituelle, kulturelle und künstlerische Dimensionen beinhaltet. Das riesige Freudenfeuer, das seinen Höhepunkt kennzeichnet, besitzt wie jede andere Einzelheit des Holi-Festes in Braj einen mythologischen Hintergrund, der allerdings den Rahmen dieses kurzen Berichtes übersteigt. In dieser Nacht des Holi-Vollmondes herrscht ungebrochene Freizügigkeit und Heiterkeit, die noch bis zum Mittag des folgenden Tages andauert, wenn alle zum Yamuna-Fluß gehen, um sich zu baden. In den Tempeln werden Radha und Krishna auf eine Schaukel gesetzt und geschmückt, als befänden sie sich in einem von Blüten übersäten Hain – nach Tagen unablässiger Spiele können sie nun endlich zur Ruhe kommen.

In der entgegengesetzten Zeit des Jahres, im September/Oktober ist das Fest der Göttin Durga höchst beliebt, vor allem in Nordindien und Bengalen. Auf seine Weise ist es ebenso rüpelhaft und ausgelassen wie das Holi-Fest. Sein Name – Navaratra – verweist auf die »neun Nächte«, die es andauert. Die ersten drei Tage sind Durga, der Göttin des Schutzes und des Mutes geweiht, die zweiten verehren die Göttin in ihrer Gestalt als Lakshmi, die den Reichtum spendet; die letzten drei Tage sind Sarasvati, der Göttin der Weis-

heit und Bildung gewidmet. Am zehnten Tag, dem Tag des
Sieges, wird mit wilder Ausgelassenheit der Mythos zele-
briert, in dem Durga den Büffeldämon Mahisa erschlägt.
Zum Gedenken an dieses Ereignis wird noch heute an diesem Tag ein männlicher Büffel geopfert.

Der Tradition zufolge war Navaratra ein Fest der königlichen und militärischen Macht, und in späteren Versionen
des Mahabharata und des Ramayana flehten Rama und
die Pandava-Könige vor der Schlacht zu der Göttin Durga.
In Wirklichkeit liegen die Ursprünge dieses Festes in den
Fruchtbarkeitsriten, die den Erntefesten in der ganzen Welt
gemeinsam sind, und noch immer ist dies ein wesentliches
Element der heutigen Rituale. Neun verschiedene Pflanzen
und ein mit Ganges-Wasser gefüllter Topf werden als Symbol für Durga verwendet. Der Priester verstreut fünf Körner
rings um den Topf und verehrt ihn als Quelle des Nektars
der Unsterblichkeit (*amrith*), den die Götter aus dem Milch-
Ozean zu Anbeginn der Zeit hatten gerinnen lassen. Dann
wird Durga in zweifacher Weise angerufen: als die göttliche
Kraft, die das Wachstum des Getreides fördert und als die
Kraft des Lebens, durch die die Götter Unsterblichkeit erlangt haben. In einem der Tempelrituale wird sie als »Sie,
die den Hunger der Welt stillt« angerufen.

In den Dörfern von Bengalen singen die Frauen mehrere
Tage vor dem Beginn des Festivals jeweils bei Tagesanbruch
Willkommenslieder für Durga. In vielen Teilen von Nordindien werden Gegenstände aus Lehm oder Gips, die farben-
froh mit Blumen- oder Tier-Mustern bemalt sind, in der
zentralen Halle des Hauses aufgestellt. Papiergirlanden
schmücken die Wohnungen, und aus all den Trieben und Samen der neuen heiligen Pflanzen werden Speisen zubereitet.
Ältere Damen schenken ihren Nachbarinnen Betel, *kum-
kum* und andere Dinge, die Ehefrauen heilig sind, um ihnen
auf diese Weise ein langes und glückliches Eheleben zu wünschen.

Das größte Fest, das es irgendwo in der Welt gibt, findet alle drei Jahre in Indien statt. Dies ist das Kumbh-Mela-Fest, das abwechselnd in den vier Städten Haridwar, Allahabad, Ujjain und Nasik gefeiert wird. Im Jahre 1989 kamen um die achtzehn Millionen Menschen zum Großen oder Maha Kumbh-Mela-Fest, das alle zwölf Jahre abgehalten wird, in Allahabad zusammen. Sie alle nehmen an ein und demselben günstigen Tag ihr Bad im Ganges, und obwohl die für das Baden geeignete Zone rings um den *sangam*, dem Zusammenfluß der drei Ströme, pro Stunde nur 300.000 Menschen faßt, drängen sich in diesem Zeitraum in Wirklichkeit doppelt so viele Personen ins Wasser. Die Stadt aus Zelten und Hütten, die während des Mela-Festes rings um den *sangam* aufschießt, bedeckt vierzehn Quadratkilometer. Dieser riesige »Kongreß« ist seit dem zweiten Jahrhundert vor unserer Zeitrechnung gefeiert worden. Als erster hat ein chinesischer Reisender – Hiun Tsiang – im siebten Jahrhundert darüber geschrieben: er erwähnt, daß sowohl buddhistische wie auch jainistische und hinduistische Mönche dort zugegen waren.

Wie man erwarten kann, sind die Ursprünge des Kumbh-Mela-Festes im Mythos begründet. Vor langen Zeiten fochten die Götter und Dämonen einen großen Kampf aus, bei dem es um den Besitz eines *kum-kum*, eines »Kruges« ging, der den Nektar der Unsterblichkeit enthielt. Die Götter und die *asuras* (Dämonen) hoben diesen Krug aus den Tiefen des Ozeans, aber sobald er ans Tageslicht befördert worden war, griff Vishnu nach ihm und rannte mit ihm weg. Nach einer zwölftägigen Schlacht besiegten die Götter schließlich die Dämonen und tranken *amrith*, den Nektar der Unsterblichkeit. Während des Kampfes fielen vier Tropfen des Nektars auf die Erde, und dort befinden sich heute die besagten vier Städte. Das Kumbh-Mela-Fest feiert den Sieg der Götter über die Dämonen.

Shankara soll angeblich gefordert haben, daß die Leiter seiner vier Klöster sich regelmäßig beim Kumbh-Mela-Fest treffen sollten, um die jeweiligen Angelegenheiten ihrer Klöster zu besprechen. Ob das nun stimmt oder nicht, jedenfalls hat das Mela-Fest seit langer Zeit *sadhus* jeglicher Sekten und Bekenntnisse aus ganz Indien angezogen, um sich dort zu treffen und den Kontakt mit ihren Orden aufrecht zu erhalten. Auch die meisten großen Gurus und Lehrer besuchen dieses Fest. Viele Orden vollziehen ihre Einweihungen zu diesem Zeitpunkt, und die Naga Babas werden nur beim Mela-Fest eingeweiht.

Das Mela ist vor allem für die *sadhus* gedacht, die immer als erste und im günstigsten Augenblick im Fluß baden. Dabei gibt es eine strenge Reihenfolge: zuerst gehen die Shiva-Nagas, dann die Vishnu-Nagas usw. Sie schreiten in vollem Schmuck zum Fluß und werden dabei von lauten Musikgruppen angekündigt, während die Gurus und Ordensoberhäupter von den *sadhus* selbst zum Wasser getragen werden. Am Vorabend des Festes kündigt jeder Orden seine Ankunft durch eine große Prozession an, an deren Spitze eine Blechmusikkapelle schreitet, die Oberhäupter der Mönche reiten auf Elefanten, und viele *sadhus* sitzen auf Pferden oder Kamelen. Mit all diesem Getöse und dem Massenbad im Ganges als Höhepunkt und der Anwesenheit von Millionen von *sadhus* an einem Ort ist das Mela-Fest als farbenfrohes Schauspiel in der ganzen Welt einzigartig. Zudem ist es auch ein Ereignis, zu dem mehr Heilige und Weise an einem Ort zusammenkommen, als an irgendeinem anderen Ort oder zu irgendeiner anderen Zeit auf der Erde.

9
Sakrale Kunst

Im traditionellen Indien sind die Künste im Rahmen einer Weltsicht praktiziert worden, die das Sakrale und das Weltliche zu einem untrennbaren Ganzen verweben. Kunst wurde in Indien niemals um ihrer selbst willen oder als Ausdruck persönlicher Individualität vollzogen, sondern war immer schon unauflöslich eingebunden in ein umfassenderes Netz von Funktionen. Das Wort für Kunst – *shilpa* – umfaßt ungeheuer viele verschiedene Aktivitäten, zu denen nicht nur das gehört, was im Westen als Handwerk gilt, sondern auch Tätigkeiten wie Kochkunst, Parfumherstellung, Liebeskunst und Ingenieurwissenschaft. Das Sanskrit-Wort *shilpin* entspricht den Ausdrücken »Künstler« und »Handwerker«, beinhaltet aber auch die Vorstellung eines Priesters oder Magiers – denn in Indien ist es die Rolle des Künstlers, eine Brücke zwischen den Welten zu schlagen, in seiner Schöpfung ein Tor zu öffnen, durch das der Mensch ins Reich der Götter eintreten kann.

Deshalb zieht eine indische Skulptur oder Malerei den Betrachter nicht in das Reich des Persönlichen. Seit der Renaissance bewegte sich die westliche Kunst im Rahmen eines Weltverständnisses, das den Menschen im Mittelpunkt des Universums ansiedelt. Der Mensch in seinem physischen und intellektuellen Stolz wurde als »Maß aller Dinge«, als höchste Leistung der Schöpfung betrachtet. Michelangelos David rühmt den männlichen Körper; Botticellis »Primavera« feiert die weibliche Schönheit; Leonardo da Vincis Mona Lisa blickt den Betrachter direkt ins Auge, als wolle sie eine persönliche Reaktion auslösen. In der indischen Kunst dagegen wird der Betrachter überhaupt nicht angesprochen, denn sie wurde nicht geschaffen, um angeschaut oder gelobt zu werden oder um einen Betrachter den Ruhm seiner menschlichen Existenz zurückzuspiegeln. Sie wurde geschaffen, um Meditiation und Kontemplation zu fördern; ihre Funktion ist es, den Gläubigen über die oberflächliche Welt der Formen und Gestalten hinaus zur ewigen Welt des reinen Wesens zu führen. Das Göttliche, nicht das Menschliche, liegt im Mittelpunkt des indischen Universums, und

Malerei, Skulptur, Musik, Tanz und Schauspiel fanden traditionell innerhalb des Tempels, bei religiösen Feierlichkeiten oder in den Vorhallen des Königspalastes statt.

Deshalb geht es dem *shilpin* nicht darum, seine persönliche Ansicht auszudrücken, sondern die ewigen und kollektiven Energiemuster zu übermitteln, die heute wie schon seit jeher und unabhängig von den Wechselfällen der Geschichte auf Menschen eingewirkt haben. Im Gegensatz zum Westen, der in einer historischen Welt lebt, ist Indien in einem zeitlosen Universum ewiger Wiederkehr verwurzelt: Alles, was geschieht, ist bereits viele Male zuvor geschehen, wenn auch in jeweils verschiedenen Verkleidungen. Wichtig ist das *Muster* der Ereignisse, und der Künstler folgt dem Muster, eben weil es unveränderlich und ewig ist. Deshalb ist sein Werk auch anonym und befolgt die strengen Regeln, die in den Shilpa Shastras, den klassischen Texten niedergelegt sind, und die Gesetze der Malerei, der Skulptur und der Architektur seit mehr als 1.500 Jahren bestimmt haben.

Für jeden Körperteil eines Gottes gibt es ein *dhyana sloka*, einen Vers, der die Form der in Stein gehauenen Figur exakt beschreibt. Der Bildhauer legt das Aussehen des Gottes in seinem Bewußtsein fest, indem er das jeweilige *sloka* rezitiert und dann eine *puja* für genau diese Gottheit darbringt. Anstatt nach einem Modell zu arbeiten, folgt der Künstler den in den Shastren vorgeschriebenen Proportionen und erschafft ein idealisiertes Bild, das nach einer eher poetischen als realistischen Vorstellung der menschlichen Gestalt geformt ist. Das Bild wird in 124 Abschnitte aufgeteilt: 4 für die Stirn, 13,5 für das Gesicht, 4,5 für den Hals usw. Wenn der Bildhauer sich streng an diese Formen hält, wird das Standbild vollkommene Proportionen aufweisen, aus welcher Entfernung es auch immer betrachtet wird. Andere Schriften präzisieren die Tiefe, den Umfang und die Erhebungen, die dem Bild seine Dreidimensionalität verleihen.

In Indien wird der Künstler schon in sehr frühen Jahren einer Ausbildung unterzogen. Er erlernt die zehn Berufe (plastische Arbeit in Metall, Ton, Stein, Edelsteinen usw.) und wird auch in Sanskrit und den vier Veden ausgebildet. Wenn ein Bildhauer und ein Architekt den Auftrag erhalten, an einem neuen Tempel zu arbeiten, so vollziehen sie besondere *pujas*, fasten und verbringen ganze Nächte an dem Ort, an dem der Tempel gebaut werden soll. Gebete werden rezitiert, um alle bösen Geister zu vertreiben, und wenn ein Baum gefällt werden muß, bitten sie seinen Geist um Vergebung und versprechen, daß sie sein Holz für einen guten Zweck im Tempel verwenden.

Die *shakti* ist es, der Bildhauer und Maler in ihren Werken Gestalt verleihen wollen – jene Urenergie, die all die Myriaden von Formen und Gestalten in der physischen Welt, einschließlich des Menschen, annimmt. Die gesamte Natur entsteht, vergeht und kehrt wieder zu dieser kreativen Matrix zurück, die das allgemeine Lebensprinzip in jeder einzelnen Form darstellt. Die indische Kunst drückt die Lebenskraft der *shakti* durch eine Art von ästhetischer Ekstase aus, die das Sakrale und das Sinnliche vereint. Die physische Form wird nicht um ihrer selbst willen gefeiert, sondern um des Prinzipes willen, das sie und alles andere zum Leben erweckt. Göttliche Formen drehen ihre Hüften und winden sich wie Pflanzen nach oben, weil sie ihr Sein, wie die Pflanzen und Tiere, in genau der vor Lebendigkeit überquellenden Kraft haben, die alle Dinge erschafft. Während sich die menschliche Gestalt in der westlichen Kunst souverän gegen den Hintergrund der übrigen Schöpfung abzeichnet, entfaltet sie sich in Indien aus ihrer natürlichen Umgebung auf genau dieselbe organische Weise, wie dies eine Pflanze tut.

Shakti drückt sich in einem ganzen Spektrum von Gefühlstönen aus und jeder dargestellte Gegenstand schwingt in einem ganz bestimmten Ton, den der Künstler zu übermitteln versucht. Diese essentiellen Eigenschaften sind die *rasas* (»Stimmungen«), und sie verleihen der Arbeit eines jeglichen Künstlers, sei er nun Bildhauer, Musiker, Maler oder Tänzer, seine Farben. Die neun grundlegenden *rasas* oder Gefühlstöne sind wie folgt: Erotisch, komisch, pathetisch, wütend, heldenhaft, schrecklich, haßerfüllt, wundersam und friedvoll. In seinem Buch *The Hindu Vision*[16], einer hervorragenden Einführung in die hinduistische Kunst, erklärt Alistair Shearer, daß »jedes *rasa* die jeweils angemessene Gefühlsreaktion (*bhava*) im Betrachter erweckt: Liebe, Heiterkeit, Traurigkeit, Wut, Energie, Furcht, Abscheu, Erstaunen und Ruhe.« Als Ausdrucksform der *shakti* hat *rasa* auch die Bedeutung jenes Glücksstromes angenommen, welcher die Quelle spiritueller Liebe ist, die durch Yogaübungen und Meditation erweckt werden kann.

Diese eher esoterische Anwendung der *rasa*-Theorie liegt im Zentrum der tantrischen Kunst, die jahrhundertelang eine wichtige treibende Kraft in Malerei und Bildhauerei war. Das bildliche Gestalten wurde in Indien zwischen dem zweiten und siebten Jahrhundert unserer Zeitrechnung immer beherrschender – damals wurden die Gestalten von Göttern und Göttinnen durch die Ausbreitung der *bhakti*-Bewegungen popularisiert. Für Hindus und insbesondere für Ausübende des Tantra kann *shakti* durch verschiedene Namen und Gestalten der Göttin symbolisiert werden. Jede dieser *devatas* verweist auf eine unterschiedliche Energieebene, und zwar auf einer Stufenleiter, die vom Groben zum Feinen aufsteigt und schließlich in der Formlosigkeit des Brahman gipfelt. Das Bild drückt die Energie der *devata* aus, die ihrerseits auf eine letzte Wahrheit jenseits ihrer selbst verweist. In Hirapur im Bundesstaat Orissa gibt es einen

---

[16] Shearer, Alistair, *The Hindu Vision: forms of the Formless*. Thames and Hudson, London 1992

kreisförmigen Tempel, der den vierundsechzig Yoginis geweiht ist. Der Adept meditiert über jede einzelne dieser Gestalten, denn sie sind Symbole für Energien, die auch in seinem eigenen Wesen leben, und dadurch kann er schließlich von der Welt des Sichtbaren und der Phantasie zum formlosen Reich schöpferischen Schweigens voranschreiten. Die Standbilder sind mit Symbolen angefüllt, die die Eigenschaften der Gottheit vergegenwärtigen; der Meditierende betrachtet sie, um sich mit der göttlichen Kraft zu identifizieren und aus der physischen Wirklichkeit kommend die verschiedenen Ebenen der unsichtbaren Reiche zu durchqueren.

Zum Beispiel wird Vishnu immer mit vier Armen dargestellt; das soll bedeuten, daß sich Gott auch in den vier Richtungen des Universums inkarniert. In einer seiner vier Hände hält er eine sich drehende Sonnenscheibe, die um seinen rechten Zeigefinger kreist. Diese Scheibe symbolisiert die unbegrenzte Beweglichkeit seines Geistes, ist aber auch eine Waffe, die er verwendet, um das Böse und die Unwissenheit zu bekämpfen. In einer anderen Hand hält er die Keule, das Symbol seiner Autorität, und in seiner dritten Hand präsentiert er eine Muschel. Ursprünglich wurde sie als Horn im Krieg verwendet, aber in Vishnus Hand ist sie ein Gegenstand schöpferischer Kraft. Wenn Vishnu in seine Muschel bläst, so ertönt der Urklang des Universums, genausowie dies bei Shivas Trommel der Fall ist. In seiner linken Hand hält Vishnu einen knospenden, rot-weißen Lotus. In der tantrischen Kunst symbolisieren Rot und Weiß die Vereinigung des Weiblichen und des Männlichen. Vishnus göttliche Begleiterin ist die Lotusgöttin Padma, die auch als Sri, als strahlende Mutter Erde oder Lakshmi, Göttin des Reichtums und des Vermögens, in Erscheinung tritt. Wie seine Inkarnation als Krishna, ist auch Vishnu immer dunkelblau oder schwarz, dies soll seine Unendlichkeit anzeigen.

Nataraja: Der tanzende Shiva

Als Nataraja oder Herr des Tanzes ist Shiva eine der vertrautesten Gestalten unter den hinduistischen Gottheiten. Sein Bild – ein Tänzer, der auf einem Bein steht und das andere Bein angewinkelt in der Luft hält, und von einem Flammenring umgeben ist – wird in Touristenläden in ganz Indien verkauft. Aber in dieser Gestalt verkörpert sich eine ganze Kosmologie und ein Erlösungsweg. Alle Gesten und Einzelelemente haben ihre verschiedenen Bedeutungsschichten. Die Bedeutungen des Nataraja wirklich zu verstehen heißt, die innere Wirkungsweise unserer eigenen Existenz zu begreifen. Alle sakrale Kunst in Indien ist zutiefst symbolisch, aber die Gestalt des Nataraja kann in ganz besonderer Weise die Funktionen unseres Lebens vor uns ausbreiten.

Der Feuerbogen[17] um die Figur in der Mitte ist der Tanz der Naturkräfte, der materiellen und individuellen Energien, die unsere tägliche Erfahrung der Welt aufbauen. Shivas – Natarajas Tanz im Zentrum ist der Tanz der Freiheit, des allgegenwärtigen Geistes, der im Geheimen den äußeren Tanz der Natur ernährt und erhält. Zwischen beiden steht die Individualseele, die wählen kann, auf welche der beiden Melodien sie tanzen möchte.

Die Trommel in Natarajas oberer rechter Hand läßt den Klang der Schöpfung ertönen, denn Klang ist das erste Element des Universums und gilt als Äther oder *akash*. Die Flamme, die in seiner oberen linken Hand flackert, lädt zur Transformation ein und kann als die Kraft der Rückkehr zum Zentrum verstanden werden. Seine untere rechte Hand vollzieht das *abaya nuda*, die Geste des »fürchte dich

---

[17] Eine umfassende Erklärung der Symbolik des Nataraja findet sich in: Kramrisch, Stella *The presence of Shiva*, Princeton, N.J. 1981

nicht«; sie gewährt Freiheit vor der Furcht vor immer wiederkehrenden Geburten und Toden. Die untere linke Hand, die sich zu einem Elefantenrüssel formt, zeigt auf den erhobenen linken Fuß als Zufluchtsstätte des Gläubigen. Dieser Fuß wird angebetet, um mit Shiva eins zu werden und symbolisiert die Verleihung der Gnade. Der rechte Fuß ist Natarajas feine Kraft, die die Individualseele in das Reich der Materie und der Illusion treibt. Die beiden Füße zusammen symbolisieren das unablässige Kreisen des Bewußtseins, das den Zustand der Unwissenheit immer wieder betritt und verläßt. Unwissenheit oder Vergeßlichkeit wird durch den Zwerg (das heißt blockierte Entwicklung) unter dem Fuß des Tänzers personifiziert.

Die gesamte Figur ist ein Modell für das unendliche Spiel der Energie, das das Universum durch seine fünf Arten der Aktivität aufrecht erhält. Diese Aktivitäten oder Prozesse, die in allen Dingen ständig stattfinden, sind folgende: Schöpfung oder Entfaltung; Rückzug, Rückkehr, die den Anschein der Zerstörung haben kann; Bewahrung, Aufrechterhalten; Verschleierung der Wirklichkeit durch die Kraft der Unwissenheit; und schließlich Verleihung von Gnade, weil die Wahrheitssuche der Gläubigen anerkannt wird. Schließlich kann die gesamte Figur als der heilige Klang AUM gelesen werden: Dies ist die Gesamtheit der Welt und der Seele in all ihren verschiedenen Bewußtseinsebenen. In seiner erweiterten Form »Om Nama Shivaya« ist das AUM das Mantra des Gottes Shiva. Es enthält die fünf Silben, die sich unmittelbar auf die fünf Elemente des Nataraja beziehen. Die Symbolik der Zahl Fünf erstreckt sich sogar auf die Materialien, aus denen die Figur gefertigt ist: Eine Tempelfigur des Nataraja, wie sie zum Beispiel in Chidambaram steht, ist gewöhnlich aus einem Amalgam der fünf heiligen Metalle Kupfer, Silber, Gold, Messing und Blei gefertigt.

Indischer Tanz

Ebenso wie die Shilpa Shastras die Form und die Proportionen eines Bildes bestimmen, so haben die Natya Shastras (»Tanz«) die Gestensprache und Grammatik definiert, die den verschiedenen indischen Tanzformen zugrunde liegt. Augenbewegungen, *mudras* (Handgesten), Fußhaltungen, die Bewegung des Oberkörpers in bezug auf das Becken, all das ist durch praktische Regeln bestimmt, die in den heiligen Texten niedergelegt sind. Im Tempel von Chidambaram sind die klassischen Haltungen durch eine Reihe von Tänzern und Tänzerinnen dargestellt, die am Südeingang der Wand entlang aus Stein gehauen sind. Noch vor kurzem hat Dr. Padma Subrahmanyas, die Direktorin der Nrithyodaya Tanzschule von Madras, 108 *karanas* (Hand- und Fuß-Kombinationen) entworfen, die in einem neuen Tempel des Gottes Nataraja durch Skulpturen verewigt werden sollen. Sie legte ihrer Arbeit die Techniken zugrunde, die in den Natya Shastras beschrieben sind.

Dr. Subrahmanyas ist eine Vertreterin des Bharat Nataym, der südlichen Tanzgattung, die bis in die frühen Jahre des zwanzigsten Jahrhunderts vom Leben des Tempels untrennbar war. Bharat Natayam wurde ursprünglich ausschließlich von *devadasis* (»Dienerinnen der Göttin«) ausgeübt: Sie tanzten im Tempel vor der Gottheit und boten sich männlichen Gläubigen an, damit diese – so wird jedenfalls behauptet – mit dem Göttlichen verschmelzen konnten. Diese Tempeltänzerinnen »gehörten« zum Tempel und seiner Gottheit; oft waren sie höchst gebildet und geübt in den Künsten der Musik, der Ästhetik und der Liebeskunst. In den zwanziger Jahren unseres Jahrhunderts war die Tradition der *devadasis* fast vollkommen ausgestorben, und Bharat Natayam wurde nur von einer kleinen Anzahl von Fans aus den höheren Gesellschaftsschichten zum Vergnügen geübt. Dann gründete eine ungewöhnliche Frau namens Rukmini

Devi das internationale Tanzzentrum Kalakshetra in Madras. Mit Unterstützung einer früheren *devadasi*, Bala Sarasvati, begann Rukmini Devi den Bharat Natyam formal zu verfeinern, um dann öffentliche Vorstellungen zu inszenieren. Heute wird Bharat Natayam in der ganzen Welt aufgeführt, und noch immer enthält er genau die Elemente, die ihn seit seinem Ursprung im Tempel gekennzeichnet hatten: Fächerartig gespreizte Finger, tiefgebeugte Knie, kraftvolles Stampfen mit den Füßen und sensuelle Körper- und Arm-Bewegungen.

Noch im heutigen Tanz kommt die sakrale Dimension dieser Ursprünge zum Vorschein. Vor und nach jeder Vorstellung berühren die Tänzerinnen die Erde und bitten um Vergebung dafür, daß sie auf ihr stampfen müssen. Dann legen sie die Handflächen über dem Kopf zusammen und widmen ihre Vorstellung der Gottheit; mit den vereinten Handflächen vor dem dritten Auge zollen sie ihrem Guru Ehrerbietung; und mit den vereinten Handflächen vor dem Herz bekunden sie ihre Achtung vor dem Publikum. Wenn sie mit ihrem Tanz beginnen, singen sie ein Gebet aus den Natya Shastras.

Alle indischen Tänze werden als Opfergabe an die Gottheit vollzogen. Ebenso wie *ghee* (gereinigte Butter) verwendet wird, um das Feuer einer Opfergabe zu speisen, so werden auch die Energien der Tänzerinnen im Tanz geopfert. Der Tanz selbst ist eine poetische Glorifizierung der Wirklichkeit, eine Vergegenwärtigung des idealen Zustandes, den die Götter verkörpern. Indem der Tanz das Göttliche auf Erden widerspiegelt – so wird in den Natya Shastras erklärt – dient er dazu, den Bewußtseinszustand des Publikums zu heben. Dies geschieht durch die Belebung von moralischen Werten und die Erzeugung eines Zustandes von spirituellem Frieden – *shanti*.

Ein weiterer indischer Tanzstil ist der Kathak – das Wort bedeutet »geschickt«; er verweist auf die ursprüngliche Funktion des Tanzes, der in den Tempeln von Nordindien zusammen mit Musik verwendet wurde, um die Mythen der Götter der örtlichen Bevölkerung zu übermitteln. Am Anfang war es nur männlichen Brahmanen erlaubt, Kathak zu tanzen. Aber im siebzehnten Jahrhundert wünschten die Moghul-Kaiser, daß Frauen in ihren Höfen den Kathak für sie vorführten, und heute sind es zum größten Teil Frauen, die diesen Tanz ausüben.

Saswati Sen gilt als die beste weibliche Kathak-Künstlerin Indiens und genießt breite Bewunderung. Sie ist die wichtigste Schülerin des legendären Birju Maharaj, der soviel getan hat, um den Lucknow-Stil des Kathak neu zu beleben. Als ich sie im Sommer des Jahres 1995 in London traf, steckte sie gerade inmitten eines engen Zeitplans, in dem sich Seminare und Auftritte drängten. Ich hätte es nicht geglaubt: Sie schlenderte mit zwei randvollen Einkaufstaschen in das Institut für Indische Kultur herein und entschuldigte sich für ihre Verspätung mit einer Nebenbemerkung über die Länge der Käuferschlange an der Kasse. Diese entspannte, kleine Frau mit ihrer auffallenden Schönheit war sofort voll und ganz präsent, als sie von ihrem Tanz zu sprechen begann.

»Ich habe ein wissenschaftliches Studium abgeschlossen«, begann sie, »und erst als ich fünfundzwanzig war, wurde meinen Eltern wie auch mir klar, daß ich Kathak professionell ausüben sollte. Ich hatte getanzt seit ich sechs Jahre alt war, aber nur um der Liebe zum Tanz willen – ich hatte aber niemals an Tanz im Sinne einer Karriere gedacht. Mein Vater war Arzt, und eine Zeitlang sah es so aus, als würde ich in seine Fußstapfen treten. Dann gewann ich ein nationales Tanzstipendium, und so hat wohl das Schicksal die Führung übernommen. Ich bin eine von jenen Künstlerinnen, die in zwei Welten leben. Eine städtische Intellektuelle, und dennoch verbringe ich mein Leben damit, die Geschichten der Hindu-Götter vorzuführen.« Sie hielt einen Augenblick inne, als wolle sie nachdenken, in welche Richtung ihre Gedanken strebten.

»Niemals werde ich jenen Augenblick vergessen, in dem ich zwei Jungen sah, die in einem Tempel in Vrindavana eines von Krishnas *lilas* tanzten«, fuhr sie fort. »Sie mußten wohl drei ganze Stunden damit verbracht haben, jene kleine Episode wiederzugeben, in der Krishna Nahrung zu sich nahm. Ich konnte es nicht glauben, welche Konzentration sie von Anfang bis zum Ende aufrecht erhielten, und als sie schließlich am Ende waren, drückte ich dem Zuschauer neben mir mein Erstaunen aus. Eine ältere Frau hörte es und sagte: ›Sie verstehen nicht. Sie spielen Krishna nicht, sondern sie sind Krishna.‹

Heute weiß ich, was sie sagen wollte. Durch den Tanz werden die Götter wirklich zum Leben erweckt. Sie sind wirklich zugegen, auch wenn mein rationaler Verstand mich daran hindert, im konventionellen Sinn religiös zu sein. Manchmal, wenn ich für Krishna tanze, verschwindet das Publikum, und ich stehe allein dort oben mit Krishna, der personifizierten Liebe der Welt. Kathak hat in mir einen tiefen Glauben erweckt, und ich bin der Meinung, daß man diesen Glauben auch braucht, wenn man im Tanz überzeugen will – vor allem, weil die eigentliche Grundlage aller traditionellen indischen Kunstformen eine religiöse Anschauung des Lebens und der Welt ist.«

Ich fragte sie, ob sie sich als zeitgenössische Künstlerin jemals durch die stilistische Konformität des indischen Tanzes beengt gefühlt habe.

»Ich habe eine traditionelle Form gewählt, die dennoch eine Menge an Improvisation zuläßt«, erklärte Saswati. »Die Gesten des Kathak sind zwar in den Natya Shastras genau definiert, aber sie sind natürlicher, weniger stilisiert als in anderen Tanzformen. Wir verwenden viele alltägliche Gesten, die jeder verstehen kann. Wir neigen zum Improvisieren, sowohl bei der Technik wie auch bei der Erzählung. Zum Beispiel habe ich gestern Abend in meiner Vorstellung mit einem Sänger aus Karnat zusammengearbeitet, dessen Tradition von der meinigen sehr verschieden ist. Als er sang, tanzte ich zu seiner Erzählung. Aber wir proben gar nicht zusammen. Wir verständigen uns nur über die allgemeine Geschichte und entwickeln von dort aus die Vorstellung.«

Saswati hielt einen Augenblick lang inne; sie senkte ihre Augen, um sie dann wieder zu heben. »Viele Künstler und Kunstagenten sind heute in Indien der Meinung, daß wir die traditionellen Formen an die moderne Zeit anpassen sollten«, fuhr sie fort, »um auf diese Weise dem Geschmack und den Interessen der Zeit Rechnung zu tragen. Aber wie kann man Krishna modernisieren? Er ist ewig; in allen Zeitaltern ist Liebe immer dasselbe. Unsere Mythen sprechen von einem Ort jenseits der Zeit, und ich glaube, wir sollten schon fest genug an ihre Botschaften glauben, um zu erkennen, daß sie heute ebenso wichtig sind, wie sie es schon immer waren.«

Indische Musik

Wie der Tanz war auch die klassische indische Musik einstmals dem Tempel und dem Hof vorbehalten. Aber heute gibt es nur noch wenige Tempelmusiker und Tempelsänger, außer in den Krishna-Tempeln von Vrindavana und Teilen von Rajasthan. Heute geht es indischen Musikern mehr um persönlichen Erfolg und einen bekannten Namen als um den Dienst an der Religion – wie es ja auch überall sonst der Fall ist – und Indiens klassische Musiktradition kann heute nur durch die Konzerthallen und das Fernsehen überleben. Und dennoch scheint sie im eigenen Land keine so große Anhängerschaft an sich zu binden, wie dies die klassische westliche Musik im Westen tut. Eher ist es umgekehrt: Wie alles andere, was aus dem Westen kommt, gewinnen Komponisten wie Bach und Beethoven sogar ein neues Publikum in Indien. In Bombay gibt es einen sehr populären Kurzwellensender, der ausschließlich klassische westliche Musik ausstrahlt, während es für die indische Musik keinen entsprechenden Sender gibt.

Zwar hat die Betonung der persönlichen Leistung in der Öffentlichkeit den uneitlen und selbstlosen Ausdruck einer sakralen Tradition gemindert, aber das Wesen und der Aufbau der indischen Musik selbst zieht den Hörer in feinere Körper- und Geistes-Zustände, die vom physischen Ohr zu den innerlicheren Schwingungen und Strömungen der *shakti* führen. Die Mannigfaltigkeit der verschiedenen *ragas* ist auf die Energien der verschiedenen Tageszeiten eingestimmt und soll verschiedene *rasas* (»Stimmungen«) hervorrufen. Ein professioneller Musiker hat seine Kunst von früher Kindheit an erlernt, hat seinem Guru treu gehorcht und in einem traditionellen Arrangement hat er im Haus des Gurus gelebt, studiert und geübt.

Wie vielen Künstlern, die jünger als fünfundvierzig Jahre alt sind, ist es Shupha Mudgal gelungen, ihren eigenen Weg zu gehen, ohne die breite Tradition ihrer Stilrichtung zu verlassen. Sie ist eine vielgepriesene Sängerin des Khyal: Dies ist ein nordindischer Zweig der populären klassischen Musik, dessen Ursprünge in den Moghul-Höfen lagen. Wir trafen uns morgens zu einer Tasse Kaffee auf der Terrasse des Imperial Hotel in Shuphas Heimatstadt Delhi. Sie erzählte mir, daß sie mit mehreren Gurus, und nicht nur mit einem einzigen, studiert hatte, und daß sie jahrelang acht bis zehn Stunden pro Tag damit verbracht hatte, Gesang zu üben oder mit ihren Lehrern darüber zu sprechen. Am Anfang lernte sie drei Jahre lang nur ein einziges *raga* zu singen, ohne jemals ihren Lehrer nach dem Sinn dieser Übung befragen zu können. Aber die Wirkung, so sagte sie, bestand darin, sie zu vollkommener Demut zu führen.

»Es liegt eine Schönheit in dieser Art der Unterwerfung«, sagte sie versonnen. »Das Ego wird gezähmt, und dies ist für einen Künstler notwendig. Aber dabei verliert man auch etwas. Ich habe mich immer gefragt, weshalb man in der Beziehung von Guru und Schüler, die doch eine Liebesbeziehung sein soll, auf den Dialog verzichten kann. Guru und Schüler sollen durch Liebe vereint sein, in jeder Kunstform. Und so begann ich, genau das zu wiederholen, was sie mich während der Unterrichtsstunde lehrten, aber als ich draußen war, veränderte ich es. Ich war in einer modernen, englisch-sprechenden Familie aufgewachsen. Eine solche Strenge war meinem Hintergrund fremd, und meine Familie war nicht-traditionell und nicht-ritualistisch.«

Heute hat Shupha eigene Schüler, aber sie behandelt sie als gleichwertig, obwohl sie ihr Guru ist. Im Jahre 1992 wurde sie in den Radha-Ramana-Tempel in Vrindavana eingeführt, in dem die Kunst des Gesanges seit Jahrhunderten als religiöser Akt gelehrt und praktiziert worden ist.

»Ich sah, wie die Priester dort nicht im Sinne einer Vorstellung sangen, sondern als Audruck religiöser Verehrung«, sagte sie. »Dadurch wurde mir noch klarer, was ich schon seit einiger Zeit empfunden hatte: Wenn man ohne bewußte spirituelle Perspektive für ein Publikum singt, so führt dies zu einer übermächtigen Betonung der individuellen Persönlichkeit. Ich sehnte mich danach, die Gefühle der Ehrfurcht und Selbstvergessenheit kennenzulernen, die diese Priester in ihrem Tempel auf so natürliche Weise übermittelten. Deshalb begann ich mit ihnen im Rahmen eines Kulturinstitutes zu studieren, das an den Tempel angeschlossen ist – das Shri Chaitanya Prema Sansthana.«

Dann erzählte Shupha, daß die Priester ihr alte Texte gaben, die das Loblied von Radha, Krishnas Gefährtin, beinhalten. »Sing diese Lieder für Radha«, sagten sie. »Aber gib keine Vorstellung für uns. Wir sind nicht an deiner Virtuosität interessiert; wir wollen die Qualität deines spirituellen Gefühls hören.«

Seither hat Shupha den Tempel von Vrindavana regelmäßig besucht. Die Priester gaben ihr Texte aus dem siebzehnten Jahrhundert, von denen jeder einzelne Krishnas *lilas* preist, aber auch Lieder, die alle *pujas* für die Gottheit begleiten.

»Sie sagen, daß für Gott nur zwei Opfergaben wirklich angemessen sind«, erzählte sie, als wir uns zum Gehen erhoben. »Nahrung und Musik. Musik zu opfern ist das *rag seva*. Ich lerne noch immer, dieses Opfer darzubringen, ohne irgendetwas zurückzuhalten.«

10
Die heilige Stadt

Benares ist überall dort, wo du bist.
Altes Sprichwort aus Benares[18]

Benares, die Stadt des Lichtes, die Stadt der Toten, der Wald der Seligkeit, die niemals Verlassene, die Stadt Shivas: Man kann sie nennen wie man will, und all diese Namen wurden ihr schon verliehen – aber ganz offensichtlich ist sie eine der verrücktesten, heiligsten, häßlichsten, hypnotisierendsten Städte auf dieser Erde. Jede auch nur vorstellbare Deformation ist in der Bettlerschlange ausgestellt, die die Straße zum Haupteingang säumt. Alle Tricks, wie sie im Buche stehen, werden von Keilern, Riksha-Fahrern, Fähr-

---

[18] Zitat aus einem unveröffentlichten Manuskript über Benares von Richard Lannoy

männern und Lästigen, die man nicht los wird, angewendet, um noch einen Dummkopf von seinem Geld zu trennen. Die Flut der Angreifer hat keine Grenzen und nur wenn man auf einem eigenen Boot zum Fluß flieht, kann man sich retten. Dann senkt sich die Nacht über die Tempel, die Paläste, das Wasser, und der letzte Schein des Lichtes hat nirgendwo seinesgleichen. Der ganze Ort nimmt eine traumhafte Atmosphäre an, in der sich nichts schneller bewegt, als der Rhythmus eines Ruders. Büffel halten sich im Wasser auf, ein Mann meditiert am Ufer, *sadhus* mit ihrem Stab und ihrer Wasserkanne schreiten vorbei, andere Männer hocken und lassen sich ihren Kopf rasieren; eine Frau badet in seidigem Wasser, und ihr Sari klebt an ihrer anmutigen Gestalt; Kinder spielen Fangen zwischen den Verbrennungsscheiterhaufen, ein Hund schnappt nach einem Fuß, der aus den Flammen herabgeglitten ist. Kaum anders war es vor hundert Jahren, als W. S. Caine schrieb: »Während des ganzen Tages, vor allem aber am frühen Morgen, strömt der endlose Zug der Pilger die Stufen zu den Badeplätzen hinab und wieder zurück nach oben: zerlumpte Landstreicher, bejahrte Matronen, schrecklich anzusehende Bettler, Hausierer, brahmanische Priester, heilige Stiere und Kühe, hinduistische Prediger, reiche Rajas oder Bankiers in hübschen farbenfrohen Sänften, Fakire, Unberührbare, Hunde und spottende Globetrotter aus Europa und Amerika.«[19]

In Indien gibt es sieben wichtige heilige Städte: Benares, Mathura, Puri, Ayodhya, Dvaraka, Haridwar und Kanchi, ganz abgesehen von den vielen kleinen sakralen Orten. Normalerweise wird eine Stadt dadurch geheiligt, daß sie eine unmittelbare Verbindung mit einer wichtigen Gottheit innehat: So ist Mathura zum Beispiel der Königssitz des Krishna

---

[19] Caine, W. S., *Picturesque India.* Zitiert in: *Banaras: City of Light*, Diana Eck, Penguin, New Delhi 1993

gewesen, während Rama seinen Hof in Ayodhya führte. Aber Benares ist mit allen Göttern assoziiert und liegt außerdem am Ganges. Es ist ein städtischer Kosmos, der als Spiegelung der göttlichen Ordnung auf Erden entworfen wurde. Benares liegt im Herzen der längsten, ununterbrochenen Tradition der Welt. Seine spirituelle und religiöse Kultur kann auf eine Geschichte von mindestens 3.000 Jahren zurückblicken. Es ist »älter als die Geschichte«, sagte Mark Twain, nachdem er Benares besucht hatte, »älter als die Tradition, älter selbst als die Legende.« Noch bevor die Götter es für sich beanspruchten, lag Benares dort oben auf der hohen Plattform im Norden der heutigen Auto- und Eisenbahn-Brücke, die sich über den Fluß spannt; auf der einen Seite grenzt Benares an den Ganges, auf der anderen Seite an den Varuna-Fluß. Rings um diese Stadt zieht sich im Süden und Westen der »Wald der Seligkeit«, eine Gegend der Teiche und des Dschungels, in denen Asketen und ihre Schüler eine Heimstatt fanden. In diesem Wald gab es auch Geister und Naturgottheiten, die noch heute überall in der Stadt auf ganz ähnliche Weise verehrt werden, wie dies schon tausend Jahre vor unserer Zeitrechnung geschah – mit Blumen, geweihtem Wasser und Weihrauch.

Im Laufe der Jahrhunderte haben viele der großen spirituellen Lehrer in Benares gelebt oder gelehrt. Buddha hielt seine erste Predigt im nahegelegenen Sarnath; Parshvanatha, der erste historisch datierte Meister des Jainismus, wurde im achten Jahrhundert vor unserer Zeitrechnung in dieser Stadt geboren. Im zweiten Jahrhundert vor Christus kam Patanjali hierher, und fast tausend Jahre später auch Shankara. Ramanuja, Tulsidas, Kabir und zahllose weniger bekannte Meister lebten und lehrten hier. Heute unterhalten alle wichtigeren Mönchsorden ihre Vertretungen in dieser Stadt, und am frühen Morgen sieht man tagtäglich *sadhus* jedweder Sekte am Flußufer. In ihrem hervorragenden Buch über Benares[20] teilt uns Diana Eck mit, daß selbst heute noch das Einweihungsritual für junge Männer in manchen Gegenden von Indien eine symbolische Reise nach Benares enthält. In diesem Ritus wird der junge Mann »zum Guru weggeführt«, von dem er seine heilige Schnur und das Einweihungsmantra empfängt. Dann vollzieht er sieben Schritte in Richtung Benares »als rituellen Vollzug der alten Reise zur Quelle aller Weisheit«.

Als sich die Stadt im Gefolge der moslemischen Invasionen nach Süden verschob, wurden ihre Altäre und Tempel an neuen Stellen wiederaufgebaut und das kosmische Zentrum der Stadt nahm verschiedene Namen und Formen an. Aber in seiner gesamten Geschichte war Benares immer ein physischer Ausdruck der kosmischen Ordnung. Es ist der Wohnort aller Götter, aber der Hauptgrund seiner Heiligkeit liegt darin, daß es den Himmel auf Erden verkörpert, wie dies in den Traditionen des Vorderen Orients in Jerusalem geschieht. Es ist ein Kosmogramm, das Natur, Menschheit und den Kosmos in einem komplexen Gewebe von sechsundfünfzig Pilgerumgängen verflicht. Benares ist das, was es heute ist, weil es am Ganges liegt und von Pilgerumgängen geprägt ist.

Wenn man Benares betritt, wird man in einem geheiligten Kosmos wiedergeboren. Ein anderer Name für diesen Kosmos lautet »Indien«. Indien wurde von seinen Bewohnern immer als Universum begriffen. Insofern ist Benares Indien, und in Benares findet man eine exakte, maßstabgetreue Version eines jeden wichtigeren sakralen Ortes im Land. Die sieben heiligen Ströme sind hier verkörpert: So war beispielsweise die Hauptstraße der Altstadt – Godaulia – ein Fluß, dessen Name in Anlehnung an den heiligen Fluß Andhra Pradesh Godavari genannt wurde. Ferner gibt es

---

[20] Eck, Diana, *Banaras: City of Light.* Ibid

sieben Abbilder des großen Tempels von Rameshvaram in Tamil Nadu. Alle zwölf wichtigen Lingas sind hier versammelt, auch das Heiligtum von Badrinath usw. Benares ist Indien, und zwar nicht nur in einem poetischen oder mystischen Sinne, sondern in einer durchaus greifbaren Dimension spürbarer Energie. Wenn man hierher kommt, kann man sich alle anderen Wanderungen ersparen.

Von den sechsundfünfzig Pilgerumgängen in Benares umrunden fünf die Stadt in unregelmäßigen konzentrischen Kreisen, und die inneren vier davon werden noch immer allgemein verwendet. Dr. Rana Singh, Dozent für Geographie an der Benares Hindu Universität und Präsident der Indischen Gesellschaft für Pilgerforschung hat wahrscheinlich mehr Untersuchungen über die sakrale Geographie von Benares als irgendjemand sonst durchgeführt. Rana Singh lebt seit mehr als zwanzig Jahren in dieser Stadt und seine Faszination ist noch immer so leidenschaftlich wie zu Beginn. Als wir eines Tages am Flußufer wanderten, erklärte er mir das grundlegende Muster dieser Umgänge.

Am Assi-Ghat beobachteten wir, wie eine Schar von Pilgern in entschlossenem Schritt vom Fluß zur Stadt gingen. »Sie machen sich gerade auf den Weg zum Panchakrosha Yatra«, kommentierte Ranaji, als sie aus unserem Blickfeld verschwanden. »Das ist der vierte der fünf Kreise und gleichzeitig der beliebteste Pilgerumgang in Benares. Seine Länge beträgt achtzig Kilometer, und dafür brauchen die Pilger fünf Tage. Auf dem Weg müssen sie vor 108 Altären beten, und schließlich kommen sie beim Jnanavapi Khund, dem Brunnen der Weisheit, in der Stadtmitte an, die zwischen der Großen Moschee und dem Goldenen Tempel liegt. Dieser Brunnen ist seit Jahrhunderten die *axis mundi* (»Weltachse«) der Stadt und hier enden auch die anderen drei *yatras*. Sie kennen doch die Geschichte, in der Shiva mit seinem Dreizack in die Erde grub, und das Wasser, das er fand, einer anderen seiner Inkarnationen, dem Avimukteshvara reichte. Shiva ließ sich in den Brunnen, den er gegraben hatte, nieder und versprach dort zu bleiben und Benares für alle Ewigkeit die Gnade seiner Gegenwart zu gewähren.« Dann erklärte er, daß das Panchakrosha Yatra wie alle anderen *yatras* noch aus der Antike stammt und daß es bereits in einem Text aus dem zwölften Jahrhundert genau beschrieben wurde. Der dritte Kreis, Nagara Pradakshina, markiert das Stadtgebiet selbst. Er erfordert eine Reise von zwei Tagen und enthält zweiundsiebzig Heiligtümer. Der zweite Umgang, der einen Radius von knapp zwei Kilometern aufweist, kennzeichnet die Zone, die von Shiva-Avimukteshvara (»Er, der im Brunnen der Weisheit wohnt«) niemals verlassen wird. Im Gegensatz zu den drei äußeren verläuft er spiralförmig zum Zentrum, dem Brunnen. Der innerste Umgang – Antargraha – führt den Pilger sieben Mal rings um Vishvanat, den »Goldenen Tempel«, der aufgrund seines prächtigen Daches so genannt wird.

»Das gesamte Kosmogramm ist ein schönes, aber auch genaues Gewebe verschiedener Welten«, begeisterte sich Ranaji, als wir in ein Boot stiegen, das uns weiter stromabwärts trug. »Die fünf Umgänge verkörpern die fünf Elemente Äther, Erde, Luft, Wasser und – im Zentrum – Feuer. Aber sie haben auch eine Verbindung zum Kopf, den Füßen, dem Gesicht, dem Blut und dem Herzen des Menschen. Sehen Sie, wie diese ganze Anordnung das Menschliche und Göttliche vereint? Dann gibt es in diesem ganzen System der fünf Kreise sechsundfünfzig Ganesh-Heiligtümer entlang der acht sternförmig zusammenlaufenden Hauptstraßen, die in die Stadt führen. Sie sollen die Pilger beschützen, wenn sie sich Benares nähern und dann die Stadt betreten. Nun denken Sie einmal nach: Weshalb sechsundfünfzig? 56 ist 7 mal 8. Diese Heiligtümer beschützen die acht Himmelsrichtungen nicht nur auf der irdischen Ebene, sondern auf allen sieben Ebenen der Wirklichkeit oder Schichten der Atmosphäre.«

Mein Kopf begann sich mit all diesen Zahlen zu drehen, und ich legte mich zurück, um das beeindruckende Panorama der dem Wasser zugewandten Seite von Benares zu betrachten. Die *ghats*, mächtige Treppen mit steinernen Stufen, die zum Rande des Wassers hinabführen, schimmerten rosa und golden in der Nachmittagssonne. Auf einigen von ihnen hatten die Wäscher die Arbeit ihres Tages zum Trocknen ausgelegt: viele Meter von Saris in Blau und leuchtendem Gelb zogen sich zum Wasser hinab. Hier und dort hockten Menschen und beobachteten, wie der Fluß vorbeirann; zwischen ihnen rannten Hunde hin und her und schnappten spielerisch nach einander; eng aneinander gedrängte Menschen, die alle in Weiß gekleidet waren, blickten auf den Körper eines Verwandten, der in den Flammen eines großen Feuers brannte und zerfiel. Irgendwo läuteten Glocken und Feuerwerksraketen wurden abgeschossen. Hoch dort oben im Himmel kreisten zwei Geier. Die gesamte Kurve des Flusses, der Benares in einer Länge von etwa sieben Kilometern durchzieht, ist von Palästen und Tempeln gesäumt. Viele von ihnen bröckeln bereits auseinander, aber selbst ihr Zerfall verstärkt auf irgendeine Weise nur die Empfindung, als schwebte man wie in einem Traum auf einem Boot durch die Stadt der Götter. Ich beendete diesen Tag – allein mit dem Neumond – auf dem *ghat* von Assi, von dem wir abgefahren waren.

Das Universum, Indien, Benares und Assi Ghat, der Mikrokosmos des Mikrokosmos

Die Stadt ist so sehr in Blumen und Weihrauch getaucht und quillt von Tempeln und Altären für jede nur denkbare Gottheit über, daß man in der Altstadt alle hundert Quadratmeter lang eine Miniaturausgabe des Ganzen finden könnte. Ich erforschte die kleine Zone rings um die *ghats* von Assi und Tulsi, die südlichsten *ghats* dieser Stadt – und fand genau dort in all ihren Schichten und ihrer fast unglaublichen Vielfalt dreitausend Jahre einer lebendigen Tradition.

Auf dem *ghat* selbst steht ein *pipal*-Baum. Daneben sitzt am Morgen ein Barbier, bereit all jene zu bedienen, die auf ihrem Weg nach unten zum Bad im Fluß sind. Auf der anderen Seite sitzt ein *panda* – ein *ghat*-Priester auf einer hölzernen Plattform. Neben ihm steht eine große Topfpflanze, eine Schale mit purpurroter Farbe für den Punkt auf der Stirn des Gläubigen und ein Buch mit heiligen Schriften. Ein anderer besitzt einen kleinen Tisch mit einem Spiegel und einem Kamm darauf. Um den Tisch herum liegen Kleiderbündel, die er für die Badenden bewacht.

Rings um den *pipal*-Baum stehen mehrere *lingas*, ein paar Schlangengottheiten und einer oder zwei schwarze Steine. Auf dem Rückweg vom Fluß steigen die Badenden geradenwegs in Richtung auf den Baum nach oben, gehen um ihn herum und legen Blumen, Reis und ein paar Spritzer vom Gangeswasser auf jeden der geweihten Gegenstände. Sie streichen die rote Farbe auf den Stamm des Baumes, werfen ein paar Reiskörner hinterher und legen dann die Hand, die dies tat, auf die Stirn. Jede dieser Gesten hat einen Sinn, eine bedeutungsvolle Absicht. Einige stehen ein paar Augenblicke lang vor dem Baum, falten ihre Hände vor der Brust in der Geste des *namaskar* und beten intensiv zu ihrer gewählten Gottheit. Dieser Baum ist ebenso heilig wie irgendein Tempel es nur sein kann.

Ranaji und ich schritten die Treppen nach oben und durchquerten eine enge Allee, die zur ersten Straße führte, die parallel zum Fluß verläuft. Eine Ecke dieser Stufen war naß vom Gangeswasser, das dort als Opfer ausgegossen worden war, und mit Blumen übersät. Den Grund dafür kenne ich nicht. Einige Meter danach passiert man auf der linken Seite dieses Weges ein Heiligtum mit grünen Wänden, das von einer Kuppel gekrönt ist. In seinem Inneren befindet sich auf dem Boden eine Balustrade aus Marmor, in deren Mitte sich ein *lingam* mit seinem dazugehörigen Reittier, nämlich Nandi, dem Stier, befindet. »Dies ist der *sangam-lingam*«, erklärte Ranaji, »*Sangam* ist der Zusammenfluß der zwei Ströme, und dieser *lingam* markiert die Vereinigung des Assi-Flusses mit dem Ganges. Sehen Sie die weißen Blumen auf dem *lingam*? Sie stammen von der Marihuanapflanze. Sie werden Shiva geopfert, weil er alle Gifte in sich aufnehmen kann, ohne dadurch Schaden zu erleiden. Wenn Gläubige Shiva diese Blumen opfern, so bringen sie ihm ihre eigenen Unreinheiten dar.«

Ein Mann und zwei Frauen saßen vor dem *lingam* und bewegten ihre Lippen in lautlosem Gebet. Alle paar Minuten besprengte eine dieser Personen die Gottheit mit Gangeswasser aus ihrem Messingtopf oder legte eine weitere Blume, ein weiteres Blatt auf ihren Kopf. Ein steinerner Behälter am Eingang quoll von bereits früher geopferten Gaben über: Die weißen Marihuanablüten, *bilwa*-Blätter in dreifach verzweigten Trieben und Chrysanthemen. Nun schritten wir auf diesem Weg in die andere Richtung zurück. Nach fünf Minuten hatten wir Lolarkakhund, einen der ältesten Plätze in Benares erreicht. Drei riesige Treppen führten steil zu einem Brunnen hinab, der die Form eines Schlüssellochs besaß. Nackte Wände umschlossen ein Brunnenfaß, das von oben aus genauso wie jeder andere tiefe Brunnen aussah.

»Der wurde zum ersten Mal im Rig Veda im zweiten Jahrhundert vor unserer Zeitrechnung erwähnt«, sagte Ranaji mit einer nicht ganz ehrlichen Nebensächlichkeit. Ich wußte von seinem besonderen Interesse an diesem Brunnen. »Dies ist das südlichste der zwölf Sonnenheiligtümer, die in Benares entlang des Ganges angeordnet sind. Ich kann es kaum glauben, daß die Menschen der Antike eine solch wissenschaftliche Genauigkeit erreichen konnten. Jedes dieser zwölf Heiligtümer markiert genau den Anfang

eines Tierkreiszeichens und das Ende des vorhergehenden
– dies ist ein Zeitpunkt, der in Indien als höchst mächtig und
günstig betrachtet wird. Neuere astronomische Beobachtun-
gen haben gezeigt, daß diese Stellen absolut korrekt angeordnet worden sind. Im Juni steht die Sonne unmittelbar
über der Mitte dieses Brunnens, und dies ist die heiligste
Zeit für dieses Surya-Heiligtum.« Ich wußte, daß Surya der
Sonnengott ist, und tagtäglich von Millionen von Menschen
im Gayatri-Mantra verehrt wird.

»Surya wird hier zweimal im Jahr gefeiert«, fuhr Ranaji
fort. »Die Frauen fasten drei Tage lang und beten zum Vater
Sonne an dem Ort, an dem er sein Licht auf die Mutter Wasser wirft. Dies ist ein Energie-Kult: Die Frauen beten um
Empfängnis. Kinderlose Frauen beten um einen Jungen,
Frauen, die bereits Kinder haben, beten um ein langes Leben, und jene, deren Gebete in früheren Jahren erhört wurden, kehrten zurück, um dafür zu danken. Am Ende dieser
Fastentage opfern sie zuerst dem Ganges und dann dem
Brunnen Lolarkakhund. Die Kinder, die aufgrund der früheren Opfer geboren worden sind, werden am Kopf rasiert,
und ihr Haar wird in den Brunnen getaucht. Surya hat hier
noch immer einen starken Einfluß auf das Bewußtsein der
Menschen.«

Am oberen Ende einer Treppe stand neben einem Baum,
dessen Stamm rot bemalt war, ein weiterer *lingam*. Wir gingen um ihn herum, bogen um die Ecke, und vor uns lag ein
Heiligtum der Göttin Durga. Niemand hatte dem Brunnen
seine Verehrung gezollt, während wir uns dort befanden,
aber diese Göttin mit dem roten Gesicht und ihren starren-
den Augen zog ein ständig träufelndes Rinnsal von Gläubigen an sich. Ihr kleines Heiligtum war aus roten Ziegeln erbaut, und eine rote Flagge flatterte an einem Bambusstab auf
dem Dach. Neben ihr beschützte eine Messingkobra einen
lingam unter ihrer gespreizten Haube. Einige Tage später
kam ich wieder hier vorbei, nur um zu entdecken, daß an

diesem Tag gerade ein Durga-Fest stattfand. Ein Priester saß in diesem winzigen Heiligtum neben seiner Göttin und malte jedem, der sich aus der Menge nach vorne drängen konnte, rote Paste auf die Stirn. Aus einem behelfsmäßig zusammengestellten Hifi-System gellte laute Musik, und der Platz rund um das Heiligtum war mit grellfarbigem Tuch abgeschirmt. Ranaji und ich gingen einige Schritte zurück in die Richtung des Flusses und blieben bei einem engen Tor stehen, das sich zu einer steilen Treppe hin öffnete, die zum Keller eines Hauses hinabführte. Ich spähte hinein. Unter mir stand ein weiterer *lingam*, der ebenfalls von einer Marmorbalustrade umgeben war, auf allen vier Seiten saßen Männer dicht gedrängt und chanteten einstimmig.

»Der *jyoti-lingam*«, erklärte Ranaji. »Alle zwölf *jyoti-lingas* von Indien – die Lingas des Lichtes – sind in Benares vertreten. Aber dieser eine ist die Essenz von allen zwölf Lingas.«

Wie auch immer die offizielle Geschichte lauten mochte, ich konnte dort unten im Schoß der Mutter Erde im Halbdunkel nur eine dicht gedrängte Gruppe von Männern sehen, die alle ein phallisches Symbol verehrten. Wenn es hier nicht um die Erzeugung von Lebenskraft geht, weiß ich nicht, was das sonst noch sein könnte. Wir kletterten hinab zu ihnen und zwängten uns in eine Ecke dieses winzigen Raumes. In wenigen Minuten hatten die Gesänge meine Gedanken weggetragen. Hin und wieder schüttete einer der Männer Reis über den *lingam*. Ein anderer entzündete immer wieder eine Kampferflamme. Der Gesang erreichte eine hohe Tonlage, eine große Muschelschale wurde geblasen, und plötzlich war alles vorüber. Alle standen auf und stiegen die Treppen empor, nur Ranaji und ich blieben in einem leeren Raum mit einem mit Reis bedeckten *lingam* zurück. Als wir dann aufstanden und langsam nach oben zum Tageslicht zurückkehrten, hatte ich das Gefühl, als kämen wir aus einer Begräbniskammer und waren nun auferstanden.

Allmählich kam ich zu der Überzeugung, daß dies genug sei für einen Morgen, aber Ranaji war noch nicht ganz fertig mit mir. Schon waren wir um eine weitere Ecke herumgegangen, und plötzlich blickten wir auf das Flußufer hinab. Auf einer Seite stand ein riesiger Ganesh.

»Dies ist nicht einfach nur irgendein Wächter-Elefant«, sagte er mit unverhohlenem Stolz. »Dies ist die Mutter aller sechsundfünfzig Ganesh-Heiligtümer, die, wie ich Ihnen gesagt hatte, die acht sternförmig angeordneten Zugangswege in die Stadt bewachen. Wenn sie diesem hier ihre Verehrung abstatten, haben sie alle von ihnen befriedigt.

Wieder ein essentielles Heiligtum: Offensichtlich gab es in Assi soviel Essenz, daß es der heiligste Ort in Indien war. Bevor wir abbogen, um die Stufen zum Fluß hinabzuschreiten, hörte ich einen Schrei von der anderen Seite der Straße. Ich blickte durch ein offenes Tor und sah, wie junge Männer miteinander unter einem offenen Dach kämpften. Ich trat näher und wußte alsbald, daß ich zum ersten Mal in Benares eine Ringkampfarena sah, für die die Stadt so berühmt ist. Zwei Paare von Ringern, an denen weißer Lehm vom Boden klebte, hielten einander in komplizierten Stellungen in der Mitte der Arena umklammert, andere sahen zu.

»Dies ist das Ringkampfgelände des Tulsidas«, sagte Ranaji. Wir befinden uns oberhalb des Tulsi-Ghat, und es heißt, daß Tulsi selbst oft hier gerungen hat. Dieses Gelände gehört zum Tulsi-Acara, der Institution, die er hinterlassen hat. Tatsächlich bezieht sich das Wort *acara* auch auf ein Ringkampfgelände. Der Unterschied zwischen einem *acara* und einem *math*, einem Kloster, besteht nur darin, daß das *acara* traditionell neben seinen spirituellen Übungen auch diese Art von Körperarbeit beinhaltete.«

Während wir nach unten gingen, beschloß ich, später selbst noch einmal zurückzukehren, um das Tulsi-Acara zu besuchen. Ich kannte und liebte einige von Tulsidas' Gedichten und wußte auch, daß seine Ausgabe des Ramayana

aus dem siebzehnten Jahrhundert – das Ramcharitmanas –
der populärste Text in ganz Indien war.

»Es scheint, daß wir noch nicht ganz fertig sind«, sagte
Ranaji, als wir den *pipal*-Baum in Assi-Ghat erreichten. Vor
einem Priester saß eine Gruppe von Männern neben dem
Baum. Alle waren sie in Weiß gekleidet, auf dem Kopf hat-
ten sie eine Tonsur, und mit dem Gangeswasser aus ihren
Töpfen reinigten sie den Boden vor sich. Auf die gereinigte
Stelle setzten sie Opfergaben aus Gerste und Hafer.

»Was Sie hier sehen, ist ein Ritual für die Ahnen. Nur an
drei Orten in Indien, nämlich Prayag, Benares und Gaya,
kann ein solches Ritual stattfinden. Sie rufen die Seelen
ihrer Ahnen an, damit sie herbeikommen und an der Stelle vor ihnen verweilen. Sie sehen, daß der Priester ihnen
kushi-Gras gibt, um damit ein Bett für die Seele zu bereiten,
und außerdem einen Ring zu formen, den sie auf ihren Finger stecken. Damit soll die Einheit mit den Ahnen symbolisch ausgedrückt werden. Jetzt gibt er ihnen Blumen, die sie
als Opfergabe auf das Bett legen können. Sehen Sie, wie sie
aus der Gerste, gemischt mit dem Gangeswasser, Bällchen
formen. Sie werden einundzwanzig dieser Bälle fertigen, die
die letzten einundzwanzig Generationen symbolisieren. Bei
alledem geht es darum, für diese Generationen einen guten
Platz im Himmel zu sichern. Sie möchten nicht, daß irgendjemand von ihnen als Geist herumläuft. Wenn die Ahnen
glücklich sind, werden es auch die Lebenden sein. Die meisten Ausländer glauben, daß das Ideal des Hinduismus in
moksha besteht: Freiheit von dem Kreislauf der Geburten
und Tode, indem man alle Wünsche aufgibt. Das ist nur für
eine winzige Minderheit von ernsthaften Adepten der Fall.
Die große Mehrheit der Menschen versteht gar nicht, was
moksha eigentlich bedeutet. Für sie besteht der Sinn einer
guten Lebensführung darin, in den Himmel zu kommen,
und nicht in den niederen Welten umherzuwandern. Damit
sind sie hier im Augenblick beschäftigt. In Kartikai, dem

Monat, der Ihrem Oktober entspricht, verehrt jeder die Ahnen. Zu dieser Zeit sehen Sie am ganzen Fluß entlang lange Bambusrohre, an denen ein kleiner gewebter Korb hängt. Die Familien entzünden ein Lampe in diesem Korb, um ihre gesamte Linie ihrer Vorfahren anzurufen, und die Vorfahren werden das Licht ihrer jeweiligen Familie erkennen und mit ihr im Ganges baden.«

Später, nachdem Ranaji weggegangen war, um sich an seiner Universität zu zeigen, kehrte ich zum Tulsi-Acara zurück. Ich konnte die Trommeln schlagen hören, noch bevor ich mich überhaupt auf den Weg machte: Es wurde dort gerade eine *puja* für Hanuman vollzogen, und ich kam früh genug dort an, um die letzten Minuten mitzuerleben. Ich war erstaunt, als ich bemerkte, daß dieser ganze Lärm von nur einem Priestergehilfen kam, der eine Trommel mit zwei Fellen oben und unten schlug, als ob sein Leben davon abhinge. Der Hauptpriester bediente die Gottheit, einen riesigen roten Hanuman in einem Raum, der sich zu einem Balkon öffnete, von dem aus man auf den Fluß blicken konnte. Auf dem Balkon reinigte ein Mann Messingtöpfe mit Schlamm, anscheinend, ohne die Trommelschläge neben ihm überhaupt bewußt zu hören. Neben der Gottheit konnte ich ein paar Holzschuhe sehen, und ich wußte, daß es die des Tulsidas waren. Auch ein Holzstück war vorhanden, das – auf die Art des Reliquienhandels – als Teil von seinem Boot galt. Ich stand vor einem Portrait des Tulsidas, bei dem auch eine Übersetzung seines Ramcharitmanas stand.

Als die *puja* beendet war, fragte ich den Priester, ob ich den Leiter des Acara sprechen könne. Er führte mich durch einen mit Stuhlreihen ausgefüllten Hof zu einem Raum, in dem ein großes Bett stand. Anstelle einer Matratze war das Bett mit einem Tuch bedeckt. Wie in jedem Haus in Indien hatte dieses Bett die Funktion, Gäste zu empfangen, damit sie sich wohlfühlen und entspannen konnten. Auf dem

Bett saß ein auffallender Mann von etwa fünfzig Jahren, der ein *dhoti* trug. Zwei oder drei Besucher waren bereits bei ihm, und er forderte mich auf, mich bei ihnen niederzulassen.

»Als Mahant bin ich das spirituelle und weltliche Oberhaupt des Acara«, sagte er, als ich ihn über seine Rolle befragte. »Einer meiner Vorfahren war ein Eingeweihter des Tulsidas, und meine Familie kam vor etwa hundertsiebzig Jahren von Gorakhpur hierher. Das Acara selbst beherbergt mehrere tausend Schüler, aber meine persönliche Rolle als spiritueller Berater ist gering. Der Guru ist Tulsidas, die Gottheit ist Hanuman. Tulsidas liebte den Gott Rama, und Ramas größter Anhänger war Hanuman. Deshalb rezitieren wir immer das Ram-Mantra und den *kirtan*, die religiösen Gesänge des Ramchiratmanas. Dies ist meine Tätigkeit, und das Eintauchen in den Ganges am frühen Morgen ist wie alles andere ein Teil meiner spirituellen Praxis.«

Dieser Mahant sprach mit einer seltenen Verbindung von Flüssigkeit und Wärme. »Haben Sie ihr Leben im Acara verbracht«, fragte ich.

Er lächelte. »Nein, Tulsidas war kein Asket. Tatsächlich ist nicht einmal bekannt, ob er irgendeinem Orden oder einer Tradition angehörte. Er machte keine Unterscheidung zwischen Mönch und Familienvater, und es ist eine Tradition des Acara, daß der Mahant die Opfergaben des Tempels nicht für seine eigene Familie verwenden darf. Er muß für seinen eigenen Lebensunterhalt sorgen.«

»Und worin besteht ihre Arbeit?« fragte ich. »Ich arbeite an der Universität«, anwortete er.

Ich stellte mir vor, daß er vielleicht der Fakultät für Philosophie oder Sanskritstudien angehöre.

»Er ist Professor für hydraulischen Maschinenbau«, sagte einer der anderen Gäste.

»Es scheint meine Rolle zu sein, die traditionelle und die moderne Welt in Einklang zu bringen«, fuhr der Mahant fort. »Dies ist auch eine innere Arbeit. Einerseits glaube ich an die Reinheit des Ganges. Auf der anderen Seite weiß der Wissenschaftler in mir, daß er verschmutzt ist; dennoch bade ich in ihm. Vielleicht haben Sie das Ökologiezentrum in der Nähe des *ghat* bei unserem Acara bemerkt. Es stammt von uns. Es beinhaltet ein Projekt, bei dem die Verschmutzungsgrade des Ganges bestimmt praktische Lösungen gesucht werden.«

Voller Achtung für den Mahant und seine Vision verließ ich das Acara zwei Stunden später und trat in die Nacht hinaus. Eine oder zwei Lampen schwebten auf dem Ganges. Verhüllte Körper lagen schnarchend auf den *ghats*. Einige Naga Babas, jene also, die nackt umherwandern und nur mit Asche bedeckt sind, saßen am Ganges und rauchten ein *chillum* (»Pfeife«) mit Haschisch. Irgendjemand spielte Tabla an einem der Fenster eines alten Palastes. Eine Gruppe von zwanzig jungen Männern oben auf einer Treppe sang sanft und leise. Ich sagte zu einem von ihnen, wie ungewöhnlich es doch sei, Menschen ihres Alters religiöse *bhajans* singen zu hören.

»Wir nennen uns Vivekananda-Club«, antwortete er. »Wir gehören alle zur Fakultät für Maschinenbau an der Universität. Ja, das ist sehr selten. Aber wir haben einfach das Gefühl, daß es im Leben mehr gibt als Filme und Karriere. Wir wollen uns den tieferen Fragen des Lebens zuwenden und sind der Meinung, daß unsere alten Traditionen uns helfen können, ohne daß wir uns irgendeiner traditionellen religiösen Gruppe anschließen müssen.«

Ich blieb einige Minuten lang beim Vivekananda-Club sitzen, erfüllt von einer ganz neuen Wertschätzung für Ingenieure. Nur auf die unablässige und dringliche Aufforderung der Moskitos hin beendete ich schließlich diesen Tag und kehrte zu meinem Hotel beim *pipal*-Baum zurück.

Die Juwelen in der Krone

Alle Orte in Benares haben ihre überaus heiligen Tempel, Brunnen, Reliquien oder Bäume; aber es gibt auch jene Plätze, welche die Mythen angezogen haben, auf denen der Ruhm dieser Stadt beruht, und sie alle befinden sich in dem Straßenlabyrinth, das sich zwischen dem Haupt-*ghat*, dem Dasasvanedha-Ghat und dem Banchaganga-Ghat mehrere hundert Meter flußabwärts entfaltet. Ranaji und ich landeten am Banchaganga-Ghat unter der Großen Moschee, die Aurangzeb auf der Stätte eines alten Vishnu-Tempels erbaut hatte. Der Name dieses *ghat* ist von dem Mythos abgeleitet, daß sich hier fünf Ströme einschließlich des Yamuna und des Sarasvati treffen. Ein Bad an diesem *ghat* ist vor allem im Monat Kartikai überaus glückbringend, denn in dieser Zeit kommen alle Götter, darunter auch Shiva Vishvanath jeden Tag hierher, um ein Bad zu nehmen.

Auf den Stufen übten Ringer ihre Griffe. Ein Sadhu ging vorüber. »Sri Ram, Sri Ram«, stießen die Ringer als Gruß aus, ohne ihre Arbeit zu unterbrechen. Unmittelbar neben dem *ghat* befindet sich das große Ramanandi Math (»Ramanandi-Kloster«), und die Legende sagt, daß auf diesen Stufen der Dichter Kabir durch Ramananda, den Gründer des Ordens, eingeweiht wurde.

Ranaji führte mich zum Tor der Moschee, die heute nur selten besucht wird. Von den feingeformten Bögen hängen die größten Bienenstöcke herab, die ich jemals gesehen habe. Ihr Durchmesser beträgt zwei Meter. Auf der anderen Seite der Straße gegenüber der Moschee steht ein Altersheim. Als der ursprüngliche Vishnu-Tempel im Jahre 1669 zerstört wurde, versteckte man hier das Götterbild. Ranaji führte mich über einige Treppen zu einem leeren Raum, in dem Vishnus Inkarnationen auf einer Reihe von Gemälden abgebildet waren, die der Länge nach an der Wand hingen. Die Fläche am Ende des Raumes war durch ein Gitter abgesperrt, dort befand sich ein Priester und ein Götterbild des Vishnu, das sogenannte Bindu Madhava (»Der Tropfen Krishnas«). Der ursprüngliche Vishnu-Tempel wurde am Pancha Ganga-*ghat* erbaut, weil dies der Ort war, den der Gott als festen Wohnsitz in Benares ausgewählt hatte. An diesem Tag waren nur wenige Gläubige gekommen – außer uns nur einige alte Damen, die im Heim wohnten.

»Und trotzdem«, sagte Ranaji, und es klang fast wie eine Art Entschuldigung, »ist Bindu Madhava die mächtigste Form des Vishnu in Benares, und auch eine der am meisten glückbringenden in ganz Indien.«

Ich nickte, und wir verließen das Haus, um zum Manikarnika-Ghat zu gehen, das allgemein als Verbrennungs-*ghat* bekannt ist. Aber nicht das Verbrennungsgelände verleiht ihm seine Heiligkeit, vielmehr wurde es zu einem Verbrennungsgelände, weil in der Nähe einer der heiligsten Teiche von Benares liegt, der Manikarnikakhund. Dieser Teich hat dem *ghat* seinen Namen verliehen. Bewohner von Benares werden Ihnen mitteilen, daß Manikarnika der erste Teich der Welt und ein *tirtha* war, den Vishnu selbst mit seiner Scheibe ausgegraben und dann mit seinem Schweiß gefüllt hatte. Nachdem er seine Arbeit beendet hatte, saß der Gott dann lange Zeitalter und vollführte intensive asketische Übungen. Eines Tages kamen Shiva und Parvati vorbei, und Shiva war von Vishnus religiöser Hingabe so sehr beeindruckt, daß er vor Freude zitterte und einen seiner juwelenbesetzten Ohrringe – *manikarnika* – in den Teich warf. So erzählt es die Legende, aber Diana Eck erinnert uns daran, daß das Wort *mani* (»Juwel«) gewöhnlich eine Vorsilbe ist, die den *nagas*, den Schlangen, die die Schätze der Erde bewachen, vorangestellt wird. Insofern war dieser Teich wahrscheinlich lange vor Vishnus und Shivas Ankunft den *nagas* heilig.

Das Becken ist heute rechteckig, und an den Seiten führen einige Stufen zu ihm hinab. Am Rande des Wassers liegt eine kaum gebrauchte Wasserpumpe. Vorne am Bekken befindet sich ein Dach, das von vier Säulen gestützt wird, und darunter markieren Vishnus Fußabdrücke den Ort, an dem der Gott seine asketischen Übungen vollzog. Als wir diesen Platz besuchten, standen Frauen rings um diese Fußabdrücke und verkauften Fußkettchen und Armringe, niemand schien sich für Vishnu zu interessieren. Nur um Kunden ging es, und die kamen an diesem Tag nur sehr spärlich.

Einige Meter weiter stand ein Tempel, in dem bessere Geschäfte gemacht wurden. Der Tarakeshvara-Tempel, ein einzelner roter Turm, der sich auf dem Verbrennungsgelände befindet, ist der wichtigste in der Nähe dieses *ghats*, da er die Gestalt Shivas enthält, der das befreiende *taraka*-Mantra spendet, das »Gebet des Übergangs« im Augenblick des Todes. Shiva flüstert den Verstorbenen das Mantra ins Ohr, um ihnen einen guten Platz im Himmel zu sichern.

Wir gingen an Holzstößen vorbei, die für die Feuer dort unten aufgehäuft worden waren, und folgten den Straßen, die zum Goldenen Tempel führten. Die Straßen von Benares quellen von Leben über. Ein Parfumverkäufer strich den Stöpsel einer Parfumflasche auf meinen Arm, als ich an seinem Stand vorüberging. Ich drehte mich um und sah ganze Reihen von Flaschen mit farbigen Flüssigkeiten, die in einem Halbkreis um einen Blumenkorb arrangiert waren. Ich schnupperte an meinem Arm, es war Jasmin. Ein Büffel trottete auf mich zu, es schien, als bückte er seinen Kopf in einem Anfall von schlechter Laune. Ich drückte meinen Rücken an die Wand und fühlte die Wärme seiner Flanken, als er vorüberging. Zu meinen Füßen lag ein Durcheinander von zerbrochenen Töpfen, Palmblatt-Tellern und ausgepreßtem Zuckerrohr. Der Zuckerrohrverkäufer stand auf der anderen Straßenseite und preßte eben mit einem veralteten Gerät den letzten Tropfen aus einem zerriebenen Zuckerrohrtrieb. Er reichte einem Kunden ein Glas, das mit einer grellgrünen Flüssigkeit gefüllt war, und dieser trank es mit offensichtlichem Genuß. In kleinen Buden, vor denen ein oder zwei Stühle standen, dampfte ständig das kochende Wasser aus den Teetöpfen, und einen Meter weiter standen Tonteller, die mit dem köstlichen Rahm gefüllt waren, für den Benares berühmt ist. »Setz Dich, *baba*, willst Du Tee?« Alle Läden und Buden waren mit farbenfrohen Plakaten von Rama, Krishna oder irgendeiner anderen Lieblingsgottheit geschmückt. Meistens brannte eine Lampe vor einem behelfsmäßigen Altar. Diese einfachen Demonstrationen des Glaubens schienen mir der lebendigen Religion der Bevölkerung von Benares ebenso nahe zu sein wie irgendein großer Tempel oder ein historisches Heiligtum.

»Schau, Goldener Tempel und Moschee auf meinem Dach. Kein Geld! Rajesh Silk House.«

»Mister Ajit Singh, King of Varanasi Silk.«

Nun näherten wir uns offensichtlich dem heiligen Herz der Stadt. Ausladende geflochtene Strohkörbe, die mit Girlanden gefüllt waren, säumten jetzt die Straße. An jeder Ecke standen Soldaten. In den Gehwegen drängten sich die Menschen. Auf der rechten Straßenseite befand sich ein Tor, durch das ein großer Teil der Menge nach innen strömte. Ranaji lenkte meinen Blick dorthin, und ich bemerkte, daß dies der Eingang zum meistverehrten Ort in Benares, dem Shiva-Tempel des Vishvanat (»Herr des Alls«) war. Da es in jeder Straße so viele Altäre und Tempel gab, schien es nur die Menge der Gläubigen zu sein, die ihn unbedingt betreten wollte, was ihn vor anderen Tempeln auszeichnete. Dieser Komplex ist von einer Mauer umgeben, die ihm das äußere Erscheinungsbild jedes anderen Gebäudes in der Straße verleiht. Ich spähte durch das Tor, konnte aber nicht hineingehen, weil dies nur Hindus erlaubt ist. Dieser Tempel ist klein und kann nicht mit den prachtvollen Tempeln von Orissa oder Südindien verglichen werden, auch wurde er erst im achtzehnten Jahrhundert erbaut, und doch beherbergt er den vielleicht am meisten verehrten *jyoti-lingam* von ganz Indien, einen kleinen schwarzen Stein, der auf einem Altar aus reinem Silber aufgerichtet ist. Die Luft dort innen war dicht von Weihrauch, Gebeten, Glockenklängen und Menschenströmen erfüllt, die den Altar umkreisten.

Der frühere Vishvanat-Tempel wurde von Aurangzeb zerstört, und die Moschee, die auf seinem Platz erbaut ist, befindet sich genau hinter dem gegenwärtigen Tempel. Die Nähe dieser beiden religiösen Gebäude erklärte die starke militärische Präsenz, denn an diesem Punkt kommt es häufig vor, daß Spannungen zwischen Moslems und Hindus aufflammen. Ironischerweise liegt der Brunnen der Weisheit genau dazwischen, und wir schritten die Straße entlang, um zu ihm zu gelangen.

Nur einige Schritte vom Tempeltor entfernt befand sich ein Altar, der fast ebensoviel Aufmerksamkeit auf sich zog wie der Tempel selbst. Hinter einem Gitter stand auf einer mit einem Tuch bedeckten Bank ein Götterbild mit einer großen Silbermaske und einem prächtigen Rajput-Schnurrbart, das mit Dutzenden von Ringelblumengirlanden geschmückt war. Auf dem Boden zu seinen Füßen flackerten Hunderte von Tonlampen. Die Menschen drückten sich an die Absperrungen und murmelten ihre Gebete. Dies war der große Sunni-Maharaj, besser bekannt als der Planet Saturn, der schwierige Zeiten im Leben eines Menschen verursachen kann, wenn man seinen Sternenweg nicht mit Opfergaben glättet. Als wir uns zum Gehen wandten, stieß ich mit einem Naga Baba zusammen, dessen nackter Körper über und über mit grauer Asche beschmiert war. Er trat genau hinter mir von einem Fuß auf den anderen, schwenkte eine Pfauenfeder in der einen Hand und hielt eine Bettlerschale in der anderen Hand. Er gehörte zu denen, die einen Eid geleistet hatten, daß sie niemals stille stehen würden, und jeden Tag zog er seine Bettel- und Segensrunden durch die Straßen. Die Menschen zollten ihm nicht weniger Aufmerksamkeit als dem Sunni-Maharaj, und jeder Laden legte ihm eine Kleinigkeit in seine Schale.

Es heißt, daß der Jnanavapi-Khund, der »Brunnen der Weisheit«, von Shiva selbst ausgehoben wurde, um den *lingam* von Vishvanath zu kühlen. Das Wasser, das zuerst hervorsprudelte, war die reine Form von *jnana*, dem Licht der Weisheit. In der Vergangenheit waren Gläubige so sehr von der Heiligkeit dieses Brunnens überzeugt, daß sie sich hineinwarfen und ertranken, um die sichere Befreiung zu erlangen. Heute ist er mit Stangen abgedeckt, um auf diese Weise weiter »Befreiungsselbstmorde« zu verhindern.

Noch immer wird jeden Tag Wasser nach oben gezogen und mit Löffeln über alle Gläubigen ausgegossen, bevor sie den Vishvanath-Tempel betreten: Dadurch werden ihre Augen hell genug, um das Geheimnis des schwarzen *lingam* zu betrachten. Der Verteiler des Wassers heißt Vyasa. Er saß neben dem Brunnen auf seinem Thronsitz, als wir ankamen: Es war ein älterer Mann, der auf seinem steinernen Sessel saß, allen und jedem Mantras und Wasser spendete und dabei so entspannt und gelassen wirkte, daß er der ursprüngliche Weise und Redakteur der Veden, Vyasa selbst hätte sein können.

»Seine Familie hat seit fünfhundert Jahren den Vyasa des Jnanavapi gestellt«, kommentierte Ranaji. »Er verdient ganz gut dabei und auch die Position ist sehr geachtet. Dieser Mann ist mit den Traditionen von Benares mehr verbunden als die meisten anderen Menschen dieser Stadt. Jede Pilgerreise in Benares beginnt hier mit einem Löffel vom Wasser der Weisheit. Der Vyasa kennt alle Mantras, die zu jedem einzelnen *yatra* gehören; Wenn man sich zum Beispiel auf den Weg macht, um die Panchakrosha Pilgerroute zu durchschreiten, rezitiert er alle 108 Mantras, die zu den 108 Heiligtümern auf diesem Weg gehören, und er bittet darum, daß die Betreffenden durch diese Gottheiten gesegnet und geschützt werden. Wenn man dann wieder am Ende hierher

190

zurückkehrt, betet der Vyasadharma, daß irgendwelche Auslassungen oder falsch vollzogenen *pujas* entschuldigt werden.«

Am Brunnen sangen einige Männer Verse aus den Puranas, andere lagen unter dem offenen Dach, das seinen Schatten auf diesen Platz warf. Einige wenige *sadhus* hatten einige Meter weiter ihr Lager aufgeschlagen und kochten Tee auf einem offenen Feuer. Vor uns stand die Moschee, die auf den Ruinen des ursprünglichen Tempels erbaut war, der von Aurangzeb als letzte Beleidigung noch dem neuen Gebäude einverleibt wurde. Wie merkwürdig wir doch sind, dachte ich, als wir durch die Straßen zu unserem Ausgangspunkt zurückkehrten, wir Menschen, die wir den Geschmack von Liebe und Weisheit kennen und uns so sehr danach sehnen, daß wir die Landschaft mit Brunnen, Tempeln, Moscheen, Altären bebauen – und all das sind ja die Abbilder unseres Verlangens nach Liebe oder sogar Wahrheit. Und dennoch sind wir noch immer von irgendeinem Ideal in unserem Kopf besessen und schlagen aufgrund dieses Ideals auf unsere Frau, unseren Nachbarn, eine andere Kaste oder Glaubensrichtung ein – obwohl wir uns doch so sehr nach den Wassern der Weisheit sehnen. Und keiner von uns ist unschuldig.

Stadt des Todes und der Befreiung

Wenn Sie mit einem Boot auf dem Ganges vom Haupt-Ghat zum großen Verbrennungsgelände von Manikarnika gleiten, werden Sie unmittelbar am Wasser einen Palast bemerken, auf dessen Spitze ein Geländer angebracht ist, das auf beiden Seiten vom Standbild eines brüllenden Löwen bewacht wird. Sie blicken auf den Palast des Dom Maharaja. Dom ist die unberührbare Kaste, die als einzige seit Jahrhunderten damit betraut ist, die Verbrennungsgelände von Benares zu verwalten. Die Mitglieder setzen die Preise für jede einzelne Verbrennung fest, und wenn jemand der Preis nicht paßt, fordern sie ihn auf, den Leichnam irgendwo anders zu bestatten. Der Leiter oder König des Dom-Clans führt die Geschäfte mit allen reichen Kunden. Als in den zwanziger Jahren unseres Jahrhunderts ein Familienmitglied des Maharaja von Benares starb, forderte der Dom Maharaja als Honorar für seine Dienste den Palast am Wasser. Der Maharaja erklärte sich einverstanden und noch heute wohnt der Leiter des Clans in diesem Palast – er zählt zu den zehn reichsten Menschen in Benares.

Das erbliche Amt des Dom Maharaja wird innerhalb einer einzigen Familie weitergegeben, und das gesamte Verbrennungsgeschäft wird von sieben Familien verwaltet. Der Clan selbst umfaßt an die hundert Familien: Zusammen kontrollieren sie den Verkauf des Holzes, streichen für jeden Leichnam eine Abgabe ein und bewachen das geweihte ewige Feuer, aus dem die Flammen für die Verbrennungsscheiterhaufen entnommen werden. Sie rechen die Asche zusammen und durchsuchen sie nach Wertgegenständen, bevor sie sie in den Fluß schieben.

Ein lukratives, aber hartes Leben: es ist eine Sklavenarbeit, das Feuer für die Verbrennung der Toten zu schüren und in Temperaturen, die oft Hunderte von Grad betragen, den Tag zwischen Asche und aasfressenden Hunden zu verbringen, und abgesehen davon leiden die Doms auch unter dem Druck einer zutiefst ambivalenten Rolle in der Gesellschaft. Einerseits erfüllen sie eine Aufgabe, die sie zu den schmutzigsten aller Unberührbaren macht. Niemand würde ihnen normalerweise Gesellschaft leisten. Und dennoch sind sie gleichzeitig für das heiligste Ritual des Hinduismus unverzichtbar. Jeder, vom Maharaja bis zu den einfachsten Menschen, muß mit ihnen den Preis für einen Dienst aushandeln, der von niemand anders geleistet wird. Die Macht der Dom ist unangreifbar, und dennoch sind viele von ihnen durch den vielfältigen Druck ihres ungewöhnlichen Berufes zu Alkoholikern geworden.

Längs des *ghat* liegen einige wenige Boote mit westlichen Touristen, die auf die Szene vor ihnen gaffen. In der Nähe des Wasser brennt ein halbes Dutzend von Scheiterhaufen, und weitere Leichname, die auf Bambustragen liegen, und in gelbes und goldenes Tuch gehüllt sind, warten auf ihre Verbrennung. Die Familienmitglieder sitzen oben und betrachten schweigend die Vorgänge. Trauer zu zeigen, gilt als Handlung, die den Toten Unglück bringt, und deshalb vergießt niemand eine Träne. Die Atmosphäre ist vielmehr gelassen, fast routiniert. Ein breites Boot mit einem weiteren Berg von Holzscheiten legt an. Der älteste Sohn eines Toten schreitet mit rasiertem Kopf und von oben bis unten in ein weißes Gewand gekleidet zu einem der Scheiterhaufen, der sein Werk getan hat, schüttet einen Topf mit Gangeswasser über seine Schulter in die glühende Asche und kehrt zu seiner Familie zurück, ohne hinter sich zu blicken. Nachdem das letzte Ritual vollzogen ist, gehen sie alle zusammen los, um ein letztes Mal im Ganges zu baden. Wenn sie nach Hause zurückgekehrt sind, werden sie zehn Tage lang dem Toten Wasser und Feuer opfern, um sicher zu gehen, daß er dieses irdische Reich verlassen und sich den Ahnen zugesellt hat.

Die Feuer brennen Tag und Nacht und verzehren Körper, die aus ganz Indien und selbst aus London mit dem Flugzeug dorthingebracht wurden – die Verwandten der Toten sind eifrig bemüht, den Weg ihres geliebten Familienmitgliedes zum Himmel zu ebnen, und das am meisten glückbringende Ende, das man sich vorstellen kann, findet eben in Benares am Ganges statt. Menschen, die sich ein glückliches Geschick nach dem Tod sichern wollen, kommen hierher, um ihre letzten Tage in dieser Stadt zu verbringen, und Benares ist voll von Menschen, die auf ihren Tod warten. Firmen, die sich um die letzten Rituale kümmern, betreiben Altersheime, die das Flußufer von Manikarnika säumen – ihre Bewohner brauchen also nicht weit zu gehen.

Die ungewöhnlichste Verbrennungszeremonie, die ich jemals gesehen habe, fand an einem anderen Verbrennungs-*ghat* weiter stromaufwärts statt, dem Hariscandra-Ghat. Als ich vorüberging, schritt eine Prozession von Trommlern und Flötenspielern zum Wasser hinab und zog hinter sich eine mit Blumen bedeckte Bahre her. Sie chanteten »Ram, Ram, Satya He!« Dies ist das Mantra, das jeden Leichnam zum Feuer begleitet. Kurz vor dem Feuer hielten sie an, und zwei junge Männer sprangen vor den Körper, der noch immer auf den Schultern der Träger lag. Vom Trommelschlag ermutigt warfen sie sich in einen wilden erotischen Tanz, einer von ihnen hatte einen Stab in seiner Hose, die wie eine riesige Erektion aussah, der andere ließ seine Hüften wie eine Frau kreisen und streckte seine Arme und Finger in die Luft. Immer wieder drehten sie sich umeinander und gaben sich vollständig einem rituellen Tanz hin, der meiner Vermutung nach eine uralte Beschwörung von Fruchtbarkeit und neuem Leben sein mußte. Die Musiker drehten sich rings um sie und trommelten immer mehr, so daß die Tänzer in ekstatischen Wahnsinn verfielen. Inzwischen klatschten und lachten alle, und als die Tänzer erschöpft waren, und ihre Bewegung sich verlangsamte, forderten sie mich auf, herbeizukommen und mitzumachen. Ich hatte niemals an einem Begräbnis wie diesem teilgenommen und zog mich verlegen zurück. Später wünschte ich, ich hätte diesen Verbrennungstanz getanzt – aber es war zu spät.

III

Die innere Tradition

11
Sadhus und Asketen

Jeder, der seine eigene Sekte hochhält und
die eines anderen Mannes verunglimpft,
sei es aus blinder Loyalität oder in der Absicht,
seine eigene Sekte in günstigem Licht erscheinen zu lassen,
fügt seiner Sekte den größtmöglichen Schaden zu.
Kooperation, Harmonie sind am besten,
und man sollte die Lehren des jeweils anderen
anhören und respektieren.
Zwölftes Felsgesetz des Kaiser Ashoka aus dem
3. Jh. vor Christus[21]

Wie jede andere religiöse Tradition gründet sich der populäre
und klassische Hinduismus auf äußeren Formen religiöser
Verehrung, die zur Kommunikation mit dem Göttlichen der
Vermittlung eines Priesters, eines heiligen Ortes oder eines
Rituals bedürfen. Diese Vermittlungsinstanzen werden vom
Gläubigen unhinterfragt akzeptiert. Man tut, was der eigene
Vater und dessen Vater immer getan haben: Man erfüllt seine sozialen und religiösen Pflichten, indem man die vorgeschriebenen Formen der Religion befolgt. Diese Art der Re-
ligionsausübung beruht mehr auf überliefertem Brauch und
Glauben, als auf irgendeinem inneren Drang, einer Berufung. Dies bedeutet nicht notwendigerweise, daß der religiösen Verehrung persönliche Bedeutsamkeit abgeht – das
ist keineswegs der Fall, wie wir in den vorigen Kapiteln bereits gesehen haben – aber die Motivation erwächst mehr
aus äußerer Konditionierung als aus innerem Bewußtsein.

Dennoch ist der esoterische Hinduismus immer ein
fruchtbarer Boden für etwas gewesen, was weit über ihn hin-

---

[21] Zitiert in Shobita Punja, *Daughters of the Ocean*

ausgeht: Aus ihm ist die feinste spirituelle Weisheit erwachsen, die die Welt je gekannt hat. Indien ist das Mutterland der spirituellen Suche. Seine asketische Tradition ist älter als die Geschichte selbst. Jahrtausendelang sind Menschen auf diesem Subkontinent von der konventionellen Norm abgewichen und haben ihre eigene persönliche Suche nach dem Göttlichen vollzogen. Die innere Tradition beruht nicht so sehr auf äußeren Ritualen als viel mehr auf der Überprüfung durch persönliche Erfahrung. Ihre Disziplinen sind esoterischer Natur, weniger weil sie für Außenstehende verborgen sind (auch das kann der Fall sein) als deshalb, weil sie im Inneren, im Bewußtsein und im Herzen des Suchenden stattfinden. Der Körper wird zum Tempel, das Herz zum Altar, das fokusierte Bewußtsein zur Opfergabe.

Die frühen Asketen, die in den Veden beschrieben werden, unterscheiden sich nur wenig von den *sadhus*, die heute auf Indiens Straßen wandern. Bei den Griechen wurden sie »nackte Philosophen« genannt. Die Veden sprechen von Asketen mit langem verfilztem Haar, die von Fuß bis zum Kopf mit Asche bedeckt sind, die als Kleidung nur einen Stoffetzen oder eine Tierhaut tragen und Erkennungszeichen auf ihre Stirn malen. Zu ihren kargen Besitztümern gehörten ein Stab und ein Wassertopf. *Sadhus*, die sich zu Vishnu bekennen, besaßen vielleicht auch eine Muschel und ein Abbild von Vishnus Diskus, Shiva-Anhänger unter ihnen trugen vielleicht einen Dreizack, einen Schädel, eine Trommel und einen kleinen *lingam*.

Diese Besitztümer kennzeichnen noch heute die beiden wichtigsten Zweige der hinduistischen Asketen. Auch ihre Unterscheidungsmerkmale sind dieselben geblieben: Die Shivaiten nehmen Asche von Verbrennungsgeländen und zeichnen drei horizontale Linien über ihre Stirn, oder auch nur zwei Linien und einen roten Punkt zwischen den Augenbrauen. Die Vishnu-Anhänger zeichnen senkrechte Linien auf ihre Stirn. Als *mala*-Perlen (Rosenkranz) verwenden die Shivaiten *rudraksha*-Samen, während die Vishnu-Anhänger sie aus *tulsi*-Holz fertigen, denn dieser Baum ist dem Vishnu geweiht.

Es gibt heute zwischen vier und fünf Millionen Asketen oder Sadhus in Indien, und etwa zehn Prozent von ihnen sind Frauen. Die meisten tragen orangefarbene Kleider, aber einige Sekten, wie die Nagas, sind nackt. Grob gesagt sind die meisten Sadhus Shivaiten. Nur zwei der vier Vishnu-Sekten, die Nimbarkas und die Ramandis, haben viele Asketen, und außerdem sind einige Sadhus auch Shaktas, religiöse Verehrer der Göttin. Diese allgemeinen Kategorien umfassen eine große Skala von Sekten und Untersekten, die vielleicht verschiedenen Erscheinungsformen der Hauptgottheiten dienen, die sich an verschiedene Texte als religiöse Quellen halten und verschiedenen Gurus folgen, aus deren Inspiration die Sekte ursprünglich entstanden ist. Manchmal wird – im Falle der Goraknathis – der Gründer selbst als Ausdruck Gottes verehrt.

Diese zwei Gruppen geben das gesamte Spektrum der inneren Disziplinen und spirituellen Übungen wieder, das sich im Laufe der Jahrhunderte im Hinduismus entwickelt hat. Viele Shivaiten, die sich an die Lehren der Upanishaden halten, sind nicht-dual und verschmähen jedes wie auch immer geartete äußere Ritual. Eine ihrer wichtigsten Übungen ist das Mantra Shivo'am (»Ich bin Shiva«). Andere sind im Prinzip ebenfalls nicht-dual, nehmen aber Ritual und Anbetung in ihre Übungen auf. Während die Shivaiten zu einer unpersönlichen Sicht des Kosmos neigen, geht es den Vishnu-Anhängern mehr um religiöse Anbetung, und dabei dient ihnen die eine oder andere göttliche Inkarnation von Vishnu als persönliche Gottheit. Als Mantra verwenden sie den Namen ihres Herrn Hare Ram oder Hare Krishna. Für einen Vishnu-Anhänger ist Dichtung und Gesang oft sehr wichtig. So geht die Sri Vaishnava-Sekte, deren Angelpunkt im Shrirengi-Tempel im Süden liegt auf Ramanuja zurück

(1050 – 1137). Er war ein wichtiger Vertreter eines bedingten Dualismus und nahm als erster die Gesänge der drawidischen Poeten – der Alvars – in die Tempelzeremonien auf. Auch Sri Caitanya, der Gründer der Gaudiya Vaishnavas, war ein ekstatischer Dichter. Aber die Manifestation und Intensität der Verehrung variiert beträchtlich bei verschiedenen Vishnu-Sekten. Einige von ihnen, wie etwa die Anhänger von Hare Krishna, die im Westen so bekannt sind, tanzen und singen in ekstatischer Vereinigung mit dem Gott, andere wieder verachten jegliche Zurschaustellung intensiver innerer Gefühle.

Manche Sekten, und zwar sowohl Shiva- wie auch Vishnu-Sekten, und auch die Shaktas haben starke tantrische Einflüsse in ihren Gebräuchen. *Tantra* kommt von der Wortwurzel »Tan« für »sich ausdehnen« und bedeutet wörtlich nichts Exotischeres als einfach nur »Auslegung«: es bezieht sich auf jene Texte, die nach den Veden und Upanishaden kamen und deren Philosophien in einen aktiven Weg der Praxis zu übersetzen suchten. Im Tantra ist die Welt nicht *maya* (»Illusion«), sondern Kraft oder *shakti*. Shakti wird keineswegs als Hindernis betrachtet, sondern ist der Brennstoff für spirituelle tantrische Übungen, der es erlaubt, den dunklen Kräften der Instinkte zu begegnen und sie zu verwandeln anstatt sie zurückzuweisen. In den Augen des ausübenden Tantrikers ist das Heilige und das Profane ein und dasselbe, seine Art der Spiritualität soll ihn frei und unverwundbar machen, während er gleichzeitig die Welt genießt.

Einige wenige Sekten, wie etwa die vishnaitischen Sahajas, haben weibliche Begleiterinnen, mit denen sie die Vereinigung des männlichen und weiblichen Prinzips ausagieren. Die Sakhis sind eine Untersekte von Transvestiten, die ganz buchstäblich die Rolle der Gefährtin des Herrn und Gottes annehmen. Aber das sind Ausnahmen, denn normalerweise geht es im Tantra darum, daß männliche und weibliche Prinzip im Inneren dadurch zu vereinigen, daß man die

199

verschiedenen Göttinnen visualisiert. Tantra wurde hauptsächlich durch die dunklen Göttinnen in den Shivaismus einbezogen und gelangte durch die hellen Göttinnen in den Vishnaismus. Mit diesen Übungen ist auch das Hatha Yoga verwandt, das in Indien nicht das bedeutet, wozu es im Westen geworden ist: es ist nicht so sehr eine Reihe von physischen Haltungen, sondern stellt eine mächtige Methode dar, Energie – Kundalini – von der Basis der Wirbelsäule bis zur Krone des Kopfes aufsteigen zu lassen, dorthin, wo die »innere Hochzeit« stattfindet. Um dies zu erreichen werden disziplinierte Atemtechniken (Pranayama) und Visualisierungen der Chakren (der Energiezentren, die nacheinander an der Wirbelsäule angeordnet sind) vollzogen, und dazu gehören auch die Haltungen, die gewöhnlich mit dem Ausdruck *hatha* assoziiert werden. Diese umfassende Praxis wird durch strenge sexuelle Enthaltsamkeit und eine karge und reine Ernährungsweise unterstützt.

Die Sekten und Untergruppen von Sadhus gewannen ihre gegenwärtige Gestalt durch den Reformeifer des Shankara, einen der größten Philosophen und Asketen Indiens. Er lebte irgendwann im achten Jahrhundert nach Christus und war vom achten Lebensjahr bis zu seinem Tod im zweiunddreißigsten Lebensjahr Mönch. Während seines kurzen Lebens gelang es ihm, die gesamte asketische Tradition Indiens neu zu beleben und den Vorrang des Hinduismus über die rivalisierenden Strömungen des Jainismus und des Buddhismus mit Erfolg wiederherzustellen.

Am Beispiel dieser beiden Religionen erkannte Shankara die Notwendigkeit einer festen Organisationsbasis für Indiens Asketen im Sinne einer Klosterverfassung. Shankara selbst ist noch immer Indiens brillantester Vertreter der advaitischen (»nicht-dualen«) Philosophie der Upanishaden: Seine Kommentare zu den Upanishaden und zur Bhagavad Gita sind Klassiker, obwohl er noch nicht einmal zwanzig Jahre alt war, als er sie vollendete. Gleichzeitig aber wurde ihm die Notwendigkeit bewußt, die mannigfaltigen Formen religiöser Praxis, die – gleich ob dual oder nicht-dual – in Indien immer koexistiert hatten, bei seiner Neuorganisation aufeinander abzustimmen. Er reiste über das ganze Land, fesselte seine Zuhörer durch seine rhetorische und philosophische Brillianz, und schließlich gelang es ihm auch, die Sadhus in zehn Orden einzuteilen, die sich bis heute erhalten haben: man nennt dieses System *dasnamis* (»zehn Namen«). Jeder dieser Orden unterhält noch immer eine enge Beziehung zu einem der vier Hauptklöster, die Shankara in den verschiedenen Ecken des Landes gründete: Joshimath im Himalaya, Dvaraka im Westen, Puri im Osten und Sringeri im Süden. Davon abgesehen haben sie alle auch ihre eigenen Klosterzentren im ganzen Land. Die Leiter dieser Orden sollten sich alle drei Jahre zusammen mit ihren Anhängern beim Kumbh-Mela-Fest treffen. Und wie schon immer, so versammeln sie sich auch heute noch dort, um über Ökonomie und Politik der Klöster zu sprechen. Seit Shankara sind auch andere Gurus seinem Beispiel gefolgt und haben ihre eigenen *maths* (»Klöster«) gegründet.

Der Sadhu, den man auf irgendeiner Pilgerroute trifft, lebt nur selten isoliert für sich. Meist hat er eine Beziehung zu einem der *dasnamis* oder auch zu einer der Sekten, die später entstanden sind. Sein Lebensstil gleicht mit großer Wahrscheinlichkeit jenem, den Shankara im neunten Jahrhundert festgelegt hat: Wenn er wandert, bleibt er höchstens drei Tage lang an ein und demselben Ort; um seinen Lebensunterhalt zu bestreiten, bettelt er entweder oder kehrt bei einem Kloster ein, um dort Nahrung zu bekommen. Normalerweise wurden die Reisen zu Fuß zurückgelegt, aber heute gibt es viele Sadhus, die auch den Bus oder den Zug benutzen. Inzwischen leben immer mehr Sadhus in Klöstern, da das gegenwärtige soziale Klima ihre Lebensweise nicht mehr so begünstigt, wie das in der Vergangenheit der Fall war. Noch vor dreißig Jahren galt es als Ehre, ja sogar als Gruß Gottes, wenn ein Sadhu an die Tür klopfte und um Nahrung bat. Aber die öffentliche Meinung verändert sich in dem Maße, wie sich auch westliche Werte immer mehr durchsetzen. Die indische Gesellschaft steht dem Betteln nicht mehr so freundlich gegenüber. Traditionsgemäß durften Sadhus die Eisenbahn benutzen, ohne zu zahlen. Sie tun das oftmals noch heute, aber man verdächtigt sie inzwischen, daß sie heimliche Kriminelle oder haschischrauchende Aussteiger sind, die sich mit den Herausforderungen des gegenwärtigen Lebens nicht auseinandersetzen wollen oder können. Leider ist dieser Eindruck auch nicht so ganz falsch, und die immer kleiner werdende Zahl echter Sadhus muß zusammen mit ihren weniger ehrenwerten Brüdern die Folgen tragen.

Ein echter Sadhu ist ein Amerikaner namens Charan Dass. Er lebt seit zweiundzwanzig Jahren als Sadhu. Er sagt, daß es etwa ein Dutzend Personen aus dem Westen gibt, die ebenso lang wie er Sadhus gewesen sind. Eigentlich war er nach Indien gekommen, um ein Buch über Ashrams zu schreiben; aber er kehrte nie mehr zurück. Nachdem er bei verschiedenen Gurus und Sadhus gewesen war, wurde er in das Ramanandi *sampradaya* eingeweiht. Sein verfilztes graues Haar fällt bis über die Schultern hinab, seine Augen lachen hinter zersprungenen Brillengläsern, sein Körper ist nur mit zwei einfachen Tüchern bedeckt. Er geht immer barfuß und schläft niemals im Inneren eines Hauses. Seine Zeit verbringt er damit, von dem einen sakralen Anlaß oder Fest zum nächsten zu gehen, auf nahezu akademische Weise die religiösen Traditionen Indiens zu erforschen und in Abgeschiedenheit über dem inneren Licht und Klang zu meditieren. Der einzige Unterschied zwischen ihm und einem anderen Sadhu besteht in dem winzigen Stipendium, das er jeden Monat von einer Stiftung aus Amerika empfängt. Als ich einige Tage lang mit ihm reiste, zollten ihm die Menschen überall Respekt, wohin wir auch kamen – und wahrscheinlich mehr als die meisten anderen Sadhus bekommen, weil Inder davon beeindruckt sind, wenn ein Mensch aus dem Westen ein solches Leben führt. Was auch immer geschieht, für Charan Dass ist es der Wille Gottes, und er nimmt es an, ohne es in Frage zu stellen. Anstelle dem Fluß der Ereignisse zu widerstehen, paßt er seine eigenen Pläne – wenn er überhaupt welche hat – an das an, was ihm begegnet. Er ist durchaus kein unangepaßter Aussteiger, sondern vielmehr einer der ernsthaftesten und fröhlichsten Menschen, den man nur treffen kann.

Der Shankaracharya von Kanchi

Die Äbte von Shankaras Klöstern werden noch immer »Shankaracharya« genannt. Diese Klöster sind Bastionen des orthodoxen brahmanischen Hinduismus, stellen heute das religiöse Establishment dar und kommen innerhalb des Hinduismus dem christlichen Ideal der religiösen Abgeschiedenheit am nächsten. So gut wie alle Mönche leben in den Klöstern und befolgen eine strenge Klosterordnung. Im Gegensatz zur großen Mehrheit der Asketen in Indien haben die Shankaracharyas einen beträchtlichen politischen Einfluß. Sringeri zum Beispiel gleicht einem kleinen Vatikanstaat: Es verfügt über reiche Pfründen und hat noch immer die spirituelle und weltliche Macht über die ganze umliegende Gegend inne. Die indische Regierung hat die Verantwortung für die Lösung des Problems von Ayodhya den Shankaracharyas übergeben. Aber sie sind nicht viel weiter gekommen. Der Shankaracharya von Sringeri taucht bei keinen Sitzungen auf, und der Abt des Puri Math hat reaktionäre Ansichten, denen sich die anderen nicht anschließen können. Bisher ist es ihnen nicht gelungen, einen Konsens unter sich herzustellen, geschweige denn eine Lösung für das Land anzubieten.

203

Der Shankaracharya von Kanchi wird ihnen sagen, daß Shankara ein fünftes Kloster, nämlich das seine, in der tamilischen Stadt Kanchipuram gegründet hat. Er wird sagen, daß Shankara fünf Jahre vor seinem Tod nach Kanchi kam und persönlich den Vorsitz über den *math* führte, den er dort gründete, und daß er seinen letzten Atemzug im Tempel von Kamakshi tat. Ob das nun die Wahrheit ist oder nicht, Tatsache ist, daß der Shankaracharya des Kanchi Math in den letzten Jahren mehr öffentliche Unterstützung genossen hat als die meisten anderen Mönche. Die *maths* von Dvaraka und Puri haben heute nur wenig Einfluß, während das Kloster von Kanchi in ganz Indien geschätzt wird. Dies beruht auf der exemplarischen Heiligkeit des verstorbenen Shankaracharya, der im Jahre 1994 im Alter von hundert Jahren das Zeitliche segnete. Seine Anhänger, deren Zahl in die Millionen geht, waren zutiefst beeindruckt von der strengen Disziplin, mit der der alte Mann die Traditionen der Armut, der Tugend und der spirituellen Disziplin befolgte. Noch in hohem Alter reiste er nur zu Fuß, trug seine einfache ockerfarbene Robe und aß nur die einfachsten Speisen. Vor allem aber war seine spirituelle Gegenwart allen, die ihn zu Gesicht bekamen, deutlich bewußt, und Tausende von Menschen schrieben seinem Einfluß Heilungen und spirituelle Erweckungen zu. Fast während des ganzen zwanzigsten Jahrhunderts war er ein Leuchtturm spiritueller Reinheit. Als er starb, herrschte in ganz Indien Nationaltrauer.

Für Jayendra, den neuen Shankaracharya, ist es nicht leicht, als Nachfolger sein Amt zu übernehmen. Er hat die Verantwortung für zweihundertfünfzig Mönche und Tausende von religiösen Laien, die aufgrund ihrer Familientradition mit dem Kloster zu tun haben. Ich traf ihn, während er im Kloster von Kanchipuram *darshan* abhielt. Er saß vor einem geöffneten Tor, das durch ein etwa dreißig Zentimeter hohes Geländer versperrt war. Der Raum, in dem er sich befand, war bis auf ein Bild seines Vorgängers leer. Der neunundsechzigste Vorsteher des Klosters saß mit untergeschlagenen Beinen auf einem Kissen vor dem Tor. Er trug eine einfache orange Robe und eine *mala* aus *rudraksha*-Perlen. Sein Kopf war geschoren. Während die Gläubigen an ihm vorbeigingen, spendete er ihnen seinen Segen und gleichzeitig auch *prasad* – ein Stück Zucker oder eine Süßigkeit, die während der *puja* für die Gottheiten durch Mantras energetisiert worden war. Sein Assistent lud mich in den Raum, in dem der Abt saß. Ich saß also nur einige wenige Meter vom Tor entfernt und konnte die Prozession der Gläubigen beobachten, die aus ganz Indien gekommen waren, um diese wenigen Sekunden des Kontakts zu ihrem Familienguru zu erleben. Zu Jayendras *darshan* kommen pro Tag etwa tausend Menschen zum Kloster. Manche von ihnen waren von Ehrfurcht zu sehr überwältigt, um ihm in die Augen zu blicken und ließen den Kopf auf die Brust sinken, andere strahlten voller Freude, einige wenige lehnten sich nach vorne und baten im Flüsterton um Hilfe bei irgendeinem persönlichen Problem. Allen von ihnen ließ Jayendra zusammen mit dem *prasad* ein gütiges Lächeln zukommen.

Ich wollte von ihm erfahren, woran er denke, während er diesen rituellen Dienst vollzog. »Ich denke an Gott, und dann segne ich sie«, antwortete er und reichte mir einen Zuckerwürfel.

Als ich ihn fragte, warum alle diese Menschen zu ihm kämen, antwortete er, daß die meisten wegen des *darshan* kämen, daß sie seinen Segen für irgendeine Unternehmung oder spirituelle Hilfe bei irgendeinem persönlichen Problem brauchten. Nur sehr wenige hatten ihn jemals um spirituelle Unterweisung gebeten, aber wenn er gefragt wurde, bot er eine Übung an, die für die betreffende Person angemessen war.

»Manchen gebe ich ein Mantra«, sagte er, ohne seine Augen von dem Strom der Gesichter abzuwenden, die an ihm vorbeidefilierten. »Anderen schlage ich das Singen von *bha-jans* oder irgendeinen im Namen Gottes geleisteten Dienst vor. Nur selten rate ich zur Meditation. Das alles hängt von der Bewußtseinsebene der betreffenden Person ab.«

Jayendras Antwort paßte zu meinen Eindrücken, die ich von den täglichen Übungen in seinem Kloster gewonnen hatte. Obwohl alle Shankaracharyas, die nicht-duale Tradition des Shankara hochhalten, ist das Kloster dennoch in der Praxis ein Ort des Rituals und der religiösen Verehrung wie jeder andere Tempel in Indien auch. Während der *puja* für Lakshmi, das in diesem Kloster morgens abgehalten wird, werden einer Kuh und dem Klosterelefanten Blumen und Reis geopfert. Die Tiere werden mit Sandelholz und Kum Kum gesalbt, dann wird die heilige Flamme Arati (*arati*) über ihnen geschwenkt, so daß am Ende der *puja* die göttliche Kraft fest in den Tieren verankert ist. Auch für den *lingam* und das Sri Chakra (ein geometrisches Symbol der Göttin), die im Heiligtum des Klosters ausgestellt sind, werden *pujas* vollzogen.

Dem hat Jayendra auch noch die Dimension des Dienstes an der Öffentlichkeit hinzugefügt. Traditionellerweise befaßte sich das Kloster niemals mit weltlichen Angelegenheiten, aber inzwischen betreibt es sein eigenes Altersheim, ein College für Ingenieurwissenschaft und Computertechnologie und eine Veden-Schule. Im Jahre 1995 weihte der Staatspräsident von Indien die internationale Bücherei für religiöse Forschungen in Kanchipuram in diesem Kloster ein. Jayendra sieht seine Aufgabe darin, gesellschaftliche Aktivität mit Kontemplation zu verbinden, und er trifft damit wohl auch den Geschmack dieser Zeit, ist aber auch auf heftigen Widerstand im Kloster selbst und bei seinen nicht klösterlichen Anhängern gestoßen. Viele sind der Ansicht, daß die spirituelle Führung des *math*, die in der Gestalt des vorigen Shankaracharya so eindeutig und unbezweifelbar erschien, nun durch Jayendras Initiativen kompromittiert wird.

Ich blickte auf diesen stattlichen Mönch, wie er da seine Zuckerwürfel austeilte und sann über die Hand des Schicksals nach, die ihn dorthin gebracht hatte. Jayendra kam im Alter von zehn Jahren zum *math*, seine Familie hatte ihn dort hingeschickt, um Sanskrit zu studieren. Als er dreizehn war, hatte ihn bereits der vorige Shankaracharya zum Nachfolger gewählt. Im Alter von achtzehn Jahren wurde er Mönch und ist seither wie ein Halbgott behandelt worden. Im Jahre 1970 wanderte er zu Fuß zu allen wichtigen heiligen Orten in Nordindien, und während dieser ganzen Reise warfen ihm Menschen Blumen auf den Weg. Heute ist er Anfang sechzig, und jede Minute seines Tages ist durch Protokoll und Tradition geordnet. Die Menschen erinnern sich noch immer – und deshalb mißtrauen ihm auch viele – daß er in den achtziger Jahren einmal mehrere Tage lang ohne Erklärung auf geheimnisvolle Weise verschwand. Das war etwa so, als ob der Papst abgängig gewesen wäre. Jayendra hat nie wirklich erklärt, was damals geschah und zog es vor, der offiziellen Auslegung, nämlich daß er sich zur »persönlichen Meditation« zurückgezogen habe, nicht zu widersprechen. Aber noch heute gibt es Gerüchte, daß er die Nerven verlor und sich überlegte, ob er nicht sein Amt niederlegen solle.

»Fühlen Sie sich manchmal als Gefangener der Erwartungen anderer Menschen?« fragte ich.

»Niemals«, erwiderte er ohne Zögern. »Ich habe mich der Rolle, die Gott mir zugedacht hat, vollkommen unterworfen. Das ist meine spirituelle Praxis. Ich weiß, daß es das ist, was ich hier zu tun habe. Ich bin ein gewöhnlicher Mensch, der versucht, eine besondere Aufgabe zu erfüllen.«

Am nächsten Tag beobachtete ich die Zeremonie, in der er den Thron des Shankaracharya offiziell bestieg. Er sollte gekrönt werden – genau wie ein König. Und er war ja auch ein König, denn in Indien sind Könige immer die Vermittler zwischen Gott und seinem Volk gewesen – genau diese Rolle war es, die Jayendra nun offiziell auf sich nehmen sollte. Hunderte von Gläubigen und Mönchen drängten sich dicht um ein Podium, das mit Blumengirlanden überhäuft war. Als er eintrat und sich mit einem scheuen Lächeln auf den ihm zugedachten Thron setzte, blitzten ganze Batterien von Pressekameras zur gleichen Zeit. Irgendjemand zog mich am Ärmel. Ich drehte mich um. Es war ein junger Mönch, der noch keine zwanzig Jahre alt war: Er wollte sich vor mich stellen, um besser sehen zu können. Als die Vorgänge vor uns etwas abflauten, fragte ich ihn, weshalb er ins Kloster gegangen war.

»Meine Familie hat mich dorthin geschickt, um Sanskrit zu studieren«, sagte er.

Shaiva Siddhanta

Die erste Sammlung von Liebesliedern an Gott, die in Indien bekannt ist, wurde auf Tamilisch von Maanikkavaachakar im dritten Jahrhundert nach Christus geschrieben. (Der Name bedeutet »Er, dessen Äußerungen Rubine sind«). Das Werk dieses Dichters ist eines von einem Dutzend von Gedichtsammlungen, die alle zwischen dem dritten und dem zwölften Jahrundert auf Tamilisch geschrieben wurden und das innerste Wesen des Shaiva Siddhanta ausdrücken. Auch die *agamas* spielen in dieser Schule eine zentrale Rolle. Dies sind achtundzwanzig Texte, die, wie es heißt, von Shiva an Parvati adressiert wurden, als sie ihn darum bat, einen Erlösungsweg für Sterbliche zu liefern. In höchst abstruser Sprache beschreiben sie die richtigen Arten religiöser Verehrung und zeigen einen vierfachen Weg auf: *carya* (äußere *pujas*), *kriya* (innere Reinigungsübungen und Yogahaltungen), *yoga* (Meditationsübungen) und *jnana* (Vereinigung mit Shiva).

Die Lieder der tamilischen Dichter werden im Süden noch heute in den Tempeln gesungen und die *agamas* sind noch immer die Texte, die bei der religiösen Verehrung im Tempel verwendet werden. Shaiva Siddhanta ist die wichtigste Schule spiritueller Übung im Süden, und ihr Einfluß in der religiösen Kultur der Tamilen ist überall offensichtlich. Der Shivaismus wird allgemein oftmals als unpersönlicher Erlösungsweg beschrieben, der auf dem Pfad des Wissens beruht. Aber in Wirklichkeit stellt er eine höchst komplexe Tradition dar, die voll ist von Ungereimtheiten und Ausnahmen. Die Upanishaden und Shankaras nicht-duale Philosophie sind nur ein Aspekt des Shivaismus. Shaiva Siddhanta wie auch der kaschmirische Shivaismus im Norden enthalten ein starkes Bewußtsein persönlicher Hingabe, das in den Veden nicht erkennbar ist. Die religiöse Hingabe transzendiert alle religiösen Unterschiede und Kasten, denn die Liebe ist die Erfüllung aller Gesetze. Die Dichterheiligen des tamilischen Landes folgten dem Pfad der Liebe und trennten sich niemals von der Volkskultur. Besonders Tamil Nadu ist immer ein religiöses Land gewesen, die tamilische Sprache enthält sogar einen eigenen Teil der Grammatik, der dem Thema der Liebe und ihrer Literatur gewidmet ist.

Gleichzeitig basiert Shaiva Siddhanta aber auch auf einer höchst verfeinerten Philosophie, die viele Ähnlichkeiten mit dem Christentum besitzt. Die Seele wird als Braut Shivas betrachtet, von dem sie durch ursprüngliche Begrenzung oder Dunkelheit der individuellen Realität getrennt ist. Der Gott schickt Seine Gnade, um die Seele zu erwecken, die daraufhin das Wahre vom Falschen unterscheiden kann. Auf diese Weise vereinigen sich die Seele und der Gott nach und nach in einem Kreis von Gnade und Erweckung. Sie sind *a-dvaita*, wörtlich »nicht-zwei«. Im Gegensatz zur Lehre der Upanishaden ist die Seele eins mit Shiva, verschmilzt aber nicht mit ihm. Im Shaiva Siddhanta ist die Seele zusammen mit Shiva und Seinem Gnadenstrom ein Teil der göttlichen Dreifaltigkeit.

Auf eine Art unterscheidet sich Shaiva Siddhanta vom Christentum: In der Wichtigkeit, die es dem Guru zumißt. Der Guru ist von entscheidender Bedeutung für diesen Weg, denn er gilt als Verkörperung der göttlichen Gnade, die für den Fortschritt so notwendig ist. Ich traf einen Guru des Shaiva Siddhanta in Kanchipuram, dessen Kloster nur einige wenige Straßen vom Shankaracharya Math entfernt lag. Sri Lasri Swamikal vollzog gerade eine *puja*, als ich ankam. In der Halle des Heiligtums befanden sich etwa ein Dutzend Laien und zwei Mönche. Sri Swamikal trug eine orange Robe und eine Krone, die aus einer *rudraksha mala* bestand, die auf seinem rasierten Kopf zu einer Spirale aufgedreht war. Bezahlte Sänger sangen die Lieder eines tamilischen Dichters, und ein Assistent schwenkte eine riesige *arati*-Lampe vor dem *lingam* hin und her. Als sie die Zeremonie beendet hatten, verließ der Guru als erster den Raum, und einer der Mönche führte mich durch das Gebäude bis zu den persönlichen Gemächern des Guru.

Sri Lasri Swamikal saß auf einem hohen Stuhl an einem Ende eines ansonsten leeren Audienzraumes. Der Mönch warf sich in voller Länge vor seinem Guru auf den Boden und wies mich dann an, seinem Beispiel zu folgen. Ich zögerte eine Sekunde, woraufhin der Guru lachte, während der Mönch finster dreinblickte. Dann verbeugte ich mich mit einem *namaskar*-Gruß, mit dem der Guru vollkommen zufrieden zu sein schien. Auf meine Frage hin erzählte er mir, daß er seit fünfzehn Jahren in diesem Kloster lebe, und daß er diesen Ort revitalisiert und neu aufgebaut habe. Vor fünfzig Jahren hatte dieses Kloster überhaupt keine Bewohner, obwohl es in ganz Südindien nicht weniger als siebenundzwanzig Zweigstellen hatte. Vor etwa dreihundert Jahren gab es eine Zeit, in der die Haupttempel von Kanchipuram der Jurisdiktion unterworfen waren. Heute beherbergt es etwa ein Dutzend von Mönchen und eine beträchtliche Anzahl von Laiengläubigen, die im

Shaiva Siddhanta immer eine wichtige Rolle gespielt haben.

Ich fragte ihn, welche spirituellen Disziplinen in diesem Kloster geübt würden.

»Unsere *agamas*«, antwortete er, beinhalten das *astanga*-Yoga des Patanjali, nur daß es in unseren Texten Shiva Yoga heißt. Astanga-Yoga (»Der achtfältige Pfad«) beinhaltet äußere Disziplinen wie Gewaltlosigkeit und sexuelle Enthaltsamkeit, die inneren Disziplinen der Reinlichkeit, des rechten Maßes, des Studiums der Schriften, ferner *asana*, um einen gesunden Körper zu erlangen, und *pranayama*, Atemübungen, welche die Chakren aktivieren. Die letzten vier Stadien sind allesamt fortschreitende Stufen der Meditation. Aber während Patanjali gesagt hätte, daß das Ziel seines Yogas in der Beherrschung des Bewußtseins liegt, sagt einer unserer Dichterheiligen – Tirumular –, daß das Ziel letztlich die Vereinigung mit Shiva ist. Ohne *bhakti* sehen wir nicht viel Sinn im Yoga, wenn es nur um seiner selbst willen praktiziert wird. Und wie sie eben gesehen haben, nähren wir das Gefühl der Hingabe durch Gesang und religiöse Verehrung.«

Er hielt einen Augenblick lang inne. Nachdem er einen Mönch in die Küche geschickt hatte, um Tee zu kochen, fuhr er in einem anderen Tonfall fort: »Sind Sie in Chidambaram gewesen?« Als ich durch Nicken bejahte, sprach er im Weiteren von Nataraja, dem »Tanzenden Gott«.

»Nataraja ist für uns sehr wichtig«, erklärte Sri Lasri. »Er trägt das Geheimnis unseres Mantra in sich. Vielleicht wissen Sie, daß Nataraja die Welt durch seinen Tanz der fünf Elemente erschuf. Seine vollständige Gestalt ist in dem Wort Aum enthalten, das in seiner erweiterten Form die fünf Silben des Shiva Mantra enthält: Aum Nama Shivaya. Diese fünf Silben beziehen sich auf die fünf Elemente. Wir singen das Mantra in dieser Reihenfolge: *Ci va ya na ma. Ci* verkörpert die mystische Handlung des Gottes Shiva. *Va* bezieht sich auf Seine Gnade. *Ya* ist die menschliche Seele.

Na ist der Wirbel der Unreinheit in sich. *Ma* ist jene Unreinheit, die in der Seele wirkt. Wenn man es auf diese Weise rezitiert, zeigt *Va Ci*, den Herrn, *Ya* der Seele, die dadurch in Seligkeit weilt. *Ma* und *Na* stehen am Ende, damit sie den Gnadenfluß in die Richtung der Seele nicht behindern können. Das alles ist Natarajas Tanz – der göttliche Gnadenstrom, der auf die versklavte, aber auch die befreite Seele niedergeht. Wir chanten das Shiva Mantra zuerst mit den Lippen, dann im Bewußtsein und schließlich im Herz. In Umapathis' »Frucht der göttlichen Gnade« können Sie die vollständige Erklärung nachlesen.«

Ich wußte, daß Umapathi ein Dichter aus dem vierzehnten Jahrhundert war, dessen Werk im Shaiva Siddhanta einen Schlüsseltext darstellte. Wir plauderten noch einige Minuten weiter, aber es war klar, daß Sri Lasri Swamikal alles gesagt hatte, was er zu sagen hatte. Er war ein durchaus angesehener Gelehrter und hatte während der Zeit, die er in diesem Kloster verbrachte, eine beachtliche Klosterbibliothek zusammengestellt. In Südindien gibt es viele Siddhanta-Klöster, und da sie keinerlei zentrale Organisation besitzen, wird ihre spirituelle Ausrichtung unvermeidlich durch die jeweiligen Gurus bestimmt, die sie leiten. Als ich mich mit einem weiteren Namaskar von Sri Lasri Swamikal verabschiedete, erinnerte ich mich an den Guru des Klosters von Madurai, der einen ganz besonderen Weg eingeschlagen hatte: In einer Zeitung erschien ein Foto von ihm, auf dem er ein Maschinengewehr für die Sache der tamilischen Separatisten schwenkte. Es heißt, daß sein Ansehen sich niemals mehr erholt hat.

Die Naga Babas

Die Naga Babas sind das gängige Modell des typischen Sadhu: Sie sind es, die nackt, nur mit Asche bedeckt, wandern. Ihr Haar ist verfilzt und lang, ihre Augen blicken wild, und sie hocken oftmals am Ganges oder am Straßenrand und rauchen eine Marihuanapfeife. Meist wandern sie zu Fuß in kleinen Gruppen und wohnen im Freien oder unter einem Stück Segeltuch. Sie sind jene kriegerischen Sadhus, die der Herrschaft der Moslems, und vor kürzerer Zeit, der der Engländer Widerstand leisteten. Sie sind noch immer in sechs »Regimenter« aufgeteilt, von denen jedes leicht differierende Übungen und Symbole besitzt.

Sie haben ihr Leben dem Gott Shiva gewidmet – meist in seiner Gestalt des Bhairava – und ihre Habseligkeiten sind meist auf seine Embleme beschränkt: den Dreizack, Feuerzangen, einen *lingam* und einen Wassertopf. Zwölf Jahre lang leisten sie einem Guru der Sekte unbedingten Gehorsam, und in dieser Zeit praktizieren sie schwierige körperliche Übungen. In Benares traf ich eine Gruppe von Nagas am Ganges. Auf einer Stufe in der Nähe ihres Lagers waren zwei Schaukeln angebracht, die vom hervorstehenden Dach eines Gebäudes herabhingen. Ein kleiner Junge stützte sich auf die eine dieser beiden Schaukeln.

Der Guru der Gruppe hieß Nandsurajgiri. Er saß auf der Stufe neben dem Jungen auf der Schaukel – ein geschmeidiger Mann von etwa sechzig Jahren. Ich fragte ihn, was der Junge dort vollführe.

»Er hat einen Eid geleistet, zwölf Jahre lang nur zu stehen. Wenn er schläft, legt er seine Brust über die Schaukel, während er mit den Füßen auf dem Boden stehen bleibt. Dies ist eine unserer Übungen, allerdings nur für jene, die der Guru auswählt. Dieser Knabe ist der Jüngste, der es jemals versucht hat.«

»Wie alt ist er?«

»Er ist achteinhalb. Er ist gestanden seit er drei Jahre alt war. Wenn er das Alter von fünfzehn Jahren erreicht, wird er ein Guru sein.«

Ich starrte auf den Jungen. Ich hatte oft gehört, daß kleine Kinder von den Nagas von ihren Familien weggenommen werden.

»Wie ist er zu ihnen gekommen?« fragte ich.

»Sein Vater kam zu mir und bat um ein Kind. Innerhalb von drei Monaten war seine Frau schwanger geworden. Als das Kind geboren wurde, kam er und bot es mir an. Ich lehnte es ab, da ein erstgeborener Sohn immer bei der Familie bleiben sollte. Später kehrte der Vater mit seinem zweiten Kind, einem Mädchen zurück, aber ich nehme nur Jungen an. Dann brachte er sein drittes Kind, diesen Jungen, als er drei Monate alt war. Er bot mir 5.000 Rupien an, wenn ich ihn nehmen würde, und ich ging darauf ein.«

»Woher wußten Sie, daß er in so jungen Jahren für diese Übung geeignet sein würde?«

»Als der Junge drei Jahre alt war, sprach er seinen Wunsch aus, für Gott zu stehen. Ich konnte sehen, daß er in seinem vorigen Leben ein Heiliger gewesen war, und daß diese Geburt günstig ist, um die Erlösung zu erlangen.«

»Was tut er außer Stehen?«

»Er chantet Tag und Nacht *Shivo'am*, selbst im Schlaf. Das ist das Mantra, das wir verwenden.«

Ich fragte Nandsurajgiri, wie er selbst Naga geworden sei.

»Ich verließ meine Familie schon als Kind und chantete *Hare Krishna, Hare Rama*. Mein Leben war nur Gott allein gewidmet. Als ich einer Gruppe von Naga Babas begegnete, wußte ich, daß dies mein Weg sein würde.«

»Wie alt sind Sie jetzt?«

»Fünfundneunzig.«

Er lachte über mein Erstaunen. »Seit 1947 bin ich Guru«, fügte er hinzu.

Genau in diesem Augenblick wachte der Junge auf und sah mich.

»Kamera?« fragte er mit einem schlauen Lächeln, das jeder Achtjährige auf seinem Gesicht hätte haben können.

In der Nähe sah ich eine asketische Frau, deren sanfte Erscheinung in deutlichem Kontrast zu dem Machismus in ihrer Umgebung stand. Sie erzählte mir, daß mehrere tausend Nagas Frauen seien. Sie hatte ihre Familie im Jahre 1980 verlassen, um ihr Leben dem *sanatana dharma* zu widmen, das aufgrund der um sich greifenden modernen Werte auf dem Spiel stand. Ein weiterer Mann – er sah ebenfalls jung aus – war eifrig damit beschäftigt, seinen Penis um einen Stock zu wickeln und diesen Stock dann zwischen seinen Beinen hindurch nach hinten unter das Gesäß zu ziehen. Die Nagas beherrschen ihren Sextrieb, indem sie den Penis verlängern – anscheinend unterbricht das die Tätigkeit bestimmter Nerven.

Ich vermutete, daß genau dieser Naga sich vor den Kameras inszenierte, denn mehrere Touristen richteten ihre Fotoapparate auf ihn. Für Fotos zu posieren ist die übliche Masche der Nagas, um Geld zu verlangen. Normalerweise kann man diese Art der Selbstdarstellung nur bei ihrer Einweihungszeremonie, beim Kumbh-Mela-Fest sehen. Es heißt, daß manche von ihnen dort einen Jeep einen ganzen Kilometer lang zogen, und zwar vermittels einer Schnur, die an ihrem Penis befestigt war. Diese scheinbar unmögliche Leistung, deren Geheimnis in Atemtechniken liegt, ist von Tausenden miterlebt und auch fotografisch aufgezeichnet worden. Bei der Einweihungszeremonie im Ganges chanten der Guru und sein Schüler Mantras, dann wirft der Schüler sein vergangenes Leben symbolisch ins Feuer und erhält vom Guru die safranfarbige Robe und ein persönliches Mantra. In dieser Robe reist er die ersten zwölf Jahre mit seinem Guru, wohin dieser auch geht. Nach zwölf Jahren empfängt er die vollkommene Einweihung beim Kumbh-Mela-Fest und tauscht sein Kleid gegen Asche ein, die er nun auf seinen Körper reibt.

Beim Mela-Fest wird er auch in die allgemeine Naga-Gemeinde eingeführt und innerhalb des Regimentes, zu dem

er gehört, wird ihm eine bestimmte Verantwortung zugewiesen. Selbst die Nagas haben ihre Mönchshierarchien. Allein in Benares gibt es sieben verschiedene Naga-Klöster,
und Nandsurajgiri teilte mir mit, daß das Gebäude, in dessen Schatten sie sich aufhielten, ihr »Hauptquartier« sei.
Wirklich, es lebten mehr als fünfzig alternde Mönche in diesem Gebäude, und dazu noch ein »Präsident«, der in feine
Seidengewänder gehüllt war und von vier Sekretären unterstützt wurde. Vom Präsidenten, Sohangiri Maharaj, erfuhr
ich, daß er für diesen Posten durch allgemeinen Konsens für
eine Zeitspanne von sechs Jahren gewählt worden war. Er
selbst hat fünfundvierzig Jahre auf der Straße verbracht,
aber die Würde seines neuen Lebens trug er gut. Es fiel mir
schwer, mir ihn vorzustellen, wie er seinen Penis hinter sein
Gesäß zog.

Ein Goraknathi Baba

Devbarnath Yogi erfüllt den Raum mit Freude und Lebendigkeit. Er ist zweiundsiebzig Jahre alt und sieht zwanzig
Jahre jünger aus. Was ihn als Mitglied der Goraknath-Sekte
auszeichnet, ist der dicke Ohrring aus Holz, der durch jedes
der beiden Ohren gestochen ist, aber nicht nur durch das
Ohrläppchen, sondern die Mitte des Ohres. Das Ohr wird
bei der Einweihung vom Guru mit einem zweischneidigen
Messer aufgeschlitzt. Der Schüler konzentriert sich auf den
Guru, während die Operation durchgeführt wird, und
nimmt in den nächsten einundvierzig Tagen nur Zuckerwasser und Milch zu sich. Dann wird der Ring, der seinen Zöli-
batseid symbolisiert, eingesetzt.

Noch heute ißt Devbarnath Yogi nur Frucht und Milch.
Die Goraknathis, deren Hauptzentren in Rajasthan und Go-
raknath liegen, praktizieren Hatha-Yoga, um durch *pranayama* die Kraft der *shakti* zu erzeugen.

»Wenn Shakti aufsteigt«, erklärte Devbarnath, »läuft der Verstand vor ihr davon.« Er lehnte sich zurück und brüllte vor Lachen. »Aber man muß zulassen, daß sie ihn einfängt. Man muß darauf achten, den Verstand vor ihr anzuhalten, damit sie ihn verschlingen kann. Und wenn er einmal den elektrischen Strom spürt, der an der Wirbelsäule aufsteigt, will er sich nicht mehr bewegen. Man hört auch so einen hellen Klang im Körper. Jeder Energiekanal, der an der Wirbelsäule verläuft, hat seinen eigenen Klang. Wenn Shakti aktiviert wird, hört man die Muschelschale, die Trommel und die Flöte im eigenen Körper. Wenn Shakti einmal voll erweckt ist, sieht man keine Unterschiede mehr zwischen Kasten oder Glaubensrichtungen, und man kennt Vergangenheit und Zukunft.«

Dann erklärte er, daß der Dreizack, den die Goraknathis tragen, die drei Sünden verkörpert, die entfernt werden müssen, bevor Shakti fließen kann: schlecht über andere denken, schlecht über andere reden und anderen Böses tun. Vertrauen in die Macht Shivas ist der Weg, um diese Hindernisse zu entfernen. Drogen aller Art und Alkohol werden von überzeugten Goraknathis, wie Devbarnath Yogi, streng vermieden: Er sagt, daß Reizmittel dieser Art das feinstoffliche Schwingungsfeld stören, das sie mit ihren Übungen reinigen und energetisch aufladen wollen.

Aber die meisten Goraknathis haben nicht solche Skrupel, und oft kann man Sadhus sehen, wie sie am Straßenrand ihre Cillums rauchen.

Devbarnath Yogi hat sich vor vierzig Jahren den Goraknathis angeschlossen. Damals war er Ehemann und Familienvater und hatte aus Liebe geheiratet – ein seltenes Ereignis in Indien, wo die meisten Ehen von der Familie arrangiert werden. Unglücklicherweise war er an eine Frau geraten, deren Familie reich und von einer höheren Kaste war. Ihre Familie gestaltete das Leben des jungen Paares so unerträglich, daß er sich schließlich auf den Weg machte, um Sadhu zu werden. Später hörte er, daß seine Geliebte aufgrund dieses Traumas kurze Zeit später starb. Sie hatten keine Kinder gehabt, und er fuhr mit seinen Wanderungen fort, bis er sich schließlich den Goraknathis anschloß. Er praktizierte leidenschaftlich, geradezu fanatisch, und viele seiner Genossen hielten ihn für verrückt, aber in Wirklichkeit war er wahnsinnig vor Schmerz. Dieser Schmerz verlieh ihm die Energie für all seine asketischen Übungen und verwandelte sich schließlich in eine allumfassende Liebe. Nach etwa zwanzig Jahren, sagte er, hatte er schließlich die vollkommene Vereinigung mit Shiva erreicht.

Die Dandiswamis

Wenn die Nagas der Kämpferorden der Swamis sind, so sind die Dandiswamis Lehrer und Prediger. Im Gegensatz zu den Nagas, die meist den niedersten Kasten entstammen, sind die Dandiswamis allesamt Brahmanen. Man kann sie leicht an ihrem langen Stab – dem *dandi* – erkennen, den sie immer vor sich her tragen. Zu ihrer Tradition – *sampradaya* – gehört der Betrieb von Krankenhäusern und Bildungszentren. Dienen – *seva* – ist ein integraler Teil ihrer Gebräuche. Bei der Einweihung binden sie ihre heilige Brahmanenschnur um ihren Stab und bedecken sie mit einem Tuch. Von diesem Zeitpunkt an tragen sie den Stab mit der Schnur auf der Höhe des dritten Auges. An diesem Stab befestigen sie auch das Blatt einer Axt als Zeichen dafür, daß alle Gewalt in ihnen Gott unterworfen worden ist.

Sarani Swami, ein Dandiswama in einem dieser Klöster in Benares teilte mir mit, daß Meditation in seinem Orden der direkte Weg sei. Sie praktizierten kein Hatha-Yoga, sondern nur die Meditation auf das Licht des dritten Auges. Dieses Licht ist für sie die formlose Manifestation des Göttlichen. Je mehr man übt, umso mehr erfüllt das Licht den ganzen Körper, bis man schließlich selbst zum Licht wird. Im Gegensatz zu den Goraknathis achten sie sorgfältig darauf, diesen Prozeß nicht zu erzwingen. Sobald sich das dritte Auge aufgrund der Konzentration heiß anfühlt, halten sie inne und tragen Kampfer und Sandelholzpaste als Kühlung auf die Stirn auf. Sie nennen ihren Weg Prem Yoga, das Yoga der Liebe.

Sarani Swami war ein pensionierter Inspektor im Staatsdienst. In seinen Vierzigerjahren hatte er ein tiefes Interesse an Meditation entwickelt, und jener innere Klang, den er oft in seinem Körper hörte, spornte ihn noch weiter an (dieser Klang ist ein wohlbekanntes Phänomen bei Meditierenden und außerdem sogar die Grundlage eines vollständigen eigenen Meditationssystems, nämlich *nada*-yoga, das Yoga des Klanges.) Er bat um eine Versetzung aus Allahabad nach Almora im Himalaya, wo er besser praktizieren konnte. Als er dann schließlich das Alter von fünfzig Jahren erreicht hatte, ließ er sich frühpensionieren, verließ seine Familie, um sich der Dandiswama Sampradaya anzuschließen und verbrachte Jahre allein in einer Höhle im Himalaya. Darin folgte er der hinduistischen Tradition der *asramas*, den vier Stadien des Lebens, die im Leben des Asketen oder *sannyasin* gipfeln. Noch heute ist es ein weit verbreiteter Brauch, daß sich Männer schon vor ihrem Pensionsalter in eine religiöse Institution zurückziehen oder wohltätige Handlungen leisten. Sarani Swami kam vor wenigen Jahren ins Kloster, als seine Gesundheit zu schwinden begann. Jetzt, im Alter von siebzig Jahren, vermittelte seine etwas schwächliche Gestalt wie die der anderen Mönche, die ich in seinem Kloster sah, in keiner Weise die Vitalität eines Devbarnath Yogi, der im selben Lebensalter stand. Abgesehen von konstitutionellen Unterschieden haben ihre jeweiligen spirituellen Übungen wahrscheinlich auch auf ihr körperliches Wohlsein eingewirkt – während im Hatha Yoga der Körper und seine Energien eine zentrale Rolle einnehmen, läßt das Prem Yoga, das von Sarani Swami beschrieben wurde, diese stofffliche Welt zurück, um in ein Reich des feinstofflichen Lichtes zu gelangen. Dies impliziert jedoch einen Dualismus, der das Körperliche vom göttlichen Leben trennt.

Liebhaber von Rama und Krishna

Shiva hat gesagt, daß ein Mensch, der in Kashi stirbt,
Erlösung erlangt. Aber die Wurzel aller Dinge ist die Hingabe,
und Erlösung ist nur das Dienstmädchen, das ihr folgt.
Was ist der Wert der Erlösung, wenn sie vollkommene Verschmelzung bedeutet, die Vermischung von Zucker und Wasser? Zucker
esse ich gerne, aber ich habe kein Verlangen, Zucker zu werden.
Religiöse Lyrik aus Bengalen, übersetzt von
E. J. Thompson,
aus einem Gedicht von Bengali Shakta,
Ramprasat Sem

Die Vishnu Anhänger lieben einen persönlichen Gott: Sie wollen die Seligkeit der Vereinigung schmecken, wollen sich jedoch im Gegensatz zu den meisten Shiva-Anhängern nicht in einem Zustand undifferenzierter Einheit auflösen. Für sie bedeutet Liebe notwendigerweise auch Beziehung. Im Laufe des letzten Jahrhunderts haben sie eine komplizierte Philosophie göttlicher Liebe entwickelt, die sowohl eine Beziehung zwischen der Seele und dem Höchsten zuläßt, gleichzeitig aber keinen immanenten Unterschied zwischen beiden sieht – ebenso wie die Quantenphysik heute die Materie gleichzeitig als Welle und Teilchen konzipiert. Die verschiedenen Schulen beharren auf ihren eigenen feinen Unterscheidungen, aber die Lehre ist im Prinzip dieselbe.

Ramanuja, der große *bhakta* des elften Jahrhunderts in Südindien, forderte die Menschen auf, Rama, Krishna und Vishnu zusammen mit ihren Gefährtinnen zu verehren. Ramanuja stellte dem strengen Monismus des Shankara einen bedingten Dualismus entgegen. Seine Lehre verbreitete sich in ganz Südindien, nicht zuletzt deshalb, weil er Schüler aus allen Kasten akzeptierte. Sein Kommentar zur Bhagavad Gita, der die *bhakti*-Stimmung des Textes hervorhebt, ist dem Original näher als Shankaras Deutung. Die Sri Vaishnava-Sekte in Südindien ist die größte Gemeinschaft, die seine Lehren noch heute weiterführt, aber auch in den meisten späteren Vaishnava-Schulen ist Ramanujas Einfluß offensichtlich.

Etwa dreihundert Jahre lange – zwischen dem vierzehnten und sechzehnten Jahrhundert – erstreckte sich eine Welle der Begeisterung für den Weg der romantischen Liebe über ganz Nordindien. Im vierzehnten Jahrhundert propagierte Ramananda, im sechzehnten Jahrhundert Tulsidas die Verehrung des Gottes Rama, und dabei wurde eher der Wortschatz des Volkes verwendet als Sanskrit, und die Brahmanen wurden als Vermittler zwischen Mensch und Gott abgelehnt. Wozu braucht die Religion der Liebe Kasten oder Grenzen? Sie bedarf nur eines offenen und sehnsuchtsvollen Herzens, das bereit ist, den Strom der Gnade unmittelbar von Gott zu empfangen. Die Ramanandis haben viele Klöster in ganz Nordindien, zu ihnen gehört auch die Mehrheit aller Sadhus. Die Version des Ramayana von Tulsidas ist noch immer das am meisten gelesene Buch in ganz Indien.

Vallabacharya und Caitanya, die beiden großen Liebhaber Krishnas, lebten und lehrten ebenfalls im sechzehnten Jahrhundert. Die Anhängerschaft, die sich von ihnen ableitet, ist heute weit verbreitet, und zu den verschiedenen Schulen des Gaudiya Vaishnavismus, die sich allesamt auf Caitanya zurückführen lassen, gehört auch die internationale Hare-Krishna-Bewegung. Die Gaudiyas waren es vor allem, die ihre Botschaft der Liebe durch Gesang und Tanz verbreiteten, und das ist noch heute ein wesentliches Merkmal ihrer religiösen Haltung. Nach dem Vorbild von Caitanya selbst war Ekstase das Ziel, und die Zeichen von spirituellem Wahnsinn waren unwillkürliche Phänomene wie etwa Gänsehaut, heiliger Schauer, Zittern, Weinen und Bewußtlosigkeit.

Caitanya kam aus Bengalen, einer Region, in der es schon immer tiefe religiöse Hingabe verbunden mit einer Liebe für Musik und Tanz gegeben hat. Er heiratete, und als er das Alter von zweiundzwanzig Jahren erreicht hatte, ging er nach Gaya, um die Begräbnisriten für seinen verstorbenen Vater zu vollziehen. Dort traf er dann seinen Guru und kehrte in gottseligem Wahnsinn in seinen Geburtsort Navadweep zurück. Mehr als ein Jahr lang führte er nächtliche Versammlungen mit ekstatischem Gesang und Tanz durch. Dann trat er für einige Zeit in einen asketischen Orden ein, um sich schließlich in Puri niederzulassen. Caitanya wurde aus Liebe zu Krishna oftmals bewußtlos, sein Körper nahm verschiedene Farben an, und manchmal sprangen seine Gelenke vor und zurück wie der Kopf einer Schildkröte. Heute halten ihn die meisten Gaudiyas für eine Inkarnation von Krishna und Radha in einem Körper.

Zwei Lehren bilden bei den Anhängern von Vallabacharya und Caitanya den Kern ihrer Philosophie und Praxis. Das erste ist das Prinzip des *rasa*. Ursprünglich war damit die Reaktionsweise eines Menschen gemeint, der über eine verfeinerte Sensibilität verfügte und so die verborgenen Bedeutungen einer Theateraufführung »schmecken« konnte. Im sechzehnten Jahrhundert wurde eine Verbindung zwischen *rasa* und *moksha* hergestellt, und es entwickelte sich eine Theorie über *rasa* als religiöses System. *Rasa* bedeutete nun den Geschmack der Glückseligkeit und war manchmal mit den tantrischen Methoden verbunden, durch die die Energie der Glückseligkeit der Wirbelsäule entlang bis zum siebten Chakra auf der Krone des Kopfes gehoben wurde. Dies war gleichzeitig die Vereinigung von Radha und Krishna. Das Hauptziel von *rasa* wurde nun das Zusammenwirken aller Sinne zu einer Liebeserfahrung für Krishna.

Die fortschreitende Intensivierung dieser Liebe wird mit den Stadien der Zucker-Raffinade verglichen. Der Gläubige durchläuft in seiner Beziehung zu Gott verschiedene Grade der »Süßigkeit« – von einem ruhigen »Warten auf Gott«, über die Rolle eines Dieners, eines Freundes, eines Verwandten (mit Krishna als Kind und dem Gläubigen als Mutter) und schließlich zum Liebhaber des Geliebten. Der letztendliche Zustand des Liebenden, der durch Radha personfiziert wird, ist die ekstatische Vereinigung mit Gott. Hier tritt die Seele als Radha in die Beziehung zu Gott Krishna ein. Man braucht keine äußere Darstellungsform der Religion mehr, nur der Name des Geliebten zittert auf der Zunge. In diesem Zustand, der *Prema Bhakti* heißt, vergißt man die Welt und den Körper, wie auch die *gopis* beim Klang von Krishnas Flöte alle weltlichen Sitten und Besitztümer vergessen. *Prema Bhakti* entspricht der Erfahrung von christlichen Heiligen wie Teresa von Avila, die sich »Braut Christi« nannte.

Das zweite Prinzip der Krishna-Verehrung ist *lila. Lila* bedeutet spontane, ungeplante Aktivität. Weil die Götter keine Wünsche haben, können sie in aller Freiheit ihre Spiele treiben – im Sinne einer vergnügten, absichtslosen Tätigkeit. Aus ihrem Spiel erschaffen sie das Universum. Krishnas gesamtes Leben auf Erden war ein spontaner, absichtloser Ausfluß von natürlicher Freude und Liebe. Alle Ereignisse und Geschichten, die über ihn erzählt werden, entstanden nicht aus irgendeiner geplanten Mission oder Zielsetzung, vielmehr bestand sein ganzes Leben aus *lila.*

In einem wörtlicheren Sinn bezieht sich dieser Begriff auf sein *rasa lila*, den Kreistanz, den er mit den *gopis* vollführte. Dem Bhagavata Purana zufolge findet dieser Tanz fortwährend im Dschungel des menschlichen Herzens statt. Jeder, der an diesem *lila* teilhat, erfährt die Seligkeit einer wunschlos glückhaften Spontaneität, denn Krishnas Spiel entsteht aus Glückseligkeit, entfaltet sich in Glückseligkeit und löst sich in Glückseligkeit auf. In diesem Sinne stellt *lila* die selbstlose Teilhabe am ewigen Tanz des Universums dar. Hier erinnert man sich an *Nataraj*, den tanzenden Gott Shiva. Nur die Stimmung ist anders: Krishna als göttliches Kind ist positiver, weiblicher. Eher stimuliert er das Aufblühen von ekstatischer Liebe als das Wegbrennen aller Sehnsüchte.

Krishnas Anhänger erfahren dieses Aufblühen, wenn sie an seinem Spiel teilnehmen, und dies geschieht durch Meditationen, die auch komplizierte Visualisierungen des *rasa lila* beinhalten. Der Gläubige muß zuerst mit Krishnas Welt in all ihren Einzelheiten vertraut werden, um dann in sie einzugehen. Er visualisiert sich selbst in seiner inneren Weiblichkeit, als eine von Radhas Dienerinnen oder Freundinnen. Nichts aus diesem Bild wird ausgelassen – die Farbe des Saris, den das Mädchen trägt, ihre Familie, ihr Alter, ihre Juwelen und so weiter. Manche kleiden sich sogar genau nach dem Vorbild des Mädchens, das sie visualisieren.

Iskcon – das als Hare-Krishna-Bewegung bekannt ist – unterscheidet sich von den anderen Gaudiya-Sekten weniger auf spirituellem als auf weltlichem Gebiet. Sie sind die einzigen Gaudiya *sampradayas*, die durch Predigt und Mission aktiv nach neuen Mitgliedern suchen. Sie haben auch als einzige eine große Anzahl von westlichen Anhängern und deshalb auch eine Einkommensquelle, die die Geldmittel von anderen Sekten weit übertrifft. Ein großer Teil ihres Einkommens wird für riesige Tempelbauten ausgegeben. Zur Zeit werden neue Tempelkomplexe in Delhi und Bangalore erbaut, und in Caitanyas Geburtsort Navadweep stampfen sie offenbar eine ganze Stadt aus dem Boden. Der Tempel von Delhi wird fast vollständig von den Geldern der örtlichen Gemeinde finanziert, denn die überwiegende Mehrheit der Iskcon-Mitglieder sind noch immer Inder. Als ich den Chef des Zentrums in Delhi fragte, weshalb Iskcon es für nötig halte, mit dem Vatikan zu wetteifern, antwortete er, daß ihre Motive tatsächlich denen der mittelalterlichen Kirchenbauer entsprächen: Ein großer Tempel zieht große

Menschenmengen an, und einige der Touristen würden ihn als Mitglieder von Iskcon verlassen.

Im Ausland hängt Iskcon das Bild eines Kultes nach, aber es muß zugegeben werden, daß viele Iskcon-Mitglieder ohne Zweifel ernsthafte spirituelle Ideale habe. Im allgemeinen wohnen die Mitglieder bis zum Alter von fünfundzwanzig Jahren als *brahmacharis* in den Ashrams, dann verlassen die meisten von ihnen den Ashram, um zu heiraten. Nun folgen sie den traditionellen vier Stadien des hinduistischen Lebens und gelangen bald zum *vanaprasta asrama*, dem dritten Stadium, in dem sie als zölibatäres Paar zusammenleben. Entweder sie verdienen ihren eigenen Lebensunterhalt oder betätigen sich als full-time-Personal im Ashram. Oft verfügen sie über ein profundes Wissen der religiösen Schriften, und ihre inneren Übungen, die sich auf *rasa* und *lila* konzentrieren, sind ebenso intensiv wie ihre eher bekannten äußeren Verhaltensweisen. Letztlich hat niemand das Recht, das spirituelle Leben eines anderen Menschen zu beurteilen, wie immer die öffentliche Meinung über irgendeine Gruppe aussehen mag. Ein Hindu würde sagen, daß alles Gnade ist, das Spiel des Herrn – ganz unabhängig davon, welcher Gruppe wir uns anschließen oder fernbleiben.

Kabir Panth

Was ist das Murmeln von Gebeten, was ist Askese,
Gelübde und Anbetung für Menschen,
in deren Herzen eine andere Liebe wohnt?[22]

Das Werk des Dichters Kabir aus dem sechzehnten Jahrhundert, das durch moderne Ausgaben wie etwa die von

---

[22] Zitiert in G.H. Westcott, *Kabir and the Kabir Panth*. Munshiram Manoharlal 1986

Robert Bly bekannt wurde, erlebt gegenwärtig so etwas wie eine Renaissance in der westlichen Welt. Kabir verachtet die religiöse Orthodoxie in aller Kompromißlosigkeit und betont die persönliche Erfahrung anstelle überkommener Weisheiten, und dies paßt recht gut zur Stimmung der Jahrtausendwende. Trotz seines gegenwärtigen Ruhmes als Dichter war er in erster Linie ein spiritueller Führer und dann erst Dichter: Er hat eine asketische Tradition in Gang gesetzt, die noch immer in Klöstern in ganz Nordindien gepflegt wird.

Kabir hatte viel mit den aufflammenden *bhakti*-Bewegungen seiner Zeit gemein – er war ein Zeitgenosse von Caitanya und Ramamanda. Und dennoch ist er auf vielerlei verschiedene Weise einzigartig. Zunächst einmal wuchs er im Haushalt eines moslemischen Webers auf, und vieles in seinen Lehren läßt vermuten, daß er ein Sufi war. Dementsprechend war er auch niemals ein *sadhu*, sondern ein verheirateter Familienvater, der weiterhin als Weber arbeitete und seine Familie versorgte. Als er von einem moslemischen Scheich vor den moslemischen Herrscher von Benares gebracht und beschuldigt wurde, daß er sich göttliche Eigenschaften zugeschrieben hatte, entkam er der Todesstrafe nicht nur durch seinen Witz, der dem Herrscher gefiel, sondern auch aus einem anderen Grund: Moslemische Herrscher, die in solchen Dingen normalerweise streng waren, neigten dazu, die inspirierten und manchmal blasphemischen Äußerungen der Sufis gewähren zu lassen.

Kabir machte sich sowohl bei der hinduistischen wie auch der moslemischen Orthodoxie Feinde. Schon in seiner Kindheit verschmolz sein Bewußtsein mit dem Namen Gottes, der für ihn Rama und nicht Allah hieß. Er wußte, daß er einen Guru brauchte, um vorwärts zu kommen, aber als Moslem war ihm dies versagt. Der große *bhakta* Ramananda lebte in Benares und nahm jeden Morgen ein Bad am Panchaganga-Ghat. Eines Tages lauerte Kabir ihm bei den Stufen auf, und als er vorbeiging, streckte Kabir seinen Fuß aus. Der Guru stolperte und rief »Ram«. Für Kabir war dies seine Einweihung durch Ramananda, und seit dieser Zeit gab er sich als seinen Schüler aus. Sowohl Hindus wie auch Moslems waren außer sich, aber als sie Kabir vor Ramananda brachten, bestätigte der Guru die Einweihung des Knaben.

Kabir achtete weder Kastenunterschiede, noch die *asrama*-Stadien des hinduistischen Lebens, noch eines seiner sechs philosophischen Systeme. Für ihn war eine jede Religion ohne echte spirituelle Hingabe wertlos. Die einzige wahre Religion war die des Herzens, die keine nationalen oder kulturellen Grenzen kannte. Sowohl Moslems wie auch Hindus strömten zu seinen Lesungen, die dann durch seine ekstatischen Lieder und Gedichte in der Sprache des Volkes mündlich weitergegeben wurden. Kabir wußte, daß der Wert der Dichtung auch darin besteht, daß man sich ihre Worte leicht einprägen kann. Auf diese Weise zerschlug er auch den Wortschwall der traditionellen Lehren, die in Sanskrit oder Arabisch verfaßt waren und vom einfachen Volk nicht verstanden werden konnten.

»Ein Mensch kann viele Bücher lesen, bevor er stirbt und trotzdem kein Pandit werden; aber wer die zweieinhalb Buchstaben, die das Wort für »Liebe« bilden, versteht, ist ein Pandit.«

Auch Guru Nanak, ein weiterer Zeitgenosse von Kabir und Gründer der Sikh-Religion sprach oftmals davon, wie sehr er dem Dichter aus Benares zu Dank verpflichtet sei; und das Adi Granth, das heilige Buch der Sikhs, enthält viele seiner Verse. Während seines ganzen Lebens sorgte Kabir für Kontroversen, und sogar seinen eigenen Tod verwendete er, um sich gegen blinden religiösen Gehorsam zu wenden – zugunsten eines Lauschens auf den Ruf des Herzens. Bei den Hindus führt der Tod in Benares unmittelbar zu Gott. Aber wer in Maghar, einer Stadt in der Gegend von Gorakhpur, verstarb, wurde der Tradition zufolge als

Esel wiedergeboren. Obwohl seine Schüler protestierten, ging Kabir, als er seinen Tod nahen fühlte, zum Sterben nach Maghar: »Was ist Kasi? Was Maghar? Wer in Maghar stirbt, ist nicht tot, wenn Rama sich in seinem Herzen niedergelassen hat. Wer irgendwo anders stirbt, macht Rama Schande.«

In Maghar wollten seine moslemischen Schüler seinen Körper beerdigen, während die Hindus ihn verbrennen wollten. Kabir erschien der ganzen Menge und befahl ihnen, das Tuch zu heben, das über seinem Körper lag. Als sie dies taten, fanden sie nur einen Haufen von Blumen. Die Hindus nahmen die Hälfte davon und verbrannten sie in Benares, während die Moslems den Rest in Maghar beerdigten. Dort kann man heute sein Grab in einem Kloster finden, das um das Grab herum gebaut wurde.

Das Kabir Panth – die Klosterorganisation, die auf Kabir zurückgeht – unterhält acht *maths* in Benares, von denen das wichtigste das Kabir Chawra ist. Dort organisierte Ghandi seine ersten Versammlungen und brachte damit seine Anerkennung für Kabirs Verachtung der Kastengrenzen zum Ausdruck. Dort lebte Kabir auch tatsächlich, und das Haus seiner Eltern steht genau neben dem *math*. Auf einem kleinen Altar liegt seine Kopfbedeckung, und daneben sind seine Sandalen und eine riesige *mala* mit tausend Perlen ausgestellt, die Kabir angeblich von Ramananda erhalten hat. Der Dreizack neben dem Altar – eher eine Waffe als ein Symbol – ist viel größer als die, welche heute von Sadhus getragen werden. Er gehörte einem Gorakhnathi-Heiligen, der sich auf seiner Spitze zur Meditation niederließ und andere aufforderte, es ihm nachzutun. Es heißt, daß Kabir mit seinem Spinnrad levitierte und zu dem Sadhu herabrief, er solle nach oben kommen und sich neben ihm niederlassen. Daraufhin wurde der Sadhu zu seinem Schüler und überließ ihm seinen Dreizack.

Der Panth hat viel mehr Familienväter als Asketen, und sie sind die Quelle seiner Einkünfte. Sowohl Weltliche wie auch Mönche praktizieren *seva* und *bhakti*. Sie unterhalten Krankenhäuser und verteilen Medizin in den Dörfern. Nach acht Jahren im *math* kehren einige der Mönche in ihre Dörfer zurück und predigen in den ländlichen Gegenden. Sie verehren keine Götterbilder und vollziehen keine *pujas*: Ihre Hingabe gilt einem gestaltlosen Gott wie auch Kabir in der Vertretung des Klostervorstehers. Zwei Stunden pro Tag chanten sie den »Bijak« von Kabir – die Sammlung seiner wichtigsten Gedichte – und vollziehen *mantra japa* mit einem Mantra, das ihnen vom Klostervorsteher gegeben wurde. Und was ist die Essenz der Lehre? Kabir sagt es: »Wer den Saft von Rama trinkt, den kann man von Natur aus trunken nennen.«

Der Ramakrishna-Orden

Ramakrishna war die spirituelle Flamme, die Bengalen gegen Ende des neunzehnten Jahrhunderts erleuchtete. Auch er war ein ekstatischer Liebhaber Gottes, ein Verehrer der Großen Mutter in Gestalt der Kali. Als Priester des Kali-Tempels von Dakshineshwar am Rande von Kalkutta »kletterte er auf den Altar und liebkoste die Göttliche Mutter, indem er sie liebevoll unter dem Kinn kraulte. Er begann zu singen, zu lachen, mit ihr zu scherzen und zu plaudern, und manchmal ergriff er ihre Hände und tanzte mit ihr ...«[23] Er erlangte eine so tiefe Einheit mit Kali, daß er seinem eigenen Körper Opfer darbrachte, sich mit Blumen schmückte und mit Sandelholzpaste ölte. Wenn seine Verschmelzung

---

[23] Isherwood, Christopher, *Ramakrishna and His Disciples*, Advaita Ashrama Publishers, Calcutta 1964

mit ihr auch nur für einige wenige Augenblicke zu schwinden schien, empfand er eine solche Qual, daß er sich tränenüberströmt zu Boden warf und sein Gesicht auf der Erde rieb, bis es blutete.

In Bezug auf die Göttin und das Leben selbst war Ramakrishna das göttliche Kind. Alle übersinnlichen Kräfte traten unwillkürlich in ihn ein. Einen Großteil seiner Zeit verbrachte er am Rande des Samadhi-Zustandes, und es brauchte nur ein gottgeweihtes Lied, eine Geste der Reinheit von seiten eines Begleiters oder eines unschuldigen Blickes, um ihn in ekstatische Verschmelzung mit dem Göttlichen eintreten zu lassen. Als seine Eltern ihm vorschlugen zu heiraten, stimmte er noch im selben Augenblick zu und teilte ihnen sogar mit, wer das Mädchen sein sollte, obwohl er es noch niemals zuvor getroffen hatte. Sarada Devi sollte zu einer machtvollen spirituellen Kraft an seiner Seite werden. Immer wieder kamen Lehrer zu seinem Tempel und boten ihm an, ihn in ihren spirituellen Methoden, in Tantra und dem nicht-dualen *nirvikalpa-samadhi* – dem Zustand, in dem es keinen Unterschied zwischen dem Wissenden und dem Gewußten gibt – zu unterrichten. Er nahm diese Angebote in vollkommener Unschuld an, praktizierte und meisterte alle bekannten Tantra-Methoden und versetzte seinen nicht-dualen Lehrer in Erstaunen, als er für drei Tage in das *nirvikalpa samadhi* eintrat. Abgesehen von einem Schimmern auf seinem Antlitz zeigte sein Körper kein Lebenszeichen: Herz und Lunge waren vollkommen ruhig, und er kehrte erst dann ins Bewußtsein zurück, als sein Lehrer aus Leibeskräften zu chanten begann. Später sollte Ramakrishna für sechs Monate in das *nirvikalpa-samadhi* eintreten und erst wieder zurückkehren, als ihm Die Mutter erschien und ihm mitteilte, daß er eine Mission für die Welt zu erfüllen habe. Die Erfahrung des *nirvikalpi-samadhi* – daß das Selbst und Gott identisch sind – ließ Ramakrishna zu dem Universalisten werden, der er war, denn er sah, daß alle Religionen und in-

230

dividuellen Ziele aus der einen Gottheit entspringen, die in allen Dingen lebt und sich bewegt.

Dies war die nicht-duale Botschaft, die seine Schüler ins zwanzigste Jahrhundert tragen sollten. Vor seinem Tod im Jahre 1885 hatte Ramakrishna ein Dutzend junge Männer um sich versammelt, die zum inneren Kreis seiner Anhänger wurden. Sie lebten später als Asketen zusammen und gründeten die Ramakrishna-Mission, die heute in der ganzen Welt aktiv ist. Ihr wichtigster Vertreter war Vivekananda, der mit seinem brillanten Intellekt und seinen Führungsqualitäten diese Mission nicht nur stärkte und in der Gesellschaft verankerte, sondern auch dem Hinduismus in Indien eine neue Dimension verlieh.

Vivekananda war eine Stimme, die in das neue Jahrhundert schallte. Sein eigenes Schülerdasein war durch seine Weigerung gekennzeichnet, Ramakrishnas Worte einfach nur zu glauben. Er wollte selbst erkennen und seinen eigenen Weg zu der lebendigen Wahrheit finden, die er im Leben seines Meisters wahrnehmen konnte. Er war ein Intellektueller und fühlte sich durch die duale Mutter-Verehrung Ramakrishnas nicht angezogen; vom Temperament her neigte er zu der universalistischen, nicht-sektiererischen Weltsicht der *a-dvaitins*, der nicht-dualen Menschen. Aber Ramakrishna war eine lebende Verkörperung der Universalität, und durch ihn erlebte und akzeptierte Vivekananda tatsächlich die Verehrung des Göttlichen in stofflicher Gestalt wie auch durch die Methode der forschenden Erkenntnis.

Im Jahre 1890 machte sich Vivekananda auf eine Pilgerreise durch Indien, die drei Jahre dauern sollte. Als er Kap Komorin, den südlichsten Punkt von Indien erreichte, verspürte er plötzlich den Wunsch, zu einem Felsen hinauszuschwimmen, der in einiger Entfernung von der Küste aus dem Meer ragte. Dort gewann er eine Vision dessen, was er und seine Genossen tun konnten, um Indien zu helfen. Indiens große Stärke war und ist die Spiritualität, aber gleichzeitig brauchte es die Bildung und Wissenschaft des Westens, um sich von seiner Armut und seinen abergläubischen Ansichten zu befreien. Diese Bildung sollte durch Individuen inspiriert sein, die den Geist der Unpanishaden, die Essenz der hinduistischen Religion lebten und gleichzeitig auch in den neuen Wissenschaften ausgebildet sein sollten. Diese Menschen sollten Mönche sein, die auf alles verzichteten, um der Gesellschaft die Dienste zu erweisen, die sie innerhalb der Organisation erfüllen konnten. Der spirituell schwache Westen sollte die Organisation finanziell unterstützen und dafür an der spirituellen Erbschaft Indiens teilhaben dürfen.

Im Jahre 1893 reiste Vivekananda nach Amerika, um beim Weltparlament der Religionen in Chicago eine Rede zu halten. Dies war das erste Mal, daß ein Hindu als spiritueller Lehrer in den Westen gekommen war. Vivekananda verursachte eine Sensation. Seine Klarheit und Offenheit berührten das amerikanische Bewußtsein zutiefst. Er sprach in einfachen Worten über die gemeinsame Grundlage aller Religionen, über die Notwendigkeit universeller Toleranz und die essentielle Göttlichkeit der Menschheit. Er warb für Selbständigkeit, Streben nach Erkenntnis und individuelle Bemühung und forderte sein Publikum auf, den Schriften nur solange zu folgen, bis es auch ohne sie auskäme.

Drei Jahre lang reiste er quer durch Amerika und inspirierte sein Publikum durch seine feurige Rhetorik und seine einfache Botschaft. Auch als er sich auf den Heimweg machte und dabei noch in England und Frankreich sprach, war es nicht anders. Und als er schließlich in Kalkutta an Land ging, wurde er als Nationalheld begrüßt. Viel wichtiger als das Geld, das er für die entstehende Ramakrishna-Mission gesammelt hatte, viel wichtiger als die Menge der ausländischen Schüler, die mit ihm in Kalkutta ankamen, war der psychologische Triumph, den er für seine Landsleute im Westen errungen hatte. Zum erstenmal war ein Inder als gleichrangiger Partner empfangen worden, zum erstenmal war Indiens spirituelle Erbschaft mit Hochachtung und Lernbereitschaft aufgenommen worden.

Sobald sich die Mission konstituiert hatte, wurde sie auch schon bei der Bekämpfung von Hunger und Epidemien und der Gründung eigener Krankenhäuser und Schulen aktiv. Vivekananda wurde zu ihrem ersten Präsidenten, und ein anderer der jungen Asketen, Brahmananda übernahm die Führung des Zentrums in Kalkutta. Die Mission unterhält Colleges, landwirtschaftliche und industrielle Ausbildungsstätten, Bibliotheken und Verlagshäuser, Krankenhäuser und Altenheime sowie ein *math*, in dem Mönche für die Sozialdienste ausgebildet werden.

Die Zentralstelle von *math* und Mission befindet sich in Belur Math am Rande von Kalkutta. Dieser Ort liegt genau gegenüber dem Dakshineshwar-Tempel, in dem Ramakrishna als Priester diente, am anderen Ufer des Ganges. Die Mönche des Ordens verteilen ihre Zeit auf Phasen der Einsamkeit und Meditation einerseits und öffentliche Dienste in den Aktivitäten der Mission andererseits. Manchmal nennt man sie die Jesuiten des Hinduismus, weil sie kontemplative Gelehrsamkeit und Tätigkeit in der Welt vereinen. In ganz Indien gibt es mehr als hundertfünfzig Zentren, in Europa und Amerika etwa zwanzig.

Belur Math ist heute eine heitere Oase am Rande von Kalkutta. Es erstreckt sich über eine Fläche von etwa einem Hektar am Ufer des Ganges und enthält einen Tempel, dessen Architektur die Stile der Weltreligionen darstellt. Vivekanandas Zimmer befindet sich in einem benachbarten Gebäude und beherbergt seine Musikinstrumente und ein Bett, das zum Fluß hinausblickt. Im Komplex des Dakschineshwar-Tempels – der heute lebendiger ist als jemals zuvor – befindet sich der Raum, in dem sich Ramakrishna mit seinen Schülern versammelte. Seine beiden Betten – eines zum Schlafen, ein zweites als Sitzgelegenheit – füllen den Raum fast vollständig aus, und die heutigen Schüler sitzen eng gedrängt in kontemplativem Schweigen um diese beiden Betten – eine Erholung von der Menschenmenge, die sich immer draußen am Kali-Tempel versammelt.

Vivekananda, ein Mann der Tat, hätte sich über die heutigen Aktivitäten seiner Mission gefreut. Und Ramakrishna? Von ihm heißt es, daß er immer um den großen Erfolg der Mission seiner Schüler wußte. Trotzdem ist es heute schwer vorstellbar, wie seine ekstatischen Tänze und Visionen einen solchen Stützpfeiler des institutionalisierten religiösen Lebens von Indien erzeugen konnte.

Die Brahma Kumaris

»Das Zölibat ist eine der großen Segnungen meines Lebens«, versicherte mir Schwester Maureen, als ich sie danach fragte. »Als Frau empfinde ich aufgrund meines zölibatären Lebens tiefe Selbstachtung, weil niemand von mir fordert, mich sexuell auf die Welt zu beziehen. Dies verleiht mir die Freiheit, in eine echtere und intensivere Beziehung sowohl mit Männern wie auch mit Frauen zu treten. Denn man bekommt immer das zurück, was man gibt. Ich erhalte dadurch auch mehr Energie und geistige Klarheit.«

Schwester Maureen ist eine verheiratete Frau, die seit zwanzig Jahren bei den Brahma Kumaris ist. Sie und ihr Ehemann trafen im Alter von einundzwanzig Jahren in England auf diese Organisation, und innerhalb einer einzigen Woche hatten sie sich dem zölibatären Leben verschrieben, einem Leben, in dem die Tage zudem bereits um vier Uhr morgens mit einer Meditation beginnen. Obwohl sie heute in verschiedenen Zentren der Brahma Kumaris leben, sind sie noch immer verheiratet und behaupten, daß sie durch ein ganz besonderes Band miteinander verbunden sind.

Ich traf Maureen bei einem Kongreß, der von den Brahma Kumaris auf dem Berg Abu in Rajasthan organisiert wurde. Dort befindet sich ein internationales Zentrum »Madhuban« oder »Honigwald«. Auf diesem Kongreß wurden neue Haltungen zum Lernprozeß erörtert, und die Teilnehmer kamen aus der ganzen Welt, was für die meisten Veranstaltungen der Brahma Kumaris typisch ist. Diese ungewöhnliche Organisation, die den Vereinten Nationen als nicht-staatliche Friedensorganisation beigeordnet ist, wurde in den dreißiger Jahren unseres Jahrhunderts von einem erfolgreichen Juwelenhändler namens Brahma Baba ins Leben gerufen, der eine Reihe von spirituellen Erfahrungen durchlebte und daraufhin seine Geschäftsangelegenheiten hinter sich ließ und im heutigen Pakistan zu lehren begann. Die Essenz seiner Lehre, die er Raja Yoga nannte, bestand darin, daß Shiva als Höchstes Wesen ein Lichtwesen ist, das alle göttlichen Eigenschaften in sich enthält. Auch die menschliche Seele ist ein Lichtwesen, und dies kann man durch Meditation auf das dritte Auge erkennen. Die Schüler lernen, zum Licht ihrer Seele zu werden und sich in schweigender Verschmelzung auf das größere Licht des Allerhöchsten Wesens einzustimmen. Durch die Praxis der Meditation gelangt man dazu, den Wert und die Schönheit des eigenen Wesens wie auch anderer Menschen zu erkennen.

Die Mehrheit seiner Anhänger waren Frauen, was in jener Zeit heftigen Widerstand und Belästigungen herausforderte, denn viele von diesen Frauen waren in heiratsfähigem Alter, aber Brahma Baba empfahl sowohl das Zölibat wie auch die Nicht-Anerkennung der Kasten. Trotz vieler Schwierigkeiten lebten etwa dreihundert SchülerInnen zusammen und setzten die Lehren ins praktische Leben um. Als Pakistan sich von Indien trennte, zogen sie zum Berg Abu um und praktizierten dort unter Bedingungen extremer Armut. In den sechziger Jahren war ein Kern von Schüler/Innen zu höchst kompetenten Yogis geworden und hatte mit der Weitergabe der Lehre begonnen. Eines Nachts im Jahre 1969 leitete Brahma Baba die abendliche Diskussion, ging dann in sein Zimmer, legte sich aufs Bett und starb. Inzwischen aber war seine Arbeit in ganz Indien geachtet, und die Regierung von Indien gab eine Briefmarke zu seinen Ehren heraus.

Die weiblichen Yogis, die er zurückließ, leiten auch heute noch die Organisation. Sie heißen *dadis* oder Schwestern. In den letzten fünfundzwanzig Jahren haben sich die Brahma Kumaris in vielen Ländern verbreitet, und abgesehen von ihren Gemeinschaften und Meditationszentren widmen sie sich wichtigen kulturellen und sozialen Aufgaben auf der ganzen Welt. Von den Vereinten Nationen haben sie sieben Friedenspreise erhalten, und gegenwärtig arbeiten sie an einem weltumspannenden Forschungsprojekt über die Krise der moralischen Werte. In fünfzehn Ländern wird in ihren Zentren Meditation gelehrt, aber die größte Gemeinschaft ist nach wie vor in Indien. Unmittelbar nach dem Kongreß, den ich besucht hatte, bereitete das Personal von Madhuban ein einwöchiges Meditationscamp mit fünftausend Indern vor!

Die Brahma Kumaris haben noch andere Lehren, die viele Menschen nur schwer akzeptieren können. Sie sind eine »apokalyptische« Gruppe und glauben, daß unsere gegenwärtige Welt nur noch kurze Zeit fortbestehen wird. Sie glauben an die hinduistische Lehre von den vier *yugas* oder Zeitaltern, die das Universum ständig durchläuft, nur sind sie der Meinung, daß sich das gesamte Rad der vier Zeitalter alle fünftausend Jahre um die eigene Achse dreht, während in der traditionellen hinduistischen Lehre jedes Zeitalter viele Tausende von Jahren andauert. Im Körper sehen sie die Wurzel allen Übels, und deshalb konzentriert sich ihre Meditation auf das Reich der Seele. Aus demselben Grund ist auch das Zölibat ein Ziel für viele verheiratete Mitglieder wie auch für alleinstehende AsketInnen. Für die

Brahma Kumaris ist die Materie leblos, nur das Reich der Seele lebt. Eine so radikal dualistische Lehre widerspricht vielen gegenwärtigen Strömungen sowohl im spirituellen Leben wie auch in der Wissenschaft.

Ob man sich durch solche Ansichten abgestoßen fühlt oder nicht – die Tatsache bleibt bestehen, daß die Brahma Kumaris eine unleugbare Kraft für das Gute in der Welt sind. Sie versuchen nicht, Anhänger zu werben, und ihre weltumspannenden Programme erwähnen oftmals nicht einmal ihre Lehre. Sie verlangen kein Geld für ihre Aktivitäten, und wer an ihren Kongressen teilnimmt, erhält Unterkunft und Essen gratis – ohne irgendeinen Hinweis auf eine Sammelbüchse. Ihre Integrität ist unbestreitbar.

Beim Kongreß über das Lernen teilte ich meinen Raum mit einem Gefängnisbeamten namens Malcolm Gillan, der die Brahma Kumaris gerade erst vor einigen Monaten bei einem Seminar für Gefängnispersonal kennengelernt hatte. Eines der Ziele des Seminares bestand darin, Werte zu erforschen. Zum erstenmal hörte Malcolm, daß jemand seine eigenen Vorstellungen aussprach, die er niemals zuvor irgendjemandem anvertraut hatte. Dieses Seminar bestätigte seine Überzeugung, daß er im Gefängnis sei, um den Gefangenen zu dienen, und daß jede Veränderung in der Welt mit einer Veränderung im eigenen Selbst beginnt. Er wurde aufgefordert, jeden Tag in Stille allein seine Werte und das Wesen des Dienens zu reflektieren. Niemand hatte jemals zuvor bei seinen Ausbildungssitzungen so zu ihm gesprochen. Dieses Seminar stärkte seine Achtung für die ihm anvertrauten Menschen, und dies wiederum machte es ihnen möglich, ihn mehr als Person und nicht so sehr als Wächter wahrzunehmen. Was er aus dem Seminar und einigen sich daran anschließenden Treffen gewinnen konnte, war weniger eine spirituelle Philosophie, als vielmehr eine Reihe Fertigkeiten im praktischen Leben, die sich auf Achtung und Wertschätzung anderer Menschen gründeten.

Von allen asketischen Orden Indiens sind die Brahma Kumaris wahrscheinlich diejenigen, die am wenigsten korrupt und spirituell am lebendigsten sind. Einer der Gründe dafür liegt vielleicht darin, daß es sie erst seit relativ kurzer Zeit gibt: Ihr Gründer ist vor nur fünfundzwanzig Jahren gestorben. Ein weiterer, nicht unbedeutender Faktor besteht darin, daß ihre Leiterinnen, die *dadis*, allesamt Frauen sind, die viele harte Jahre damit verbracht haben, das zu praktizieren, was sie predigen. Die einzige Kritik, die hin und wieder gegen sie verlautet, bezieht sich auf die ihnen eigene Art der Reinheit. Sie alle tragen Weiß, lächeln fortwährend sanft und sprechen in etwas süßlichen Worten vom Bedürfnis nach Liebe. Da alle menschlichen Wesen einen Schatten haben, fragt man sich manchmal, wo sie den ihren aufbewahren.

12
Gurus und Ashrams

Die wirkliche Art der Verbeugung vor dem Guru ist
das Verharren in Höchstem Schweigen, in dem durch
die Täuschung des unwissenden Ego nicht das Bewußtsein
der Unterscheidung zwischen Meister und Schüler,
Gott und Menschen entstehen kann.[24]

Das Wort »Guru« wird normalerweise mit »Vertreiber der Dunkelheit« übersetzt. Es ist mit der Wurzel »gr« verwandt, aus der sich das lateinische Wort *gravitas* für »Schwere« ableitet. Deshalb bedeutet *Guru* auch »schwer vor Weisheit«. Die Menschen werden durch Schwerkraft zu ihm gezogen,

---

[24] Muruganar, Sri, *The Garland of Guru's Sayings*, Vers 310

weil er »schwerer«, substantieller ist als sie. Und dennoch besteht seine Funktion darin, sich den Schüler nicht zu unterwerfen oder ihn seiner Freiheit zu berauben. Im Gegenteil, er lebt dafür, das eigene essentielle Wesen des Schülers – Freiheit selbst – für ihn zurückzuspiegeln. Aber das kann er nur tun, wenn er selbst von seinem eigenen kondititionierten Wesen frei ist. Ansonsten wird er nur die Machtinstinkte, die Lust und die Gier des Schülers spiegeln, auch wenn sich darunter Elemente von Erkenntnis und Klarheit mischen.

Ramakrishnas Schüler Vivekananada war der erste Guru, der um die Jahrhundertwende in den Westen reiste. Später folgte ihm Paramahansa Yogananda, dessen Weltzentrum sich noch immer in Los Angeles befindet. Der Ruf dieser beiden frühen Vertreter des Sanatana Dharma war fleckenlos. Aber heute leben wir in einer anderen Welt. Viele Gurus, die ins Ausland gehen, wirbeln letzlich nur Wolken von Skandalen auf. Buddhistischen wie auch hinduistischen Lehrern ist es ebenso leicht gefallen wie uns selbst, sich von westlichen Konsumhaltungen und den vorhersehbaren Geld-, Sex- und Machtspielen verführen zu lassen. Aber all diejenigen, die unter ihnen gelitten haben, tun gut daran, sich an die Geschichte von Rakhal zu erinnern, der einer der engsten Schüler von Ramakrishna gewesen ist.

Als strenger Zölibatär teilte Ramakrishna sein Zimmer mit seinen engsten männlichen Schülern, während seine Ehefrau Sarada Devi in einem anderen Zimmer im Tempelkomplex von Dakshinshwar schlief. Rakhal begann sich zu wundern, weshalb der Meister oftmals nachts sein Zimmer verließ und begann den Verdacht zu hegen, daß Ramakrishna eine geheime sexuelle Beziehung mit seiner Frau pflegte. Eines Nachts folgte er seinem Meister ins Freie und ging schnurstracks zu Sarada Devis Tür – an etwas anderes konnte er nicht denken. Aber dort war nur Schweigen, und es schien, als sei Ramakrishna anderswohin gegangen.

Als Rakhul in ihr gemeinsames Zimmer zurückkehrte, hörte er ein Geräusch in den Büschen und entdeckte Ramakrishna, der dort seine Blase entleerte. Als Ramakrishna seinen Schüler sah, lachte er und sagte: »Du hast richtig gehandelt. Es ist die Pflicht eines Schülers, Tag und Nacht auf seinen Guru zu achten.«

Der Dalai Lama hat westliche Adepten kritisiert, weil sie bei ihrer Suche nach einem Guru oftmals so vertrauensselig sind. In Tibet erwartet man vom Schüler, daß er an seinem Guru solange zweifelt, bis er sich vollkommen sicher ist, daß er sowohl integer wie auch für das Temperament des Schülers passend ist. Echte Gurus sind immer selten gewesen, aber der Guru ist ein grundlegender Teil des hinduistischen Lebens, und im Laufe der Jahrausende hat sich ein ganzes Ensemble von Normen und Methoden der Beurteilung entwickelt, mit dem der Schüler bei der Suche nach seinem Meister arbeiten kann. Daß der Schüler mit seinem Guru im Ashram lebt, ist unter anderem dadurch begründet, daß er ihn dort in allen Lebenssituationen beobachten kann. Im Westen gibt es keine derartige Guru-Tradition. Wir können nur wenig Verständnis für die Beziehung zwichen Guru und Schüler aufbringen, wir haben auch keine Beispiele dafür und vergleichen sie deshalb mit Beziehungen, die uns vertraut sind – die zwischen Vater und Mutter, zwischen Liebenden, Erlösern oder auch in der jüngeren Vergangenheit mit Therapeuten.

In Wirklichkeit ist ein Guru nur selten ein Psychotherapeut. Als einmal eine Frau mit einer ganzen Litanei von Familienproblemen zu Ramana Maharshi kam, wendete er sich an einen der Anwesenden und fragte: »Was will sie mir sagen? Sie sollte professionelle Hilfe in Anspruch nehmen!«

Das Reich der Seele war nicht Ramanas Terrain. Wie jeder Guru, der die Wahrheit seines eigenen Wesens erkannt hat, ist die Psyche nichts, was man ernstnehmen könnte. Er kann nicht behaupten, daß er an sie und ihre Dilemmas glaubt. Er kann Menschen nur segnen und ihnen Glauben und Vertrauen einflößen. Seine tiefere Funktion besteht darin, auf das unveränderliche Selbst hinzuweisen, das hinter all unseren Stimmungen und Ängsten liegt. Im Westen gibt es Psychotherapeuten, die über echtes spirituelles Wissen und Erfahrungen in diesem Bereich verfügen, und die dennoch nicht ununterbrochen im Schweigen jenseits der Psyche leben. Solche FührerInnen sind besser für die meisten Menschen geeignet als der traditionelle Guru, der entweder einfach seinen Segen erteilt oder in einer kompromißlosen Sprache, die für viele Menschen zu radikal ist, spricht – falls er überhaupt noch spricht. Wir müssen ein gesundes Ichbewußtsein entwickelt haben, bevor wir überhaupt nur daran denken können, es wieder aufzugeben.

Ein Guru ist auch kein spiritueller Führer, der eine Stunde lang auf der Bühne auftritt, fünftausend Menschen begeistert und in seine Neurosen zurückgleitet, sobald er in sein Hotelzimmer zurückgekehrt ist. Der spirituelle Führer erfüllt eine echte Funktion, indem er Menschen eine Richtung weist und sie zu den ersten Schritten ermutigt. Aber er steht nicht in engem und vertrautem Kontakt mit individuellen Personen, die ihn sowohl auf der Bühne wie auch hinter den Kulissen erleben, und denen er über lange Zeiträume hinweg eine tiefe innere Führung gewährt. Je ferner diese Gestalt ist, umso eher kann sich ihr Publikum ein Idealbild von ihr zimmern und sich auf diese Weise davor drücken, mit dem eigenen unbewußten Material in Kontakt zu treten. Wie in jeder Beziehung, die sich auf Liebe gründet, sind in der Beziehung zwischen Guru und Schüler Dauer und Nähe erforderlich. Ein Guru hat die Geduld, das Schattenspiel seiner Schüler mitzuerleben und sie schweigend auf das hinzuweisen, was jenseits oder unter ihren Projektionen liegt. Dabei spielt es keine Rolle, ob er sechs oder zehntausend SchülerInnen hat. Auf jeden Fall ist die Größe seiner Anhängerschaft kein Hinweis auf seine innere Größe.

Wenn wir weisen Rat oder spirituelle Unterweisung suchen, können wir unter vielen Menschen auswählen. Wenn wir den *darshan* eines großen Heiligen oder Guru ersehnen, so gibt es davon nur einige wenige – einschließlich derjenigen, die in diesem Kapitel erwähnt werden und sowohl in Indien wie auch im Westen aufgesucht werden können. Je nach unserer Empfänglichkeit können wir die Gnade ihrer Gegenwart empfangen und dann weggehen. Der *darshan* eines großen Heiligen kann das ganze Leben verändern. Alle hinduistischen Schriften betonen, wie wichtig es ist, die Gesellschaft von verwirklichten Seelen zu suchen und sich regelmäßig in ihrem atmosphärischen Umfeld aufzuhalten.

Selbst durch die Vermittelung eines Fotos kann sich ein *darshan* in eine dauerhafte Guru-Schüler-Beziehung verwandeln, wenn das Schicksal es will, und wenn man es im innersten Herzen – *hridayam* – erkennt. Dies ist denn auch die Bedingung: Es ist keine Beziehung, über die man mit dem Verstand urteilen könnte, oder die man auf die Weise eingehen könnte, wie man einen Therapeuten wählt. Sie geschieht. Und ob der Guru nun religiöse Hingabe, forschende Erkenntnis oder Tantra vorschreibt – immer steht die Beziehung selbst im Mittelpunkt.

Und dennoch ist man gerade dann, wenn man glaubt, sie »geschehe« einfach nur, am meisten der Gefahr der Projektion und Täuschung ausgesetzt. Wir alle wollen uns verlieben, und die meisten von uns wünschen sich jemand, der des Weges kommt und uns rettet. Unsere Bedürfnisse verschleiern oft unsere Urteilskraft. Gibt es irgendeinen Hinweis auf manipulatives Verhalten, auf eine Abwertung des freien Willens? Geht es um Geld oder materielle Güter? Wird auch nur in irgendeiner Weise behauptet, daß es der einzige Weg zur Wahrheit ist? Zieht dieser Guru die Aufmerksamkeit auf sich oder auf das Göttliche, das in Ihnen lebt? Was ist es, was Sie an ihm beeindruckt? Charisma, Demonstration von *siddhis* (»magischen Kräften«), Verheißun-

242

gen von spirituellen oder weltlichen Erfolgen, wenn man dem Guru oder seinem Programm folgt – oder das Erwachen einer neuen Dimension des Friedens und der Freude im eigenen Wesen? Wie in jeder tiefen Beziehung kann man niemals sicher wissen, auf was man sich einläßt, auch wenn man noch soviel Begeisterung verspürt. Deshalb beginnt das Ganze mit einer Mischung von Vertrauen und Zweifel. Wenn man eine Beziehung eingeht und später dann Elemente sieht, die sich gegen die eigene Integrität wenden – was soll man dann tun? Wenn man das, was man deutlich vor Augen sieht, wegrationalisiert, um den Status Quo zu erhalten oder wenn man sich der Furcht vor Tadel unterwirft, so verliert man sich in einem nur zu vertrauten Machtspiel. Der beste Schutz, den wir haben können, besteht darin, daß wir nach unserem eigenen inneren Gewissen handeln, wie auch immer die Folgen zu sein scheinen.

Ein echter Guru wird niemals aktiv danach streben, Schüler zu suchen oder eine Organisation aufzubauen – warum sollte er, wenn er selbst keine Bedürfnisse hat? Er wird sich vielleicht nicht einmal selbst als Guru bezeichnen – er ist es nur, weil andere ihn so benennen. Zwar fühlen sie sich durch die Kraft seiner inneren Verwirklichung von ihm angezogen, er selbst aber versucht nicht, aktiv Menschen an sich zu ziehen. Dieser passive Prozeß also ist gemeint, wenn es heißt, daß der Guru den Schüler findet. Er reagiert einfach nur auf die Bedürfnisse anderer Menschen. Für alle Menschen kann er alles sein, je nachdem, wie sie ihn wahrnehmen. Selten befaßt sich ein indischer Guru ausschließlich mit reifen Seelen, denen es um Selbstverwirklichung geht. In Bodh Gaya sah ich zu, wie Sarath Babuji von Shirdi stundenlang in seinem Hotelzimmer saß und alle Hotelarbeiter empfing, die von seinem Aufenthalt gehört hatten. Sie baten um seine Gnade, um ein männliches Kind zu bekommen, um irgendwelche Eheprobleme, eine Auseinandersetzung bei der Arbeit zu regeln, eine Krankheit zu heilen oder die Geldmittel aufzubringen, um ihre Kinder auf ein englisches Gymnasium zu schicken. Allen von ihnen gab er seinen Segen und ein Bild von seinem eigenen Guru – Shirdi Sai Baba. Der Guru unterscheidet nicht zwischen sogenannten reifen Seelen und anderen. In seinen Augen sind alle Menschen gleichermaßen seiner Aufmerksamkeit würdig, da wir alle eine einzigartige Ausdrucksform des Göttlichen sind.

Wenn der Guru ein Familienvater ist, so empfängt er vielleicht gleichzeitig einige wenige Menschen in seinem eigenen Haus, wie es Ramesh Balsekar, der *jnani* (»Wissende«) in Bombay tut, der ein Schüler von Nisargadatta Maharaj war. Oder vielleicht ist er oftmals unterwegs wie Nanagaru, wenn er vom Haus eines Schülers oder von irgendeinem öffentlichen Anlaß zum nächsten geht. Vielleicht lebt er auch in einer unterirdischen Höhle wie der außerordentliche Nitai Baba in der Gegend von Vrindavana. Dies alles hängt von seiner Rolle im Leben ab. Manche Gurus sind asketisch lebende *sadhus*, andere unterhalten eine Familie. Die spirituelle Verwirklichung ist keiner bestimmten Lebensweise vorbehalten.

In den meisten Fällen lebt der Guru in einem Ashram. *Ashram* bedeutet »Ort des Kampfes«. Da die Hindus das ganze Leben in vier *asramas* oder Stadien aufteilen, betrachten sie das ganze Leben als endlosen Kampf. Nur das angestrebte Ziel verändert sich. Das erste *asrama*, das Stadium des *brahmachari* erfordert richtiges Handeln oder *dharma*. Der junge Mann wird in Ethik und spirituellen Prinzipien geschult, die ihn zu einem ehrenwerten Leben führen. Das zweite *asrama* ist das Stadium des Familienvaters, dessen Ziel Reichtum und der Genuß von Reichtum ist. Das dritte Stadium des *vanaprasta* oder »Waldbewohners« zielt auf Selbsterkenntnis ab, während das vierte, das des *sannyasins*, nach *moksha* oder »Befreiung« strebt. Die beiden letzten Stadien können im Ashram eines Gurus, dem Ort des spirituellen Kampfes stattfinden.

Ein Ashram wird dann gebildet, wenn ein Guru an einem Ort verweilt, und seine Schüler sich um ihn sammeln. Im Laufe der Zeit kaufen die Schüler Land, erstellen eine Infrastruktur und stiften Geld. Die meisten Ashrams im heutigen Indien sind die Erbstücke von Gurus, die nicht mehr leben. Im Laufe von Jahrhunderten sind Tausende von Gurus gekommen und gegangen und haben ihre sterblichen Überreste in den Ashrams hinterlassen, die während ihrer Lebenszeit um ihre Gestalt wuchsen. Einige wenige davon wie etwa der Ashram von Haridwar, der das *mahasamadhi* von Ananda Mayi Ma beherbergt, und der Shivananda-Ashram von Rishikesh sind noch immer Orte von machtvollem spirituellem Einfluß. Der Shivananda-Ashram erfreut sich der Gegenwart von drei lebenden Gurus: Chidananda, Brahmananda und Krishnananda – alle von ihnen sind unmittelbare Schüler des großen Meisters und verfügen auch selbst über beträchtliche spirituelle Autorität. Neem Karoli Baba starb im Jahre 1973, aber sein Ashram in Kainchi in Uttar Pradesh ist noch immer ein Ort großer spiritueller Macht. Viele der Ashrams von verstorbenen Gurus sind jedoch eher eine Art von Gedächtnishallen, an die Wohnmöglichkeit angeschlossen sind. Oft sind es Orte, an denen man eine Zeit der Ruhe und Einkehr verbringen kann – gegen ein Entgelt, das man nach eigenem Vermögen bestimmt – aber spirituelle Nahrung findet man dort nicht immer.

Die Ashrams von lebenden Gurus spiegeln natürlicherweise den Zustand des Gründers wider und zeigen, welche Bedürfnisse er seinen Schülern unterstellt. Wenn man im Ashram von Ma Amritanandamayi lebt, so muß man arbeiten. Wenn man bei Chandra Swami verweilt, so muß man mindestens vier Stunden am Tag meditieren. Und dennoch verweisen beide Meister auf ein und dieselbe Wahrheit, nämlich daß der Guru letztlich keine andere Person ist als wir selbst. Letztlich können sie uns nur zu dieser Erkenntnis führen. Dies ist eine Platitüde, die wir im Westen gerne hören, aber normalerweise nehmen wir sie nur aus der sicheren Position des Verstandes an. Aber Gurus, die dieses Niveau erreicht haben, können uns die wirkliche Erfahrung dieser Weisheit zugänglich machen – wenn wir es zulassen. Und das ist letztlich auch ihre einzige Funktion.

Poonjaji

Es wird überwältigend wichtig, daß wir uns von unseren alltäglichen Vorstellungen von uns selbst als potentielle Subjekte einer besonderen und einzigartigen Leistung und Verwirklichung befreien ... ein spiritueller Führer, der auch nur irgendetwas wert ist, muß einen gnadenlosen Kampf gegen alle Arten von Täuschung führen, die aus spirituellem Ehrgeiz und Selbstgefälligkeit resultieren und das Ego mit spirituellem Glanz ausstatten wollen.[25]

Chloe Goodchild und ich trafen Poonjaji in der ersten Woche des Jahres 1990. Es war eine Woche, die wir niemals vergessen werden. Wir hatten schon seit einiger Zeit von einem rätselhaften Mann in Lucknow gehört, dessen Selbstverwirklichung durch Ramana Maharshi, den großen Weisen von Arunachala geschehen war. Wir hatten über ihn in Bücher, des französischen, christlichen Sadhu Swami Abishiktananda gelesen, in denen er von dem tiefen Eindruck sprach, den ein Mann namens Harilal auf ihn gemacht hatte. Von einem französischen Freund, der einen Großteil der siebziger Jahre in Indien verbracht hatte, wußten wir, daß Harilal inzwischen Poonja hieß. Zu jener Zeit hatte unser Freund ihn selbst mehrere Male getroffen und war ebenso

---

[25] Merton, Thomas, aus einem Vortrag mit dem Titel »Transzendente Erfahrung«, zit. in Edward Rice, *The Man in the Sycamore Tree.* Image Books, New York 1992

beeindruckt, wie es auch Abishiktananda gewesen war – allerdings war er dabei ein wenig zurückhaltender. Er sprach von der Energie, die so intensiv aus Poonjas Augen strömte, daß er auf der Straße ein dünnes Tuch über dem Gesicht tragen mußte, um nicht die Aufmerksamkeit der Menge auf sich zu ziehen.

Wir erfuhren, daß Poonja sich nicht für einen Guru im üblichen Sinne hielt, denn er gehörte zu der »bereits erleuchtet«-Schule, deren höchster Vertreter Ramana Maharshi ist. Diese Schule folgt der advaitischen Lehre der Upanishaden bis zu ihrer logischen Folgerung: Wenn alles, was existiert, göttlich ist, was soll man da dann noch erstreben, welchem Weg sollte man folgen? Man ist bereits das, was man sucht. Das Suchen selbst trennt die Suchenden von dem, was bereits ist. Die einzig notwendige Erkenntnis besteht darin, daß man bereits da ist, wo man sein sollte. Eine solche Ansicht schließt natürlich die Vorstellung von Guru, Schüler und einem Weg zur Freiheit aus. Für Poonja gab es nichts, was getan werden mußte: Keine Meditation, kein *sadhana.* Jegliche Bemühung entfernt die Menschen nur von dem, was sie suchen. Poonja nahm keine Schüler an, aber er war bereit, sich in vorübergehenden Begegnungen mit Personen einzulassen, um ihnen zu zeigen, daß sie weder ihn noch irgendjemand sonst brauchten, der sie zu irgendeinem Ziel führen würde.

Eine solche Lehre ist Musik für die Ohren eines westlichen Menschen. Man braucht das weltliche Leben nicht zu verlassen, um ein Mönch zu werden – keine strengen spirituellen Disziplinen vor dem Frühstück, keine »Unterwerfung« unter einen Guru, und vor allem: Die Frucht ist da, um jetzt gegessen zu werden. Endlich ist sie da, die sofortige Erleuchtung. Was soll man sich in der Hitze und im Schmutz Indiens herumschleppen, um den einzigen und wirklichen Guru zu finden, wenn man auch im Lieblingslehnsessel sitzen und eine Mango essen kann – in dem Wissen, daß man bereits weiß?

Wir ließen uns von dieser Idee ebenso verführen, wie es jedem anderen auch ergangen wäre – dabei muß aber betont werden, daß es unsere eigene Mischung aus Vorwissen und echter Suche war, die uns dabei leiteten, und nicht irgendein Trick von seiten Poonjas. Das Gerücht, daß ein Amerikaner namens Andrew Cohen vor kurzem durch Poonja erleuchtet wurde und nun im Westen lehrte, trieb uns noch mehr zu ihm. Aber Poonja war nicht leicht zu finden. Er hatte einen Großteil seines Lebens an wechselnden Orten verbracht. Doch seine Familie und seine Kinder lebten in Lucknow, und dies war auch der Ort, an den er immer wieder zurückkehrte. Er hatte seine Familie durch seine Arbeit als Bergbauingenieur unterstützt und sich dann frühpensionieren lassen, um sich seinen spirituellen Wanderungen hingeben zu können. Als es uns gelungen war, ihn in Lucknow telefonisch zu erreichen, sagte er, daß er vielleicht nach Goa reisen werde, und daß wir ihn in einigen Tagen nochmals anrufen sollten. Als wir wieder anriefen, teilte er uns mit, daß er vielleicht nach Haridwar gehen werde, und daß wir ihn in einigen Tagen wieder anrufen sollten.

Eine Woche später ließ er uns in sein Haus im alten Teil der Stadt kommen. Wir wurden in einen kleinen, einfachen Raum gebeten, in dem lediglich ein Bild von Ramana Maharshi an der Wand hing. Drei Amerikaner waren bereits dort. Anna Douglas war eine buddhistische Lehrerin aus Kalifornien; Andrew Getz hatte gerade drei Jahre als Mönch in einem thailändischen buddhistischen Kloster verbracht, und der dritte war Eli Jaxon-Bear, ein Therapeut von der Westküste. Unter dem Bild von Ramana saß ein großer Inder in einfachem Weiß. Er war etwa achtzig Jahre alt, sah gut aus und vermittelte den Eindruck von großer physischer Kraft und Vornehmheit. Die Augen, die er einst mit einem Tuch bedecken mußte, wirkten nun großväterlich und ein wenig streng. Er schien eine Antwort zu fordern, ohne eine Frage gestellt zu haben. Dieser Raum war weder von Ehrfurcht,

248

noch von tiefem Schweigen noch von irgendeiner Andeutung eines Guru-Schüler-Verhältnisses erfüllt. Wir befanden uns in einer ganz normalen Versammlung von Menschen, die sich offenbar gefunden hatten, um einige Zeit miteinander zu verbringen.

Poonja fragte uns, mit welchem Zug wir in Lucknow angekommen seien, und schwatzte dann mehrere Minuten lang wie zufällig über die besten und schlechtesten Züge nach Lucknow, wobei er auch die anderen fragte, mit welchen sie gekommen seien. Plötzlich wandte er sich mir zu und fragte: »Was kann ich für Sie tun?«

Ich zögerte. All meine Projektionen und Erwartungen schwammen vor mir. Im Grunde wünschte ich mir eine Antwort, die wie ein Blitzschlag aus dem blauen Himmel all meine Fragen und Forschungen ein für allemal lösen würde. Eine andere Antwort – und das kam der Wahrheit näher – sollte mir helfen, klarer zu sehen, wie ich mich selbst finden könne. Und eine weitere Antwort wäre gewesen, daß ich einfach gerne schweigend mit ihm eine Zeit verbracht hätte.

»Ich fühlte mich immer intuitiv zu *advaita* hingezogen«, antwortete ich schließlich, »aber ich finde, daß es nur schwer mit meiner eigenen Erfahrung von Liebe und Hingabe zu vereinbaren ist. Wenn es nur eine einzige Wirklichkeit gibt, wie können wir dann die Existenz der Liebe erklären, denn Liebe erfordert ja eine Beziehung?«

Poonja brüllte vor Lachen. »Wer hat jetzt diese Frage gestellt?« antwortete er. »Ist es die Frage eines Philosophen oder eines Liebenden? Wie auch immer, beides stimmt nicht. Und weshalb? Worum geht es? Es geht um Sie selbst. Wer sind Sie? Dort werden Sie die Antwort finden. Sagen Sie mir, Mr. Roger (seit ich seinen Raum betreten hatte, insistierte er darauf, mich so anzusprechen), sagen Sie mir, wer ist denn das, der in der Verkleidung dieses Körpers, den ich hier vor mir sehe, nach Indien gekommen ist? Wenn Sie aus diesem Zentrum heraus sprechen können, dann werden Sie alles über Liebe wissen.«

»Ich glaube, ich kann nur sagen, daß ich nicht weiß, wer ich bin. Ich bin jenseits meiner eigenen Gedanken und Worte.«

»Aber wer sagt das in diesem Augenblick zu mir? Was ist die Quelle dieser Worte und dieses Gespräches über Liebe?«

Ich saß und schwieg. Ich fühlte die Versuchung aufzuspringen und in die Hände zu klatschen, wie es ein Zen-Schüler tun würde, der von seinem Meister mit einem *koan* konfrontiert wird. Aber auch das wäre nur ein Trick gewesen, und da saß ich nun und fühlte mich höchst unwohl, während alle Anwesenden ihren Blick auf mir ruhen ließen.

Poonja lächelte. »Als ich zum ersten Mal Ramana besuchte«, sagte er und rückte mich damit aus dem Zentrum des Geschehens, »bat ich ihn, mir die Vision des Gottes Krishna zu gwähren. Zu dieser Zeit war ich verrückt vor *bhakti* für Krishna. Seit meiner Kindheit hatte ich seine Gestalt geliebt und mich immer nach seinem unmittelbaren *darshan* gesehnt. ›Geh und meditiere auf dem Arunachala,‹ sagte Ramana zu mir. Das tat ich dann auch, und es kam, wie es kommen mußte, Krishna stellte sich persönlich bei mir ein. Er war wirklich da, direkt vor mir, und ich spielte mit ihm wie ein Kind. Als ich zu Ramana zurückkehrte und ihm von meiner Vision erzählte, fragte er mich: ›Und wo ist dein Krishna jetzt?‹ ›Jetzt ist er nicht hier‹, antwortete ich. ›Dann bleibe doch allein mit dem, was niemals kommt und niemals geht‹, sagte Ramana. In diesem Augenblick wußte ich von der unveränderlichen Wahrheit meiner eigenen Existenz, und derjenige, der ich glaubte zu sein, starb für immer.«

Er wandte sich Chloe zu und begann, sie in ähnlicher Weise zu befragen. Dann fragte er die anderen, ob sie irgend etwas zu sagen hatten. Wenn einer von ihnen etwas sagte, lenkte er sofort ihre Fragen oder Behauptungen auf sie selbst zurück. Dieser sokratische Dialog hielt einige Stunden lang an, bis Poonja schließlich aufstand und sagte, daß er uns am nächsten Morgen wiedersehen wolle.

Am nächsten Tag trieben mich Poonjas Fragen jenseits meiner eigenen Worte. Er fragte Chloe, was sie vor sich sah. Sie sah eine gelbe Wand. »Nein«, lachte Poonja. »Die gelbe Wand war gestern hier. Sie gehört zur Vergangenheit, und nur die Augen sehen die Vergangenheit. Aber was sieht das Ich, das Selbst?«

Da traf es mich von innen, und die Wörter explodierten aus mir: »Das Ich ist nicht in Zeit oder Raum«, stieß ich hervor. »Es ist nirgends und überall. Deshalb verschwindet die Welt, wenn das Ich auftaucht – weil das Ich die Welt ist. Wenn das Selbst die Welt ist, so gibt es nichts zu sehen, weil es keinen Sehenden an sich gibt. Das Selbst kann nur sein eigenes Selbst überall sehen. Mein Gott, ich sehe!«

Mein Körper war lebendig, ich verspürte Leichtigkeit, Klarheit und eine Art von Freude.

»Ah, da haben wir es!« rief Poonja begeistert aus. »Also wer ist jetzt Mr. Roger?« Der ganze Raum einschließlich meiner selbst, bebte vor Lachen. »Kennt Ihr die Geschichte vom Tiger und den Eseln?« fragte er. »Ein Tigerjunges verlor seine Mutter und wurde von einer Eselfamilie gefunden. Die Esel nahmen es auf und lehrten es, Iaah zu schreien und Heu zu fressen. Das Tigerjunge kam zu der Überzeugung, daß es ein Esel sei, bis es eines Tages einem erwachsenen Tiger über den Weg lief, der es packte, bevor es weglaufen konnte. ›Was glaubst du eigentlich, wer du bist?‹ fragte der Tiger – unangenehm berührt, daß einer von seiner Art sich so unstandesgemäß verhalten könne. ›Ich bin ein Esel‹, erwiderte das Tigerjunge. Der erwachsene Tiger trug ihn am Nacken zum Fluß hinunter und zeigte ihm sein Spiegelbild im Wasser. ›Sag mir jetzt, was du bist‹, rief er aus. ›Ich bin ein Tiger, ich bin ein Tiger‹, schrie der vermeintliche Esel aus. ›Dann brülle‹, sagte der Tiger. Und das Tigerjunge brüllte. Jetzt, Mr. Roger, kann ich Sie hören!«

Wir alle wälzten uns vor Lachen am Boden.

In dieser Nacht konnte Chloe nicht schlafen. Ihr Körper fühlte sich an, als ob er in Flammen stünde, und einen Augenblick lang hatte sie eine Vision von Shiva, der sich ihr näherte, als sei sie seine Gefährtin Shakti. Sie blickte lange auf ihn, und als er sich auflöste, fühlte sie, daß sich auch ihre Gedanken und Gefühle auflösten. Am Morgen war sie auf irgendeine Weise spürbar verändert. Sie schien sich in einem Zustand tiefer Entspannung zu befinden. Sie sagte, ihr sei, als ob ihr Verstand von ihr genommen sei. Sie hatte keine denkende und handelnde Instanz mehr in sich, aber sie fühlte sich wacher und lebendiger als jemals zuvor. Als sie Poonja mitteilte, was in der vergangenen Nacht geschehen war, blickte er auf sie und sagte, daß er das bereits wisse, und daß er ihretwegen sehr froh sei. Sie sei nun bereit für den »letzten Angriff« und solle ihn am nächsten Morgen besuchen kommen. Sie tat es und erwartete so etwas wie eine Belehrung oder ein Ereignis der Offenbarung, aber Poonja bat sie nur, ihn zum Arzt zu begleiten, der ihm ein Heilmittel für seine Diabetes geben solle. Auf dem Weg durchquerten sie den Tiergarten von Lucknow. »Der letzte Angriff«, so schien es, war weiter nichts als ein Spaziergang durch die Stadt an der Seite eines älteren Herrn. Er empfahl ihr, sich einfach in dem Wissen zu entspannen, daß es nun nichts mehr zu tun gebe, und daß ihr Name hinfort Shakti laute.

Am Ende der Woche verließen wir Lucknow, um nach England abzureisen. Eli Jaxon-Bear erklärte mir, wie froh ich darüber sein sollte, daß meine Partnerin erleuchtet worden sei. Nichts wünsche er sich mehr, als daß dies auch seiner Frau zuteil werde. Weder Chloe noch ich selbst hätte ein Wort wie Erleuchtung verwendet, um ihren Zustand zu beschreiben; vielmehr war sie in einem Zustand von *samadhi*, der mehrere Monate lang andauern sollte, in dessen Verlauf die normalen Sorgen der Welt sie nicht berührten. Dies war keine mentale Haltung, keine angenommene Pose, sondern ein Zustand von erwachter Energie, und Poonja hatte recht, wenn er sie Shakti nannte. In ähnlicher Weise, wie mein eigenes »Erlebnis« nach einiger Zeit dahinschwand – viel schneller als das ihre – kehrte auch Chloes Bewußtsein langsam wieder in den Vordergrund zurück. Allerdings hat die Veränderung ihres Energiemusters dennoch eine bleibende Spur hinterlassen.[26]

Diese eine Woche erzeugte ebensoviele Fragen, wie sie beantwortete, und drei Monate später kehrten wir zurück und fanden nun zwanzig Menschen rund um Poonja. Unter ihnen war auch Eli, er war mit seiner Frau Tony zurückgekehrt. Für uns war dieser Besuch eine kalte Dusche. Poonja wollte wissen, warum wir zurückgekommen seien, da wir seine Botschaft doch schon bei unserem ersten Besuch begriffen hätten. Wir waren uns jedoch nicht so sicher, was wir »begriffen« hatten. Auf individuell verschiedene Weise hatten wir beide eine tiefe Erfahrung gemacht; aber noch immer war eine erfahrende Instanz zurückgeblieben, die darüber sprechen konnte. Dies war nicht die dauerhafte, nicht-duale Wirklichkeit von Ramana, so sehr wir uns das Gegenteil gewünscht hätten. Kurz nachdem wir abgereist waren, hörten wir, daß Poonja die Erleuchtung von Elis Frau Tony bestätigt und ihr den Namen Gangaji verliehen hatte. Auch habe er sie ermutigt, in seinem Namen im Westen zu

---

[26] Eine umfassende Beschreibung von Chloe Goodchilds Erfahrung mit Poonjaji finden Sie in ihrem Buch *The naked Voice*, Rider, London 1992. Das Buch ist vergriffen und kann nur bei der Autorin gegen einen Scheck über 11 Pfund zuzüglich Porto bezogen werden. Adresse: The Naked Voice, P.O. Box 1892, Bath BA1 9YY, UK.

lehren. Gangaji spricht inzwischen zu Hunderten von Menschen in verschiedenen Teilen der Welt, und die meisten sagen nur Gutes über sie und sind sich offenbar einig, daß sie eine echte Stimme des Herzens ist.

Ihre Botschaft ist dieselbe wie die von Poonja: Menschen werden aufgefordert, ihr eigentliches Wesen in der Erkenntnis »Ich bin Dies« zu bekräftigen. Aber wer ist das Ich, das diese Aussage macht? Ist es das Ich, welches tatsächlich Diese Totalität ist? Oder doch eher das vertrautere Ich, das gerne jenes Dies sein würde und sich einfach eine Haltung zu eigen macht, die nach ekstatischer Lebendigkeit aussieht? Wir alle sind so sehr zur Selbsthypnose fähig (und Selbsthypnose heißt, daß wir es selbst tun, und niemand sonst dafür verantwortlich ist), daß es uns oftmals schwerfällt, unsere Echtheit von unseren eigenen Täuschungen zu unterscheiden. Vielleicht sind Lehrer ihren Täuschungen noch mehr ausgeliefert als die meisten von uns.

Poonjas Geschick jedenfalls hat sich seit 1990 dramatisch verändert. Nachdem er vierzig Jahre lang das Guru-Schüler-Verhältnis vermieden hat, sieht es nun anders aus. Einer seiner Schüler der letzten Zeit hat ihm eine Wohnung in einem Vorort von Lucknow zur Verfügung gestellt, und dort ist er tagtäglich von dreihundert bis vierhundert Schülern umgeben, von denen so gut wie alle aus dem Westen kommen. Seine Anhänger haben einen Buchladen gegründet, und viele von ihnen sichern sich ihr monatliches Einkommen, indem sie neu hinzukommenden Anhängern Wohnungen vermieten. Ein Grund für diese Veränderung besteht darin, daß Poonjas Diabetes inzwischen so fortgeschritten ist, daß er nicht mehr umherreisen kann, wie er es zu tun pflegte. Ein weiterer Grund ist jedoch, daß er zu Beginn der neunziger Jahre von der Osho-Gemeinschaft »entdeckt« wurde, von der viele Mitglieder in Lucknow wohnen. Osho war ebenfalls ein indischer Guru, der einer begierigen westlichen Anhängerschaft unmittelbare Erleuchtung versprach, und insofern war es nach Oshos Tod im Jahre 1990 nur logisch, daß diejenigen, die sie von Osho nicht mehr hatten erlangen können, nach Lucknow zu Poonja gingen. Heute bilden die Osho-Anhänger den größten Teil von Poonjas innerem Kreis – sie sorgen für ihn und organisieren die *satsangs*. Der Titel eines Videos über Poonja *Call off the Search* (»Sagt die spirituelle Suche ab!«) und der Titel eines Buches *Wake Up and Roar* (»Wach auf und brülle!«) geben seine Botschaft genau wieder. Zudem soll eine Biographie von David Godman über ihn erscheinen. Derselbe Autor hat auch ein Buch über Ramana Maharshi geschrieben: *Be As You Are: The Teachings of Ramana Maharshi*. Alle *satsangs* werden aufgezeichnet, und die Bänder wie auch Videos von Poonja und Gespräche mit seinen Schülern können im Buchladen der Gemeinschaft gekauft werden.

Die *satsangs* unterscheiden sich deutlich von den Morgensitzungen, die wir mit Poonja im Jahr 1990 verbrachten. Noch immer befaßt er sich gelegentlich mit einer einzelnen Person, wie er es mit mir getan hat, aber meistens wird die Zeit dafür verwendet, die Briefe zu verlesen, die aus aller Welt hereinströmen und von den neuen Einsichten und Erkenntnissen künden, die den Verfasser durch Poonjas Gnade zuteil wurde. (Auch Chloe und ich schrieben ihm nach unserer ersten Rückkehr nach England ähnliche Briefe.) Aber heute ist die Stiummung oftmals von hingebungsvoller Verehrung getränkt, wie man es von früheren Schülern von Osho erwarten kann – in scharfem Gegensatz zu der Klarheit und Einfachheit von Poonja selbst. Ich kann nur annehmen, daß Poonja sich der Unvermeidlichkeit dieses Prozesses unterworfen hat, daß er sieht, daß Menschen ihr Bedürfnis nach einem göttlichen Vater auf ihn projizieren und ihn dementsprechend verehren – ob er das nun wünscht oder nicht.

Aber indem er andeutete, daß das höchste Gut so leicht erreichbar ist, hat er sich im Grunde selbst einer so glühenden Zuwendung ausgesetzt. Es gibt ein Gerücht, daß das Lucknow-Mantra folgendermaßen lautet: »Ich hatte es, aber jetzt habe ich es verloren.« Es scheint, daß sich einige Menschen bis an den Rand der Verzweiflung, ja sogar des Selbstmordes getrieben fühlten, als sie entdeckten, daß ihre vermeintliche Erleuchtung nur ein weiterer vergänglicher Seelenzustand war. Dann äußerte Poonja in einer Zeitung von Lucknow, daß durch seine Vermittlung noch nie jemand erleuchtet worden sei, und das würde heißen, daß Andrew Cohen und Gangaji einfach eine Karriere auf Kosten seines Namens konsturierten. In einer nicht-öffentlichen Nebenbemerkung gegenüber einem seiner engvertrauten Schüler gab er zu, daß er seinen Anhängern erklärte, sie seien frei, nur damit sie endlich weggingen! Heute fordert er seine Schüler auf, länger bei ihm zu bleiben. Vielleicht hat er die Warnsignale bemerkt.

Die Geschichte von Poonja ist wichtig, weil sie soviele der Themen aufweist, die in den Begriffen von *guru* und *moksha* enthalten sind. Poonja ist ohne Zweifel ein Mensch von außerordentlicher Kraft. Mit Sicherheit besitzt er die Fähigkeit, Menschen durch seine Gegenwart für ihr eigentliches Wesen zu erwecken. In der hinduistischen Tradition des Tantra nennt man diese Kraft *shaktipat*. In der Lehre des Muktananda, einem Guru, der in den siebziger und achtziger Jahren ebenfalls die Aufmerksamkeit des Westens auf sich zog, war dies ein zentraler Punkt. Meines Wissens erwähnt Poonja *shaktipat* überhaupt nicht. Schließlich ist es auch ein Begriff, der aus einer ganz anderen Tradition stammt als *advaita*, wo es keine Übertragung im eigentlichen Sinn geben kann, da nur das Selbst das Selbst erkennen kann. Aber Tatsache ist, daß Menschen weiterhin in seiner Gegenwart die Bewußtseinszustände erleben, die Chloe und ich kennengelernt haben. Heute gibt es viele Berichte über Personen, die die ganze Nacht mit innerem Feuer wachliegen, und von *samadhis*, die wochenlang andauern.

Die Ereignisse rund um Poonja führen unausweichlich zur Frage der Verantwortung. Ist es die Verantwortlichkeit des Guru, wenn Menschen seine Bestätigung annehmen, sich fälschlicherweise für befreit halten und dann zusammenbrechen, wenn sie ihren Irrtum bemerken? Oder ist es ihr eigener Stolz, ihre eigene Ignoranz, die ihnen enthüllt wird? In ähnlicher Weise kann man fragen, ob Menschen selbst schuld sind, wenn sie die Äußerungen ihreres Gurus ernstnehmen und vom Standpunkt eines erleuchteten Wesens aus zu lehren beginnen? Die traditionelle Antwort lautet, daß dies alles das Spiel des Guru ist, sein *lila*, und daß die Frage der Verantworung in einem Leben voll spontaner, absichtsloser Aktivität wie dem des Guru vollkommen irrelevant ist. Da er ein befreites Wesen ist, steht er jenseits von allen ethischen und moralischen Pflichten. Außerdem ist alles, was geschieht, von einem strengen advaitischen Blickwinkel aus gesehen die natürliche Entfaltung eines größeren göttlichen Spieles. Deshalb ist alles, auch wenn es noch so geschmacklos und peinlich ist, im Göttlichen enthalten und an dem übergreifenden Prozeß der Schöpfung und Auflösung beteiligt. Wenn Antworten wie diese, die so tief in der indischen Weltanschauung verankert sind, auf die demokratischen, personenzentrierten Werte des Westens stoßen, muß es zu Mißverständnissen kommen (im günstigsten Fall), und zu Leidenserfahrungen – im schlimmsten Fall. Dieser schlimmste Fall ist bereits oftmals bei zahlreichen buddhistischen und hinduistischen Lehrern in Amerika eingetreten.

Die Frage der Verantwortung erhebt sich auch, wenn die Lehre eines Guru unvollständig erscheint. Die buddhistischen Traditionen bieten vielschichtige Definitionen von Erleuchtung an, an denen sich zeigt, wie subtil dieses ganze Thema ist. Demgegenüber erscheint Poonjas Lehre auf jeden Fall simplifizierend, wenn nicht sogar falsch informiert. Poonjaji ist imstande, das eigentliche Wesen einer Person zu erwecken und tut es auch. Aber im buddhistischen Verständnis ist dies nur der erste Schritt in einer ganzen Reihe von Erleuchtungsschritten. Dieser erste Schritt, den man »Eintritt in den Strom« nennt, zeigt, daß drei Fesseln durchgeschnitten worden sind: Der Glaube an eine abgetrennte Identität; der Glaube an die Notwendigkeit von Riten und Ritualen und die Aufhebung allen Zweifels angesichts der Frage: »Wer Bin Ich?« In der Zen-Tradition nennt man dies *Satori*, und ohne diesen Zustand erfahren zu haben, kann der Adept seinen Weg nicht einmal beginnen. Dieses erste Erwachen scheint Poonja in seinen Anhängern in Gang zu setzen.

Und das ist immerhin ein unschätzbarer und unüblicher Dienst. Der Zen-Meister Amo Samy weist jedoch darauf hin, daß das Ganze etwas komplizierter ist: Das Erwachen kann teilweise oder ganz, eindimensional oder vieldimensional sein. Viele Zen-Meister bleiben an den ersten Ebenen des Rückzugs von der Gegenständlichkeit oder an der Leere oder der Einheit hängen. Manche lassen sich von der Formel »kein Gedanke, kein Buddha, kein Gott« einfangen. Manche bleiben bei Spontaneität, Freiheit und Nicht-Bewußtsein; sie kennen nicht das Selbst, welches in allen Bereichen des Seins wohnt. Manche sprechen von Nicht-Dualität, aber sie wissen nicht, daß das Duale ein inneres Moment des Nicht-Dualen ist. Manche rufen aus, daß es kein Selbst gibt »es gibt überhaupt nichts«; aber solche Menschen haben das wirkliche Selbst des Nicht-Selbst nicht gekostet, sie spielen nur mit Begriffen.[27]

Vielleicht findet die Erleuchtung in einem einzigen Augenblick statt, aber der Weg dorthin ist dennoch lang.

In Lucknow scheint die Gefahr zu bestehen, daß ein Teil des Weges mit der ganzen Reise verwechselt wird. Aber wo

---

[27] Aus einem unveröffentlichten Manuskript von Amo Samy.

immer man auch hingeht, trifft man Gefahren. Wenn es nicht diese ist, so ist es eben eine andere. Ohne scheinbar falsche Wegbiegungen, Schlaglöcher und Berge der Hoffnung und Enttäuschung gäbe es keine Reise. Für meinen persönlichen Kontakt mit Poonja bin ich und bleibe ich überaus dankbar. Und dennoch kann ich ihn und die Vorgänge in seiner Umgebung nur als rätselhaftes Spiel begreifen. Und dies trifft auf jeden der hier erwähnten Gurus zu – unabhängig von meinen persönlichen Neigungen. Letztlich sind Meinungen nur wenig wert: Der Suchende ist selbst für seine eigene Geschichte verantwortlich: Er kann nur versuchen, in den Situationen, die er sich auf seinem Weg erträumt, so wach wie möglich zu bleiben.

Nanagaru

Man kann sich kaum zwei unterschiedlichere Menschen als Poonja und Nanagaru vorstellen, obwohl beide ihre Erweckung der Gnade von Ramana Maharshi zuschreiben. Nanagaru verbrachte einen Großteil seines Lebens als Bauer in einem Dorf von Andhra Pradesh in der Gegend des Godavari-Flusses. Vor etwa zwanzig Jahren kam ein Heiliger im Traum zu ihm und küßte ihn auf die Wange. Einige Zeit später sah er in einer Zeitung die Ankündigung eines Buches über Spiritualität. Die Werbung stach ihm ins Auge, und er bestellte das Buch. Als er es öffnete, fand er in ihm das Foto des Heiligen, der ihn geküßt hatte. Es war Ramana Maharshi, von dem er nie zuvor gehört hatte. Er unternahm eine Pilgerreise zu Ramanas Ashram beim Arunachala und kehrte im Laufe der darauffolgenden Jahre häufig dorthin zurück, obwohl Ramana schon etwa fünfzehn Jahre früher verstorben war. Sein ganzes Leben drehte sich mehr und mehr um Ramanas Lehren, und er begann Ramanas Botschaft in seiner Umgebung zu predigen. Als er einige Jahre später wieder in Ramanas Ashram weilte, geschah es: Sein Bewußtsein fiel ein für allemal in sein Herz – so drückte er es mir gegenüber aus. Von da an hatte er sich vollkommen verändert. Ihm war, als lebte er durch eine ganz andere Energie als die der gewöhnlichen Persönlichkeit, die quasi außer Kraft getreten war. Die Menschen rings um ihn betrachteten ihn nun nicht mehr so sehr als Prediger, sondern vielmehr als Guru, und sein Name verbreitete sich schnell in ganz Andhra Pradesh.

Heute reist er durch ganz Südindien, verweilt einige Tage lang im Haus des einen oder anderen Schülers, um dann weiterzuziehen. Immer, wenn er irgendwo ankommt, strömen die Menschen dieser Gegend herbei und beschäftigen ihn den ganzen Tag mit ihren Problemen und Hilfegesuchen. Er hört ihnen allen mit tiefer Aufmerksamkeit zu, segnet sie, sitzt schweigend mit ihnen und hält manchmal eine Rede vor der ganzen Versammlung. Er ist der Archetyp des traditionellen indischen Gurus – ein Seelenarzt, ein Berater, ein Freund, ein weiser Lehrer in allen Lebensangelegenheiten, und für die wenigen, die es danach verlangt, auch eine spirituelle Verwirklichung und ein Lehrer.

Zum erstenmal traf ich Nanagaru in den letzten Tagen des Jahres 1993 in Ramanas Ashram in Tiruvannamalai. Ein Freund hatte mir mitgeteilt, daß an jenem Abend ein Guru einen *darshan* neben der Bibliothek abhalten würde. Ich dachte, daß der Arunachala und Ramanas Höhle schon genug für mich seien und empfand kein besonderes Bedürfnis nach dem *darshan* eines weiteren Guru. Aber zufällig lag die Bibliothek in der Nähe meines Schlafraumes, und als ich an jenem Abend von der Höhle zurückkehrte, sah ich eine Schar von Menschen aus dem Westen, die im Freien schweigend vor einem älteren Mann saßen, der ungefähr Anfang sechzig war und auf einem Stuhl saß. Zu seinen Füßen hatte sich ein Schwarm von gutgekleideten indischen Frauen niedergelassen. Alle blickten mit großer Aufmerksamkeit auf diesen Mann. Seine Augen bewegten sich langsam von einer Person zu anderen. Ich konnte mich des Eindrucks nicht erwehren, daß er dem Gemüsehändler an der Ecke ähnlich sah. Hin und wieder gab er ein längeres Rülpsen von sich und rieb seinen Bauch.

Ich setzte mich und hatte vor, nur solange zu bleiben, bis sich der erste Mosquito einstellen würde. Aber in wenigen Augenblicken wurde mir die Tiefe des Schweigens in dieser Gruppe bewußt. Nanagarus Blick wanderte immerzu von einer Person zur anderen, und manchmal weilten seine Augen mehrere Minuten lang bei einer einzigen Person. Gleichzeitig hob er seine rechte Hand und wandte die Handinnenfläche segnend den versammelten Menschen zu. Mein Körper wurde so ruhig wie Stein. Jeder Gedanke, irgendwohin gehen zu wollen, verschwand. Alle Gedanken jedweder Art schwanden dahin. Sein Blick war voll zärtlichen Mitgefühls, so wie ein Liebender seine Geliebte ansieht. Und dennoch hatte man nicht das Gefühl, daß irgendjemand irgendetwas tat, wollte oder bewirken wollte. Nur dieser unschuldige und leere Blick der Liebe, der allen zuteil wurde und dennoch jeden einzelnen ganz persönlich traf. Sein Körper schien vollkommen entspannt zu sein, und sein ganzes Sein floß ohne Hindernis aus seinen Augen. Nach etwa einer halben Stunde verneigte er sich schweigend und ging nach oben auf sein Zimmer. Niemand bewegte sich, und das Schweigen hielt noch einige Minuten lang an.

Als ich mich schließlich in Bewegung setzte, ging ich ohne irgendwelche vorbereitenden Gedanken zu Nanagarus Tür. Sie stand halb offen, und einer seiner Schüler stand am Eingang. Ich fragte, ob ich Nanagaru sehen dürfe, und der Schüler bat mich herein. Nanagaru saß auf seinem Bett. Er hatte gerade eine Zeitung ergriffen.

»Woher?« fragte er. Als ich es ihm mitteilte, fragte er mich, ob ich die *Times* lese. Als ich ihm antwortete, daß dies nicht der Fall sei, fragte er mich nach anderen guten Zeitungen in England. Ich antwortete kurz und kam dann zu meiner Frage: »Ich war zutiefst berührt durch das Schweigen, in das Sie uns vorher geführt haben«, sagte ich. »Aber ich möchte eigentlich selbst zu diesem Schweigen werden, wo immer ich bin. Ich kann nicht immer in Indien leben wie Sie.«

»Sie mögen das Schweigen?« fragte er und lehnte sich nach vorne wie ein glückliches Kind. »Kommen Sie morgen mit mir zur Veerupaksha-Höhle, und ich werde Ihre Frage beantworten.«

Ich versprach ihm, am nächsten Tag um drei Uhr nachmittags zu ihm zu kommen, damit er mich in seinem Auto zur Höhle mitnehmen könne.

Am nächsten Tag zur vereinbarten Zeit zwängte ich mich zusammen mit einem halben Dutzend indischer Anhänger von Nanagaru in einen Ambassador, während Nanagaru uns in einem zweiten Auto den Weg wies. Wir fuhren in die Stadt und kletterten den kurzen Weg nach oben zur Höhle, an deren Eingang sich bereits erwartungsvolle Gesichter drängten. Nanagaru betrat die Höhle, stattete dem Ort seine Verehrung ab und kehrte zurück, um im Freien unter dem Baum zu sitzen. Dann sprach er eine halbe Stunde in seiner angestammten Telegu-Sprache zu seiner indischen Zuhörerschaft, während wir anderen Besucher aus dem Westen schweigend dabeisaßen. Das Schweigen war spürbar, selbst wenn er sprach, und es spielte keine Rolle, daß er nie mehr auf meine Frage zurückkam. An jenem Abend saß er mit allen anderen auf dem Boden des Speisesaales im Ashram – ganz unauffällig, in einem gewöhnlichen *dhoti,* ohne irgendwelche besonderen Aufmerksamkeiten oder Vergünstigungen. Dieser Mann schien mehr durch den Tag zu gleiten als zu gehen.

Als ich an diesem Abend zum *darshan* erschien, winkte er mich zu sich und ließ mich neben sich sitzen. Alle paar Minuten blickte er mit unschuldiger Zärtlichkeit herab und streichelte meinen Kopf. Zunächst empfand ich eine gewisse Verlegenheit, als ich in aller Öffentlichkeit solch ungeteilte Aufmerksamkeit erlangte; aber meine Hilflosigkeit verwandelte sich bald schon in eine Ruhe und Gelassenheit, die mich noch Wochen später begleitete. Am nächsten Tag machte er sich zur Abreise bereit. Ich war in der Menge, die sich versammelt hatte, um sich von ihm zu verabschieden, und als er zu seinem Auto hinüberging, kam er auch zu mir und nahm mich in die Arme. »Roger«, lächelte er, »Roger« – wie ein Liebhaber, der sich verabschiedet. Später habe ich gesehen, daß er viele Menschen so behandelte, als ob sie für ihn die einzige Person auf der ganzen Welt seien. Niemals zuvor hatte ich so etwas erlebt: So etwa mußte sich Krishna gegenüber seinen Gopis verhalten haben.

Einige Monate später besuchte ich Nanagaru in seinem Dorf und begleitete ihn einige Tage lang auf seinen Rundfahrten durch Andhra Pradesh. Es war eine Reise ins Herz des dörflichen Indien. Das Dorf war in traditionellem Stil erbaut. Die Häuser glichen ein wenig den spanischen Haziendas, ihre Verandas wurden von geschnitzten Holzpfosten getragen und waren mit roten Dachziegeln bedeckt. Nanagaru saß auf seiner Veranda, las die Zeitung und empfing den tröpfelnden Strom der Menschen, die ihn besuchten. Seine Familie lehnte die öffentliche Aufmerksamkeit ab, die sie dadurch bekam, und wehrte sich dagegen, daß Nanagaru ihr Haus als offenes Forum benutzte Dies war einer der Gründe, weshalb er gegenwärtig soviel reist.

Er brachte mich in einem benachbarten Haus unter, das einem seiner Anhänger gehörte, der sich auf Geschäftsreise befand. Am nächsten Morgen erwachte ich durch ein Klopfen an der Tür, und als ich öffnete, sah ich Nanagaru mit einer Tasse Kaffee vor mir stehen. Am Abend brachte er mich in die Küche seines eigenen Hauses und stand hinter mir, während ich mich mit den Speisen beschäftigte, die seine Ehefrau für mich zubereitet hatte.

»Gutes Essen?« fragte er mich in seinem rudimentären Englisch. »Wirklich gutes Essen?«

Als ich mein Wohlbehagen bekräftigte, strahlte er und bestand darauf, mir noch mehr zu geben. »Sehr gutes Essen«, wiederholte er. »Sehr gutes Essen.«

Im Laufe der nächsten Woche besuchten wir mehrere verschiedene Häuser im Umkreis von etwa hundertfünfzig Kilometern und wurden dabei von einem seiner wenigen männlichen Anhänger begleitet, der sich um alles Organisatorische kümmerte. An jedem Halt wurden er und ich zuerst zum Essen gebeten, und die Frauen standen um uns herum und beobachteten uns beim Essen, wie er es bei mir getan hatte. Dann speisten die Männer der Familie, und schließlich setzten sich auch die Frauen und Kinder zum Essen nieder. Im Laufe des Tages kamen Dutzende von Menschen und setzten sich zu seinen Füßen, während er über irgendeinen Aspekt von Ramanas Lehre sprach, auf ihre Probleme einging oder gelegentlich auch nur saß und schwieg. Wir besuchten drei Hochzeiten, segneten die Fundamente eines neuen Hauses, besichtigten eine Papierfabrik und einen Tempel, den irgendjemand vor kurzem ihm zu Ehren errichtet hatte. Überall, wo wir hingingen, war Nanagaru in Stille gegenwärtig. Er floß in einem ruhigen Rhythmus und zeigte keine einzige Reaktion auf die äußeren Umstände. Wenn wir im Wagen saßen und von einem Ort zum anderen fuhren, blickte er auf ein winziges Bild von Ramana, das er in seinem Schoß hielt, dabei schien er vollständig den Kontakt zu uns und der Reise verloren zu haben. Aber sobald wir anhielten, war er in jeder Situation, die wir antrafen, voll und ganz präsent.

Eine ganze Reihe von Menschen aus dem Westen haben ihn nun auf diese Weise begleitet, und einige von ihnen über wesentlich längere Zeiträume hinweg als ich. Jeder, den ich traf, bestätigte mir meine Empfindung eines andauernden inneren Schweigens in seiner Anwesenheit und einer vollkommen unprätentiösen Einfachheit. Einmal erzählte mir ein siebzigjähriger Mann aus New York, daß er Nanagaru eine Stunde lang hatte weinen sehen, als eine alte Frau ihm ihre Geschichte erzählte. Ihm selbst war nichts Besonderes aufgefallen, während er sich an Nanagarus Seite befand, außer daß es eine warme, wenn auch ereignislose Zeit gewesen war. Aber einige Tage nach seiner Abreise bemerkte er, daß eine Traurigkeit, die ihn sein ganzes Leben lang begleitet hatte, vollkommen verschwunden war.

Da Nanagarus eigene Erweckung nicht das Resultat irgendeines besonderen *sadhana* gewesen war, sondern lediglich aus einer spontanen Liebe für Ramana Maharshi entsprungen war, erstaunt es nicht, daß Nanagaru selbst keine besondere Methode oder Technik empfiehlt. Seine eigene Art, mit Menschen zu arbeiten, besteht offensichtlich darin, ihnen in ihrem alltäglichen Leben mit seiner Gegenwart beizustehen. Da er selbst Familienvater ist, trennt er auch nicht das Spirituelle vom Weltlichen. Einen Großteil seines Tages verbringt er damit, sich um die Alltagssorgen der Menschen zu kümmern und seine Rolle im Leben der Gemeinschaft zu spielen. Stundenlang spricht er mit seinen indischen Anhängern über verschiedene Aspekte der *advaita*-Lehre, aber zu Menschen aus dem Westen ist er durchwegs schweigsam – außer wenn er sie über ihr Land und ihre einheimische Presse befragt. Daß er so sparsam mit seinen Worten umgeht, liegt zum Teil an seiner unzureichenden Kenntnis der englischen Sprache. Aber es ist ihm auch bewußt, daß viele Menschen aus dem Westen im Gegensatz zu den meisten Indern in seiner Umgebung sein Schweigen mehr zu schätzen wissen. Menschen aus dem Westen sind bereits voll von Konzepten und Theorien und aus diesem Grunde meist dankbar, wenn sie etwas erfahren können, was jenseits ihrer festen Begriffe liegt.

Nanagarus Besucher kommen und gehen, ohne daß auch nur irgendwie die Beziehung zwischen Guru und Schüler erwähnt wird. Er reagiert spontan auf die Offenheit einer Person, aber in dieser Reaktion liegt kein Gewicht, keine Forderung. Es ist, als lade er einfach nur dazu ein, sich in das Innerste des Herzen fallenzulassen, wo sich alle Unterschiede, formellen Beziehungen und emotionalen Bedürfnisse auflösen. Auch Ramana Maharshis Lehrmethode war das Schweigen; er betrachtete es als die einzig wirkliche Form der Kommunikation. Aber Nanagarus Gegenwart zieht ganz natürlich die Menschen an, und seine indischen Anhänger, die aufgrund ihrer Kultur an die Guru-Schüler-Beziehung gewohnt sind, begegnen ihm auf genau diese Weise.

Nanagarus Anhänger haben vor kurzem ein kleines Meditationszentrum in der Nähe von Ramanashram in Tiruvannamalai errichtet, das sie Andhra Ashram nannten. Nanagaru beabsichtigt, jedes Jahr dort einige Monate lang zu wohnen, deshalb scheint es gewiß, daß er in Zukunft sehr viel berühmter sein wird als jetzt.

Mata Amritanandamayi

Das Dorf Parayakadavu erhebt sich auf einer von weißem Sand bedeckten Landzunge, die auf der einen Seite zum Arabischen Meer ausläuft und auf der anderen Seite von einem inneren Wasserweg gesäumt wird. Soweit das Auge blicken kann, ist der Strand von Kokosnußpalmen gesäumt. Abgesehen von dem Bus, der hier manchmal fährt, und den altmodischen Dampfschiffen, die sich hin und wieder von Quilon nach Aleppey schleppen, ist das Dorf ebenso schläfrig, wie es schon vor hundert Jahren gewesen sein muß. Unter den Palmen sitzen Männer und spielen Karten. Andere stechen in langen ausgehöhlten Baumstämmen, die von einem Dutzend von Männern geschoben werden müssen, in See. Sie brauchen nicht weit nach draußen zu fahren, um einen guten Fang zu machen: Kaum fünfhundert Meter vom

266

Ufer entfernt können drei oder vier Boote zusammen ein ganzes Schleppnetz hinter sich herziehen.

Für das Auge des Ausländers ist diese Gegend an der Küste von Kerala die vollkommene Idylle. Wie überall sonst versteckt das dörfliche Indien auch hier sehr gut sein Leiden. In diesem Dorf wurde im Jahre 1953 ein Mädchen namens Sudhamani in eine Fischerfamilie geboren, die in einer Hütte aus verwobenen Palmblättern lebte.[28] Ihre Mutter hatte bereits drei Kinder geboren, und da Sudhamani ein Mädchen war, herrschte keine besondere Freude über ihre Geburt. Während ihrer Schwangerschaft hatte ihre Mutter mehrere Visionen und Träume gehabt, in denen ihr der Gott Krishna erschien, maß ihnen aber keine besondere Bedeutung bei. Merkwürdigerweise war Sudhamanis Hautfarbe bei ihrer Geburt fast schwarzblau (die Farbe Krishnas), obwohl beide Elternteile hellhäutig waren. Sie riefen den Arzt, da sie befürchteten, daß das Kind krank sei, aber die Diagnose war negativ. Merkwürdig war auch, daß das Kind immer im Lotussitz – *padmasana* – liegen wollte und die Hände im *chin mudra* hielt, einer Geste, bei der sich die Spitze des Daumens und des Zeigefingers zu einem Kreis schließen. Dieses Mudra stellt die Einheit des individuellen Selbst mit dem Höchsten dar.

Sobald Sudhamani sprechen konnte – im Alter von sechs Monaten – begann sie die heiligen Namen Gottes zu singen, und als sie zwei Jahre alt war, sang sie bereits Gebete an Krishna, die ihr niemand beigebracht hatte. Als sie dann das Alter von fünf Jahren erreicht hatte, kannte man ihre Lieder für Krishna im ganzen Dorf. Ihre Familie war der Meinung, daß sie einfach nur das Spiel eines unschuldigen und fröhlichen Kindes seien.

---

[28] Die geamte Biographie von Ammaji finden Sie in dem Buch *Mata Amritanandamayi: Eine Biographie* von Amritaswamipananda. Amritanandamayi Mission Press, Kerala 1988

Als Sudhamani zehn Jahre alt war, hatte ihre Mutter fünf weitere Kinder geboren und wurde chronisch krank. Sudhamani mußte die Schule verlassen und den Haushalt führen. Sie arbeitete von vier Uhr morgens bis in die Nacht, sorgte für ihre Brüder und Schwestern, fütterte die Kühe und verrichtete die Haushaltsarbeiten. Ihre Familie lachte, wenn sie sang und sich nach Gott sehnte, und verspottete sie wegen ihrer dunklen Haut. Vor allem ihre Mutter und ihr älterer Bruder wurden ihr gegenüber grausam, quälten sie bei jeder Gelegenheit und häuften immer mehr Arbeit auf ihre Schultern. Sudhamani reagierte nicht auf ihren Spott und betete ständig nur darum, Krishna in einer Vision sehen zu dürfen. Alles, was sie während des Tages tat, tat sie für Ihn. Der große Schmerz in ihrem Leben wurde nicht durch ihre Mühen und Anstrengungen verursacht, sondern durch ihre Angst, sie könnte von Krishna getrennt sein.

Man kann sich nur schwer vorstellen, daß eine solche Geschichte irgendwo anders als in Indien erzählt wird – und das ist nur der Anfang. Aber Seelen wie Amritanandamayi scheinen noch immer eine Inkarnation in diesem Land zu bevorzugen. Die beiden anderen großen Heiligen dieses Jahrhunderts, Ananda Mayi Ma und Ramakrishna, die beide aus Bengalen stammen, hatten ähnliche Kindheitserfahrungen. Ammaji, wie sie inzwischen heißt, hat sogar schon angedeutet, daß sie die Reinkarnation von Ramakrishna ist. In ihrer Adoleszenz wurden ihr regelmäßig Visionen von Krishna zuteil, und schließlich wurde Krishna zu einem Teil ihrer eigenen Persönlichkeit – wie es auch bei Ramakrishna selbst der Fall war.

Durch ihre leidenschaftliche Hingabe erreichte Ammaji den Zustand der Unterschiedslosigkeit mit Gott, die advaitische Vision des *jnani*. Als sie begann, die Eigenschaften Krishnas in sich aufzunehmen, verehrten die Dorfbewohner sie allmählich als Inkarnation dieses Gottes. Aber ihre Eltern behandelten sie noch immer sehr hart. Sie waren der

Meinung, daß ihr Verhalten einer Geistesstörung entsprang, und Ammaji mußte jahrelang Schläge und Ausschluß aus der Familie erdulden.

Schon bald baten einige Leute aus dem Dorf Ammaji, sie solle Wunder wirken, da man sie ja für eine Inkarnation von Krishna hielt. Sie erwiderte, daß es ihr Ziel sei, Menschen ein Verlangen nach Befreiung einzuflößen, während Wunder nur das Verlangen erzeugen konnten, mehr Wunder zu erleben. Aber sie wurde weiter gedrängt, und schließlich erklärte sie, daß sie ihnen ein Wunder zeigen würde, aber nur, um ihren Glauben zu stärken. In der Woche darauf versammelten sich mehr als tausend Menschen, die von Ammajis Versprechen gehört hatten, rings um sie auf dem Strand. Sie bat einen ihrer Herausforderer, ihr einen Krug mit Wasser zu bringen. Wie üblich besprengte sie die Menge mit diesem Wasser, um sie zu segnen. Dann forderte sie denjenigen, der ihr den Krug gebracht hatte, auf, seinen Finger in das Wasser zu tauchen, das im Krug übriggeblieben war. Er entdeckte, daß sich das Wasser in Milch verwandelt hatte! Diese Milch wurde dann als Gottesgabe in der Menge verteilt. Ammaji rief einen weiteren Skeptiker herbei und forderte auch ihn auf, seine Hand in den Krug zu stecken. Inzwischen hatte sich die Milch in einen wohlriechenden Pudding – *panchamritam* – verwandelt, der aus Milch, Bananen, Zucker und Trauben zubereitet wird. Die Menge begann, Loblieder zu singen, und der Pudding wurde unter den Menschen verteilt. Und trotzdem blieb der Krug voll! Die Christen werden diese Geschichte wiedererkennen – der Unterschied ist nur, daß diese vor nicht mehr als zwanzig Jahren stattfand, und daß noch Hunderte von Augenzeugen am Leben sind und sie bestätigen können.

Heute befindet sich das Haus ihrer Eltern innerhalb eines größeren Komplexes, der ihren Ashram bildet. In diesem kleinen Fischerdorf steigen heute Gläubige aus der ganzen Welt an Land. Als ich am Tor des Ashram anlangte, teilte mir der Türsteher mit, daß Ammaji nach Trivandrum gereist sei, das einige Stunden entfernt liegt. Dies war der Ausgangspunkt einiger ihrer Reisen durch ganz Indien. Ich fragte ihn, wie lange er schon im Ashram lebe.

»Jetzt sind es drei oder vier Jahre«, sagte er. »Ich hatte beim Staat gearbeitet und mich frühpensionieren lassen. Schon als ich zum erstenmal hierherkam, wußte ich, daß ich hier den Rest meines Lebens verbringen wollte. Warum sollte man in der sinnentleerten Kleinlichkeit familiärer Sorgen leben, wenn man auch in der Anwesenheit einer Heiligen leben kann?«

»Und wie hat ihre Familie auf ihre Entscheidung reagiert?«

»Sie sind mitgekommen«, lächelte er. »Und jetzt leben wir alle hier.«

Ich ließ mein Reisegepäck beim Torhüter und begab mich in die Meditationshalle, in der eine Gruppe von Frauen die Seiten für die nächste Ausgabe der Ashram-Zeitung falteten. Als ich nach oben zu den Büros ging, kam gerade eine Amerikanerin in Weiß eilends die Treppen herunter. Als ich versuchte, sie über Ammajis Aufenthaltsort zu befragen, schob sie mich ungeduldig zur Seite und zeigte nach oben. Als ich einige Sekunden später das obere Ende der Treppe erreicht hatte und nicht so recht wußte, in welche Richtung ich mich wenden sollte, kam sie wieder die Treppen nach oben.

»Tut mir leid«, sagte sie. »Wir stehen im Augenblick alle ziemlich unter Streß. Die Mutter ist den ganzen Winter hier gewesen, und Tausende von Besuchern sind ununterbrochen gekommen. Und wissen Sie, wenn sie hier ist, dann ist so viel los, daß man kaum noch zum Schlafen kommt. Sie selbst ißt und schläft fast nicht und ist die ganze Zeit aktiv. Deshalb passen sich schließlich eben alle, die ständig hier leben, ihrem Rhythmus an. Ganz ehrlich gesagt, es ist eine Befreiung, wenn sie einmal für einige Tage weg ist.«

Heute steht inmitten dieses Fischerdorfes, das sich ansonsten seit Ammajis Kindheit kaum verändert hat, einer der bekannteren Ashrams von Indien. Es gibt zwei Gebäude für die Unterbringung der Gäste, zwei Speisesäle, ein ayurvedisches Medizinzentrum und natürlich das übliche und wahrscheinlich unvermeidliche Gerangel um den Platz in der größtmöglichen Nähe des Guru. Wenn Ammaji abends zum Strand hinuntergeht, sollen sich ihre Anhänger/Innen fast schon geschlagen haben, nur um das Licht vor ihr hertragen zu dürfen. Ammaji war von Anfang an nicht sehr begeistert von der Idee, einen Ashram zu haben, er erschien ihr als großes Gefängnis, das ihre spontane Freiheit einschränken würde. Einmal eilte sie nach einer Verwaltungssitzung zum Zaun des Ashram, schlug ihn kurz und klein und ging allein zum Strand.

Nachdem ich einen Morgen im Ashram verbracht hatte und den Fischern dabei zugesehen hatte, wie sie in See stachen, reiste ich mit einem jener klapprigen Busse, die sich auf der Küstenstraße voranschleppen, nach Trivandrum. Plakate kündeten in der ganzen Stadt von Ammajis Besuch. Auf der Straße, die zu ihrem *satsang* führte, stand die gute Nachricht auf Wimpeln und Fähnchen geschrieben. Teebuden und Buchhandlungen säumten den Weg zum Ashram, der von ihren Gläubigen in Trivandrum errichtet worden ist. Ich hatte das Gefühl, als ob ich auf den Jahrmarkt ginge.

Am Ende der Straße saßen etwa eineinhalb tausend Menschen unter einem Segeltuchdach auf dem Boden und sangen *bhajans*, die von einer Gruppe von Musikern auf der Bühne geleitet wurden. Zum größten Teil waren es Frauen, die hier saßen. Nach etwa einer halben Stunde ging die Musik zu Ende, und einer der Männer auf der Bühne begann, eine Art von spirituellem Vortrag zu halten. Während er so richtig in Fahrt kam, ging ich rings um das Gebäude des Ashrams, das hinter der Bühne lag. Hier sah ich eine Reihe von Menschen aus dem Westen, von denen einer einen Teppich aus Rosenblättern von der mittleren Stufe bis zum ersten Stock verteilte. Ammaji war im Begriff herabzukommen und mit der Arbeit dieses Abends zu beginnen.

Am Fuß der Treppe traf ich einen Amerikaner namens Tom, der zusammen mit Ammaji sechs Monate lang durch ganz Indien reisen würde.

»Ich habe noch nie in meinen Leben so etwas erlebt«, sagte er. »Wir kommen nachts nur drei Stunden zum Schlafen, weil Amma dann schon wieder auf den Beinen und fertig zum Weitermachen ist. Ihre *darshans* dauern bis zwei oder drei Uhr morgens, wir legen uns eine oder zwei Stunden auf's Dach, dann machen wir uns schon wieder für den Morgen-*darshan* fertig. Aber noch nie habe ich soviel Energie gehabt. Man gewöhnt sich daran, vor allem, wenn man die ganze Zeit in ihrer Gegenwart ist. Man fühlt sich, als ob man an einen Motor angeschlossen sei. Der ganze Sinn der spirituellen Praxis liegt ihrer Meinung nach darin, anderen zu dienen, und genau das tun wir. Wir sind hier, um den ganzen Betrieb zu organisieren, damit die Leute dort draußen das kriegen, wofür sie gekommen sind.«

»Und wofür sind sie gekommen?«

»Um die Gnade der Mutter zu erleben. Sie umarmt jede einzelne Person in der Halle und hört sich alles an, was irgendjemand sagt, der seine Last bei ihr loswerden will. Sie geht nicht, bevor sie nicht jeden einzelnen getroffen hat, ganz egal, wie viele Menschen zugegen sind. Deshalb dauern die *darshans* auch so lange.«

Gerade in diesem Augenblick erschien die Mutter selbst. Eine kleine, gedrungene Frau in Weiß, die mit strahlendem Lächeln die Treppen herunterkam, als habe sie gleich eine Verabredung. Sie strahlte sowohl Freude wie auch zupackende Tüchtigkeit aus. Wie aus dem Nichts waren Menschen erschienen und säumten ihren Weg, der inzwischen bis zur Bühne mit Rosenblättern markiert war.

Sie ließ sich vorne an der Bühne nieder und ließ zusammen mit ihren Musikern von einem Augenblick zum anderen einen bewegenden *bhajan* erklingen. Die Menge stimmte ein, und bald klatschten und schwangen sich die Menschen hin und her – wie bei einer religiösen Erweckungsbewegung.

In nur wenigen Augenblicken erhob Ammaji ihre Arme, als sei sie von einem ekstatischen Geist ergriffen; ihre Augen verdrehten sich zur Stirn, ihr Gesichtsausdruck war voller Begeisterung und Ergriffenheit. Ich wandte mich zu Tom, der mir nach draußen und seitlich der Bühne gefolgt war.

»Und was ist mit ihren Krishna-*bhavs*?« fragte ich. »Nimmt sie noch immer die Erscheinung von Krishna an?«

»Sie sind durch Devi-*bhavs* ersetzt worden«, antwortete er. »Inzwischen kleidet sie sich jede Woche wie Kali und nimmt die Geisteshaltung von Kali in sich auf, wie es auch Anandamayi Ma getan hat. Die Menschen glauben oft, daß sie von einer äußeren göttlichen Kraft besessen ist, aber sie sagt, daß alle Götter im Inneren sind, und daß eine göttliche Inkarnation wie sie jeden von ihnen willentlich manifestieren kann.«

»Warum tut sie das?«

»Sie tut es für ihre Anhänger. Vielen hilft es, ihre Hingabe an Gott zu vertiefen. Sie stärkt ihren Glauben. Die meisten Menschen sind nicht bereit zu erwachen, wenn sie nur, sagen wir, die spirituelle Weisheit der Upanishaden hören.«

Das Tempo auf der Bühne ließ nach, und die Menschen begannen bereits, innerhalb der durch Seile markierten Gänge Schlange zu stehen, die für den nächsten Akt der Vorführung gespannt worden waren. Als die Musik aufhörte, saß Ammaji einige Augenblicke lang in Schweigen versunken. Zwei amerikanische Assistenten traten auf, und dann begann der Umarmungsmarathon. Die Menschen traten nacheinander zur Bühne, und Ammaji begrüßte sie mit einem breiten Lächeln, um sich dann vorzulehnen und sie zu umarmen. Manchmal flüsterte sie ihnen etwas ins Ohr, manchmal sagten sie etwas zu ihr, und oft küßte sie sie immer wieder auf die Wangen. Das waren junge Männer, die sich verlegen nach vorne lehnten und ihr kaum in die Augen blickten, alte Frauen, die in Tränen ausbrachen, während sie näherkamen; großartige Damen, die hocherfreut waren, ein gesellschaftliches Muß zu vollziehen; Hunderte von Säuglingen, die von von ihren Müttern nach vorne geschoben wurden, damit sie einen guten Eintirtt ins Leben bekämen; liebende Gläubige, die sich nach der Umarmung ihrer spirituellen Mutter sehnten; Blinde und Kranke, die geheilt werden wollten und von den Assistenten zu ihr gebracht wurden. Eine Stunde später schoben und drückten sie die Gläubigen nur mehr hin und her, als arbeiteten sie wie an einem Fließband.

Ammaji selbst war die gesamte Zeit für jede einzelne Person in der Schlange vollkommen präsent. Sie hielt sie alle in ihren Armen, als seien sie alle ihr einziges Kind. Ihre Augen strahlten, der Schweiß rann an ihr herab, sie machte keine Pause, weder um etwas zu trinken, noch um Atem zu holen. Ihre rechte Schulter war schwarz von all dem Augen-Make Up, den Tränen und dem Schweiß, den bereits mehr als hundert Menschen bei ihr hinterlassen hatten. Trotzdem war ich mir nicht so sicher, ob ich zu diesem Fließband gehörte. Für indische Dorfbewohner mochte es ja passen, aber …

»Hast du schon dein *darshan* gehabt?« Es war Tom, der wieder neben mir stand. »Du kannst jetzt nach oben gehen, du brauchst nicht in der Schlange zu warten. Sie läßt die wenigen Leute aus dem Westen, die hier sind, heraufkommen, wann sie wollen. In London müßtest du den ganzen Tag warten. Komm, da kannst du durch.«

Noch bevor ich darüber nachdenken konnte, lagen nur noch zwei Umarmungen zwischen mir und ihr. Eine Wärme begann sich in meinem Körper auszubreiten, und ich bemerkte, daß ich lächelte. Als ich mich vor ihr postierte, öffnete sie ihre Augen noch mehr als zuvor und hüllte mich in ihre kräftigen Arme. Ich schmolz dahin. Und sie war bereits geschmolzen. Wir umklammerten einander mehrere Minuten lang, und die Leichtigkeit und Wärme in meinem Körper wurde von dem ihrigen erwidert. Schließlich lehnte sie sich zurück, sah mich an, und wir strahlten vor Freude. Wir hatten uns hinter meinen Schleiern getroffen.

Ich blieb auf der einen Seite der Bühne stehen und sah zu, wie sie mit den einzelnen Personen fortfuhr. Hin und wieder blickte sie zu mir herüber und warf mir ein ekstatisches Lächeln zu. Ich spazierte langsam über das ganze Gelände, sah mir die Bücherstände an, kaufte mir etwas zu trinken, hielt an, um mich ein wenig zu unterhalten. Während dieser ganzen Zeit tat Ammaji all das, wozu sie gekommen war. Ich kehrte wieder zurück, um ihr von neuem zuzusehen und bewunderte sie zutiefst, wie sie jede einzelne Menschenseele als besondere Person behandelte, was auch immer die Gründe waren, aus denen sie gekommen waren. Nur selten hatte ich ein mitfühlenderes Beispiel für die Lehre der Unterschiedslosigkeit erlebt. In jener Nacht erwachte ich um zwei Uhr morgens, nur um zu bemerken, daß sie sich noch immer auf jener Bühne befand.

Satya Sai Baba

Sai Baba sagt, daß sein einziges wirkliches Wunder die Liebe sei, und zweifelsohne würden ihm die meisten seiner Anhänger zustimmen; aber seine kleineren Wunder ziehen immer größere Menschenmengen an: Millionen von Menschen in der ganzen Welt haben von dem orangegekleideten Mann mit seiner Afrofrisur gehört, der aus dem Ende seiner Fingerspitzen heilige Asche hervorkommen läßt. Die einzige Person auf Erden, die noch größere Massen anzieht, ist der Papst, und auch das nur in Südeuropa und Südamerika.

Das vorläufig letzte Land, das vom Sai-Baba-Fieber ergriffen wurde, ist Japan. Seit dort vor kurzem ein Dokumentarfilm über Sai Baba im Fernsehen gespielt wurde, landen jede Woche ganzes Flugzeugladungen von Japanern in Puttaparthi, dem Hauptashram des Heiligen. Ein ehemals kleines Dorf, das fünf Stunden von Bangalore entfernt liegt, verfügt heute über eine Landebahn, die internationale Charterflugzeuge aufnehmen kann. Zu Sai Babas sechzigstem Geburtstag wurden dort mehr als eine Million Menschen empfangen und sieben Tage lang umsonst bewirtet.

Satya Sai Baba hat schon als Kind Wunder gewirkt. Im Alter von vierzehn Jahren warf er seine Schulbücher weg und verkündete, daß er die Reinkarnation des moslemischen Heiligen Shirdi Sai Baba sei, der im Jahre 1918 – acht Jahre vor seiner Geburt – starb. In dem Dorf, in dem er aufwuchs, gab es – ganz in der Nähe des heutigen Ashram – einen Baum, den er »Wish-Fulfilling Tree« (»Wunscherfüllungsbaum«) nannte. Von ihm pflückte er alle möglichen Früchte, die seine Freunde essen wollten. Die Asche, die er beim täglichen *darshan* in Puttaparthi aus seinen Fingern zieht, sammelt sich inzwischen auch rund um ein Foto von ihm, das sich in London befindet. Sie wird unter der englischen Sai-Baba-Gemeinschaft verteilt. Jeden Tag findet in Puttaparthi eine Gruppenaudienz statt, in der etwa zwanzig Leute von den Tausenden draußen persönlich von Sai Baba in einem Raum empfangen werden, und immer kommen Personen, die das Glück hatten, zu diesen Sitzungen zugelassen zu werden, mit Goldringen, Uhren und anderen Wertgegenständen heraus, die der Wunderwirker als besonderes Zeichen seiner Liebe für sie hervorgezaubert hat. Manchmal kommen auch die Kranken geheilt heraus, die Lahmen gehend, und selbst Tote sollen schon wiedererweckt worden sein.

Es gibt einfach zu viele Beispiele, die aus nächster Nähe von sehr vielen Menschen beobachtet worden sind – und das noch in einem Zeitraum von fünfzig Jahren, als daß man dies alles auf Zaubertricks zurückführen könnte. Jedenfalls ist das, was normalerweise als Wunder bezeichnet wird, in der ganzen Welt als authentisch und glaubhaft bezeugt. In Glastonbury lebt ein Mann, der ebenfalls heilige Asche aus seinen Fingern ziehen kann. Geoff Boltwood ist ein Heiler und auch eine Art Prophet, und abgesehen von Asche läßt er während seiner Heilungen auch süßriechende Öle aus seinen Händen hervorströmen. Der Duft bleibt noch stundenlang auf dem Körper des Patienten.

In England gibt es ein Institut für parapsychologische Forschungen, in dem viele solcher Vorkommnisse gesammelt wurden.[29] Die Untersuchungen scheinen darauf hinzuweisen, daß manifestierte Objekte immer von irgendeinem anderen Ort durch Telekinese herbeigeholt und niemals aus dem Nichts geschaffen werden. Es scheint, als ob die Geister der astralen Welt – die Dimension der feinstofflichen Existenz – beansprucht werden, damit der Wunderwirker seine Ergebnisse zeigen kann.

Alle traditionellen Lehren in Indien verdammen vehement die Praxis dieser spirituellen Kräfte, die man *siddhis* nennt, denn sie können ein Abweg sein, in den sich der Adept sein ganzes Leben lang verrennt und dabei das wahre Ziel der Befreiung verfehlt. Vor kurzem hat das Beispiel von Premananda diese Warnungen deutlich bestätigt. Premananda stammt aus Sri Lanka und begann wie Sai Baba schon in frühem Alter Gegenstände zu manifestieren. Als er es allmählich zu einer Gefolgschaft brachte, begann er Sai Babas Stil bis hin zu seiner Kleidung und seiner Afrofrisur nachzuahmen. Er zog nach Tamil Nadu in die Nähe der Stadt Trichy, und sein Ashram wuchs mehr und mehr. Jeden

---

[29] The Society of Psychical Research, 49 marloes Rd, London W8 6LA

Tag produzierte er heilige Asche, und zweimal im Jahr zog er ebenso wie Sai Baba einen großen Stein-*lingam* aus dem Mund. Seine Gefolgschaft bestand großenteils aus Ausländern, und der Ashram betrieb Heime für Waisenkinder und ähnliche Wohlfahrtseinrichtungen – auch hier nach dem Beispiel von Sai Baba. Im Januar des Jahres 1995 hörte ich, daß er im Gefängnis saß und ein Gerichtsverfahren wegen Vergewaltigung und Unterschlagung erwartete, die Zeugen waren sowohl ausländische wie auch indische Ashrambewohner.

Ich möchte Sai Baba nicht mit Premananda vergleichen, obwohl er immer wieder aufgrund von sexuellem Fehlverhalten gegenüber jungen Männern belangt wurde. In den siebziger Jahren hat einer seiner damals engsten Schüler ein Buch veröffentlicht, in dem keine Einzelheit von Sai Babas sexuellen Neigungen ausgespart bleibt.[30] Auch sind in Puttaparthi Menschen ermordet worden – drei allein im Jahre 1994 – , und zwar unter Umständen, die niemals wirklich untersucht worden sind. Aber in einer Gemeinschaft, in der andauernd Zehntausende von Menschen fluktuieren, muß man sich eher wundern, daß es nicht zu mehr solcher unangenehmen Ereignisse gekommen ist. Wunder beweisen eben nicht die Heiligkeit, und schon gar nicht die Göttlichkeit einer Person. Deshalb sollten wir auch wieder an Sai Babas hartnäckig wiederholten Spruch denken, daß die Liebe eben doch das größte Wunder ist. Wie erfahren seine Anhänger diese Liebe, und was geschieht mit ihnen, wenn sie ihnen zuteil wird?

Fast alle Geschichten der umfangreichen Literatur über Sai Baba verbinden die spirituelle Erweckungen einer Person entweder mit dem Erlebnis eines Wunders oder mit

---

30 Brooke, Tal, *Avatar of the Night: The Hidden Side of Sai Baba,* Tarana Publications, New Delhi 1982

einem unerwarteten Eingreifen Sai Babas in ihr persönliches Leben. Und er betont immer, daß das Wunder nur ihren eigenen Glauben erweckte oder stärkte. Aus diesem Grunde, so sagt er, vollführt er sie auch. Er hat immer betont, daß er ein Guru für die Massen und nicht für eine geistige Elite ist. Die meisten Menschen sind nicht bereit, tiefe spirituelle Lehren anzuhören, aber nur wenige können sich einem Ereignis entziehen, das den Status Quo ihres gewohnten Glaubenssystems herausfordert. Wem diese Erklärung merkwürdig erscheint, braucht sich nur zu erinnern, daß auch Christus zu eben diesem Zweck Wunder wirkte. Sai identifiziert sich mit den Worten Krishnas in der Bhagavad Gita, in denen der Gott Arjuna mitteilt, daß Er von Zeit zu Zeit in menschlicher Gestalt zur Erde kommt, wenn Rechtschaffenheit schwindet und Böses um sich greift. Krishnas Mission, die Sai Baba auch zu der seinigen gemacht hat, besteht darin, *dharma* in der ganzen Welt wiederherzustellen. Sai hat seinen älteren Anhängern oftmals gesagt, daß bald eine Zeit kommen werde, in der soviele Menschen nach Puttaparthi kommen würden, daß man ihn hinter all den Zuschauern nicht mehr sehen könne. Diese Zeit ist bereits gekommen.

Überall haben Menschen Visionen von Sai Baba gehabt und erst später festgestellt, mit wem sie es zu tun hatten. Er erscheint in einem Traum, in einer Vision während des Tages oder sogar in den Augen eines anderen Menschen. Eine Freundin von mir lag einmal auf einem Massagetisch und wurde von einem Heiler behandelt. Als sich sein Kopf über sie beugte, war sie erstaunt, als sie in den Pupillen seiner Augen so klar wie auf einem Foto das Bild von Sai Baba erblickte, von dem sie noch nie gehört hatte. Sie dachte, daß sie alles mögliche zusammenphantasierte, aber einige Tage später sah sie dasselbe Bild im Haus eines Freundes. Monate darauf saß sie bereits in einem Flugzeug, das sie nach Puttaparthi brachte. Menschen auf der ganzen Welt sind auf diese Weise zu Sai Baba »gerufen« worden, und natürlich erweckt eine solche persönliche Einladung hingebungsvolle Liebe und oftmals eine Neuorientierung des Lebens in spirituellem Sinn.

Sai Baba motiviert seine Anhänger zu Glauben und Werken. Spirituelle Übungen wie etwa Meditation stehen bei ihm nicht im Vordergrund. Zwar empfiehlt er Menschen, die danach fragen, über die von ihnen bevorzugte Gestalt Gottes im Herzen zu meditieren, aber in Puttaparthi gibt es keine Meditationshalle im eigentlichen Sinn. Die wichtigsten Aktivitäten sind hier *bhajan*-Singen und der tägliche *darshan* mit dem Guru. Ferner gibt es ein Museum über die Religionen der Welt und in einer Reihe von etwa dreißig Meter hohen Statuen werden die verschiedenen religiösen Gestalten der ganzen Welt gefeiert. Die Botschaft besagt also, daß es keine Rolle spielt, wem man religiöse Hingabe zollt, solange diese Flamme überhaupt im Herzen leuchtet.

Sai Baba hat oft gesagt, daß er Arbeiterbienen wünscht, die nach draußen gehen und seine Botschaft in die Praxis umsetzen. Und worin besteht seine Botschaft? In jedem Hard Rock Cafe auf der ganzen Welt kann man den Satz auf der Theke lesen: *Love All, Serve All* (»Liebe alle, diene allen!«). Der Gründer der bekannten Hard-Rock-Restaurant-Kette, Isaac Tigrett, reiste in Indien, kurz nachdem er in den frühen siebziger Jahren sein erstes Restaurant in England eröffnet hatte. In einem Hotel sah er ein großes Plakat von Sai Baba und wußte sofort, daß dies sein Guru sei. Er begab sich sofort nach Puttaparthi und stand ganz hinten in der Menge, die sich für den *darshan* versammelt hatte. Sai Baba ging quer durch die Menge zu ihm nach hinten, gab ihm ein wenig *vibhuti* (Asche) und sagte ihm, er solle sie essen. Seit diesem Zeitpunkt kehrte Tigrett mindestens einmal im Jahr mehrere Wochen lang nach Puttaparthi zurück, aber Sai Baba sah ihn siebzehn Jahre lang nicht mehr an. Im Ashram wurde er schon fast zur Witzfigur, denn die meisten Leute

280

werden wenigstens einmal persönlich von Sai Baba empfangen, wenn sie mehrere Male in Puttaparthi gewesen sind.

Aber Tigrett kam immer wieder, und sein Glaube an Sai Baba kam nie ins Wanken. Vielmehr wurde er durch mehrere Unfälle, bei denen er jedesmal dem Tod von der Schippe sprang, unterstützt. Tigrett war ein Abenteurer, der sein erfolgreiches Leben in vollen Zügen genoß. Als er einmal in Big Sur den Highway One volltrunken herunterfuhr, übersah er eine Kurve und segelte über den Felsen in die Tiefe. Sein Porsche drehte sich während des Sturzes mehrmals. Aber bevor er den Boden erreichte, bemerkte Tigrett, daß Sai Baba im Beifahrersitz saß und seinen Arm um ihn legte. Der Wagen zerbrach in viele Teile, als er am Boden aufschlug. Nicht einmal der Motor blieb unversehrt. Aber Tigrett selbst stieg unverletzt und ohne einen einzigen Kratzer aus dem Auto. Sofort danach flog er nach Puttaparthi, um Sai Baba zu danken. Aber wie üblich, beachtete dieser ihn nicht einmal.

Einige Jahre später lag Tigrett auf dem Boden eines Hotelzimmers in Oklahoma. Er hatte eine Überdosis Kokain genommen. In einem darauffolgenden epileptischen Anfall hatte er seine Zunge geschluckt. Er war bereits am Rande des Todes, als Sai Baba erschien, die Zunge aus der Kehle zog und auf seine Brust schlug, um die Lungen wieder in Gang zu setzen. Als Tigrett zu atmen begann, verschwand Sai Baba. Wieder flog Tigrett nach Puttaparthi, um ihm zu danken, aber auch diesmal würdigte Sai Baba ihn keines Blickes.

Anfang der neunziger Jahre spürte Tigrett, daß die Zeit gekommen war, um seinen Anteil am Hard Rock Cafe zu verkaufen. Er hatte immer das Gefühl gehabt, daß Sai Baba unmittelbar am Erfolg seines Unternehmens beteiligt war, und daß die Gewinne einem humanitären Zweck dienen sollten. (Sai Baba hat viele Schulen, Universitäten, Krankenhäuser und wohltätige Institutionen gegründet.) Tigrett erhielt die Summe von hundertacht Millionen Dollar für seine Kette, was genau der Anzahl der Perlen auf der hinduistischen *mala* wie auch der hinduistischen Namen für Gott entspricht. Mit einem Scheck über vierundfünfzig Millionen Dollar ging er nach Puttaparthi. Als er diesmal im *darshan* stand, winkte Sai Baba ihn zu sich, damit er an der Gruppenaudienz des Tages teilnehme. Tigrett war so erstaunt, daß er zuerst hinter sich blickte, da er glaubte, daß der Heilige nicht ihn meinte. Im Gesprächsraum informierte er Sai Baba dann über den Scheck, aber der wußte es bereits.

Sai schwieg einige Augenblicke lang, dann sagte er: »Wir werden ein Krankenhaus bauen. Das größte Spezialkrankenhaus von Südasien. Von heute an in einem Jahr wird es fertig sein.«

Es war ein echtes und durchaus bemerkenswertes Wunder, daß sein Krankenhaus tatsächlich ein Jahr später vom indischen Präsidenten eröffnet wurde, und daß am Tag der Eröffnung die erste Herzoperation durchgeführt wurde. Ein internationales Architektenteam arbeitete drei Monate lang Tag und Nacht an den Plänen, und der gesamte Komplex wurde auf irgendeinem brachliegenden Grundstück in der Nähe des Ashram erbaut. Schon in einer westlichen Großstadt wäre dies ein erstaunliches Ereignis gewesen, um wieviel mehr also im dörflichen Indien, fünf Stunden von der nächsten Stadt entfernt.

Die meisten von Sais ausländischen Anhängern kommen für mehrere Wochen nach Indien und kehren dann voller Inspiration zurück, um ihre erfrischte Energie im Alltagsleben einzusetzen. Manche aber bleiben jahrelang in Puttaparthi. Es gibt viele Frauen, die sich für die *gopis* ihres Lehrers halten. Ich traf eine Frau, die elf Jahre damit verbracht hatte, überall dorthin zu gehen, wo auch Sai Baba hinreiste (er ist noch nie ins Ausland gefahren). Ihr einziger Wunsch war es, seine Gegenwart zu teilen und einen Blick oder eine

Berührung seines Fußes von ihm zu erlangen. In dieser ganzen Zeit wurde sie nie zum Gespräch geladen, aber das kümmerte sie nicht. Das einzig Wichtige für sie bestand in der Gegenwart ihres Geliebten. Wenn sie oder andere wie sie ihn einige Tage lang nicht sahen, durchlebten sie alle Drangsalen eines fallengelassenen Liebenden. Schließlich begann sie vom Berg Arunachala zu träumen und spürte, daß Sai Baba ihr empfahl dorthin zu gehen, um sich von ihrer Abhängigkeit von ihm zu entwöhnen. Dann hatte sie einen Traum, in dem Sai Baba sich in Ramana Maharshi auflöste. Dies nahm sie als Hinweis, daß sie einen eher einsamen Weg der Selbsterforschung, wie er von Ramana empfohlen wird, begehen solle. Sie wußte auch, daß Sais grundlegende Lehre die advaitische Sicht von der Göttlichkeit eines jeden Individuums war. (Einmal kam ein junger Mann im *darshan* auf ihn zu und fragte keck: »Bist du Gott?« Und Sai Baba zeigte zurück auf ihn und antwortete: »Du bist Gott!«) Sie und mehrere andere Langzeitanhängerinnen von Sai sind inzwischen zum Arunachala gezogen, wo sie sich Sai ebenso nahe fühlen wie in Puttaparthi, das inzwischen so überfüllt ist. Einer von Sai Babas ersten *bhajans*, den er im Alter von vierzehn Jahren geschrieben hatte, singt das Lob des Shiva vom Arunachala.

Sai Baba greift hin und wieder unmittelbar ins Leben seiner Anhänger ein. Zwei seiner Langzeitanhänger sind Cass und Sharma Smith aus Kalifornien. Sharma war bereits seit zehn Jahren nach Puttaparthi gekommen, als Sai zu ihr im Jahre 1988 in einem Gespräch sagte, daß er einen guten Ehemann für sie finden würde. Am Abend ihrer Abreise saß sie unglücklich wie ein Häufchen Elend da, weil sie wußte, daß sie zuhause eine unbefriedigende Beziehung mit einem Mann auflösen mußte, der keines ihrer spirituellen Ziele teilte. Sai hatte ihre sorgenvollen Gedanken gelesen. Als sie in dieser Nacht beim Flughafenhotel eintraf, erschien ihr Sai Baba im Traum und forderte sie zum Bleiben auf. Als sie fragte, wie lang sie bleiben solle, zeigte er ihr einen Kalender, auf dem ein Datum unterstrichen war. Am nächsten Tag verlängerte sie ihr Flugticket bis zu diesem Datum und kehrte zum Ashram zurück. Als erstes begab sie sich zum Getränkestand, an dem ein Freund von ihr mit einem anderen Mann stand. Genau diesen Mann hatte sie schon seit Jahren in ihren Träumen gesehen. Fünf Tage später hatten sie beschlossen zu heiraten. Wie durch Zufall war ihr Rückflug nach Kalifornien für denselben Tag gebucht. Seither sind sie untrennbar.

Cass Smith kehrte 1991 für ein ganzes Jahr nach Puttaparthi zurück und während dieser ganzen Zeit diente er hauptsächlich im Ashram und chantete das Gayatri-Mantra. Einmal fragte ihn Sai Baba in einem Gespräch, was er wolle.

»Ich sehne mich nach Befreiung«, lautete seine Antwort.

Fast unmittelbar darauf erkrankte er an Hepatitis, und wurde erst fünf Monate später wieder gesund. Als nächstes bekam er Typhus, und schließlich erlitt er eine Entzündung der Beine, die ihm qualvolle Schmerzen bereitete. Den Großteil dieses Jahres war er dem Tod nahe. Sai Babas reinigende Gnade zeigt sich nicht immer in der Gestalt, die man erwarten würde.

Satya bedeutet »Wahrheit«, und Sai Baba ist bekannt dafür, daß er kein Blatt vor den Mund nimmt. Angesichts einer so ungewöhnlichen Erscheinung ist man gezwungen, eigene Entschlüsse zu fassen – oder besser – seinem eigenen Herzen zu folgen. Sai mag für die große Masse sein, aber er ist nicht für jeden. Seine Wunder stoßen viele ebensosehr ab, wie sie andere anziehen. Die ungeheuren Menschenmassen schrecken jene ab, die eine persönlichere Beziehung vorziehen. *Bhajans* sind nicht jedermanns Geschmack. Aber wie auch immer man denken mag – man muß tiefe Achtung für den Glauben hegen, den Sai Baba zweifelsohne in den Herzen seiner Anhänger entzündet hat, und für die Handlungen, die aus diesem Glauben entsprungen sind. Er sagt, daß er das Alter von sechundneunzig Jahren erreichen würde – bis 2022. Wenn Sie jung genug sind, werden Sie ihn sogar noch nach diesem Datum treffen können, denn er hat geschworen, acht Jahre nach dem Tod seines gegenwärtigen Körpers noch einmal in Mysore geboren zu werden. Dann wird er Prem Sai Baba heißen. Prem bedeutet »reine Liebe«, und das nächste Jahrhundert, so hat Sai Baba verkündet, wird davon voll sein.

Die internationale Osho-Kommune

Bei dem schwarzen Eisentor, das dem eines englischen Herrenhauses wie etwa von Mill Valley oder Hampstead Heath ähnelt, stand ein Inder, der genauso aussah wie der schelmische Guru selbst: Ein langer, fließender Bart, große Rehaugen, und eine Wollmütze auf dem kahlwerdenden Kopf. Er schickte mich auf die andere Seite zum Nebeneingang, wo ich mich einem Aidstest unterziehen müsse, bevor ich den Ashram betreten dürfe. Das kostete zweihundert Rupien, zuzüglich zwanzig Rupien für das normale Eintrittsbillett. Außerhalb der Tore standen viele Inder herum und beobachteten die ausländischen Mädchen, aber im Inneren war ihre Anzahl kaum nennenswert – vier englische Pfund sind mehr als die meisten von ihnen in drei Tagen verdienen.

Nachdem ich schließlich meinen (negativen) Aidstest in der Hand hatte, wurde ich von einer der Frauen aus dem Zwölferteam begrüßt, das diesen westlichsten und reichsten von allen indischen Ashrams verwaltet. Ihr gegenüber äußerte ich, daß der Mann am Eingang eine unübersehbare Ähnlichkeit mit Osho selbst hatte.

»Das ist sein Bruder«, erklärte sie. »Seine Familie hat hier einiges zu sagen.«

Aber die überaus stilvoll entworfene Gartenlandschaft des von Osho sogenannten »Buddhafeldes« hat überhaupt nichts Indisches an sich. Nicht einmal indische Währung ist erlaubt, da sie als Verbreitungsweg für ansteckende Krankheiten gilt – man muß Coupons kaufen, mit denen man dann in den verschiedenen Einrichtungen bezahlt. Der Ashram von Poona, der in den siebziger und achtziger Jahren immer wieder Schlagzeilen in der Weltpresse machte, erlebt seit Oshos Tod im Jahre 1990 eine außerordentliche Wiedergeburt. Japanische Gärten, Schwimmbäder, ein Gesundheitsclub – man fühlt sich an den Club Med erinnert – und westliche Restaurants sind der bereits existierenden Alternativuniversität und der »Buddha-Hall«, diesem zeltartigen Gebäude aus Stahl und Glas, hinzugefügt worden. Auf der Universität kann man jetzt noch viel mehr Kurse belegen als zuvor, die Restaurants haben ihre eigenen organischen Gemüsegärten, und der Ashram im Ganzen besitzt seine eigenen Quellen und strengen Wasserprüfungssysteme. Die meisten Gebäude sind in Schwarz und Weiß gehalten und sehen – wie passend – nach postmoderner Firmenarchitektur aus. Hier geht es auch ganz klar um das Geschäft. Auf einem Autoaufkleber aus den achtziger Jahren stand: »Moses investiert, Jesus spart, Bhagwan verschwendet.«

Nun ist Bhagwan tot: Lang lebe Osho. Die Osho-Kommune hat ihre Probleme von Rajneeshpuram in Oregon hinter sich gelassen und kann nur glücklich sein über die Art, wie das Geschäft in den letzten fünf Jahren gelaufen ist. Sie ist keineswegs mit dem Guru gestorben, sondern empfängt mehr Besucher als jemals zuvor. (Sie ist nur dem Namen nach eine Kommune, denn kaum jemand lebte tatsächlich auf ihrem Gelände.) Seit 1990 hat sich die Anzahl der neuen Schüler, der *sannyasins*, vervierfacht. Oshos Bücher werden weltweit explosionsartig veröffentlicht. Im Jahre 1993 wurden mehr als 640.000 Bücher auf Englisch publiziert. Im selben Jahr wurden in Rußland 120.000 und über 300.000 in sechs indischen Sprachen verkauft. Zwei von Deutschlands größten Krankenversicherungen kaufen Hunderte von Oshos Meditations-CD's, um sie in ihren Gesundheitsvorsorgeprogrammen zu verwenden, und in Asien strahlt ein Satellitenkanal, der in achtunddreißig Ländern empfangen werden kann, regelmäßig Oshos Vorlesungen auf Englisch aus.

Warum? Man kann nur vermuten, daß das Klischee sich wieder einmal bestätigt hat: Je mehr ein Mensch während seiner Lebenszeit – vor allem in der Religion – berüchtigt war, umso mehr wird er nach seinem Tode als Prophet verehrt werden. Als Osho noch lebte, war es riskant, sich zu ihm zu bekennen. Viele, denen seine Lehren vielleicht sympathisch waren, hätten sich niemals mit einer Anhängerschaft identifizieren können, die ihn wie einen Gott verehrte, und deren Skandale und Schrulligkeiten in der ganzen Welt auf Ablehnung stießen. Jetzt, da er tot ist, kann man seine Lehren nach eigenem Gutdünken für sich verwenden – und vor allem ohne das Stigma, das ihnen in den achtziger Jahren anhing, und ohne die Notwendigkeit, einer Gruppe anzugehören. Man kauft sich ganz einfach die gewünschten Kurse in der Kommune, schaut sich gemütlich ein Video von Osho an und lebt weiter, wie man will.

Es gibt vielleicht noch einen zweiten Hauptgrund für Oshos Erfolg in den neunziger Jahren. Er spricht das Bedürfnis nach unmittelbarer Befriedigung an. Er hatte immer wieder gesagt, daß seine Schüler die Erleuchtung sofort haben wollten, also bot er sie ihnen an. Zyniker würden vielleicht bemerken, daß es eher eine unmittelbare Euphorie war, in die er Menschen versetzte. Seine Meditationen – die Dynamische und die Kundalini-Meditation zielen darauf ab, den psychophysischen Organismus schnell zu stimulieren und dann jene Art von Entspannung zu gewähren, die man nach intensiver körperlicher Anstrengung erlebt. Geschäftsleute können sie vor der Arbeit praktizieren und können ihren Tag mit mehr Leichtigkeit und Lebendigkeit durchstehen. Seine Methoden, die von Osho-Trainern eingeführt wurden, werden von Wirtschaftsmännern auf der ganzen Welt praktiziert. Busfahrer in Stockholm besuchen regelmäßige Osho-Meditations-Kurse, die von der Stadtverwaltung finanziert werden. Als Instrumente des Streß-Management sind diese Methoden sicherlich effektiv. Ein großer Teil der Besucher von Poona besteht aus Menschen mit einem erfolgsorientierten, von Aktivität gefüllten Stundenplan. Was könnte besser für sie sein, als zu dieser schönen Gegend ohne Umweltverschmutzung und Krankheiten zu kommen – der einzigen im ganzen Subkontinent – und sich mit Freunden in einer warmen und meditativen Atmosphäre zu entspannen und dabei die spirituellen Ideen eines brillianten Redners in sich aufzunehmen? Osho hat immer gesagt, daß Jesus zu den Armen sprach, daß sein Publikum aber die Reichen seien. Der reiche Westen hat genügend Zeit, um sich mit spirituellen Dingen abzugeben. Die Armen im Westen und im Osten können nur an ihr Überleben denken. Oshos Grund-idee war, daß man sein Leben nicht verändern muß, um seine Methoden zu praktizieren und seinen Ideen anzuhängen; man braucht seinen Reichtum nicht aufzugeben, sondern nur zu lernen, wie man ihn genießt und ein heiterer Mensch wird. Heute ist dies noch viel mehr der Fall als jemals zuvor – keine Verpflichtung, orangefarbene Kleider zu tragen, wie man sie in den achtziger Jahren immer sah; keine Gruppe, die die einzelnen Personen einschränken würde, nicht ein-mal ein Guru, der einem sagt: Tu dies und laß das! Einfach eine Botschaft des Genusses, der Meditation und der Selbstliebe. Nur wenige Menschen sprechen sich dagegen aus, nicht einmal in Indien, wo man Oshos Bücher inzwischen an jedem Zeitungskiosk findet.

Und dennoch ist die Internationale Osho-Kommune nicht mehr der Ort der freien Liebe, der er in den siebziger

Jahren gewesen ist. Im Gegenteil, seit der Bedrohung durch Aids wird Sexualität inzwischen als Energie betrachtet, die man in persönliche Lebendigkeit verwandeln und nicht in sinnloser Willkürlichkeit verschwenden sollte. Noch immer umarmen sich alle liebevoll, aber weiter geht es nicht. Die ganze Lebensweise der Kommune ist tatsächlich äußerst strukturiert, um die Atmosphäre des heiligen Raumes zu erhalten – um das »Buddhafeld«, wie Osho es nannte, zu bewahren. Alle Besucher tragen innerhalb der Kommune die obligatorische braune Kleidung; zu bestimmten Tageszeiten halten alle fünfzehn Minuten lang inne, unterbrechen, was immer sie gerade tun, tanzen zu lauter Musik oder stehen schweigend wie Statuen. Wie in Aldous Huxley's *Island* kräht ein Hahn immer zur ganzen Stunde, damit die Menschen daran denken, sich ihrer selbst bewußt zu sein. Den ganzen Tag lang gibt es verschiedene Meditationssitzungen, aus denen man die passende auswählen kann.

Eines Abends besuchte ich das Treffen der Weißen Bruderschaft Oshos – das wichtigste Ereignis des Tages. Alle kleideten sich von Braun in Weiß um. Fünfzehn Minuten, bevor das Treffen begann, schritten die TeilnehmerInnen schweigend auf den Wegen zur Buddhahalle. Es müssen fast tausend Leute gewesen sein, die auf dem Marmor-Boden vor einer Bühne saßen. Zwei Männer erschienen von beiden Seiten und trugen dann einen weißen Fauteuil herein, den sie in der Mitte der Bühne absetzten. Dies war der Stuhl, von dem Osho seine Vorlesungen hielt. Aus den Lautsprecheranlagen kam Musik hervor, und immer mehr Meditierende begannen hin und herzuschwingen und auf der Stelle zu tanzen. Plötzlich – nach etwa fünfzehn Minuten – hörte alles auf, und die gesamte Menge rief gellend »Osho!« und warfen die Arme in die Luft, als ob er noch immer unter ihnen zugegen wäre. Dieser Vorgang wurde viermal wiederholt, und dann wurde eine riesige Video-Leinwand über der Bühne herabgelassen. Während der nächsten Stunde saßen alle in verzückter Aufmerksamkeit, während Osho in filmisch perfekter Nahaufnahme eine der Vorlesungen hielt, die er zum erstenmal vor zehn Jahren gehalten hatte. Am Ende verließen alle nacheinander schweigend den Raum, nahmen ihre Schuhe und gingen in die Nacht hinaus.

Dieser Event war szenisch und bühnentechnisch bis zur Vollkommenheit gestylt. Die Internationale Osho-Kommune ist ein Hafen für all jene, die genügend Zeit haben, um ihre Werte und die Art, wie sie ihr Leben verbringen, zu überdenken. Sie bietet Fertigkeiten und Techniken an, um die Lebenqualität zu intensivieren und als Person offener und liebevoller zu werden. Insofern erfüllt sie einen wertvollen Dienst für eine gestreßte und gierige Welt. Osho muß gewußt haben, daß die Revolution im Bewußtsein, die man durch einen spirituellen Weg erfährt, nicht mit persönlicher Entwicklung verwechselt werden darf und auch nicht leicht erworben werden kann. Dennoch gab er seinen Schülern, was sie wollten und sprach auf seine Weise zu den Werten seiner Zeit. Poona ist sein lebendes Zeugnis.

Chandra Swami

Als ich im Sadhana Kendra Ashram eintraf, spielte Chandra Swami gerade Federball: Der fünfundsechzigjährige Guru gegen einen Zwanzigjährigen! In einer Seitentasche seines Dhoti hatte er einige Rupienscheine stecken. Chandra Swami wettete auf dieses Spiel. Einige französische Schüler feuerten seinen Gegner an. Jedesmal, wenn der Junge den Aufschlag hatte, versuchte Chandra Swami ihn abzulenken, indem er Geräusche von sich gab oder umhersprang.

Es half alles nicht. Nachdem er das Spiel verloren hatte, ging er zum Meditationsraum, um die Abendmeditation zu leiten. Chandra Swami hat seit Jahrzehnten geschwiegen, aber durch ein ununterbrochenes Fließen von Lächeln und

Gelächter spricht er Bände. Er ist der Archetyp einer Guru-Gestalt – fließendes weißes Haar und Bart, Augen, die einen Felsen schmelzen würden, ein Gesicht, das Kraft und Schönheit ausstrahlt. Er wurde im Jahre 1930 in einem Dorf in Pakistan geboren und nach einem der großen Heiligen von Nordindien – Baba Bhuman Shah genannt. Bhuman Shah lebte im achtzehnten Jahrhundert, und sein Heiligtum im Dorf war bis zur Sezession von Pakistan im Jahre 1947 ein wichtiges Pilgerzentrum. Seit früher Kindheit an hatte Chandra Swami Visionen und Träume von diesem Heiligen gehabt, der ihn für sich beanspruchte.

Als der Junge seinen wissenschaftlichen Abschluß absolviert hatte und nach der Sezession nach Indien gezogen war, brach er sein Doktorstudium ab, um das Leben eines spirituellen Einsiedlers zu führen. Zuerst lebte er in einer Höhle in Jammu Kashmir, dann zog er sich auf eine unbewohnte Insel im Ganges in der Nähe von Haridwar zurück, auf der er viele Jahre lang lebte. Während dieser ganzen Zeit wirkte Bhuman Shah aus den höheren Ebenen als sein Guru. Auf dieser Insel entdeckte Yvan Amar, ein junger Franzose, den Eremiten und wurde von ihm als Schüler akzeptiert. Nach und nach kamen andere hinzu, und schließlich überredeten sie Chandra Swami, aufs Festland zu ziehen, damit seine Schüler ihn ohne die ständige Angst vor Schlangen und wilden Tieren besuchen konnten. Sein erster Ashram lag außerhalb von Haridwar, und im Jahre 1992 zog er schließlich zu seinem heutigen, noch entfernteren Ashram Sadhana Kendra.

Sadhana Kendra befindet sich an einer Biegung des Yamuna vor den Bergen von Himachel Pradesh. Die nächste kleine Stadt liegt zehn Kilometer entfernt. Man muß es wirklich wollen: Um von Dehra Dun aus dorthinzukommen, fährt man zwei Stunden im Bus, geht zu Fuß durch die ganze Stadt Vikas Nagar und steigt einen Kilometer zu Fuß zum Berg hinauf. Es ist die perfekte Lage für einen Ort, der ernsthafter Meditation und spiritueller Praxis dienen soll. Pro Tag gibt es vier obligatorische einstündige Meditationen, die erste beginnt um vier Uhr morgens und wird von einer kurzen *bhajan*-Sitzung eingeleitet. Zwei Französinnen leben dort seit Jahren mit vier oder fünf Indern. Andere kommen und gehen tagtäglich. Chandra Swami verfügt über eine große Anhängerschaft, vor allem in Kashmir, wo die zahlreichen Anhänger von Bhuman Shah ihn als seine spirituellen Nachfolger betrachten.

Sechs Monate des Jahres hält Chandra Swami Morgen-*satsangs* ab, in denen er Fragen auf seinem Notizblock beantwortet. Während eines *satsangs* sagte jemand, daß er die Hoffnung aufgegeben hätte, jemals ohne den Schleier der Unwissenheit zu leben.

»Der Schleier der Unwissenheit ist gewollt«, kam die schriftliche Antwort, die dann laut vorgelesen wird. »Ihr habt in die Unwissenheit investiert. Deshalb findet ihr es schwer, sie zu entfernen. Sie ist wie eine feste Bindung. Ihr habt in die Bindung investiert. Deshalb könnt ihr diese Bindung nicht aufgeben, selbst wenn ihr darunter leidet.«

Ich stellte ihm eine Frage über Meditation und das Gleichgewicht von Bemühung und Absichtslosigkeit.

»Die meisten Menschen brauchen die Unterstützung durch ein Meditationsobjekt, wie etwa einen Namen oder eine Gestalt Gottes«, schrieb er. »Wir müssen beginnen, wo wir sind – nämlich in der Dualität – auch wenn die letzte Wahrheit nicht-dual ist. Manche ziehen es vor, ohne irgendeine feste Form nur zu sitzen und mit immer stärker werdendem Bewußtsein sanft ins Schweigen zu gleiten. Es hängt von der Persönlichkeit des Individuums ab. Beide Wege erfordern zunächst eine gewisse Anstrengung, aber beide führen jenseits dieser Bemühung zu immer tieferen Schichten der Entspannung. Wenn man meditiert wird anstatt der Meditierende zu sein, ist man vom Dualen in das Nicht-Duale gefallen.«

Ich schloß dieselbe Frage an, die ich auch Nanagar gestellt hatte – wie kann dieses Schweigen, das ich in seiner
Gegenwart empfinde, immer gegenwärtig sein?

»Das andauernde Schweigen kann nur von einem Menschen erkannt werden, der die Wahrheit seines eigenen
Wesens erkannt hat. Bis dahin muß ein *sadhaka* weiter meditieren, in seinen Beziehungen mit anderen Menschen ein
spirituelles Leben führen und darum kämpfen, daß er nicht
dem Diktat seiner Instinkte folgt. Vor allem braucht er
Glauben, denn selbst wenn er sich anstrengen muß, liegt
es dennoch nicht im Bereich seiner Macht. Der spirituelle Weg ist eine Reise von vielen Lebenszeiten. Gib alle
Überlegungen und Argumente auf und ›röste dein Herz im
Feuer der Liebe‹, sagte Lalashori, die Yogi-Frau aus Kashmir.«

Wenn Chandra Swami Fragenden antwortet, so sieht er
sie nur so kurz an, wie irgend möglich. Es ist, als ob es nichts
in ihm gebe, was sich mit dem Bereich des Persönlichen befaßt. Und dennoch nimmt er alle Menschen, die seine Gegenwart teilen, äußerst bewußt wahr. Er strahlt eine starke,
zärtliche Wärme und strenge Klarheit aus. Sein Charisma
überwältigt die Menschen nicht vor Begeisterung und zieht
sie nicht in den Bann seiner Persönlichkeit. Er ermutigt sie
nur, sich für den größeren Raum, den er bewohnt, zu öffnen. Diese Wärme ist ununterbrochen vorhanden, unabhängig davon, was er tut – beim Federballspielen, beim Essen oder wenn er den Gang hinuntergeht. Wo immer er ist,
kann man spüren, wie sehr er von Mitgefühl und ungeheu-
rer Fröhlichkeit erfüllt ist.

Zwar bezieht er Elemente aus allen verschiedenen spiri-
tuellen Strömungen mit ein, wenn er die Fragen seiner Be-
sucher beantwortet, aber es ist offenbar, daß seine wirkliche
Lehre die Art ist, wie er sein Leben führt. Letztlich tut
Chandra Swami überhaupt nichts. Er ist überaus natürlich.
Und dennoch funktioniert sein Ashram mit außergewöhn-

licher Effizienz. Immer hat er Zeit für Menschen, er kontrolliert die Arbeiten an den neuen Gebäuden, unterzeichnet Schecks, beantwortet die Post, lebt sein Leben – aber man hat das Gefühl, als sei nicht eine einzige Geste anders, als sie sein muß. Er ist in den Strom des Lebens hineingestorben.

IV

Die anderen Traditionen

13
Sikhs und Jains

Wenn Sie sich dem Goldenen Tempel nähern, ist das erste Gebäude, das Sie zu Gesicht bekommen, eine lange weiße Terrasse mit einem Turm in der Mitte, auf dem eine Uhr angebracht ist. Unter ihm befindet sich ein Bogen, der in die Vorhallen des Tempels führt. Ein marmorverkleideter Hof und hohe, reich verzierte Geländer trennen das weiße Gebäude von der lärmenden Geschäftigkeit der Stadt. Bereits jetzt verspürt man ein Gefühl, als ob man sich einem *temenos* nähere, einem heiligen Raum, der von den Haltungen und Tätigkeiten des profanen Lebens abgetrennt wurde. Außen, vor den langen,weißen Mauern gibt es zwar Läden, die meistens Bücher und Blumen verkaufen; aber niemand ruft, um Ihre Aufmerksamkeit auf sich zu ziehen, niemand zerrt an Ihrem Ärmel, um Ihnen Postkarten zu verkaufen. Ich hatte bereits den ganzen Weg zum Eingang zurückgelegt, als es mir dämmerte, daß hier kein Bettler in Sicht war. Betteln ist gegen die Grundsätze der Sikh-Religion. Dementsprechend gibt es eine Gemeinschaft von ungefähr dreizehn Millionen Menschen in Indien, die keinen Bettler in ihren Reihen haben. Ich konnte mich der logischen Schlußfolgerung nicht entziehen, daß Betteln offenbar nicht nur durch die Lebensumstände, sondern auch durch Erziehung und kulturelle Haltung bestimmt ist.

Unter dem Turm mit der Uhr sieht man einen Trinkwasserstand: Eine große marmorverkleidete Theke, die rings um ein Marmorbecken läuft. Laufend werden Eisblöcke in das Becken geworfen, und Bedienstete verteilen Gratis-Trinkwasser an alle Besucher. Auch die Schuhablage, wo alle ihre Schuhe zurücklassen, ist kostenlos. Ohne Hast, ohne Gedränge, ohne laute Stimmen gehen die Besucher durch den Torbogen unter dem Uhrturm in die Tempelvorhalle. Und was sie dort zu sehen bekommen, ist genug, um selbst den unruhigsten Geist zum Schweigen zu bringen. Der Goldene Tempel, das Allerheiligste der Sikh-Religion, ruht voller Glanz inmitten einer weiten Fläche heiligen Wassers; auch der Raum um ihn herum ist heilig. Der Tempel selbst ist ein kleiner Pavillon; die Vorhalle, die ihn umgibt, ist nur zwei Stockwerke hoch. Das eigentlich Überwältigende ist ganz einfach die Weite des offenen, rechteckigen Raumes. Vor ihr erscheint die Vorstellung des Einzelindividuums zwergenhaft – vor allem wegen der Leere der Anlage, die hauptsächlich nur Wasser enhält. Dieses »Becken der Seligkeit«, nach dem auch die umliegende Stadt Amritsar benannt wurde, ist auf allen Seiten durch das weiße Gebäude beschützt, welches Verwaltungsbüros, eine Museum der Sikhmärtyrer und eine Bücherei beherbergt. Auf der Innenseite der Vorhalle, ist innerhalb des weißen Rechtecks ein Bogengang angebracht, so daß die Pilger im Schatten um den Teich gehen können.

Der frühere Teich wurde vom vierten der zehn Sikh-Gurus, Guru Ram Dass im späten sechzehnten Jahrhundert auf seine gegenwärtigen Proportionen vergrößert. Die Sikhs gelten allgemein als jene Reformbewegung, die eine nicht-sektiererische und nicht-kastenbezogene Alternative zum Islam und Hinduismus anbieten. Sie sind strikte Monotheisten – nirgendwo sieht man irgendwelche Standbilder – aber sie sind auch allen anderen Traditionen gegenüber tolerant und glauben, daß der eine Gott nicht der Sikh-Gott, sondern der Gott aller Menschen jenseits von Name und Form ist. Eines ihrer täglichen Gebete bittet um Verzeihung für alle Menschen unabhängig von ihrer Rasse oder ihrem Glauben. Die Frauen haben in der Sikh-Religion die gleiche Position wie Männer. Das Leben und die Lehre des Gründers, Guru Nanak, ging sogar weit über bloßen Reformismus hinaus. Wie sein Zeitgenosse Kabir, wie die moslemischen Sufis und viele der advaitischen Shivaiten war er ein wahrer Gnostiker, der hinter allen Trennungen eine Einheit erblickte, die nicht auf Idealismus, sondern auf mystischer Erfahrung beruhte.

Gegenüber dem einen Ende des Teiches befindet sich ein großes Ziegelgebäude mit zwei überdimensional großen Kaminen, das einstmals auch als Wachtturm diente. Dies ist der *langar*, die Tempelküche, die für alle Ankömmlinge Tag und Nacht umsonst Chapatis und Linsen bereitstellt.

Guru Nanak (1469-1539) reiste als Asket durch ganz Indien und den Nahen Osten und soll auch Mekka besucht haben. Das Ergebnis seiner inneren und äußeren Suche war seine Überzeugung, daß Gott weder im Koran, noch in den Puranas, sondern im Herzen eines jeden Individuums sowie in den tagtäglichen Handlungen desselben zu finden ist. Er kehrte von seiner Wanderung zurück, wurde Familienvater und verkündete die Einheit Gottes und der Bruderschaft der Menschen. Ihm zufolge liegt das Schicksal des Menschen nicht darin, zum Himmel zu gehen, sondern die Gegenwart Gottes im lebendigen Augenblick zu empfinden. Um ihn zu erkennen, kann man über Seinem Namen meditieren und Sein Loblied singen. Das größte Lob, das man Ihm spenden kann, ist der Dienst an den anderen. Nahrung ist das erste Geschenk, das man seinen Mitmenschen anbieten sollte, denn mit einem leeren Magen kann man nicht über Gott nachdenken. Eine Hauptaufgabe bei den Sikhs ist Hilfe und Unterstützung, und dazu gehört auch die Verteidigung der Schwachen.

In der restlichen Welt sind die Sikhs eher für ihren Kriegerstatus bekannt als für ihre mystischen Lehren. Nicht ohne Grund waren die Kamine des *langar* auch Aussichtsposten. Vor allem im siebzehnten und achtzehnten Jahrhundert erlitten die Sikhs überaus schreckliche Verfolgungen durch die Moghulherrscher. Unter anderen war der Kaiser Aurangzeb fest entschlossen, sie vollständig auszulöschen, und einige der Sikh-Gurus selbst erlitten die grauenhaftesten Foltertode; dies ist auch das Thema der künstlerischen Darstellungen, die im Tempelmusem ausgestellt sind. Und dennoch erklärte einer der letzten Gurus, daß die Sikhs ihre Identität keinesfalls verbergen sollten, sondern bereitwillig den Tod auf sich nehmen und ihrem Glauben treu bleiben sollten. Er führte die äußeren Kennzeichen ein, die alle männlichen Sikhs heute charakterisieren: Dazu gehört ihr ungeschnittenes Haar, der Turban und das Schwert. Das Schwert sollte nur zur Verteidigung der Unterdrückten und niemals zum Angriff benutzt werden. Deshalb gilt es auch als Dienst und Lob Gottes in Aktion.

Gegenüber dem bereits genannten Uhrturm gibt es einen zweiten auf der entgegengesetzten Seite des Geländes, und in ihm ist die Bücherei der Sikhs untergebracht. Devinder Singh, der Direktor dieser Bibliothek, ist ein wunderbares Beispiel der edlen Haltung, für die die Sikhs so berühmt sind. Er ist groß, aufrecht, bereits weit jenseits seines sechzigsten Lebensjahres, und sein königsblauer Turban umrahmt ein Gesicht, das alle Eigenschaften eines Adlers hat. Seine umstandslos freundliche und zuvorkommende Art erinnerte mich daran, daß das Wort »Sikh« von dem Sanskritwort *shishya* für »Schüler« kommt.

»Die eigentliche Berufung eines Sikhs«, sagte er, »ist es, zu Füßen eines Lehrers zu lernen. Schließlich sind wir Inder. Wir entstammen der Hindutradition. Der Begriff des Guru ist für uns grundlegend. Die Religion der Sikhs begann und endete nicht mit Guru Nanak: Es war eine Entwicklung, die unter der Führung aller Zehn Gurus stattfand. Für uns sind sie alle Inkarnationen des Guru Nanak, und jede davon hat der Tradition eine weitere Dimension hinzugefügt. Der letzte Guru, Gobind Singh, – er starb im Jahre 1708 – hauchte der Sikh-Gemeinschaft neues Leben ein und beendete die Linie der Gurus. Er schenkte uns unser heiliges Buch, das Granth Sahib, als letztendlichen Guru und setzte es auf einen Thron im Tempel, der höher stand als sein eigener. Das Granth Sahib enthält die Sammlung der Lieder und Gedichte, die die Gurus geschrieben haben, um ihre Weisheit zu übermitteln, aber auch andere Lieder von Heiligen wie etwa Kabir. Sie können Sie jetzt hören, sie werden im Tempel gesungen.«

Seit ich das Tempelgelände betreten hatte, vernahm ich im Hintergrund zeremonielle Gesänge – *kirtan* – die rings um den Teich widerhallten. Sie waren unaufdringlich, ohne eine Spur der emotionellen Erregung der qawwali-Musik der Sufis, die im Punjab und auch in Amritsar selbst so bekannt ist. Zwei oder drei männliche Stimmen, die von einer Sitar und einem Harmonium begleitet wurden, glitten wie sanfte, hingebungsvolle Wellen über das Wasser. Ich hatte gedacht, daß dies ein Playback war, wie es in Hindutempeln oftmals der Fall ist, aber Devinder Singh sagte, daß keine Tonbandaufnahmen erlaubt seien:

»Wenn wir Gott loben sollen«, sagte er, »müssen wir es persönlich tun. Wir können nicht erwarten, daß eine Maschine es für uns tut.«

»Das Granth Sahib wurde im Goldenen Tempel nicht nur unablässig vierundzwanzig Stunden lang gesungen«, fuhr Govinder Singh fort, »sondern auch von Tempelbeamten in den vier Ecken des Tempelgeländes laut vorgelesen«.

Kein Wunder, daß dieser Ort eine so greifbare spirituelle Intensität besaß. Tag und Nacht kamen die Menschen hierher, um zu singen und zu beten. Die Sikhs haben keine regelmäßigen Versammlungen und keine *pujas.*

Jeder ist nur seiner eigenen Seele verantwortlich und lobt Gott nach seinem eigenen Zeitplan, so oft er kann. Die Priester vertreten nicht die Gläubigen vor Gott, sondern singen die *kirtans* und lesen das heilige Buch vor.

Als ich an jenem Abend im Lichte des Vollmondes auf den Goldenen Tempel blickte, sah ich, daß er auf dem Wasser schwamm. Er nahm in meiner Phantasie die Gestalt

einer Arche aus der Urzeit an, eines ursprünglichen Gottes-
schiffes. Die Pilger schritten auf dem von Laternen erleuchteten Damm – der sogenannten »Brücke des Gurus« – zum
Tempel, denn zu Ihm, sagen die Sikhs, gibt es keinen anderen Weg als die Brücke der Gnade, die der Guru ist. Der
Tempel selbst ist ein kleines goldenes Rechteck mit zwei
übereinanderliegenden Stockwerken und einem Gewölbe
darüber. Die Goldschicht wurde im neunzehnten Jahrhundert angebracht, nachdem der Tempel oftmals zerstört und
wiederaufgebaut worden war. Im Erdgeschoß ruht das Original des Granth Sahib unter goldenen Tüchern. Auf der einen Seite davon sitzen die Sänger. Vier Tore öffnen das Allerheiligste in alle Himmelsrichtungen und symbolisieren
den Willkommensgruß für alle Ankömmlinge, gleich welchen Glaubens. In allen Ecken drängen sich die Menschen,
singen leise mit den Sängern mit oder sind in Meditation
versunken. Nirgendwo in Indien habe ich an einem öffentlichen Ort soviel innere Hingabe erlebt. Im Obergeschoß rezitiert ein Priester das heilige Buch vor einer antiken Ausgabe, die etwa einen Meter im Quadrat mißt. Menschen
sitzen in Reihen entlang der offenen Galerie und betrachten
die Prozession der Besucher im unteren Stockwerk oder
blicken nach außen über das Wasser, auf dem sich die gesamte Szene spiegelt. Rings um den Tempel verläuft ein
Marmorstreifen, wo ebenfalls Gläubige sitzen und sich vom
Wasser, der Musik und dem Mond wiegen lassen. Am entgegengesetzten Ende verengt sich das goldene Quadrat zu
einem Bug: Dort treten die Pilger auf eine Stufe unterhalb
des Wasserspiegels, um ihre Füße im »Becken der Seligkeit«
zu benetzen.

Der Goldene Tempel ist tatsächlich ein gesegneter Ort.
Niemand, gleich welcher Rasse oder Religion, kann sich der
Wirkung seiner wundersamen Schönheit entziehen. Ohne
Zweifel hat die Verfolgung der Sikhs wie die der Juden den
Eifer und die Hingabe verstärkt, mit der sie ihr Allerheilig-

stes betrachten. Es ist ebensosehr ein Symbol ihrer kommunalen Identität und ihres geradezu unwahrscheinlichen Überlebens wie es auch ein Denkmal zum Ruhm Gottes ist. Beide Pole, die menschliche Gemeinschaft und das Göttliche, sind für die Sikhs ein und dasselbe.

Dilwara – Ein Jain-Tempel

Vom Mittag bis zum Abend ist die Schuhablage am Eingang des Jain-Dilwara-Tempels auf dem Berg Abu bis zum Bersten mit allen möglichen Arten von Fußbekleidungen gefüllt. Der Türhüter ist für alle ledernen Gegenstände zuständig, die die Besucher für die Dauer ihres Besuches bei ihm zurücklassen müssen – denn der Glaube der Jains verbietet, daß tierische Materialien innerhalb des Tempels getragen werden.

Die Besitzer der Schuhe sind aus ganz Indien, ja, aus der ganzen Welt zusammengekommen, weil sie in ihren Reiseführern von der unübertroffenen Schönheit des Dilwara-Tempels gelesen haben, von seinen feinpolierten Skulpturen aus weißem Marmor, den Kristalldecken, die durchsichtigen Schneeflocken gleichen, dem ungewöhnlichen Gegensatz von Einfachheit und unendlicher Detailkunst und den Proportionen, die gleichzeitig menschlich wie auch göttlich sind. Und sie können einfach nicht enttäuscht werden – es sei denn, sie hatten gehofft, einen Tempel voll lebendiger Religiosität zu finden.

»Was sollen wir tun?« stöhnte der Tempelverwalter über dem Schreibtisch in seinem Büro. »Die Regierung verlangt von uns, daß wir am Nachmittag die Bedürfnisse der Touristen erfüllen. Das ist verständlich. Architektionisch gesehen, ist dies ein Ort von weltweiter Bedeutung. Aber wenigstens haben wir den Morgen für uns selbst. Dann sind nämlich nur Jains zugelassen. Aber Sie können am Morgen als mein

Gast kommen. Dann werden Sie einen Jain-Tempel sehen, und nicht eine Touristenattraktion.«

Viele heilige Plätze in der ganzen Welt stehen vor demselben Dilemma. Der Tourismus fördert eine Kultur von Voyeuren, Schnappschußfotografen und Konsumenten von Kultur, Panoramen, Informationen und »interessanten« Plätzen. Niemand davon, am wenigsten ich selbst als Autor eines solchen Buches, ist davon frei. Wir wollen Stonehenge, Chartres, Assisi, den Dilwara-Tempel besuchen, und vielleicht ist unsere Motivation durchaus die eines wirklichen Pilgers. Vielleicht protestieren wir sogar, wenn man uns Touristen nennt. Aber welche Meinung wir auch von uns haben, so müssen wir doch wissen, daß unser Besuch zur Bedrängnis eines solchen Ortes beitragen und ihn ein wenig mehr von einer Quelle der Ehrfurcht und Anbetung zu einem profanen Denkmal machen kann.

Die anderen Orte, die ich in diesem Buch erwähnt habe, sind nicht demselben Druck unterworfen wie Dilwara, weil sie der hinduistischen Religion angehören und es etwa achthundert Millionen Hindus gibt, die einen lebendigen Glauben teilen. Indien hat weniger als fünf Millionen Touristen pro Jahr, die sich über ein riesiges Land verteilen. Die großen Hindu-Tempel des Südens sind tief in ihrer regionalen Kultur verwurzelt und werden durch sie am Leben erhalten; der Einfluß der indischen wie auch der nicht-indischen Touristen ist noch immer minimal. Die Jains zählen jedoch in ganz Indien nur zwei Millionen. Und ihre Vorfahren waren es, die die inspirierteste Tempelarchitektur aller Zeiten konstruiert haben. Es ist kaum verwunderlich, daß die Jains – zumindest nachmittags – in ihrem eigenen Tempel in der Minderzahl sind.

Die Jains haben in Indien immer einen Einfluß gehabt, der weit über ihre geringe Anzahl hinausging. Ihre Religion hat schon vor zwei Jahrtausenden aufgehört, viele Anhänger anzuziehen. Damals begannen die verinnerlichten Bewegungen des Hinduismus Anziehungskraft zu gewinnen. Vielleicht war der Jainismus ebenso wie der Buddhismus immer ein wenig zu streng für das hinduistische Temperament. Denn wie der Buddhismus achtet er weder das Kastensystem noch die Autorität der Veden. Die beiden Rivalen des Hinduismus sind sich in vieler Hinsicht so ähnlich, daß westliche Gelehrte den Jainismus tatsächlich für eine buddhistische Sekte hielten. Auf eine indirekte und verschlungene Art und Weise ist einer der Hauptgründe für ihren unproportional großen Einfluß im Geschäftsleben die Strenge, mit der die Jains immer das Gesetz der Gewaltlosigkeit aufrechterhalten haben. Alles, selbst die vier Elemente, enthält ihrem Glauben nach eine lebendige Essenz oder Seele. Praktisch alles, was ein Mensch tut, führt mit großer Wahrscheinlichkeit zum Tod eines Lebewesens. Die jainistischen Mönche gingen oftmals auf Stelzen, um die Anzahl der Insekten, die sie töteten, zu minimieren. Noch immer tragen sie Masken über ihrem Mund, um nicht irgendein Lebewesen einzuatmen. Nicht nur die Jagd, militärische Handlungen und Tierschlachtung sind verboten, sondern sogar jede Art von Ackerbau, da das Pflügen des Landes Millionen von kleinen Toden zur Folge hat. Mit einer so extremen Sorge für die Heiligkeit des Lebens bleibt ihnen wenig anderes als der Handel. Sie sind immer Geldverleiher, Juweliere und Händler gewesen. Heute betreiben sie die meisten Banken wie auch einen großen Teil der Baumwollindustrie.

Die Jains sind nicht nur reich, sondern auch fromm. Die drei Kennzeichen ihrer Religion sind Gewaltlosigkeit, Selbstkontrolle und Buße. Sowohl Mönche wie auch Laien befolgen strikte Regeln, nach denen sie Lüge, Anhäufung von überflüssigen Reichtümern und Diebstahl vermeiden; sie essen nur reine Nahrung und ertragen zweiundzwanzig verschiedene Arten des Leidens (einschließlich von Insektenbissen, Dornen, Schmutz, Hunger und Durst), und sie beten regelmäßig dreimal am Tag. Die Mönche befolgen eine der strengsten asketischen Traditionen. Eine der beiden Sekten, die Digambars, tragen keine Kleidung, während die Mitglieder der anderen, der Suetambar nur zwei weiße Kleider besitzen dürfen. Sie dürfen höchstens drei Tage an einem Ort bleiben, sie müssen barfuß gehen und dürfen niemals Geld berühren.

Der Zweck all dieser Bußübungen besteht darin, die Seele aus den groben Sinneswahrnehmungen des Körpers zu befreien. Die Jains glauben an ein streng dualistisches Universum, in dem es nur tote Materie und lebendige Seele gibt. Ihre Religion ist mit dem persischen Zoroastrismus und den christlichen Katharern und Gnostikern verwandt, die der Materie den Geist entgegensetzen. Aber bei den Jains gibt es keinen Erlösergott, der kommt, um mit der Lehre der Gnade zu retten. Die Seele durchdringt den menschlichen Körper, ist aber in der Dichte der materiellen Wahrnehmung durch ihre eigenen Handlungen verstrickt. Die einzige Möglichkeit, um sich von der Dunkelheit der materialistischen Welt zu befreien, besteht darin, sich durch positive Handlungen Verdienste zu schaffen. Deshalb sind Jains großzügig bei ihren Spenden, sie bauen Tempel, halten ihre Gelübde ein und bewahren eine stoische Akzeptanz der Unwägbarkeiten dieser Welt.

Der Jainismus ist die höchste Religion der persönlichen Unabhängigkeit – das Wort selbst kommt von *jina*, der »Eroberer«. Durch die eigenen Handlungen und Verdienste kann man Gott selbst werden, ja selbst größer als alle Götter. Der Sinn eines Tempels liegt nicht darin, daß dort ein Gott verehrt wird, der gar nicht existiert, vielmehr soll er Inspiration verleihen, indem er die Beispiele großer Seelen hervorhebt. Dazu gehören die Gründer und Lehrer der Jains, die bereits gezeigt haben, daß Befreiung möglich ist. Im allgemeinen wird Mahavira, ein Zeitgenosse Buddhas im sechsten Jahrhundert vor Christus als Gründer dieser Reli-

gion betrachtet, aber die Jains selbst behaupten, daß er nur
der vierundzwanzigste in einer Linie von *tirthankaras* – »Jene, die den Ozean des Werdens überquert haben« – war, die
in Wirklichkeit bis zu dem ersten großen Lehrer Adinatha
zurückgeht, der in der fernsten Vergangenheit lebte. Das tägliche Gebet der Jains ist deshalb nicht an irgendeinen Gott
gerichtet, sondern es ist ein Akt der Verehrung für jene
großen Seelen und Menschen, die wie sie sind.

Am nächsten Morgen kam ich wie befohlen nach Dilwara und war erstaunt, daß die Schuhablage fast ebenso voll
war wie am Tag zuvor. Eine Gesellschaft von hundertfünfzig
Jains war aus Bombay angekommen, zweihundert weitere
aus Ahmedabad, das sechs Stunden entfernt in Rajasthan
liegt. Alle Männer waren in weiße Kleider gehüllt, während
die Frauen Saris trugen, die offensichtlich für diese Gelegenheit gekauft worden waren. Unterhalb des großen Tempelhofes konnte ich die Menschen lachen, reden und im
Wasser plätschern hören. Der Sekretär des Direktors zeigte
mir die Bäder, die jeder vor dem Besuch des Tempels benutzen mußte. Auch die weißen Gewänder waren obligatorisch, ebenso wie frische Kleider.

Wir folgten dem Strom der Gläubigen in den Haupttrakt
– den Vimala-Shah-Tempel. Er ist nach dem ersten Minister
des Königs von Gujarat benannt, der das Gebäude im Jahre
1031 in Auftrag gegeben hat. Vimala Shah ist noch immer
da, er sitzt auf seinem Pferd gegenüber dem Tempeleingang
– in unvergänglichem Stolz auf seine großartige Leistung.
Nicht die Größe dieses Bauwerks ist so eindrucksvoll – im
Gegensatz zu vielen südindischen Tempeln erstreckt sich der
Tempel von Dilwara wie alle nordindischen Tempel nur
über einige wenige Hektar – sondern einfach nur die Genialität seiner Ausarbeitung. Das härteste Material der Bildhauerei wurde zu Pfeilern und Decken verarbeitet, die in
ihrer außerordentlichen Feinheit geklöppelten Spitzen gleichen. Das gesamte Gebäude besteht aus weißem Marmor,

der durch die vereinten Kräfte von vierhundert Elefanten über eine Distanz von fast fünfhundert Kilometern herbeigeschleift wurde. Diese Elefanten sind in der Halle vor dem Eingang zu dem rechteckigen Hof, der das innere Heiligtum beschützt, verewigt worden.

Innerhalb dieses rechteckigen Hofes befindet sich ein Plafond, der die Form einer umgekehrten Pyramide mit sieben Stufen hat, die sich am Ende zu einer Knospe verengt. Sie wurde aus einem einzigen soliden Marmorblock gehauen, und die Handwerker arbeiteten mit einer solchen Genauigkeit, daß der Stein an manchen Stellen fast durchsichtig ist. An den Wänden rings um diesen Plafond stehen Statuen von Göttinnen: Sarasvati mit ihrem Pfau, Lakshmi mit ihrer Lotusblume, Shakti mit ihrer Kobra, Parvati und ihre Kuh. Als ich in dieser Halle unter einem solchen Denkmal menschlicher Genialität stand, konnte ich nichts als Bewunderung für den Adel des Geistes und der Hand empfinden, die ein solches Werk geschaffen hatte. Ich, ein Tourist, der tausend Jahre später hier vorbeikam, war von dieser Vision erfüllt und verspürte Dankbarkeit für die Geschenke unserer Vorfahren und jenen Impuls im menschlichen Geist, der immer nach dem Erhabenen gestrebt hat.

Vor dem Allerheiligsten vollzog ein brahmanischer Priester eine *puja* für eine kleine Statue von Shantinath, dem sechzehnten Tirthankara. Die Statue stand in der Mitte eines fünfstufigen Gebildes aus Silber, das einem tragbaren Hochzeitskuchen auf Rädern ähnelte. Der Priester hatte gerade eine *abishekam* aus Milch und Wasser über der Statue vollzogen und brachte nun Sandelpaste auf ihrem dritten Auge, ihrem Herz, ihren Schultern und ihrem Nabel an, als ob er sie mit einer magischen Rüstung bekleiden wolle. Ein anderer Priester vollzog dasselbe Ritual für die wichtigste Statue des Allerheiligsten, die des Religionsstifters Adinath. Sie ist überlebensgroß und im Dämmerlicht des Allerheiligsten gerade noch sichtbar. Wie oft bei einem hinduistischen Bild stehen die Augen starr hervor, blicken aber nicht auf den Gläubigen. Es gibt kein *darshan*: Adinath blickt, tief in Kontemplation versunken, ins Leere. Sein Herz – bei den Jains der Sitz der Seele – ist in der Mitte seiner Brust mit einem Juwel gekennzeichnet. Sein Körper besteht aus hellem Marmor und ist in der Lotushaltung mit aufrechtem Rücken und einer fast militärisch angespannten Konzentration abgebildet.

Der Priester hatte kaum sein Werk vollendet, als sich die Menge, die im Hof umhergewandert war, in das Allerheiligste drängte. Alle diese Menschen trugen einen Mundschutz aus Gaze oder anderen Stoffen. »Diejenigen, die die größten Opfergaben gespendet haben, bitte nach vorne treten!« schrie der Tempeldiener. Der Priester trat zur Seite, da seine Aufgabe nun beendet war. Die Jains haben keine eigenen Priester, sondern stellen Brahmanen an, um die *pujas* für die Bilder zu vollziehen. Jains sind ihre eigenen Priester oder Priesterinnen. Sie traten nacheinander vor Adinath, boten ihm einen Teller mit Blumen und Sandelpaste dar, berührten ihn an denselben Stellen, die die Brahmanen bereits bedeckt hatten und setzten sich dann vor dem Standbild auf den Boden. Die Frauen zeichneten Swastikabilder aus Reiskörnern auf den Boden und setzten eine Münze in deren Mitte. Die Swastika ist in Indien seit mindesten viertausend Jahren ein Symbol für das Entstehen aller Erscheinungen der Welt aus dem ruhenden Mittelpunkt gewesen. Über ihre Swastikas zeichneten die Frauen dann einen Halbmond mit einem Punkt darüber, der traditionell den offenen Lotus der Befreiung darstellte, die sich über dem Zyklus der Geburten und Wiedergeburten erhebt. Aber auch an dieser Stelle setzten sie eine Münze auf den Punkt, vielleicht dachten sie an eine andere Art der Freiheit.

Ich verließ das Allerheiligste, wo die Frauen nun das Namaskar-Mantra sangen, und betrachtete die anderen Statuen, die den Hof säumten. Es waren wieder in etwa dieselben Personen: Strenge Tirthankaras, die – jeder in seiner eigenen Zelle – aus dem Halbschatten in eine mittlere Entfernung blickten. Aber am Ende des Hofes gab es eine offene Kammer, in der eine andersartige Figur stand. Nicht nur, daß sie aus schwarzem Marmor bestand und deutlich älter als die anderen war, sie strahlte auch einen tiefen Frieden aus, der ihrem ganzen, von der Zeit geglätteten Körper entströmte. Die großen, leidenschaftslosen Augen trugen noch zu diesem Eindruck bei.

Ich blieb an diesem Ort eine halbe Stunde stehen, und alle Besucher, die währenddessen hereinkamen, traten still herein – ganz im Gegensatz zu dem Lärm und Gedränge im Hauptheiligtum. Ich erinnerte mich, daß ein Jain-Heiliger einmal gefragt wurde, weshalb die Jains denn Statuen bräuchten, da sie doch nicht an Gott oder eine Gnade glauben. Er antwortete, daß der Sinn eines Standbildes darin bestehe, seine Stimmung jedem zu vermitteln, der sich in seiner Nähe befinde. Das Jain-Standbild ist von der Haltung des *tirthankara* durchdrungen, dem leidenschaftslosen Schweigen eines Menschen, der das Reich der Gestalten transzendiert hat. In der Gegenwart des schwarzen Adinath konnte ich verstehen, was dieser Heilige damit meinte.

14
Das Indien der Sufis

Der Islam ist die zweite Religion Indiens nach dem Hinduismus, und Indien hat die drittgrößte moslemische Bevölkerung der Welt – etwa hundertzwanzig Millionen. So überrascht es kaum, daß man heute in Indien viele Sufischulen findet, die die mystische Dimension des Islam verkörpern.

Die Samen der Sufibewegung waren schon seit den frühesten Zeiten des Islam vorhanden. Schon in der zweiten Generation von Mohammeds Anhängern wuchs eine beträchtliche Reaktion auf die weltliche Macht der herrschenden Omajaden heran, in deren Gefolge viele Moslems ein asketisches Leben begannen. In den Jahrhunderten nach Mohammeds Tod entwickelte der Islam nach und nach eine legalistische Orthodoxie, die persönliche Erfahrungen des Göttlichen und die volkstümlichen Ausdrucksformen religiöser Hingabe durch Musik, Tanz und ekstatische Trance verachteten. Im Gegensatz dazu begannen einige, den Vorrang der Liebe vor dem Gesetz zu verkünden, und zu Beginn des neunten Jahrhunderts hatten viele bedeutende Persönlichkeiten, die anstatt einer bloß formalistischen Gottesverehrung die innere Religiosität betonten, bereits eine große Anhängerschaft in verschiedenen Teilen der moslemischen Welt an sich gezogen. Eine der wichtigsten Exponentinnen der Liebe im achten Jahrhundert war Rabiah. Sie wurde oft gesehen, wie sie umherwanderte und dabei Feuer in der einen Hand und Wasser in der anderen Hand trug. Wenn man sie fragte, was sie da tat, pflegte sie zu antworten, daß sie den Himmel verbrennen und die Hölle löschen wolle, damit die Menschen Gott um Seiner selbst willen lieben sollten.

Der Zweck des Sufismus besteht darin, eine persönliche Erfahrung dessen zu erzeugen, was auch das zentrale Mysterium des Islam ist: Es geht um *tauhid*, eine mystische Einheit mit Gott, in der nichts außer Gott selbst verehrt werden kann. Die Sufis distanzieren sich keinesweg von der Sharia, dem moslemischen Gesetz, sondern fühlen sich mit ihm in einer Weise verwandt, wie auch die Walnuß mit ihrer Schale verwandt ist. Das Gesetz beschützt sie wie auch jeden anderen Moslem vor schädlichen Einflüssen sowohl im Inneren wie auch im Äußeren. Und obwohl das Öl der Nuß unsichtbar ist, durchdringt es die ganze Nuß einschließlich der Schale. Die Sufis vergleichen das Öl mit der Haqi-qat, der letzten Wirklichkeit. Das Verlangen des Sufis besteht darin, für sich selbst zu sterben und durch vollständige Hingabe an Allah lebendig zu werden. »Hingabe« oder »Unterwerfung« ist denn auch die Bedeutung des Wortes »Islam«.

Die Sufis trafen oftmals auf starke Gegnerschaft von seiten der moslemischen Orthodoxie, und im Jahre 922 erlitt der Sufimeister Al Hallaj den Märtyrertod, weil er es gewagt hatte zu verkünden, daß er und Gott eins seien. In manchen Ländern, vor allem in Saudi Arabien, sind Sufigebräuche noch immer verpönt. Aber in Indien wurde den Sufis immer eine freundliche Akzeptanz zuteil, sie waren eine wundervoll harmonisierende Kraft zwischen Hindus und Moslems. Indien beheimatet viele mystische Strömungen und ermutigt mehr als die meisten anderen Länder der Welt zur Toleranz und einer universellen spirituellen Perspektive. Der indische Sufismus hat einen speziell indischen Charakter angenommen und war oftmals mit Teilen der dortigen *bhakti*-Verehrung verflochten, mit der er vieles gemeinsam hat. Insofern unterscheidet er sich im Tenor deutlich von Sufirichtungen anderer Länder.

Die drei wichtigsten Sufischulen Indiens sind die Naqsh-bandis, die Quadiriyah und die Chishti-Orden. Die Naqsh-bandis erreichten Indien im siebzehnten Jahrhundert, nachdem sie bereits in ganz Zentralasien einen starken politischen Einfluß errungen hatten. Sie sind die Vorreiter der Orthodoxie: Sie dulden keine Musik in ihren Gottesdiensten und halten sich auch in Einzelheiten genauestens an die Sharia. Der Quadiriyah-Orden, der in Bagdad von Abdul Quadir al Gilani (gestorben im Jahre 1166) gegründet worden war, wurde im vierzehnten Jahrhundert in Indien eingeführt und ist nun im ganzen Land, und vor allem in der Gegend von Hyderabad verbreitet. Das Ideal der Einheit, das in diesem Orden gilt, wurzelt in der Qual der Getrenntheit, wie auch Gaudiya Vaishnavas Liebe für Krishna durch *viraha*, ein Gefühl der Ferne, von ihm intensiviert wird. Einer von ihnen, Waris Shah, ein berühmter Dichter aus dem Punjab des sechzehnten Jahrhunderts, überarbeitete sogar den Krishnamythos für seine eigenen Leute und gab diesem Werk den Titel »Heer Ranjha«. Für die Quadiriyah ist das Primat der Liebe absolut und drückt sich ebensosehr im Bereich des täglichen Lebens aus, wo er die Trennlinien zwischen Moslems und Hindus durchschneidet, wie auch in der vertikalen Beziehung zu Allah.

Mu'inuddin Chishti, ein Perser, brachte seinen Sufiorden im Jahre 1292 nach Indien. Die Chishtis verkünden die überwältigende Wichtigkeit der Liebe zu allen Lebensformen: Zu Gott, zum Sheikh – dem Oberhaupt einer bestimmten Chishti-Tradition – und zu allen anderen menschlichen Wesen. Dichtung, *sama*, Sitzungen mit religiöser Musik, Gastfreundschaft und Dienst an den Gläubigen aller Glaubensrichtungen sind ihre Kennzeichen. Ein Großteil der Islamisierung Indiens beruht auf der weitverbreiteten Popularität der Chishtis, die auch während langer Perioden in den Genuß königlicher Protektion kamen.

Das *sama* ist vielen Sufischulen gemeinsam, aber es waren die Chishtis, die es zu einer *qawwali* genannten Kunstform erhoben haben, die bei Hindus und Moslems gleichermaßen beliebt ist. Anstelle des Wechselspiels von Ruf und Refrain, das normalerweise in *bhajans* praktiziert wird, sind es professionelle Musiker oder *qawwals*, die in Gruppen mit einem oder zwei Sängern die *qawwalis* vortragen. Sie singen mit vielen Wiederholungen und Improvisationen mystische Dichtung auf Persisch, Hindi oder Urdu. Das Hauptziel besteht darin, den Zuhörer wie auch sich selbst in einen Zustand der Einheit mit dem Göttlichen zu bringen. Als Pakistan von Indien getrennt wurde, zogen die meisten *quawwals* nach Pakistan, und die besten Gruppen sind bei indischen Sufis sehr gefragt: Sie sagen, daß ihre Musik einen ätheri-

312

schen Strom im inneren Herzen -*qalb* – freisetzt, durch den das gesamte Wesen gereinigt wird. Händeklatschen, Trommeln und Harmoniumklänge helfen mit, die Atmosphäre zu ekstatischen Höhen zu erheben. Wenn jemand in Ekstase fällt, wiederholen die Sänger den Vers, bei dem er ohnmächtig wurde, bis er wieder zum normalen Bewußtsein zurückkehrt. Man weiß, daß schon einige Sheikhs durch die beim *qawwali* erzeugte Ekstase gestorben sind, und im Falle von Hazrat Khwaja Qutubbudin von Delhi mußte der *qawwal* drei Tage lang denselben Vers singen, bis der Sheikh begraben war! Der Vers, der ihn in die andere Welt trug, lautete:

Für die Opfer des Schwertes Göttlicher Liebe
Gibt es jeden Augenblick ein neues Lebens.
(Aus dem ›Unsichtbaren‹.)

Eine andere religiöse Übung ist bei den meisten Sufiorden der *zhikr*. Dabei wird in der Gruppe der Name Gottes wiederholt und manchmal mit Tabla und Harmonium begleitet, immer aber mit irgendeiner Form von Körperbewegung. Dies ist normalerweise ein gemeinsames Hin- und Herschwingen, bei dem rhythmische Bewegungen des Kopfes den Abstieg ins Herz und das Abwerfen des Ego symbolisieren. Ein Zikhr, dem ich in Madras beiwohnte, dauerte stundenlang, erhob sich immer wieder zu einem Höhepunkt, um dann wieder abzuebben, bis die Männer schließlich durch die kollektive Intensität immer mehr in Ekstase gerieten. Die einzigen weiblichen Wesen im Raum waren die beiden kleinen Töchter des Sohnes des Scheichs. Unsere Köpfe bewegten sich im Einklang von rechts nach links, hinab zum Herzen, immer und immer wieder, schneller und schneller, dann langsamer, dann wieder schneller. Der Gesang, der zwischen *la ilaha ille Allah* (»Es gibt keinen Gott außer Gott«) und *Allah hu!* abwechselte, wurde einmal mit dem Ausatmen kraftvoll ausgestoßen, dann wieder leise und sanft wie die Worte eines Liebenden gemurmelt.

Das Zhikr wurde vom ältesten Sohn des Sheikhs geleitet, einem Mann um Mitte Dreißig, der echte Zärtlichkeit ausstrahlte. Er saß vor uns in einem bescheidenen Raum in einer Seitenstraße irgendwo im moslemischen Bezirk von Royapattah. Der Sheikh selbst, Sayed Mohammed Omar Amir Kaleemi Shah ist sowohl im Chishti-Orden wie auch in der Qadiriyah ein anerkannter Meister. Er ist jetzt schon ein wenig gebrechlich und war krank, als ich kam. Zur Zeit bereitet er seinen Sohn auf die Übernahme seines Amtes vor.

Die Mitglieder des Ordens legen dem Sheikh gegenüber, der den Titel *Bayed* trägt, einen Eid ab, daß sie seiner Führung folgen. Der Sohn erzählte mir, daß sich ihre Gruppe alle hundert Tage zu einem vierundzwanzigstündigen Zhikr trifft, und daß jeder Sufi im täglichen Leben den Namen Gottes in Gedanken beim Ausatmen rezitiert. Seine Gruppe ist zwar von allen anderen unabhängig, dennoch konnten wir aus seiner Ausdrucksweise entnehmen, daß sie nur ein Teil in einem ganz Indien umfassenden Netzwerk von Sheikhs und Orden ist.

Der Sheikh seines Vaters hieß Nuri Shah von Hyderabad, und dessen Sohn, Nurullah Shah, ist heute ein angesehener Sheikh in dieser Stadt. Am Tag, bevor ich dort ankam, hatten sie gerade einen offiziellen Besuch des Chishti-Sheikhs von Ajmer empfangen, den ich bald auf seinem eigenen Terrain kennenlernen sollte.

Das Chishti-Grab in Ajmer

Die Sufis praktizieren ihre religiösen Rituale meist im privaten Bereich. In der Öffentlichkeit treten sie nur durch die heiligen Gräber von Sufiheiligen in Erscheinung, die in In-

dien ebenso sehr verehrt werden wie jedes andere hinduistische Heiligtum. Obwohl diese heiligen Gräber von der
Orthodoxie ungern gesehen werden, da im Islam ja niemand anders der Verehrung würdig ist als Gott allein, war
die Pilgerreise zu solchen Heiligtümern immer beliebt und
ist in Indien eines der Rituale, die Hindus und Moslems vereinen. Diese Heiligtümer gibt es überall. Das Grab von Ha-
mid Aoulia in Kanchi ist ein Hafen der Ruhe, zu dem die
Anwohner in einem kleinen, aber unablässigen Strom pilgern, um Rosenblätter über den Sarkophag zu streuen. Die
Touristen pilgern in Scharen zu den hinduistischen Tempeln
und wissen nicht einmal von der Existenz des Grabes. In
Delhi zieht das berühmte Grab von Nizamuddin Aulia jeden Tag Tausende von Pilgern an. Nizamuddin, der im Jahre
1325 starb, war ein Sheikh des Chishti-Ordens und ist eine
der am meisten verehrten Gestalten des moslemischen Indien. Einige wenige Straßen von seinem Grab entfernt liegt
die Ruhestätte von Hazrat Inayat Khan, dem Chishti-Musi-
ker und Sheikh, der seine Tradition in den zwanziger Jahren
in den Westen brachte.

Das am meisten verehrte Grabheiligtum ist das von
Chishti selbst, der im frühen dreizehnten Jahrhundert in
Ajmer starb. Chishti verkörperte alle Tugenden des Glaubens. Seine Mission war die Nähe zu Gott durch absolute
Selbstverleugnung und Entsagung. Zu seiner Lebenszeit
galt er als Allahs Evangelist in Hindustan. Er hatte Autorität
über die Moghulherrscher und wirkte zahllose Wunder, was
einer der Hauptgründe für die Beliebtheit seines Schreines
ist.

Schon im vierzehnten Jahrhundert begann er große Pilgermengen anzuziehen, aber im sechzehnten Jahrhundert
verbreitete sich sein Ruhm über ganz Indien. Damals wurde
er von dem Moghulherrscher Akbar sechzehnmal besucht.
Er hatte geschworen, am Jahrestag von Chishtis Tod im Dezember jedes Jahr zu den Feierlichkeiten in Urs zu pilgern.

Dies tat er auch nach jeder siegreichen Schlacht. Als ihm ein Sohn geboren wurde, legte er ein Gelübde ab, daß er von Agra nach Ajmer wandern werde, und im Victoria and Albert Museum in London hängen Miniaturen, die Akbar auf seiner Reise zeigen. Er organisierte auch die Verwaltung des Schreines, die Unterbringung der Pilger und erbaute im Jahre 1571 eine Moschee neben dem Grab. Der Moghulherrscher Jahangir wiederum lebte drei Jahre in Ajmer und ließ sich Löcher in die Ohren stechen und mit Perlen besetzen, um zu zeigen, daß er Chishtis Sklave sei. Jahangir war überzeugt, daß er nicht nur seinen Thron, sondern sogar seine Existenz dem Heiligen verdanke.

Die Beliebtheit dieses Heiligtum zog sich durch die Jahrhunderte. Im Jahre 1911 stattete Königin Mary von England dort einen Achtungsbesuch ab, und Indira Ghandi besuchte es im Jahre 1976. Da man glaubt, daß der Heilige auch für jene Fürbitte leiste, die in seiner Nähe bestattet sind, liegen auf dem Gelände auch viele reiche und berühmte Personen begraben. Im Jahre 1879 kamen zwanzigtausend Pilger zu den Urs-Feiern. Im Jahre 1976 waren es Hunderttausend – ein weiterer Hinweis darauf, wie sehr die verbesserten Transportbedingungen den Pilgerverkehr in ganz Indien vorangetrieben haben.

Heute befindet sich das Grab in einem von einer Kuppel überwölbten Marmorgebäude, das inmitten eines Hofes liegt. Akbars Moschee nimmt die eine Seite des Hofes in Anspruch, während von Säulen gesäumte Wandelgänge, in denen Händler Blumen anbieten, den Rest des Hofes ausmachen. Gestreifte Segeltuchbahnen, die an alten, verwachsenen Bäumen befestigt sind, gewähren Schatten vor der Wüstensonne. Dürre Hügel mit den Überresten der Stadtmauern umgeben die *dargah*, die Anlage des Heiligtums. Als ich eintrat, sah ich einen riesigen Kessel auf einem kleinen Gewölbe, in dem ein heftiges Feuer züngelte. In ihm brodelte eine Suppe, die gerade an die Armen verteilt wurde. An einem der Tore zum Grab sangen einige *quaw-wals*. Zusammen mit anderen Pilgern saß ich etwa eine Stunde bei ihnen, manchmal sanft gewiegt, dann wieder erregt und inspiriert von ihren Liebesliedern, deren Gefühlston auch ohne die Kenntnis der Sprache leicht zu erahnen war. Ein Teil des Hofes besteht aus einer überdachten Arkade. Hier saßen Männer auf einer Decke, unterhielten sich, beteten; Frauen saßen strickend daneben und achteten auf die Kinder, die mit Ballons spielten. Die Atmosphäre war ruhig; es gab einen fühlbaren Respekt für den Ort und die Musik. Ich ging für kurze Zeit dorthin, um Notizen niederzuschreiben. Ein Mann kam auf mich zu und fragte, worüber ich schrieb.

»Über den Qawwal«, antwortete ich.

»Dann nehmen Sie Ihr Heft bitte vom Bein weg«, bat er in ehrerbietigem Ton.

Später folgte ich den Pilgern ins Heiligtum. Am Eingang versuchte ein Mitglied des Verwaltungspersonals – der *khuddam*, dessen Familie den Schrein seit Jahrhunderten unterhält – eine exorbitante Spende von den Besuchern zu erpressen, indem er ein Buch mit den aufgelisteten Geldbeträgen vorzeigte, die von anderen Pilgern abgegeben worden waren. Man hatte mich bereits vorher vor diesen Beutegeiern gewarnt, und nachdem ich die normale symbolische Gabe abgestattet hatte, bedeckte ich meinen Kopf mit einem Schal und trat ein. Auf dem Grab, das von einem niedrigen Silbergeländer umgeben war, lagen ganze Schichten von Blumen und Tüchern, die Pilger dort als Opfer dargebracht hatten. Einige warfen ihre Blumen unmittelbar auf das Grab, andere überreichten sie dem Wärter, der sie auf das Grab legte und dann dem Pilger – ähnlich wie beim Opfer in einem Hindutempel – wieder zurückgab. Die Gläubigen folgten dem engen Gang, der um das Grab führte, flüsterten leise ihre Gebete und Bitten und setzten sich gelegentlich auf den Boden, um einige Koranverse zu rezitieren oder einfach die Atmosphäre in sich aufzunehmen. Niemand erhob in diesem Heiligtum die Stimme, und trotz des unaufhörlichen Besucherstromes, bewahrt dieser Ort noch immer eine Atmosphäre, als sei er mit Heiligkeit geradezu aufgeladen.

Die Pilger kommen aus denselben Gründen nach Ajmer, um derentwillen sie zu irgendeinem anderen moslemischen oder hinduistischen Heiligtum pilgern würden – und es sind Menschen aller Glaubensrichtungen, die es zu Chishtis Grab zieht. Die meisten von ihnen wünschen sich etwas von dem Heiligen: Die Kranken möchten geheilt, die Armen gespeist werden, die Kinderlosen beten um einen Sohn, die Besessenen wollen von ihrem bösen Geist befreit werden. Manche treten diese Reise nur aus religiösen Gründen an. Sie treten ein, verbeugen sich tief und vollziehen ihre Gebete und Fürbitten. An die Marmorwände des Mausoleums werden Kordeln geknotet, um den Heiligen an ihre Bitte zu erinnern. Wenn ihr Wunsch erfüllt ist, kehren sie zurück, um die Kordel abzunehmen.

Die Urs-Feier – ein Ausdruck für Hochzeitsfeierlichkeiten, der in diesem Zusammenhang die Vereinigung des Heiligen mit Gott bedeutet – zieht Pilger aus der ganzen Welt an. Der Höhepunkt des Festes, das *sama*, das feierliche Hören von Musik wird nur von Männern besucht. Es beginnt früh am Morgen und währt die ganze Nacht bis zum nächsten Morgen. Der Diwan – das Oberhaupt der dortigen Sufibrüder und spirituellen Vertreter des Heiligen – sitzt unter einem seidenen Baldachin, der von silbernen Pfosten getragen wird. Die Musiker sitzen ihm gegenüber und blicken auf die ehrenvollsten Gäste. Wenn die *qawwali*-Musik anschwillt, rollt vielleicht einer in der Versammlung in Ekstase auf dem Boden, dreht sich wie ein Derwisch oder schwingt hin und her. Wenn der Zustand des *wajd*, der Ekstase erreicht ist, erheben sich der Diwan und das gesamte Publikum ehrerbietig, und der Vers wird wiederholt, bis der von

Ekstase Erfaßte zu seinem Wachbewußtsein zurückkehrt. Um drei Uhr morgens wird von Dienern in langen Samtgewändern Tee mit Kardamom und Safran hereingebracht. Nach einer weiteren von Gesang erfüllten Stunde wird Rosenwasser, das zur Waschung des Grabes verwendet worden ist, bereitgestellt und in Schalen umhergereicht – als Zeichen dafür, daß die Sitzung nun zu Ende ist.

Der gegenwärtige Diwan wohnt im Obergeschoß eines Hauses, das auf die Straße zur *Dargah* herabblickt – erreichbar nur über eine schmale Treppe. Sayed Zainul Abeddin Ali Khan blickte ziemlich normal aus seinen offiziellen Amtsinsignien hervor, lag mit weit ausgestreckten Beinen auf einer der am Boden ausgebreiteten Matratzen und hielt seinen Kopf zum Fenster hinaus, um das Leben der Stadt vor sich vorbeifluten zu sehen. Er hat seine Position seit zwanzig Jahren inne; beim Tode seines Vaters hatte er sie im Alter von dreiundzwanzig Jahren übernommen. Die Wände waren von zerfledderten Büchern gesäumt. Ich hätte nie geglaubt, daß ich nun vor einem der einflußreichsten Sheikhs in ganz Indien saß – allerdings ist sein Einfluß eher weltlicher als spiritueller Art, da er sich von seiner ererbten Position herleitet. Als Vertreter des am meisten verehrten Heiligen im moslemischen Indien, erfreut er sich eines beträchtlichen Einkommens und einer offiziellen Amtsresidenz, *haveli* genannt. Aber sobald ich mich an der anderen Ecke des Fensters niedergelassen hatte, erzählte er mir sogleich, daß Rivalen, die ebenfalls einen Anspruch auf seine Position erheben, Teile des *haveli* besetzen, und daß das Gebäude in schlechtem Zustand sei, da niemand die Verantwortung für seine Erhaltung übernehmen wolle. Er mußte einen Großteil davon an Geschäftsleute verkaufen, um sein Einkommen zu erhalten, da ihm der *Quddam* nicht den vorgeschriebenen Prozentanteil aus den von den Pilgern gespendeten Geldern bezahle. Den größten Teil dieses Jahrhunderts verbrachten der Quddam und der Diwan in einem fortwährendem Kampf um Geld und Macht. Ich erinnerte mich an die Korruptionsgeschichten, die ich über die Tempel des gesamten Subkontinents gehört hatte, und erkannte allmählich, daß einige der heiligsten Orte Indiens – ob moslemisch oder hinduistisch – eine Quelle von beneidenswerten Einkünften für jene sind, in deren Obhut sie stehen, und daß sie deshalb nur allzu oft genau auch die Orte sind, an denen moralisches Verhalten und normale menschliche Würde am meisten fehlen.

Wir trafen uns an einem Donnerstag, dem Wochentag, an dem der Sheikh eine formale Qawwali-Sitzung leitet, aber da er aus irgendeinem Grund nicht hingehen konnte, sollte sein jüngerer Bruder seinen Platz einnehmen. Erfreut über diese Gelegenheit, begleitete ich ihn zum *haveli*, einem Gebäude, das sich kaum von allen anderen unterschied, die rings um die *Dargah* lagen. Mit ungewöhnlicher Ruhe und Aufmerksamkeit begab er sich in einen kleinen Raum hinter einem Hof und tauschte seine Alltagskleidung gegen eine orange Robe mit orangefarbenem Turban. Er kniete auf dem Boden nieder, sprach lautlos einige Gebete und gab mir und seinem Diener dann ein Zeichen, ihm in die Dargah zu folgen. Er ging schnell ohne zu sprechen. Nachdem er seine weißen Sandalen am Haupteingang zurückgelassen hatte und schnell zum Heiligtum getreten war, ging er um das Grab herum und warf Rosenblüten darauf. Als wir herauskamen, traten Männer auf ihn zu, um seine Hand zu küssen oder ihn höflich zu grüßen. Er antwortete formell mit einer Würde, in der keine Spur von Hochmut zu erkennen war.

Wir schritten in der selben schnellen Gangart zu dem offenen Hof, der als Eingang zur Moschee dient. Dort warteten zwei Diener mit silbernen Stäben und drei Qawwals. Der Vertreter des Sheikhs saß mit übergeschlagenen Beinen auf dem Boden zwischen den Dienern und gegenüber den Sängern. Ein anderer Diener stellte zwei silberne Töpfe vor ihm hin, die Akbar einstmals dem Diwan geschenkt hatte, der zu seiner Zeit amtierte. Die Qawwals begannen zu spielen, die Menschen sammelten sich um sie, während der »Sheikh« weiterhin in seiner edlen Gelassenheit mit geschlossenen Augen saß und seinen Körper leicht im Rhythmus der Musik schwingen ließ. Als der Takt schneller wurde, erhoben sich die Besucher nacheinander, sobald die Inspiration sie bewegte, und übergaben dem »Sheikh« ein wenig Geld. Er reichte es den Dienern, und diese gaben es an die Qawwals weiter.

Etwa eine halbe Stunde später kam die Musik zur Ruhe, und der Sheikh griff in die silbernen Töpfe, um Süßigkeiten aus ihnen hervorzuziehen und an das Publikum zu verteilen. Zum Zeichen, daß das Ritual nun beendet war, stand er auf und schritt zum *haveli* zurück, um wieder ein normaler Mensch zu werden.

Ich dankte ihm dafür, daß er mir gezeigt hatte, daß es in Ajmer nicht nur Korruption gibt, und daraufhin nahm er ein Buch über das Leben von Mu'inuddin Chishti vom Regal, gab es mir als Geschenk und sagte: »Der Geist Chishtis lebt hier wie eh und je.« Ohne ein weiteres Wort zu verlieren, schritt er schnell zur belebten Straße hinüber.

15
Buddhismus in Indien

Bewußtsein geht allen Erscheinungen voraus,
Bewußtsein ist am wichtigsten,
Alles wird vom Bewußtsein erschaffen.
Wenn du mit unreinem Bewußtsein
Sprichst oder handelst,
So folgt dir das Leiden
Wie das Wagenrad dem Fuß des Zugtieres folgt.

Wenn du mit reinem Bewußtsein
Sprichst oder handelst,
So folgt dir das Glück
Wie ein Schatten, der niemals verschwindet.
Der Buddha

Lange bevor Orte wie Ayodhya, Ellora und Badrinath zu hinduistischen Pilgerzentren wurden, gehörten sie zu einem Netz von heiligen Orten des Buddhismus, das sich über ganz Indien und Pakistan und im Westen bis nach Afghanistan erstreckte. In den letzten Jahrhunderten vor Christus trieb die Religion des Buddha mit Unterstützung des großen Kaisers Ashoka im dritten Jahrhundert die brahmanische Tradition in die Defensive und setzte sich als radikale Alternative zu müdem Ritualismus und Kastenhierarchie durch.

Buddha wurde vor etwa zweitausendfünfhundert Jahren in der nordindischen Stadt Lumbini geboren. Anstelle einer Religion, die auf dem Glauben an heilige Schriften und priesterliche Autorität beruht, setzte er sich für die persönliche Überprüfung seiner Lehren durch fortwährende innere Selbstbefragung ein. Seine »Vier Edlen Wahrheiten« beinhalten, daß alle vernunftbegabten Wesen leiden, und zwar deshalb, weil das Wesen des Bewußtseins sich an manifeste Dinge klammert. Aber es gibt einen Ausweg aus diesem Leiden, und dies ist die Praxis der Meditation. Durch Meditation erkennt eine Person, wie sie ihr eigenes Leiden durch eine Identifikation mit den Prozessen des Bewußtseins erzeugt. Der Weg führt über ein allmähliches oder plötzliches Loslassen dieser Identifikationen. Das Endergebnis ist jene echte Glückseligkeit – behauptet der Buddha – nach der alle Menschen heimlich suchen, wie sehr die von ihnen angewendeten Methoden auch verzerrt sein mögen. Der Buddhismus gibt die Richtung an und stellt die notwendigen Mittel zur Verfügung, um ein Glück zu finden, welches über bloße Erkenntnis hinausführt.

Obwohl der Weg des Buddha königliche Protektion erfuhr und sich mehrere Jahrhunderte lang ausbreitete, zog er sich nach und nach aus Indien zurück, als es dort zu einer Wiedergeburt brahmanischer Traditionen kam. Außerdem hatte auch das Kastensystem hartnäckig seinen Bestand gewahrt. Buddhas Aussage, daß alle Menschen den gleichen Bedingungen des Leidens unterworfen sind, verleiht allen eine Gleichheit, die der Grundlage der noch heute – zweitausendfünfhundert Jahre später – existenten indischen Sozialstruktur diametral zuwiderläuft. So gut wie alle wichtigen buddhistischen Pilgerorte sind heute eher »Orte von historischem Interesse« als lebendige Zeugnisse der Heiligkeit. Gegenwärtig sind kaum zwei Millionen Menschen in Indien Buddhisten.

Und dennoch erfreuen sich diese Lehren zur Zeit einer weltweiten Neubelebung. Im Westen fließt dem Buddhismus jedes Jahr mehr Unterstützung zu. Während die Population der christlichen Klöster überaltert ist und jäh abnimmt, sieht es so aus, als ob jede Woche irgendwo ein neues buddhistisches Kloster eröffnet würde. Die dreijährige Warteliste, um in das Theravadin-Kloster Amaravati in Großbritannien aufgenommen zu werden, ist nur eines der Beispiele für diesen Trend. Die rationale Wissenschaft des Bewußtseins, die der Buddhismus anbietet, basiert mehr auf eigener Erfahrung und Nachforschung als auf empfangenen Glaubenswahrheiten und Dogmen und paßt deshalb gut in unser heutiges Geistesklima.

Auch in seinem Ursprungsland zieht der Buddhismus neuerdings ein besonderes Interesse auf sich. Schon im Jahre 1956 wechselte Dr. B. R. Ambedkar mit Hunderttausenden von Mahars, einer unterdrückten Kaste, in symbolischem Protest gegen die Unterdrückungen der Kastenungleichheit zum Buddhismus über. Während sich Ambedkars Entschluß auf sorgfältige intellektuelle Überlegungen gründete, waren neuere Konversionen zum Buddhismus offen politischer

323

Art. Im Jahre 1995 wäre auch die Banditenkönigin Phoolan Devi beinahe konvertiert. Durch ihren bewaffneten Widerstand gegen unterdrückerische Landbesitzer wurde sie berühmt-berüchtigt und gewann eine große Gefolgschaft bei den Unterprivilegierten. Als sie aus dem Gefängnis entlassen wurde, bekräftigte sie ihre Absicht, das Terrain der Politik zu betreten. Ihre Überlegung, zum Buddhismus überzutreten, erfolgte einzig und allein in der Hoffnung, auf diese Weise ihre Popularität bei den Massen zu steigern, schließlich entschied sie sich jedoch dagegen; denn man hatte ihr geraten, daß es ihrem Anliegen nicht nützen würde – allerdings war an ihrer Stelle ihr Ehemann konvertiert.

Die große Mehrheit der Übertritte zum Buddhismus – die insgesamt noch immer relativ gering sind – stellen einen heftigen Protest gegen die Ungerechtigkeiten des Kastensystems dar. In einer Ausgabe der indischen Zeitschrift *Sunday Magazin* vom Mai 1995 wird der Präsident der Buddhistischen Gesellschaft Indiens, Professor H. C. Joshi zitiert: »Ich bin ein Unberührbarer ... Die Brahmanen akzeptieren kein Wasser von uns. Wir haben den Buddhismus als Mittel zu einer großen sozialen Revolution, als Teil unseres Kampfes gegen den Hinduismus angenommen. Die Rache wird erfolgen ... Wir sind nicht friedliebend. Wir werden all unsere Macht, unsere Waffen und jedes für uns verfügbare Mittel verwenden, um die Unterdrückung zu bekämpfen.«

Es ist schwer, irgendwo ein Zitat zu finden, dessen Charakter weniger buddhistisch ist. Der Buddhismus eifert nicht, versucht nicht zu bekehren und stellt sich kategorisch gegen jede Art der Gewalt. Er ist weniger eine Religion als ein Korpus von anwendbarem Wissen, das für persönliche Erkenntnis verwendet werden kann. In Indien gibt es gebildete Menschen, die den Buddhismus in dieser Weise verstehen und aus denselben Gründen Meditationskurse besuchen wie Menschen im Westen. Im Jahre 1994 haben mehr als fünfundzwanzigtausend Personen an Kursen der Goenka-Vipassana-Zentren teilgenommen, die im selben Jahr auch sechstausend Kinder in die Techniken der Meditation eingeführt haben. Gegenwärtig können sie Jahr für Jahr eine Steigerung der Teilnehmerzahl von fünfundzwanzig Prozent verzeichnen, und ähnliche Zahlen gelten auch für andere Meditationszentren in Indien.

Die Personen, die Kurse dieser Art belegen, nennen sich nur selten Buddhisten – sie interessieren sich für die Meditationstechniken als rein praktische Methode ohne irgendeinen religiösen Überbau. Was jene Menschen in Indien betrifft, die aus sozialen Gründen zum Buddhismus übertreten, so erzielen sie damit nur selten eine Veränderung im Verhalten der Hindus ihnen gegenüber – denn jeder in ihrer Gemeinschaft kennt ihre Gründe. Der Buddhismus hat nur wenig getan, um das Los der niederen Kasten zu verändern. Allerdings erlangen manche Menschen durch ihren Übertritt eine neue Selbstachtung und einen Stolz, weil sie eine Geste vollzogen haben, die ihre eigene Menschlichkeit fördert.

Als soziales Phänomen haben die Übertritte keine Wirkung auf die spirituelle Lebendigkeit des Buddhismus in Indien. Wie jede andere Religion lebt der Buddhismus zuallererst durch die Individuen, die in ihrem täglichen Leben die religiösen Lehren verkörpern. Sie sind die echten Vertreter der Buddha-Natur. »Die Drei Juwelen« des Buddhismus sind die »Buddha-Natur«, die Lehre beziehungsweise das »Dharma« und das »Sangha«, die Gemeinschaft derer, die buddhistische Spiritualität praktizieren. Zusammen sichern diese »Drei Juwelen« den lebendigen Fortbestand der Tradition.

Als großzügiger Gastgeber für den Dalai Lama und die tibetische buddhistische Gemeinschaft im Exil ist Indien die Heimat für das heute am meisten verehrte Beispiel der »Buddha-Natur«. Auch andere buddhistische Traditionen wie Zen und die Theravadaschule Südostasiens werden in Indien von hervorragenden Lehrern vermittelt. Buddha selbst ist durch dieses Land geschritten, und deshalb bleibt Indien für Buddhisten auf der ganzen Welt ein Pilgerland. Die beiden heiligen Orte des Buddhismus, die noch am meisten ein Gefühl lebendiger Heiligkeit ausstrahlen, sind Bodh Gaya – dort erlangte Buddha am Fuße des Bodhi-Baumes die Erleuchtung – und Sarnath in der Nähe von Benares, wo er im Gazellenpark seine erste Predigt hielt. Aber in der dortigen Bevölkerung gibt es keine Buddhisten mehr. Andererseits kommen Buddhisten aus der ganzen Welt in diese Dörfer, um den Schritten eines der größten Lehrer in der Geschichte der Menschheit zu folgen und die Tempel der verschiedenen buddhistischen Traditionen zu besuchen.

In seinem Buch *The Snow Leopard* (Viking, 1978) beschreibt Peter Matthiessen seinen Besuch beim Bodhi-Baum folgendermaßen:

»Hier beobachtete ich vor zehn Tagen in einer warmen Morgendämmerung zusammen mit drei tibetischen Mönchen in kastanienfarbenen Kleidern den Aufstieg des Morgensterns und war danach so klug als wie zuvor. Aber danach fragte ich mich, ob die Tibeter bemerkten, daß im Bodhi-Baum Scharen von Vögeln zwitscherten, während ein anderer großer Pipalbaum, der so nahe stand, daß er den heiligen Baum mit vielen Zweigen streifte, ganz ohne Leben war. Mehr will ich dazu nicht sagen: Ich erzähle nur, was ich dort in Bodh Gaya sah.«

Tibetischer Buddhismus in Indien

»Wir werden ohne ein Bedürfnis nach Religion geboren,
aber nicht ohne ein Bedürfnis nach menschlicher Zuneigung.«
Dalai Lama

Der tibetanische Buddhismus ist die Religion von Ladakh, das zwar politisch zu Indien, kulturell und geographisch aber zum tibetanischen Plateau gehört. Abgesehen von Ladakh hat der tibetanische Buddhismus mindestens fünfhundert klösterliche Bildungszentren auf der ganzen Welt. Der weitaus größte Teil davon befindet sich in Indien, wo sich heute mehr als hunderttausend Flüchtlinge aus Tibet niedergelassen haben. Zwei Klöster in Mysore haben zusammen mehr als zweitausend Mönche, und zwei weitere in der Nähe von Hubli in Karnataka haben jedes für sich genommen zweitausend Mönche. Der Sakya-Orden unterhält in der Nähe von Dehra Dun eine Hochschule und ein Kloster, die Nyingma-Sekte besitzt kleine Klöster in Darjeeling, Mysore und an vielen anderen Orten. Das Institut für tibetanische Forschungen in Sarnath bietet eine Ausbildung im Fach der Tibetologie und Buddhismuswissenschaft bis zum Doktorgrad an und beherbergt auch den größten Teil der tibetischen Manuskripte. Der Dalai Lama und die Exilregierung wie auch Klöster, Kulturinstitute, das Staatsorakel und eine Schule der Dialektik befinden sich in Dharamsala, das oft auch »Kleintibet« genannt wird. Jeder kann in der Tibetischen Bibliothek die täglichen Vorlesungen über Aspekte der buddhistischen Lehre anhören – sie werden auf Englisch gehalten. Seit 1987 sind mindestens siebentausend Mönche und Nonnen aus Tibet geflohen und zu den indischen Klöstern gekommen, die deshalb nun viel mehr Lehrer und Studenten aufweisen als die tibetischen selbst. Vor kurzem ist in Dharamsala eine Gruppe von hundert Nonnen angekommen, die nun gerade selbst ein Nonnenkloster bauen. In »Kleintibet« sind »Die Drei Juwelen« des Buddhismus stark und lebendig.

Dies beruht vor allem auf der Gegenwart von Tenzing Gyatso, dem vierzehnten Dalai Lama. Sein ansteckendes Lachen, seine überquellende Freude und Vitalität, seine absichtslose Einfachheit und Bescheidenheit haben die Herzen von Menschen auf der ganzen Welt berührt. Er ist der bedeutendste heute noch lebende tibetische Lehrer, und einer der wichtigsten tibetischen Denker dieses Jahrhunderts. Sein Wissen und seine Ausbildung sind ungeheuer, und dennoch ist seine wichtigste Botschaft für jeden Menschen einfach zu begreifen: Innere Entwaffnung. Tenzing Gyatsos unermüdliche Haltung der Gewaltlosigkeit gegenüber den Menschen, die sein Land seit 1959 mit brutaler Gewalt besetzt halten, hat ihm im Jahre 1989 den Friedensnobelpreis eingebracht. Dieselbe Haltung wendet er auch auf Spiritualität und sein tägliches praktisches Leben an.

Für ihn als Buddhisten ist Glück das letzte Ziel eines jeden Menschen. Inneres Glück entsteht im Prinzip dann, wenn man Liebe und Mitgefühl entwickelt. Und diese beiden letzteren Tugenden entstammen wiederum der Erkenntnis, daß alle lebenden Wesen auf's engste miteinander verbunden sind. Vielleicht ist dies der Grund dafür, daß er als einziger unter allen religiösen Führern der Welt das Bedürfnis nach menschlicher Zuneigung über das Bedürfnis nach Religion selbst stellen kann. Immer und immer wieder teilt er seinen Zuhörern auf der ganzen Welt mit, daß das Böse keine Wirklichkeit in sich selbst hat – vielmehr können seine Ursachen im eigenen Bewußtsein gefunden und aufgedeckt werden. Das Mitgefühl, von dem er spricht, ist keineswegs eine sentimentale Reaktion, sondern basiert auf Vernunft und Selbstbeobachtung. Während das Christentum die Botschaft der Liebe verkündet, betont der Buddhismus die Wichtigkeit der Weisheit als Grundlage für Liebe. Weisheit erwirbt man nicht durch den Intellekt, sondern durch regelmäßiges Meditieren. Wenn man in der Meditation einmal begriffen hat, daß alle Menschen in ihrem Wunsch nach Glück und ihrem Recht, es zu erlangen, gleichberechtigt sind, bildet sich allmählich auch ein Gefühl von Verantwortlichkeit in Bezug auf andere Menschen. Kopf und Herz, sagt der Dalai Lama, müssen zusammenarbeiten, damit wir nicht intellektueller Gleichgültigkeit einerseits und emotionaler Identifikation andererseits ausgeliefert sind.

Zwar spricht der Dalai Lama zu Menschen, die sich ernsthaft mit der Lehre befassen, auf sehr viel differenziertere Weise, aber er hat eben die seltene Gabe, seine Weisheit in Begriffen zu übermitteln, die Menschen in der Alltagswelt ebenso ansprechen wie buddhistische Mönche. Jedes Jahr im März hält er in Dharamsala öffentliche Vorträge für ein internationales Publikum. Obwohl er selbst ein Mönch ist und täglich mindestens vier Stunden meditiert, ist sein Leben vollständig der Rolle gewidmet, für die er geboren wurde. Er ist ein Staatsmann von Weltformat und gleichzeitig auch ein spiritueller Führer, und sein Stundenplan würde selbst den verwegensten Geschäftsreisenden das Fürchten lehren. Wenn er gefragt wird, was er zu tun gedenkt, falls Tibet noch zu seiner Lebenszeit die Freiheit zurückerhält, so sagt er, daß er gerne wieder »ein einfacher Mönch« werden wolle. Das würde ihm erlauben, so sagt er, seine Weisheit durch noch intensivere Meditationspraxis zu vertiefen. Tenzing Gyatso ist wirklich ein Politiker, wie man ihn selten erlebt.

Goenka und die Vipassana-Meditation

S. N. Goenka, ein Schüler des burmesischen Lehrers U Ba Khin, der im Jahre 1971 starb, ist jener Lehrer, der am meisten dazu beigetragen hat, die Theravadin-Tradition der Vipassana-Meditation zu verbreiten. Zuvor war er Industrieller und ein Leiter der indischen Gemeinschaft in Birma, aber als er im Jahre 1955 U Ba Khin traf, nahm sein Leben eine ganz andere Richtung. Sein Lehrer versicherte ihm, daß man nicht Buddhist zu sein braucht, um *vipassana* (wörtlich »Einsicht«) zu üben, und Goenka begann jeden freien Augenblick auf die Meditation zu verwenden. Im Jahre 1969 erklärte U Ba Khin ihn zu einem eigenständigen Lehrer, und Goenka kehrte nach Indien zurück, um dort ein Meditationszentrum zu gründen.

Seither wurden in seinem Hauptquartier in Igatpuri im Norden von Bombay ohne Unterbrechung Meditationsaufenthalte veranstaltet. Heute gibt es im ganzen Land Zweigstellen des Vipassana-Institutes, in denen Kurse angeboten werden, die von einem Abend bis zu zehn Tagen dauern. Im Gegensatz zum tibetischen Buddhismus mit seiner starken Betonung der Philosophie und Dialektik wie auch der Meditation ist die Theravadin-Schule fast vollständig praxisorientiert. Obwohl Goenka jeden Abend in seinen Kursen »Dharma-Gespräche« abhält, betont er, daß »Befreiung nur durch Praxis und niemals durch bloße Diskussion« gewonnen werden kann.

Das Zentrum der Praxis ist das Bewußtsein des Atems. Goenka lehrt, daß der Atem die Brücke vom Bekannten zum Unbekannten, vom Bewußten zum Unbewußten ist. Die Wörter, die wir für Gott und spirituell-religiöse Erfahrung verwenden, variieren von Kultur zu Kultur; aber jeder Mensch atmet, jeder kennt das Leiden. Ein Meditationsaufenthalt mit Goenka beginnt und endet mit diesen Elementen, die uns allen gemeinsam sind. Auf den ungeschmückten weißen Wänden seiner Zentren sieht man weder buddhistische noch sonst irgendwelche Symbole, auch gibt es keine sektiererischen, ja nicht einmal religiöse Lehren. Das einzige, was dort geschieht, ist stundenlanges Stillsitzen und die Beobachtung des Atems. Man beginnt mit willentlichem Atmen, um sich dann im Bewußtsein natürlicher Atmung zu entspannen. Bald erkennt der Übende, daß Atem und Bewußtsein eng miteinander verbunden sind. Wenn man beobachtet, wie der Atem durch die Nasenlöcher ein- und ausströmt, bemerkt man allmählich, daß Gedanken keine logische Abfolge habe, und daß ihr Inhalt entweder angenehm oder unangenehm ist. Das Bewußtsein ist normalerweise von Gleichgültigkeit, Sehnsucht oder Abneigung erfüllt. Aber wenn die Aufmerksamkeit fest auf den Atem gerichtet ist, können diese drei Zustände nicht entstehen, und das Bewußtsein ist frei. Diese Augenblicke der Reinheit wirken auf die Unreinheiten, die im Unterbewußten gespeichert sind, und lassen sie an die Oberfläche kommen. Und nun besteht die Aufgabe darin, diese negativen Aufwallungen durchzustehen, oder auf sie zu reagieren. Wenn den Meditierenden dies gelingt, so erleben sie mit Freude, wie ihre Negativitäten aufsteigen und wegschweben.

Die beiden Hauptziele dieser Methode bestehen darin, die Trennmauern zwischen dem Bewußten und dem Unbewußten niederzureißen – also sich selbst von Unwissenheit zu befreien – und anstelle einer Reaktion Gleichmütigkeit zu erzeugen. Dadurch lernt man zu agieren, anstatt zu reagieren. Zehn Tage lang erleben die Meditierenden, daß ihr Leiden aus der Bindung an ihre Sehnsüchte, Ansichten und Glaubensvorstellungen sowie an die Vorstellung von »Ich« und »Mein« entsteht. Goenka sagt sogar, daß die Bindung an religiöse Riten und Rituale ein Grund für das Leiden ist. Die Feinde, die man auf dem Weg trifft, sagt er, sind Zweifel, Erregung und Faulheit. Jenseits von Verstand und Materie ist *nirvana* – jener Zustand, in dem nichts entsteht oder vergeht.

Goenkas Kurse sind nichts für Halbherzige. Sie beginnen um vier Uhr morgens mit zwei Stunden Meditation und werden von acht Uhr bis elf Uhr vormittags mit nur zwei Pausen von jeweils fünf Minuten weitergeführt. Am Nachmittag gibt es eine weitere viereinhalbstündige Sitzung. Die Meditierenden sehen den Lehrer dreimal am Tag in kleinen Gruppen, und in der restlichen Zeit essen sie drei sehr leichte Mahlzeiten. Alle Medikamente müssen zu Beginn des Kurses abgegeben werden. Wenn dieses harte Training einem Menschen nicht zu einer Erkenntnis des eigenen Leidens und dessen Ursachen verhilft, so kann man sich nur schwer vorstellen, wodurch er diese Erkenntnis sonst noch gewinnen könnte. Aber das Leiden geschieht nicht um des Leidens willen: Wie Buddha selbst lehrte, wird durch die Erkenntnis seiner Ursachen ein neues Mitgefühl für sich selbst und alle lebenden Wesen erschaffen.

Ein jesuitischer Zen-Meister

Amo Samy ist zwar gebürtiger Inder, dennoch aber eine unübliche Mischung verschiedener Kulturen und religiöser Traditionen – es ist jene Art der Synthese, die in Indien immer so glücklich gediehen ist. Er wurde in Birma geboren und lebte dort bis zum Alter von zehn Jahren, umgeben von einer zutiefst buddhistischen Kultur. Dann kehrten seine Eltern nach Indien zurück, wo er auf eine Jesuitenschule geschickt wurde. Im Jahre 1972 wurde er als Jesuit zum Priester geweiht, verlor aber nach und nach seine Begeisterung für die jesuitische Lebensweise, die ihm nicht helfen konnte, eine unmittelbare Gotteserfahrung zu machen. Er besuchte hinduistische Ashrams, traf große Heilige, praktizierte bei Goenka die Vipassana-Meditation, wurde eine Zeitlang Sannyasin und führte schließlich am Grabmal des Heiligen Paulus des Eremiten einige Jahre lang ein Einsiedlerleben.

Dann traf er Bruder Lassalle, jenen Jesuiten, der in Japan Zen-Buddhismus geübt hatte, und dessen Bücher Amo Samy vertraut waren. Es war eines jener schicksalhaften Treffen, die die Richtung eines Lebens bestimmen. Was er über Zen gelesen hatte, und was die Persönlichkeit von Lassalle vermittelte, inspirierte Amo Samy dazu, selbst nach Japan zu gehen, um dort Zen zu üben. *Advaita* und die Lehre von Ramana Maharshi hatte Amo Samy lange Zeit als philosophischer Bezugsrahmen gedient, aber er spürte, daß Zen ein Weg war, um die Philosophie der Nicht-Dualität in die Praxis umzusetzen. Mit der Unterstützung von Bruder Lassalle ging er nach Japan und lebte im Haus eines Jesuiten, während er mit seinem Zenmeister Yamada Ko-Un Roshi übte. Dieser war ein Laie und hatte deshalb kein Kloster. So ging er vier Jahre lang – von 1978 bis 1982 zwischen dem Haus des Jesuiten und dem *zendo* hin und her. Auch nach seiner Rückkehr nach Indien besuchte er seinen Meister jedes Jahr.

Yamada Ko-Un Roshi bestätigte Amo Samy als Lehrer, und die nächsten zehn Jahre lang lebte dieser als Jesuit in einem der jesuitischen Meditationszentren in Madras, wo er mit Unterstützung seines Provinzials und des Bischofs sein eigenes Zen-Do unterhielt. Heute führt er in der Nähe von Kodaikanal im Süden von Tamil Nadu sein eigenes Bodhi-Zendo-Zentrum und leitet dort Meditationswochen vor allem für Menschen aus dem Westen.

»Was wir hier praktizieren, ist nicht christliches Zen«, sagte er mir. »Ich versuche nicht, die beiden Traditionen zu vermischen. Vielmehr sind wir Christen, die Zen prakizieren. Die einzige Konzession an das Christentum besteht darin, daß diejenigen, die es wollen, die Eucharistie empfangen können. Und was ist die Eucharistie schließlich anderes als der Vollzug und die Verwirklichung des großen Boddhisattva-Eides, mit dem man sich zu unendlichem Mitgefühl verpflichtet! In meinem Meditationszentrum ist die Eucharistie nicht verpflichtend, aber viele wollen sie empfangen und halten sie für bedeutsam. Manche wieder ärgern sich darüber und sind der Meinung, daß diese christlichen Dinge keinen Platz im Zen haben sollten. Ansonsten sitzen wir wie in jedem anderen Zendo und meditieren.«

Amo Samy ist etwas besorgt darüber, daß das übliche Bild vom Zen oftmals auf das heroische Bild absoluter Egofreiheit, Klarheit des Bewußtseins und leidenschaftloser Gleichgültigkeit gegenüber den Emotionen fixiert ist. Dies stellt seiner Meinung nach eine Flucht in das narzistische Persönlichkeitsmuster dar. Er ist der Meinung, daß der wirkliche Sinn des Zen darin besteht, das Individuum zu den Grenzen seiner Welt zu führen, an denen es der Tatsache seiner vollkommenen Machtlosigkeit, seiner Impotenz und Selbstbezogenheit ins Auge blicken muß. Angesichts seines eigenen Abgrundes wird es durch die Zenübungen aufgefordert, noch einen Schritt weiterzugehen – loszulassen, zu sterben, sich der Leere und dem Nichts anheimzugeben. In diesem Akt des Loslassens, sagt Amo Samy, erkennt man die Leere als das Geheimnis des Seins. Nur dann kann man das Selbst erwecken, das man wirklich ist, nämlich »den Mann oder die Frau ohne Rang«, wie es die Zen-Tradition nennt. Dies ist der Beginn des Zen-Weges. Das Ende, das viel schwieriger und langfristiger ist, besteht in der inneren Freiheit, sich willentlich zwischen Dualität und Nicht-Dualität zu bewegen – kurz gesagt: Das eigene Wissen in der Welt der alltäglichen Beziehung mit anderen zu leben.

16
Das christliche Indien

Es gibt in Indien zehnmal mehr Christen als Buddhisten – ungefähr einundzwanzig Millionen Menschen. Das Christentum erreichte Indien durch das Apostolat des Heiligen Thomas, der weniger als fünfzig Jahre nach der Kreuzigung Christi sowohl in den Norden wie auch in den Süden Indiens reiste. In Indien blühten christliche Gemeinden schon lange, bevor man in Europa überhaupt davon gehört hatte. Unter anderen erwähnt ein syrischer Text das Apostolat des Thomas in Indien, und mehrere englische Berichte erzählen von einem Gesandten, der von König Alfred nach Indien geschickt worden war und den Auftrag hatte, den von Thomas Bekehrten Almosen zu überbringen. Thomas war ein Vertreter des syrischen Ritus, und in Kerala ist die syrische Kirche noch immer sehr gegenwärtig. Bis zum heutigen Tag sind diese Gemeinschaften, die sich noch immer »Thomas-Christen« nennen, fast ausschließlich Mitglieder der Brahmanenkaste, an die sich Thomas ursprünglich gewandt hatte.

Der Apostel wurde außerhalb der heutigen Stadt Madras ermordet, deshalb besitzt Indien sein eigenes Märtyrer- und

Apostel-Grab in der Kathedrale des Heiligen Thomas in Mylapore, das inzwischen zu einem Stadtteil von Madras geworden ist. In einer Briefsendung aus dem Jahre 1293 erwähnt Marco Polo die tiefe Verehrung, die dem Grab sowohl von Hindus, wie auch Moslems und Christen zuteil wird. Im sechzehnten Jahrhundert hielt sich der katholische Heilige Franz Xavier vier Monate dort auf und betete um richtige Führung bei seiner eigenen Mission. Der Name »Madras« erinnert noch an das syrische Wort *madrasa*. Damit war eine Klosterschule gemeint, die einst in dieser Gegend florierte.

Als die Portugiesen das Grab im Jahre 1523 aushuben, entdeckten sie den Speer, der das Leben des Apostels beendet hatte, und eine unbestrittene Überlieferung sagt, daß er zu dieser Zeit gerade vor einem von ihm selbst gefertigten Steinkreuz betete. Auch der Schädel des Apostels und Reste seiner Wirbelsäule wurden gefunden. Das Grab mit den Reliquien liegt nun in der Krypta der Kathedrale. Die glühende Verehrung, die ihm von Anhängern aller Religionen zuteil wurde, wurde durch die Wunder ausgelöst, die durch die Gnade des Apostels dort stattgefunden haben sollen. Das Kreuz, das allgemeiner Meinung nach von Thomas gefertigt worden war und ebenfalls von den Portugiesen entdeckt wurde, zog mehr als hundertfünfzig Jahre lang Tausende von Pilgern zu sich, weil es alljährlich am achtzehnten Dezember, dem Fest der Erwartung der Mutter Gottes »schwitzte«. Ein Tagebuch aus dem Jahre 1558 berichtet über jenen Tag: »Als das Singen der Messe begann, färbte sich das Kreuz nach und nach schwarz und gab solche Mengen von Wasser ab, daß alle, die dies wollten, ihre Gewänder und Rosenkränze darin eintauchen konnten.«[31] Dieses

---

[31] D'Souza, Herman, Rt. Rev. *In the Steps of St. Thomas.* Diocesan Press, Madras 1983

Phänomen hielt bis zum Jahre 1704 an und hörte dann ebenso plötzlich auf, wie es begonnen hatte. Heute ist die inzwischen anglikanische Kathedrale ein neugotisches Gebäude aus dem neunzehnten Jahrhundert mit Holzdach und einer kitschigen Reihe von viktorianischen Kreuzwegstationen rings um die Mauern. Eine überlebensgroße Figur Christi, der als Priester und König gekleidet ist, steht mit ausgebreiteten Armen über dem Altar und wird auf beiden Seiten von einem Pfauen eingerahmt. Obwohl die Kathedrale für indische Christen noch immer ein wichtiger Pilgerort ist, müssen Menschen, die auf Wunder hoffen, anderswohin gehen. Zum Glück hat Indien sein eigenes Lourdes: Man erreicht es, wenn man mehrere hundert Kilometer an der Koromandelküste nach Süden zu dem winzigen Fischerdorf Velankani in der Nähe von Nagapattinam fährt. Pilger aller Religionen strömen dorthin, um die heilende Gnade der Mutter Gottes zu empfangen, Kinder zu bekommen oder ihre Hilfe bei irgendeinem Unternehmen zu erhalten. Die zahlreichen »Erfolgsgeschichten« garantieren die fortdauernde Beliebtheit dieses Heiligtums.

Der Bischof von Madras:
Eine Stimme für die Unterdrückten

Im Gegensatz zum Heiligen Thomas bekehrte der Heilige Franz Xavier die Fischerbevölkerung des Südens zum katholischen Glauben, und noch immer zieht die katholische Kirche in Indien den größten Teil ihrer Schäflein aus den untersten Klassen. Dies gilt auch für die Protestanten, die ihren Glauben im neunzehnten Jahrhundert von den englisch beherrschten Städten Bombay und Kalkutta ausbreiteten, nachdem ihre Anwesenheit schon geraume Zeit zuvor offensichtlich gewesen war. Wie der Buddhismus stellt auch das Christentum als kastenfreie Religion eine Möglichkeit für die Unterprivilegierten dar, ein Gefühl des Selbstwertes und der Gleichheit mit anderen zu erlangen. Vor allem ist der Priesterberuf eine Möglichkeit, um eine angesehene Karriere mit missionarischem Eifer zu verbinden, und die Menge der Bewerber fürs Priesteramt ist – vor allem in den untersten Kasten – stark im Anwachsen. Die Bischöfe sind jedoch meistens Brahmanen, und die Behörden stehen gegenwärtig unter Druck, den unteren Kasten mehr Gewicht zu verschaffen.

M. Azariah, der im Jahre 1990 zum anglikanischen Bischof von Madras gewählt wurde, ist einer der wenigen *dalits* oder »Unberührbaren«, der zu einer so hohen Position in der Kirche aufgestiegen ist. Azariah kämpft mit glühendem Eifer darum, das Leiden der Unterdrückten (dies ist die wörtliche Bedeutung des Wortes *dalit*) in seinem Lande zu lindern. Die *dalits* sind die *panchamas*, »die fünften Menschen«, zu denen auch die sogenannten »Scheduled Castes and Tribes« gehören. Sie befinden sich jenseits der brahmanischen Stufenleiter der vier Kasten, und dies ist schon seit zweitausendfünfhundert Jahren so, seit das hinduistische Gesetz des Manu (Kap. 19, Vers.43) verfügte, daß »die Unberührbaren geborene Sklaven« sind. Im Jahre 1950 wurde ein Gesetz in die Verfassung aufgenommen, das die Unberührbarkeit abschaffte, aber wie so viele andere Gesetze in Indien, ist auch dieses nur auf dem Papier wahr.

Die Haltungen sind großenteils noch immer dieselben wie seit eh und je, vor allem im ländlichen Indien, wo auch heute noch eines der grellsten Apartheidsysteme herrscht, das die Welt jemals gekannt hat, auch wenn davon kaum etwas an die Öffentlichkeit dringt. Ein *dalit* darf nicht aus demselben Brunnen trinken wie die anderen Kasten, darf keine Nahrung berühren, die von ihnen gegessen wird und riskiert einen tätlichen Angriff, wenn er es wagt, einen Brahmanen auf der Straße auch nur anzuschauen. Nur selten besitzt er Eigentum, und meistens ist sein Lebensunterhalt

337

von den Launen des örtlichen Landbesitzers abhängig. Viele von ihnen sind quasi Leibeigene: Sie sind Schuldner des Landbesitzers, der ihnen soviel Nahrung gibt, wie sie zum Leben brauchen, und dafür von ihnen zwölf oder mehr Arbeitsstunden pro Tag fordert. Vielleicht haben sie sich am Anfang fünfzig Rupien (ein Pfund) geborgt, die sie dann in monatlichen Raten von fünf Rupien mit Zinsen zurückzahlen. Der Zinssatz ist so hoch berechnet, daß sie ihre Schuld mit Sicherheit nicht zurückzahlen können, und der Landbesitzer erhält kostenlose Arbeit im Austausch gegen die Lebenszeit des *dalit*. Verschuldete Landarbeiter sind wenig mehr als Sklaven; wenn sie zu entkommen versuchen, werden sie gejagt und oftmals getötet oder gefoltert. Wenn sie zu alt werden, um noch arbeiten zu können, wirft man sie auf die Straße, wo sie nur durch Betteln überleben können.

Azariah machte die Weltgemeinschaft auf die Notlage der *dalits* aufmerksam, als er im Jahre 1983 vor der Versammlung der Weltgemeinschaft der Kirchen in Vancouver sprach. Nur wenige unter den Anwesenden waren sich dessen bewußt, daß in Indien zweihundert Millionen Unberührbare diskriminiert und unterdrückt werden. Er brachte dieselbe Botschaft auch bei der Weltkonferenz der Menschenrechte in Wien im Jahre 1993 vor. Eine Studie, die er unter den Obdachlosen in der Nähe des Bahnhofes von Madras anstellte, zeigt, daß sie alle davon überzeugt waren, daß die Ursache ihrer Notlage im Schicksal begründet liege. Nach Azariahs Meinung ist dies die Haltung, die grundlegend verändert werden muß. Die Armen müssen selbst ihre eigene Würde verspüren und erkennen, daß sie ihr eigenes Schicksal in die Hand nehmen können – auch wenn sie dabei mehr von einer spirituellen als humanistischen Vision inspiriert sind. Wie die Befreiungstheologen von Südamerika glaubt er, daß der Friede nur durch Kampf zu erreichen ist; aber ihre Machtergreifung darf nicht durch die Gewehrläufe erfolgen, sondern durch die Herabkunft des Heiligen Geistes.

»Ich bin nicht für die Erlösung der Seele«, sagte er zu mir mit leuchtenden Augen und gestikulierenden Händen quer über einen Schreibtisch, auf dem Papiere, Akten und persönliche Notizen aufgehäuft waren. .«Ich bin für die *gesamte* Erlösung: Sozial, ökonomisch, kulturell und spirituell.«

Die Ermächtigung der Menschen, ihr eigenes Schicksal zu bestimmen, ist für Azariah die Essenz der christlichen Mission. Und Bildung ist der Schlüssel dazu. In vier Jahren hat er in ländlichen Gegenden siebzig Kirchen mit angeschlossenen Schulen errichtet, sowie Ausbildungszentren in Kanchi und Guindy, die technische Fertigkeiten zur selbständigen Berufsausbildung lehren. Seine Diözese hat ein Verteilungssystem entwickelt, durch das 30.000 Stadtbewohner 30.000 Dorfbewohnern ein Fahrrad, eine Bibel und Schuhe geschenkt haben. Das Fahrrad symbolisiert Unabhängigkeit, die Bibel Selbstverwirklichung und die Schuhe Selbstachtung – denn *dalits* ist es verboten, in kastenbeherrschten Dörfern Schuhe zu tragen. Anstatt von Projekten, die von oben her gesponsert werden, arbeitet Azariah als Katalysator und inspirierende Kraft, um dieses Sendungsbewußtsein innerhalb der gesamten Gemeinde zu entwickeln und sie zu motivieren, sich der Situation der Armen in der jeweiligen Gegend anzunehmen. Die Gemeinden treffen sich regelmäßig, um die Bedürfnisse der Gemeinschaft, in der sie leben, zu diskutieren und um angemessene Aktionen zu vereinbaren.

Der Weg des Bischofs ist nicht leicht. Als seine bevorstehende Ernennung angekündigt wurde, versuchten die *sudras* in seiner Diözese – also die unterste der vier Kasten – gerichtlich dagegen Einspruch zu erheben. Die Gerichtsverhandlung sollte am Montag stattfinden, aber Azariah gelang es, seine Ernennung auf den Samstag zuvor zu verlegen. Als er auf eine Einladung der Anhänger von Bangaru Adigala reagierte – das ist der Guru von Malmeathur, der vom Geist des Adi Parashakti ergriffen wird und sich ebenfalls gegen das Kastensystem ausspricht – begrüßten ihn christliche *su-dras* bei seiner Rückkehr mit einer Blumengirlande, denn sie dachten, daß er den christlichen Glauben aufgegeben habe, um Hindu zu werden. Azariahs Assistent, Frater Agostini, erhält regelmäßig anonyme Telefonanrufe von den Kastenmitgliedern der Kirche, in der er als Pfarrer amtiert. Azariahs Mut ruht jedoch fest in einer Überzeugung, die tiefer ist als jegliche Sorge um seine persönliche Sicherheit. Ich begegnete ihm zum erstenmal in einem jesuitischen Exerzitienhaus in Madras: Dorthin geht er regelmäßig, wie ich bemerkte, um einen Tag in Schweigen zu verbringen, auch wenn seine Pflichten noch so sehr drängen. Für jeden, der Azariah trifft, ist deutlich zu erkennen, daß er ein Mann der Tat ist; aber seine Handlungen entspringen keineswegs einem missionarischen Eifer, sondern vielmehr der echten Quelle des Mitgefühls.

Der Bischof ist nicht der einzige prominente Sprecher in der panindischen Dalit-Befreiungsbewegung, die ursprünglich von den Jesuiten angeregt worden ist. Die zweiunddreißigste Generalversammlung der Jesuiten forderte, daß alle Handlungen von Jesuiten von dem Motiv getragen sein solle, die Armen aus ihrer Notlage zu befreien. In Tamil Nadu und der Gegend von Kanchi ist diese Bewegung besonders herausfordernd. Im Jahre 1994 nahmen Tausende von Dalits an einem gewaltlosen Sit-In vor dem Polizeigebäude von Chengleput teil. Die Spannung stieg, und schließlich griff eine Menschenmenge das Polizeigebäude an. Einige Dalits wurden getötet, ein Jesuit wurde verhaftet.

Teilen und Helfen

Eine andere Art, den Unterprivilegierten zur Selbsthilfe zu verhelfen, tritt in der Arbeit von Steven und Sheila Arokiasamy zutage, die im stillen das Leben eines der Dörfer im

Norden von Madras transformieren. Einige Jahre zuvor wurde ihnen die schwierige Situation der Schuldknechte im Dorf Katchur bewußt. Die Landbesitzer kauften die Milch von der Büffelkuh der Landarbeiter zum Spottpreis von drei Rupien pro Liter. Dieser Preis war ihnen von den Landbesitzern diktiert worden, um auf diese Weise ihre Schulden abzubezahlen. Die Arokiasamys spendeten das Geld für die Rückzahlung der Schulden, kauften ihnen noch einige Büffel dazu und begannen die Milch zu sechs Rupien pro Liter zu kaufen. Dann gingen sie zu den Landbesitzern und versicherten ihnen, daß ihr einziges Interesse darin bestehe, anderen Menschen, die in Not geraten seien, zu helfen. Statt der erwarteten Feindseligkeit der Landbesitzer, war die Reaktion wohlwollend, und inzwischen kaufen die Landbesitzer den Liter zu sechs Rupien, und aus diesem gesteigerten Einkommen haben die Landarbeiter den Arokiasamys wiederum den Preis der dazugekauften Büffelkuh zurückgezahlt. Der einfache, aber schwer erklärbare Glaubenssatz von Steven und Sheila besteht darin, daß unsentimentale, nicht-diskriminierende Liebe die einzige Antwort ist.

Sie sind erfolgreich, weil sie das lebende Beispiel dessen sind, woran sie glauben. Ihr Ethos – wie das der Dalit-Befreiungsbewegung – ist es, Menschen zur Selbsthilfe zu verhelfen. Sie haben in sechs Dörfern kleine Sparprojekte in Gang gesetzt, bei denen Gruppen in jedem Dorf einander helfen. Auch wenn Notlagen entstehen, können die Mitglieder dieser Projekte auf diese Gelder zurückgreifen. Sie haben Schneider- und Schuhmachergenossenschaften gegründet, die von den Dorfbewohnern selbst geleitet werden, sowie Waisenschulen für Straßenkinder. Die alten Menschen der ärmsten Bevölkerung leiden oftmals am meisten. Die Familie hat keine zusätzliche Nahrung, um sie zu ernähren, da die Landbesitzer nur diejenigen ernähren, die noch arbeiten können. Das Ehepaar Arokiasamy hat ein Tageszentrum in Katchur gegründet, das jetzt hundert Menschen, die älter als sechzig Jahre sind, kostenlose Nahrung und medizinische Verpflegung spendet. Und doch leben diese beiden Menschen in einer Wohnung in Madras zusammen mit ihrer Familie und arbeiten während der Woche in einem psychiatrischen Krankenhaus! Ihr Büro ist in einem ihrer Wohnräume eingerichtet, und ihre einzige Einnahmequelle kommt von einigen ausländischen Gönnern sowie einer kleinen Zuwendung eines Altenhilfsprogrammes. Ihr Ziel ist es, fünfundzwanzig Dalit-Dörfer für ein Projekt nicht-formeller Ausbildung und Selbständigkeit zu »adoptieren«. Von all den Tausenden von Hilfsorganisationen, die heute in Indien nach finanzieller Unterstützung rufen, ist dies eine der wenigen, bei denen der Spender sicher sein kann, daß sein Geld tatsächlich zu den Menschen gelangt, für die er es ausgegeben hat, und nicht in die Hände irgendeiner schwerfälligen Verwaltungsbehörde oder in die Taschen einer ganzen Kette von Mittelsmännern.[32]

Mutter Teresa von Kalkutta

Das am meisten bekannte Beispiel christlicher »Nächstenliebe in Aktion« ist die Arbeit von Mutter Teresa. Sowohl Hindus wie auch Christen betrachten sie als Heilige und behandeln sie mit der Ehrfurcht und Ehrerbietung, die sie jeder heiligen Persönlichkeit entgegenbringen. Kaum war sie aus einer Tür ihres Mutterhauses in Kalkutta herausgekommen, um mich zu empfangen, als plötzlich Menschen in Scharen herbeiströmten, um ihre Füße zu berühren. Sie war schon darauf vorbereitet und fischte aus ihrer Tasche winzige Me-

---

[32] Wenn Sie Genaueres darüber wissen wollen, wie Sie die Arbeit der Arokiasamys unterstützen können, schlagen Sie unter der christlichen Sektion im Anhang über Gurus, Ashrams und Meditationszentren nach (S. 369).

daillen der Jungfrau Maria heraus, und mit einigen wenigen Grußworten und einem Tätscheln auf den Kopf schenkte sie jedem eine von diesen Medaillen. Als sich die Menge verzogen hatte, wandte sie sich zu mir, schenkte auch mir ein Medaillon und erzählte mir von ihrer Arbeit.[33]

Aus der ganzen Welt reisen Freiwillige zum Mutterhaus und bekommen Tagesarbeiten zugewiesen. Jeder, der helfen will, braucht einfach nur um sechs Uhr morgens dazusein. Die Caritasschwestern – dies ist der Name ihres Ordens – haben Projekte in jeder Stadt in Indien wie auch in Hunderten anderer Länder. In Kalkutta unterhalten sie ein Heim für die Sterbenden, eine Leprastation, eine Tbc-Klinik, eine kostenlose Ambulanz, Heime für verlassene Kinder, Pflegeschulen, Heime für geistig Behinderte, für unverheiratete Mütter usw.

Die zweihunderfünfzig Nonnen und Novizinnen in Kalkutta beginnen ihren Tag um fünf Uhr morgens mit Meditation und einer Messe um sechs Uhr morgens. Um acht Uhr schwärmen sie in Paaren über die ganze Stadt aus – zu Fuß oder mit den öffentlichen Verkehrsmitteln. Mit mehr als viertausend Nonnen und Novizinnen auf der ganzen Welt hat dieser Orden eines der weltgrößten Noviziate; und das, obwohl sie keine Spendensammlungen veranstalten und keinerlei Unterstützung vom Staat oder der Kirche erhalten. Alles wird nur durch private Schenkungen bezahlt. Mutter Teresa verkauft all ihre Preise, um damit die weitere Arbeit zu unterstützen.

Die Schwestern haben in Kalkutta die Haltung gegenüber den Menschen verändert, die auf den Straßen sterben. Heute werden sie von den öffentlichen Behörden nicht mehr ignoriert, sondern entweder ins Krankenhaus oder das Schwesternheim für die Sterbenden gebracht.

Als ich dieses Heim besuchte, schienen gerade nicht viele am Sterben zu sein. Etwa dreißig Männer lagen in blauen

---

[33] Mutter Teresa starb 1997 im Alter von 87 Jahren. Ihr Werk wird von den Ordensschestern in Kalkutta fortgesetzt (s. S. 395).

Hemden in blaubezogenen Betten, die Frauen lagen in einem anderen Raum. Viele davon waren Rikscha-Fahrer, die Tbc bekommen hatten, weil sie fette Kunden in den schmutzstarrenden Straßen der Stadt umhergezogen hatten. Andere hatten chronischen Durchfall. Es gab fast ebensoviele Freiwillige wie Bettlägerige.

»Wir sind hauptsächlich hier, um Gebet und Liebe mit ihnen zu teilen«, sagte Doug aus Australien. »Die Inder sind sehr scharf darauf, daß man Gebete für sie hersagt. Wenn es ihnen ein wenig besser geht, werden sie weitergeschickt. Die Betten werden für die ernsten Fälle gebraucht, die ständig herbeiströmen.«

Mutter Teresa wird aber auch kritisiert, zum Beispiel von Tariq Ali, dem Produzenten einer neuen Fernsehdokumentarserie, die auf Channel 4 in England gesendet wird. Er und andere haben gezeigt, daß die Menschen im Heim für die Sterbenden keine richtige medizinische Pflege erhalten und weggeschickt werden, bevor sie geheilt sind. Aber ihre Kritiker sehen nicht, daß sie und ihre Schwestern ja gar keine Alternative zum Krankenhaus oder vorhandenen medizinischen Behandlungen bieten wollen. Ihre einzige wirkliche Medizin ist die Liebe. Sie sind weniger Sozialarbeiterinnen als Arbeiterinnen des Geistes. Auf der Wand der Männerabteilung steht ein Zitat des französischen – und katholischen – Schriftstellers Paul Claudel, das die Essenz von Mutter Teresas Mission aufscheinen läßt:

»Jesus kam nicht, um das Leiden zu erklären oder aufzuheben: Er kam, um es mit Seiner Gegenwart zu erfüllen.«

Christliche Ashrams

Während sich christliche Nächstenliebe und Befreiungstheologie längst in der ganzen Welt durchgesetzt haben, ist der christliche Ashram eine spezifisch indische Entwicklung. In den fünfziger Jahren haben Pioniere, wie Abishiktananda und später Vater Bede Griffiths, Gemeinschaften gegründet, die mehr auf der Praxis der Kontemplation beruhten als auf den rituellen Sakramenten der etablierten Kirchen. Sie suchten nach einem Ausdruck für eine Christlichkeit, die auch die Tiefe der spirituellen Innerlichkeit widerspiegelt, die in der umgebenden hinduistischen Kultur so klar zutage tritt – eine Christlichkeit, die wirklich indisch genannt werden kann und nicht nur westliche Werte verewigt – unabhängig von dem Boden, auf dem sie gedeiht. Seither ist die Indisierung des Christentums, auch »Inkulturation« genannt, eines der zentralen Themen der indischen Kirche.

Der indische Ashram ist nicht nur eine Synthese von Ost und West: Er ist auch ein Schritt, der über die kirchliche Hierarchie überhaupt hinausführt. Er steht der Laiengemeinde wie auch Menschen aller anderen Glaubensrichtungen offen. Er strebt nach einem universelleren Ideal Gottes, und nicht nur nach einem christlich geprägten Gottesbild. Er fördert eher Einsamkeit und Meditation anstatt Wohltätigkeit, Gemeindeaktivitäten und Abhängigkeit von den Sakramenten. Auch die Sakramente haben einen Platz im Leben des Ashram, aber sie umfassen auch hinduistische Elemente wie etwa das Schwenken der Arati-Flamme, das Singen von Bhajans und der *tilak*-Punkt auf der Stirn. In seiner Einfachheit, seiner ungezwungenen Gemeinschaftlichkeit von individuellen Personen und seiner Betonung eines vom Gebet bestimmten Lebens ähnelt der Ashram dem Ideal der frühen Wüstenmönche, deren Spiritualität nur wenig Verbindung mit der späteren Institution der westlichen Kirche hatte.

Die vielen »wiedergeborenen« Christen in Indien wie auch die Mehrheit der Gemeindepfarrer – und zwar vor allem der protestantischen – betrachteten die Ashrams natürlicherweise mit großem Argwohn. Schwester Brigitta, eine anglikanische Nonne, die seit achtzehn Jahren im Christa Prema Seva Ashram in Poona lebt, erzählte mir, daß die Katholiken dem Ashram im allgemeinen viel positiver gegenüberstehen, und daß so gut wie alle indischen Ashrams katholisch sind. Vor allem die Jesuiten nehmen den Hinduismus sehr ernst und haben viel zur vergleichenden Forschung von Hinduismus und Christentum beigetragen. Dennoch ist es für alle Ashrams schwer, neue Mitglieder anzuziehen. Die Christen haben in Indien im allgemeinen einen überdurchschnittlichen Bildungsstand, und in ihren Ansichten neigen sie eher westlichen Werten und Zielen zu als einer Rückkehr zum traditionellen hinduistischen Leben der Einfachheit, das der Ashram verkörpert.

Paradoxerweise ist es gerade diese Einfachheit, die wiederum so viele westliche Besucher zu christlichen Ashrams führt. Viele von ihnen sind vom institutionalisierten Christentum enttäuscht und finden in der offenen und besinnlichen Atmospähre des Ashrams große Erleichterung. Man hört oft von Personen, die mit sehr negativen Gefühlen zum Christentum im allgemeinen ankommen und mit neuentdecktem Glauben an ihr eigenes spirituelles Erbe wieder abreisen. Aber sie kehren im Grunde eher zu den Graswurzeln der Spiritualität als zur Religion zurück, eher zum Quell des Schweigens als zur Erregung der Aktion, und diese Rückkehr ist vielleicht ein Hinweis auf die einzige Zukunft eines lebendigen Christentums. Der Ashram ist Indiens Beitrag zu diesem neuen und dennoch alten christlichen Geist.

Aanmodhaya Ashram

Aanmodhaya Ashram – dieser Name bedeutet »Erweckung des Selbst« – wurde vor nur drei Jahren außerhalb von Kanchipuram in Tamil Nadu von den Patres Amalraj und Samarakone gegründet. Wie bei Ashrams normalerweise üblich, besteht er aus einer Reihe von Hütten, die sich um eine Meditationshalle und eine Kapelle drängen. Die Wege zwischen den Hütten sind von Blumen begrenzt, und Bäume, die erst vor kurzem gepflanzt wurden, werfen einen Schatten auf den Eingang. Und damit ist dieser Ashram bereits eine der seltenen Oasen der Heiterkeit und Schönheit in Indien.

Amalraj hat mit seinen gut vierzig Jahren schon viel geleistet. In Japan hat er Zen-Meditation praktiziert, in Indien Astanga Yoga, und seinen Doktortitel erhielt er für eine vergleichende Studie von Nataraj, dem Tanzenden Gott, und Christus, dem Herrn der Auferstehung. Während eines vierzigtägigen Aufenthalts, den er allein in einer Berghöhle verbrachte, erkannte er seine Berufung als Priester und Vermittler. Seit seinen frühen zwanziger Jahren war er Priester gewesen, aber diese Zeit der Meditation weckte in ihm den Wunsch, zum spirituellen Führer und Begleiter zu werden. Schon seit einigen Jahren hatte er Gespräche über Zen und Yoga in seine Vorlesungen im Seminar von Bangalore aufgenommen, als sein Orden, die Oblaten der Unbefleckten Jungfrau Maria schließlich zu dem Schluß kam, daß ein Ashram seinen Interessen besser dienen könne und ihm die nötigen Geldmittel spendete, damit er ihn gründen konnte.

Bald schon folgte ihm sein früherer Vorgesetzter im Seminar, Pater Sam, wie er im Freundeskreis heißt. Bede Griffiths und Vandana Mataji hatten schon seit langem sein Denken stark beeinflußt, und Sam hatte die Haltungen der Inkulturation in seinem Seminar sehr gefördert. Aus seiner Sicht bewegt sich der gesamte Strom der Menschheit mit all ihren verschiedenen Religionen zu einem universellen Königreich der Kommunion jenseits aller Namen und Formen. Er betrachtet den Ashram als einen Ort, an dem diese Universalität in den indischen Boden fließen und in seiner einzigartigen Weise blühen kann.

Jains, Buddhisten und Hindus kommen regelmäßig nach Aanmodhaya, wo die Liturgie Texte aus den verschiedenen Religionen enthält. Die Ashrambewohner praktizieren Zenmeditation, Mantrasingen, Yoga und christliche Kontemplation. Am Morgen gibt es Vortrag und Diskussion sowie eine »Mutter-Erde-Meditation«, bei der alle im Garten arbeiten. Ab sechs Uhr abends herrscht Schweigen.

Jeevan Dhara Ashram

Vandana Mataji war eines der ursprünglichen Mitglieder des ökumenischen CPS-Ashrams in Poona, der im Jahre 1972 begann und noch heute in Betrieb ist. Zusammen mit anderen Bewohnern des Ashrams verbrachte sie fünf Jahre lang sechs Monate im Jahr in hinduistischen Ashrams: Sie nahm dort die traditionelle Lebensweise in sich auf, studierte hinduistische Texte und Rituale und empfing die Lehren ihres Guru Swami Chidananda vom Sivananda Ashram in Rishikesh. Der Jeevan Dhara Ashram entwickelte sich organisch um sie und eine andere Nonne herum, eine Engländerin mit dem Namen Eeshpriya Mataji. Er ist auf einem eindrucksvollen Bergrücken im Himalaya gelegen, etwa vier Stunden von Rishikesh entfernt.

Ein Amerikaner namens Krishna, der mehr Ashrams besucht hat als die meisten Leute sonst, sagte über seinen Aufenthalt in Jeevan Dhara:

»Dreimal am Tag wurden Gottesdienste in einer wunderschönen tempelartigen Kapelle abgehalten. Die Gebete wurden dabei aus der Bibel und den hinduistischen Schriften gelesen. Die Arati-Flamme wurde vor dem Sakrament der Bibel geschwenkt, und die Symbole der Weltreligionen breiteten sich aus, erfüllten den Raum, die Berge, das Dorf und das Licht in uns. Am Morgen wurde geschwiegen, und wir beschäftigen uns alle mit gemeinschaftlichen Aufgaben. Am Donnerstag bei Sonnenuntergang war ich immer tief bewegt durch die Zeremonie des *pada puja*, in der die beiden Matajis die Füße aller Anwesenden wuschen.«

Manchmal sprach Eeshpriya Mataji am Morgen über Yogaphilosophie, und zwar in so treffender und scharfsinniger Weise, wie ich es nie zuvor erlebt hatte. Sie ist eine der seltenen Gelehrten, die ihre Studien mit dem Sauerteig der persönlichen Erfahrung gewürzt haben. Für die Bewohner dieses Ahrams ist das Suchen vorüber, denn Christus ist auferstanden, und das Drama der Person ist vollendet worden. Selten habe ich so ein Gefühl familiärer Wärme in einem Ashram erlebt. Wenn ein Besucher abreiste, wurde er vor der gesamten Gemeinschaft bis zum Tor begleitet und verabschiedet. Die beiden Matajis werden sich zwar im Jahre 1996 an unbekannte Meditationsorte zurückziehen, aber dieser Ashram wird weiterhin ein Leitstern für Menschen aus dem Westen und aus Indien sein.

Saccidananda Ashram

Der Saccidananda Ashram von Shantivanam ist die im Westen am meisten bekannte christliche Gemeinschaft Indiens, und zwar wegen ihres Gründers Pater Bede Griffiths, der im Jahre 1993 starb. Dieser Ashram wurde zwar räumlich und organisatorisch bereits im Jahre 1950 von Abishiktananda und einem anderen französischen Pater – Jules Monchanin – begründet, wurde aber erst zu einer spirituellen Gemeinschaft, als Pater Bede ihn in den sechziger Jahren übernahm. Bede – ursprünglich ein englischer Benediktiner – sprach mit tiefer Inspiration für eine mystische Spritualität, die alle religiösen Trennungen transzendierte, und seine Bücher haben seine Anschauungen um die Welt getragen. Er wird weithin als Heiliger der heutigen Zeit betrachtet.

Der Ashram, den er zurückließ, ist noch immer ein Ort der Begegnung und des Gebetes für Menschen aller Glaubensrichtungen oder auch solche, die keinem bestimmten

Glauben anhängen. Die Bewohner des Ashrams tragen das safranfarbige Kleid des hinduistischen Sannyasin, gehen barfuß, sitzen auf dem Boden und essen mit der Hand. Die Besucher und die Bewohner des Ashrams essen schweigend zusammen, während irgendjemand laut aus einem ausgewählten Text vorliest. Alle leben in ihrer eigenen strohbedeckten Hütte und treffen sich dreimal am Tag zu einem gemeinsamen Gebet.

Das Äußere des Tempels beziehungsweise der Kapelle ist ein prächtiges Gemisch aus christlicher Metaphorik und hinduistischem Stil. Der innere Hof, in dem die Gemeinde auf dem Boden sitzt, ist einfach, klar und dem Licht und der Luft des Tages ausgesetzt. Das innere Heiligtum oder *garba griha* ist dunkel wie die »Höhle des Herzens« und enthält einen ungeschmückten Steinaltar. Während der Gottesdienste werden Sandelpaste – *kum-kum* – und *vibhuti* auf die Stirn gemalt.

Der Saccidananda Ashram unterliegt gegenwärtig der spirituellen Führung von Bruder Martin, der mehrere Jahre lang in engem Kontakt mit seinem spirituellen Vater Bede lebte. Dennoch hatte auch Bruder Martin seine eigenen Erkenntnisse und tiefen inneren Erfahrungen; jeder, der seine unmißverständlichen Reden über *advaita* im Christentum zu hören bekommt, kann durchaus zu der Ansicht gelangen, daß der Ashram in Martin einen Führer haben könnte, der ihn sogar noch weiter auf dem mystischen Pfad führen könnte, als Bede selbst es vermochte.

Anhang

Alphabethisches Verzeichnis der heiligen Orte Indiens

Zusammengestellt von Dr. Rana P.B. Singh, Dozent für Geographie an der Hindu-Universität von Benares und Herausgeber des *National Geographical Journal of India*.

Jammu und Kashmir

Amarnath

Diese Höhle ist 120 km von Srinagar entfernt. Die Pilger machen zuerst in Pahalgam (96 km) halt, passieren dann Chandanwari, Sheshnag und Panchtarni, wo sie eine Nacht verbringen, um dann zur Höhle von Amarnath (4300 m) zu gelangen. Dort wird der Gott Shiva in Gestalt eines *lingam*förmigen Eisblockes angebetet. Es gibt noch weitere aus Eis gebildete Gesichter, und zwar von Ganesh, Parvati und Bhairava. Juli und August ist die Hauptsaison für Pilgerreisen.

Jammu

Dies ist die zweitgrößte Stadt in diesem Staat, und gleichzeitig auch die letzte Bahnstation, die von Delhi aus direkt zu erreichen ist. Wichtige Tempel sind dort der Raghunath-Tempel und der Rambireshvar-Tempel.

Leh

Leh ist durch Straßen mit Srinagar (434 km) und Jammu (739 km), sowie durch regelmäßige Flugverbindungen mit Chandigarh verbunden. Es ist berühmt für ein Gompa aus dem 15. Jahrhundert und einen Palast. Von hier aus kann man auch mehrere andere buddhistische Heiligütmer wie Alchi (70 km), Lekir (13 km) und Hemis (45 km) besuchen.

Martand

In der Nähe von Srinagar im unteren Lidder-Tal liegt ein Tempel aus dem achten Jahrhundert. Zwar sind größere Teile davon zerstört, dennoch aber zieht er große Menschenmengen an. Dort gibt es auch Statuen von Vishnu und der Ganga.

Vaishno Devi

In einer Höhle im Norden von Jammu befinden sich drei Göttinnenbilder von Kali, Lakshmi und Sarasvati. Die Pilger gehen ungefähr 13 km auf der Straße von Jammu aus, um die Höhle zu erreichen. Dort angekommen durchqueren sie kaltes Wasser, das bis zu den Fußknöcheln reicht, um einen Blick auf die Gottheit zu erhaschen. Die Hauptsaison ist von März bis Juli.

Himachal Pradesh

Chamba

Man kann Chamba (134 km) von Pathankot mit dem Bus erreichen und passiert dabei Dalhousie. Der Lakshmi-Narayan-Tempel aus dem zehnten Jahrhundert liegt gegenüber dem Palast und enthält mehrere Heiligtümer. Ein weiterer berühmter Tempel ist der Hariraya-Tempel.

Dharmasala

Diese Gemeinde ist von Simla aus (317 km) gut mit dem Bus zu erreichen, sie wurde im Jahre 1855 als britische Bergstation gegründet. Seit Oktober 1959 lebt seine Heiligkeit der Dalai Lama hier. Das berühmte Zentrum für tibetische Forschungen und die Residenz des Dalai Lama ziehen viele Besucher und buddhistische Pilger an.

Jvalamukhi

Im Süden von Kangra erhebt sich ein berühmter Göttinnentempel vor einem Felsen und bildet einen Felsspalt, aus dem ein von Natur aus entzündliches Gas ausströmt, das die »Ewige Flamme« speist. Dieses Bild symbolisiert die Zunge der Göttin.

Kangra

Im Süden von Dharmasala liegt Kangra, das für seine Festung und den Tempel von Bajesvari Devi berühmt ist. Beide wurden im Jahre 1905 von einem Erdbeben zerstört. Die wichtigste Göttinnen-Gestalt wird auch Kangra Devi genannt. Ungefähr 14 km entfernt befindet sich ein Tempel von Chaumunda Devi am Ufer von Banaganga.

Kullu

Diese Stadt, die durch eine direkte Busverbindung von Simla aus (235 km) zu erreichen ist, wurde durch ihr Dasahara-Fest (September/Oktober) berühmt, das zu Ehren der Göttin Durga abgehalten wird. Die berühmten Tempel dieser Stadt sind der Raghunathji, Bhekhli und Bijili Shiva.

Haryana

Kurukshetra

Dieser Ort liegt nördlich von Delhi. Im Mahabharata-Krieg war er ein berühmtes Schlachtfeld; heute ist er durch Brahmasar, einen etwa einen Kilometer langen heiligen Teich, bekannt, der von Tempeln und Ghats umgeben ist. Dieser Platz ist berühmt für seine Ahnenrituale und die sakralen Waschungen im Teich.

Punjab

Amritsar

Dieser Ort ist mit Bus oder Zug von Delhi (447 km) und Chandigarh (230 km) leicht zu erreichen. Dort befindet sich der Goldene Tempel, der Hari Mandir, das Zentrum des Sikh-Universums.

Chintapurni

Hier liegt am Ende von 160 Stufen ein klumpenförmiges Symbol der Göttin auf den Bergen. Die Pilger erreichen diesen Ort mit dem Bus von Hoshiarpur.

Rajasthan

Amber

Amber im Norden von Jaipur ist berühmt für einen Palast aus dem dreizehnten Jahrhundert und den Jagatsiromani-Tempel.

Eklingji

Im Süden von Nathdvara befindet sich der Ekling-Shiva-Tempel aus dem achten Jahrhundert, der im fünfzehnten Jahrhundert von Raimal restauriert und neu aufgebaut wurde.

Berg Abu

Dieser Berg im Westen von Udaipur ist berühmt durch die Dilwara-Jain-Tempel, von denen der für Adinath (der Erste Jain Tirthankara), Vimala Shah und Ambika (Göttin) erwähnenswert sind. Weitere Jain-Tempel sind Risah Deo und Keminath. Drei Kilometer südöstlich von Dilwara liegt der berühmte Durga-Tempel. Adhar Devi liegt auf einem Berg, den man über zweihundert steile Stufen ersteigen muß.

Nathdvara

Nathdvara im Norden von Udaipur ist berühmt für seinen Srinathji-Tempel (für Vishnu), den Patron von Vallabha Sampradaya. Es gibt dort mehrere Vishnu-Tempel. Außerdem befindet sich dort auch eine Gruppe von sieben kleinen Tempeln, die zusammen *Sath Svarupa* heißen.

Pushkar

Der berühmte Pushkar-See in der Nähe von Jodhpur und Ajmer ist von Tempeln für Brahma, Badrinarayan, Varahaji, Atmeshvara, Shiva und Savitri umgeben. Der einzige Brahma-Tempel in diesem Land ist der Sage nach aus einer Lotusblüte entsprungen, die von Brahma herabgeworfen wurde. Beim Kartikai Purnima (Vollmond im Oktober und November) findet Indiens größter Vieh- und Kamel-Markt statt, der von zweihunderttausend Besuchern und Pilgern besucht wird.

Gujarat

Chandod

In der Nähe von Vadodara am Narmada-Fluß liegt die Stadt Chandod, deren sieben Tempel der Sonne geweiht sind. Ihre Namen lauten Chandaditya, Chandika, Narayana, Kapileshvara Shiva, Pingaleshvara Shiva und Devi. Hier steht auch ein alter Tempel des Somnath.

Dakor

Dakor liegt in der Nähe von Nadida und ist ein nicht sektengebundener Komplex von Tempeln des Vishnu-Kultes, wie Vallabha, Swaminarayana und andere Formen von Vishnu. Das dortige Bild von Sri Ranchhodraiji ähnelt dem entsprechenden Bild in Dvaraka. An jedem Vollmondtag zieht es große Mengen von Gläubigen an.

Dvaraka

Dvaraka kann man mit dem Zug oder Bus von Jamnagar aus erreichen. Es ist berühmt, weil es eines der vier heiligen

Wohnstätten von Vishnu ist. Der Rukmini-Tempel aus dem zwölften Jahrhundert, und der Dvarakanath-Tempel aus dem sechzehnten Jahrhundert sind die für Pilger attraktivsten Orte. Von Okha aus kann die Beyt-Dvaraka-Insel mit dem Boot besucht werden. Dort gibt es einen Krishna-Palast und Tempel von Pradyumna, Ranachnodji und Tikamji, sowie viele heilige Teiche und Altäre.

Girnar
Der heilige Berg Girnar mit mehreren Hindu- und Jain-Tempeln sowie buddhistischen Höhlen liegt sechzehn Kilometer im Osten von Junagadh-City. Die fünf Gipfel des Berges sind den Gottheiten Amba Mata, Gorakhnath, Oghad Shikara, Dattatreya und Kalika geweiht. Außerdem gibt es dort drei heilige Teiche und eine Festung.

Modherea
Modherea liegt ungefähr fünfunddreißig Kilometer im Norden von Mehsana und ist bekannt für seine Sonnentempel aus dem elften Jahrhundert – also zwei Jahrhunderte früher als die von Konarak. Vor der Ostseite des Tempels liegt ein rechteckiges Becken mit mehreren zusätzlichen Heiligtümern. Dieser Platz wird vor allem an den Tagen der Tag-und-Nacht-Gleiche besucht.

Nageshvara
Auf dem Weg von Dvaraka nach Beyt Dvaraka findet man den bekannten *jyoti-lingam* des Shiva, einen von zwölf Lingas.

Patan
Patan liegt etwa 25 Kilometer nordwestlich von Mehsana am Südufer des Flusses Sabarmati und ist mit dem Zug und dem Auto zu erreichen. Patan ist berühmt für seine hundert Jain-Tempel aus dem zehnten und elften Jahrhundert sowie

ein Wasserbecken und einen Komplex von tausend Shiva-Lingas. Es ist ein berühmtes Tirtha der Jains.

Pavagadh
Die Festung Pavagadh in der Nähe von Vadodara und Godhra beherrscht den Horizont und wird selbst wieder von Hindu- und Jain-Tempeln beherrscht. Der Maha Kali (Dakshina Kali)-Tempel zieht viele Pilger an. Dies war der Ort, an dem der Weise Vishvamitra seine asketischen Übungen vollzog.

Satrunjaya
Der Satrunjaya-Berg (etwa 600 Meter hoch) im Südwesten von Painana ist die größte Tempelstadt ihrer Art in Indien: Sie enthält 863 Jain-Tempel. Die Tradition besagt, daß der erste Tirthankara Adinath (Rishabhadeva) diesen Berg mehrere Male besuchte. Es gibt dort über elftausend Standbilder.

Sidhpur
Sidhpur im Süden der Abu-Straße ist ein berühmter Verbrennungsort für Mütter, wie Gaya dies für Väter ist. Hier befand sich auch der Ashram von Kardama, und hier wurde auch sein Sohn Kapil geboren. In der nahegelegenen kleinen Stadt gibt es einen Sarasvati-Tempel. Hier nimmt Shiva die Gestalt des Brahmadesvara an. Etwa 1,5 Kilometer entfernt liegt der Vindu Sarovar.

Somnath
Somnath liegt im Osten von Veraval und ist einer der zwölf *jyoti*-Lingas von Shiva und ein wichtiger Pilgerort für Hindus. Der ursprüngliche Tempel wurde im Jahre 1024 von Mahmud von Ghazni zerstört, wurde aber mehrere Mal wiederaufgebaut. Schließlich errichtete man einen neuen Tempel, der inzwischen auch noch mehrmals erweitert wurde. In der Nähe befindet sich der verfallene Rudreshvara-Tempel.

Vadanagar

Im Nordosten von Mehsana, mit dem Zug und dem Auto zu erreichen, haben wir hier den Wohnort von Hatkeshvara Shiva – einen der drei populärsten im Süden. Der Mythos erzählt, wie das erste Stadium von Vishnus Vamana-Inkarnation (»Zwergen-Gestalt«) gefunden werden kann. Ein weiteres berühmtes Heiligtum ist das der Amther Mata.

Madhya Pradesh

Amarkantak (1.050 m)

Von Jabalpur kann man über Mandla auf der Straße den Amarkantak-Berg erreichen, auf dem die drei Flüsse Narmada, Son und Mahanadi entspringen. Auf diesem Berg gibt es Tempel von Amarntah und Narmada Devi sowie mehrere Tempel, die mit Shiva und Vishnu assoziiert werden, und außerdem einen heiligen Teich.

Chanderi

Chanderi liegt in der Nähe von Lalitpur und besitzt viele Jain-Bilder aus dem zehnten Jahrhundert, die in den Khander-Berg eingehauen sind, sowie Ruinen von Palästen, Moscheen und Gräbern.

Chitrakut

Die heilige Stadt Chitrakut im Westen von Allahabad (Uttar Pradesh) liegt auf beiden Seiten der Grenze zwischen Uttar Pradesh und Madhya Pradesh. Hier verbrachte Rama zusammen mit Sita und Lakshmana einen Teil der Verbannung, und zwar auf dem Gipfel des Berges Kamadagiri. Die Pilger umschreiten diesen Berg und besuchen dabei sechsundfünfzig Heiligtümer auf dem Weg. Bharatakup, Valmiki Ashram und Gupta Godavari bilden zusammen ein kosmogonisches Dreieck. Atri Ashram, Janaki Kunda, Sphatika Shila sind weitere heilige Orte.

Khajuraho

Khajuraho ist mit dem Auto und dem Flugzeug leicht zu erreichen. Bekannt ist es durch seine erotischen Tempel-skupturen aus dem zehnten und elften Jahrhundert, die unter der Herrschaft der späteren Chandela-Könige erbaut wurden. Einige dieser Tempel sind von außerordentlicher architektonischer Schönheit: Lakshmana, Varaha, Vishva-nath, Matangeshvara, Chausathi, Yogini, Duladeo und Chaturbuja. Es gibt dort auch drei jainistische Tempel des Parsvanath, Adinath und Shantinath, die jainistische Pilger anziehen.

Kaheshvara

Ungefähr achtundfünfzig Kilometer von Mandhu entfernt liegt am Nordufer des Narmada der Tempel des Mahesh-vara, dessen Alter bis in die Zeit, in der das Ramayana und das Mahabharata entstanden, zurückreicht. Weitere Tempel sind die des Kaleshvara, Rajarajeshvara, Vithaleshvara und Ahileshvara. Rani Ahilyabai von Indore (gest. 1795) hat die Stadt wieder neu entstehen lassen, indem er Tempel und ei-nen Festungskomplex erbaute.

Mahoba

Mahoba liegt im Norden von Khajuraho und ist bekannt für seine altehrwürdigen Bauwerke aus der Chandelazeit. Auf einer Insel in Madan Sagar befinden sich viele buddhisti-sche und jainistische Skulpturen, Bilder des tanzenden Ga-nesh sowie ein Shiva-Tempel.

Mandu

Mandu erreicht man über die Landstraße von Indore aus, es ist bekannt durch seine Festung aus dem zehnten Jahrhundert. Die Königliche Enklave besteht aus vielen Denkmälern und Toren. Hoshang Shahs Grab (erbaut im Jahre 1440) auf dem Bazar von Mandu ist Indiens erstes Marmordenkmal.

Omkareshvara (Mandhata)

Im Osten von Maheshvara auf einer Insel am Zusammenfluß des Narmada und der Kaveri befindet sich das Standbild des Omkareshvara Shiva, eines der zwölf *jyoti*-Lingas. Ferner gibt es dort den Siddhnath- und Gauri-Somnath-Tempel. Dort befindet sich ein gigantischer Nandi-Stier. Neben ihm stehen die vierundzwanzig Avatars und eine Reihe von hinduistischen und jainistischen Tempeln.

Sanchi

Sanchi liegt in der Nähe von Bhopal und ist berühmt für den »Großen Stupa« – den größten überhaupt in Indien – sowie seine Tempel und Klöster aus der Gupta-Zeit. Sanchi ist ein architektonisch und archäologisch interessanter Ort mit mehreren buddhistischen Denkmälern.

Uttar Pradesh

Allahabad (Prayaga)

Allahabad ist berühmt, weil es an dem Ort liegt, an dem der Ganges, der Yamuna und der unsichtbare Fluß Sarasvati sich vereinigen. Allahabad ist die heiligste Stadt, wenn man ein heiliges Bad im Ganges nehmen will. Bhardwaj Ashram und der Tempel des Naga Vasuki sind die beliebtesten heiligen Stellen für die Pilger. Alle zwölf Jahre findet hier das weltberühmte Bade-Fest Kumbh Mela statt. Beim letzten Kumbh Mela im Jahre 1989 badeten ungefähr dreizehn Millionen Menschen im Ganges. Diese heilige Stadt heißt auch »König aller heiligen Orte« – *Tirtharaja*.

Ayodhya

Im Osten von Lucknow liegt der Geburtsort des Gottes Rama. Ayodhya ist eine der sieben heiligen Städte. Aus archäologischen Funden geht hervor, daß sie bis ins vierte oder dritte Jahrhundert vor Christus zurückreicht. Diese Stadt ist voll von Klöstern und Ashrams. Mit diesem Ort ist auch die Legende von Vishnus Fisch-Inkarnation assoziiert. Hanumangarhi, Kanak Bhavan, Janaki Bhavan, Agni Tirtha und Rama-Ghat sind die wichtigsten heiligen Plätze. Am sechsten Dezember 1992 wurde die Babari-Moschee von militanten Hindus zerstört.

Badrinath *(3.150 m)*

Badrinath liegt in der Nähe von Kedarnath. Keine Pilgerreise wäre vollständig, wenn nicht auch Badrinath, einer der vier Wohnorte Vishnus, besucht würde. Die berühmtesten heiligen Plätze sind die Standbilder und Tempel von Nara-Narayana, Shri Devi, Bhu devi, Lakshmi und Shankaracharya. Wichtige heilige Teiche sind die von Brahma, Trikona, Soma und Urvashi.

Benares
(siehe Varanasi)

Devaprayaga

Die Straße von Rishikesh nach Yamunotri verläuft über Devaprayaga, das an der Vereinigung der beiden Flüsse Bhagirathi und Alakananda liegt. Der Verlauf dieser beiden Flüsse zusammen betrachtet, ergibt die Form des Ganges.

Devi Patan

Wenn man von Gonda auf der Straße durch Balrampur fährt, kann man an der Grenze zu Nepal nach Devi Patan, einem berühmten Shakti *pitha,* gelangen. Dort gibt es einige Ruinen aus der Antike und einen alten Shiva-Tempel.

Gangotri *(3.140 m)* **und Gomukh** *(3.970 m)*

Der Ganges entspringt in der Nähe von Rishikesh bei Gomukh, aber das eigentliche Flußbett beginnt erst siebenundzwanzig Kilometer weiter unten bei Gangotri, wo der
Granittempel der Ganga aus dem achtzehnten Jahrhundert
liegt. In Gangotri findet man viele Ashrams und Heiligtümer.

Gorakhpur

Gorakhpur liegt im Norden von Varanasi. Es ist ein Pilgerzentrum der asketischen Hindusekte Nath, deren Hauptsitz
sich im Tempel von Gorakhnath befindet.

Kedarnath *(3584m)*

Der Tempel von Kedarnath ist einer der zwölf *jyoti*-Lingas
des Gottes Shiva. Am Ort des Standbildes befindet sich ein
riesiger dreieckiger Felsbrocken. Außerdem gibt es dort
auch Statuen der Fünf Pandavas und viele heilige Quellen
und Teiche. Die Pilger bringen Wasser von den Quellen des
Ganges und des Yamuna hierher, um es dem Kedarnath zu
opfern.

Haridwar

Haridwar war die Einsiedelei des Weisen Kapila. An dieser
Stelle tritt der Ganges in die weite Ebene ein. Hier ist der
Fußabdruck des Gottes Vishnu der heiligste Platz. Brahma
Kunda und Narayana Bali-Tempel sind weitere Pilgerziele.
Alle zwölf Jahre wird hier das Kumbha-Mela-Fest abgehal-
ten.

Kushinagar/Kasia

Kushinagar liegt im Osten von Gorakhpur. Dort ist Buddha
gestorben. Es gibt an diesem Ort viele Klöster. Die Überreste Buddhas nach der Verbrennung werden im Mukta-
bandhana Stupa aufbewahrt.

Mathura

Mathura wird als Geburtsort des Gottes Krishna gefeiert und ist eine der sieben heiligen Städte. Die Pilger baden beim Vishram-Ghat im Yamuna-Fluß und besuchen die Tempel von Keshava, Gopi Nath, Jugul Kishor und Radha.

Nainital

Nainital ist ein Ausflugsort im Gebirge und für seine vielen Seen – darunter Sat Tal, Bhim Tal und Naukuchiya Tal – bekannt. Der berühmteste See ist der jadegrüne Garud Tal, der nach Vishnus Tragetier benannt ist, an zweiter und dritter Stelle folgen dann Rama Tal und Sita Tal. Die Tempel von Naina Devi, Pashani Devi und – in einer Entfernung von zwanzig Kilometern am Ufer des Bhima Tal – Bhimeshvara sind dort die wichtigsten Pilgerorte.

Rishikesh

Rishikesh, das im Norden von Haridwar am rechten Ufer des Ganges liegt, ist berühmt für verschiedene Ashrams und den Lakshman-Tempel. Am reizvollsten ist die allabendliche Szene in der Nähe des Triveni-Ghat, bei der dem Ganges Öllampen geopfert werden (*arati*).

Sarnath

Sarnath liegt ungefähr zehn Kilometer nordöstlich von Varanasi und ist einer von vier buddhistischen Pilgerorten; dort hat Buddha seine erste Predigt (»Das Rad des Gesetzes in Bewegung setzen«) gehalten, nachdem er in Bodh Gaya in Bihar die Erleuchtung erlangt hat. Jedes Jahr wird dieser Ort von Pilgern aus Birma, Thailand, China und Japan besucht. Es gibt dort viele archäologisch wichtige Denkmäler und Tempel, die von Gesellschaften aus Birma, Thailand, China, Japan und Sri Lanka errichtet worden sind. Auch gibt es dort einen Jain-Tempel, der dem Shreyanshanath gewidmet ist.

Varanasi (Benares/Kashi)

Varanasi ist als kulturelle Hauptstadt von Indien und als heiligster Ort der Hindus bekannt. Das linke Ufer des Ganges ist von vierundachtzig Ghats (Stufen zum Wasser) und über dreitausend hinduistischen Tempeln und Götterbildern gesäumt, abgesehen von einigen buddhistischen, jainistischen und Sikh-Heiligtümern. Bei den Pilgern sind heilige Bäder im Ganges und Besuche im Vishvanath-Tempel (dem Goldenen Tempel) oder den Tempeln von Annapurna, Kalan Bhairava, Bad Ganesh, Snakatmochan und Durga beliebt.

Vindhyachal

Vindhyachal liegt im Osten von Allahabad und achtundsiebzig Kilometer östlich von Varanasi am rechten Ufer des Ganges und ist die Heimat der drei Göttinnengestalten Kali, Sarasvati und Lakshmi. Zusammen bilden ihre drei Tempel das sakrale Gebiet, zu dem die Pilger reisen. Zum Navaratri-Fest (März/April, Oktober/November) strömen viele Pilger dorthin.

Vrindavana

Vrindavana liegt im Norden von Mathura und ist berühmt für seine vielen Tempel, die dem Krishna geweiht sind – Govind Deo, Sri Ranga, Madan-Mohan – und seine vielen Ashrams. Der Madan Mohan-Tempel steht über einem *ghat* am Seitenarm eines Flusses. Dort steht auch ein Pavillon, der mit Kobra-Skulpturen verziert ist. Der Sage nach soll Shiva an diesem Ort Devi getroffen haben und ihn dann zu einem Ort für die Heilung von Schlangenbissen gemacht haben. In der Nähe von Mathur und Vrindavana gibt es viele heilige Orte, die mit Krishnas Leben in Verbindung stehen wie etwa Gokul (2 km, Vishnus Inkarnation als Krishna), Govardhan (26 km, hier ließ Krishna diesen Berg aufsteigen, um den Menschen zu entkommen), Barsana (8 km, die Heimat von Krishnas Gattin Radha), Baldeo (8 km, die Heimat von Krishnas älterem Bruder Baladeva) usw.

Yamunotri *(3.251 m)*

Ungefähr hundertfünfundsechzig Kilometer von Deva-prayaga entfernt liegt die Quelle des Yamuna – Yamunotri. Hier sind heilige Bäder, Besuche im Yamunotri-Tempel und im Someshvara-Tempel die üblichsten Aktivitäten.

Bihar

Bodh Gaya

Im Süden von Gaya liegt die kleine Stadt Bodh Gaya. Der Bodhi-Baum, unter dem Buddha die Erleuchtung zuteil wurde, und der Sandstein, auf dem er in Meditation saß, sind die heiligen Orte für buddhistische Pilger. Der Maha-bodhi-Tempel, der Animeshlochana-Tempel, ein japani-scher Tempel, eine riesige Buddha-Statue und ein tibetischer Tempel sind die Orte, die von Pilgern besucht werden.

Deoghar (Deogarh)

Deoghar ist der Ort, an dem Vaidyanath Shiva, einer der zwölf *jyoti*-Lingas steht. Die Pilger baden im Shivaganaga-See und verehren den Gott Shiva. Jedes Jahr versammeln sich hier eine Million Pilger, um am Shravani Mela (Juli/August) teilzunehmen. Dieser Ort bezeichnet auch den Punkt, an dem das Herz der Sati, der Leichengestalt von Parvati zu Boden fiel. Pilger sammeln das Ganges-Wasser von Sultanganj – etwa hundert Kilometer entfernt – und bringen es Vaidyanath dar.

Gaya

Gaya, Varanasi und Allahabad bilden die kosmische Brük-ke, über die eine Seele in den Himmel eingeht. Der Vish-nupad-Tempel trägt Vishnus Fußstapfen in einem Felsen, der in einem Silberbecken ausgestellt ist. Gaya ist als Ort von Verbrennungen und Begräbnisritualen am Ufer des Flusses Phalgu berühmt.

Nalanda

Im Nordosten von Gaya befinden sich die Ruinen der ältesten Universität der Welt, die im fünften Jahrhundert nach Christus gegründet wurde. Dort befinden sich sechzehn Denkmäler, ferner Klöster und mehrere Grabhügel. An diesem Ort verbrachte Buddha vierzehn Regenzeiten. Vor kurzem wurde dort der Nava Nalanda Mahavihar und ein Thai-Tempel errichtet, die jetzt die Pilger anziehen. Nur fünfzehn Kilometer von hier liegt Rajgir, ein weiterer berühmter buddhistischer und jainistischer Pilgerort.

Patna

Die Hauptstadt Patna wurde von Ajatasatru im sechsten Jahrhundert vor Christus gegründet. Har Mandir ist der Tempel, der dem Geburtsort des zehnten Sikh Guru Govind Singh Ehre erweist.

Sonepur

Sonepur liegt Patna gegenüber auf der anderen Seite des Ganges an der Vereinigung des Ganges mit dem Gandak, und es ist berühmt für seinen Tempel des Harihar Nath. In dieser Stadt findet auch Asiens größter Viehmarkt statt. Er beginnt beim Kartikai Purnima, dem ersten Vollmond im September/Oktober und dauert einen Monat lang. Dies ist auch die Hauptsaison für Pilger, die dort heiliger Bäder nehmen und den Harihar-Nath-Tempel besuchen.

West-Bengalen

Kalkutta

Kalkutta ist berühmt für das Kali-Ghat: Dort befindet sich ein hochverehrtes Kali-Heiligtum, das den Ort bezeichnet, an dem die kleine Zehe der Göttin herabgefallen sein soll, als Shiva ihren verkohlten Körper trug. Der Dakshineshwar-Kali-Tempel wurde im Jahre 1847 von Rani Rashmoni errichtet und ist auch durch Ramakrishna bekanntgeworden. Täglich werden der Kali dort Ziegenopfer dargebracht. Für bengalische Pilger ist dies der wichtigste Ort.

Gangasagara

Im Süden von Kalkutta auf der Sagar-Insel befindet sich der Kapil-Muni-Tempel und der dazugehörige Ashram. Dieser Ort liegt an der Mündung des Ganges und zieht alljährlich eine Million von Hindu-Pilgern an, die dort zu Makar Samkranti (Wintersonnwende) baden. Die meisten Pilger verbleiben dort für drei Tage. Um Kochuberia-Ghat zu erreichen, kann man Fähren benutzen. Die Fahrt dauert ungefähr dreißig Minuten.

Navadvipa

Navadvipa liegt im Norden von Kalkutta am Westufer des Hoogly (Bhagirathi)-Flusses und ist für die Gaudiya Vaishnava-Sekte der heiligste Ort in Indien. Hier erschien Chaitanya, eine Inkarnation des Vishnu und setzte den Gaudiya Krishna-Kult ein, zu dem Radha, Krishna und Chaitanya gehören. Es gibt hier viele Tempel und Klöster.

Tarakeshvar

Tarakeshvar ist von Kalkutta aus sehr leicht mit dem Zug oder dem Bus zu erreichen (95 Kilometer in nordöstlicher Richtung). Dies ist der meistbesuchte Pilgerort von West-Bengalen, und zwar sowohl für Shaktas wie auch für Anhänger des Vishnu. Das Standbild des Shiva als Tarakanath gewährt Befreiung von der Seelenwanderung und hilft auch, die Seele in den Himmel zur Ruhe zu bringen.

Assam

Kamaksha/Kamakhya

Kamakhya liegt im Nordwesten des Nilachal-Berges und ist
der Göttin Kamakhya geweiht, die im tantrischen Hinduismus sehr bedeutsam ist. Hier fiel das Genitalorgan der Göttin Sati zu Boden. Dies ist der berühmteste unter den einundfünfzig Göttin-*pithas.* Der ursprüngliche Tempel wurde
im zehnten Jahrhundert errichtet, dann zerstört und erst
im Jahre 1665 neu erbaut. Der Vasishtha-Ashram, der
zwölf Kilometer von Guwahate entfernt liegt, liegt in einer
landschaftlich wunderschönen Umgebung: In seiner Nähe
fließen drei Gebirgsflüsse vorbei. Auf der Pfaueninsel im
Norden der Stadt Guwahat im Brahmaputra-Fluß gibt es einen Tempel der Umanada, der im Jahre 1594 errichtet und
Shivas Gemahlin geweiht wurde.

Tripura

Agartala/Udaipur

Der winzige Staat Tripur ist fast vollständig von Bangladesh
umschlossen. Ungefähr siebenundfünfzig Kilometer von
der Hauptstadt Agartala entfernt befindet sich der Iripurasundari-Tempel. Er wurde in der Mitte des sechzehnten
Jahrhunderts erbaut und soll einer von den einundfünfzig
Shakti-*pithas* sein.

Orissa

Bhubaneshwar

In der Haupstadt Bhubaneshwar – vierhundertachtzig Kilometer südwestlich von Kalkutta – gibt es Tempel von Parasurameshvara, Nukteshvara, Siddheshvara, Gauri, Rajrani,

Brahmeshvara, Lingaraja und Vaital Deul – sie haben eine Verbindung mit Vishnu, der Göttin, Rama und Shiva.

Konarak

Konarak liegt im Süden von Puri und ist einer der lebendigsten architektonischen Schätze des hinduistischen Indien. Die Tempelruinen stammen aus einem Zeitraum zwischen dem neunten und dreizehnten Jahrhundert, wobei der Tempel des Sonnengottes am berühmtesten ist. Dies ist hauptsächlich ein Touristenziel – Pilger reisen seltener dorthin.

Puri

Die Stadt Puri im Süden von Bhubaneshwar ist berühmt für ihren Jagannath-Tempel. Drei Tage und Nächte harren die Pilger dort aus und verehren Jagannath, Balbhadra und Subhadra. Das berühmte Wagen-Fest »Rathayatra« wird alljährlich in den vierzehn Tagen des zunehmenden Mondes im Monat Ashadha (Juni/Juli) gefeiert.

Maharashtra

Bhovargiri

Der Tempel von Bhimashankar, der etwa sechzig Kilometer westlich von Poona in der kleinen Stadt Bhovargiri liegt, ist einer der zwölf *jyoti*-Lingas. Er kennzeichnet die Quelle des Bhima-Flusses, an dem Shiva den Dämonen Tripurasura tötete und dann ausruhte. Das Standbild zeigt einen fünfköpfigen Shiva. Jeden dreizehnten Neumond findet dort ein großes Fest statt.

Ghushmeshvara

Im Nordwesten von Aurangabad liegt Ellora, das für seine hinduistischen, buddhistischen und jainistischen Höhlen bekannt ist. In der Nähe liegt auch der Tempel von Ghushmeshvara, einem der *jyoti*-Lingas von Shiva. Der gegenwärtige Tempel wurde von Rani Ahilyabai von Indore in der Mitte des achtzehnten Jahrhunderts erbaut.

Kolhapur

Kolhapur ist durch Straße und Schiene mit Poona verbunden und liegt am Südufer der Panchaganga, eines Nebenflusses des Krishna-Flusses. In der Gegend von Marthi ist es als Zufluchtstätte von Maha Lakshmi (der großen Göttin des »Reichtums«) bekannt, in der engeren Umgebung heißt es Amba Bai. Dort gibt es ungefähr zweihundertfünfzig Heiligtümer und Tempel. Die geweihte Prozession, bei der die Göttin zum Tempel von Tamblai, etwa fünf Kilometer im Osten der Stadt, getragen wird, ist ein wichtiger Anlaß für eine Pilgerfahrt.

Nasik

Nasik ist berühmt für das größte Badefest, das Kumbha Mela, das alle zwölf Jahre stattfindet und ungefähr eine Million Pilger anzieht. Ungefähr dreißig Kilometer im Süden von dieser Stadt entspringt der Godavari-Fluß, und dort steht auch der heilige Tempel von Trayambakeshvara, der der zwölf *jyoti*-Lingas. Auch der Ashram des Weisen Gautama und ein heiliger Teich befinden sich dort. Das Gangasagar-Becken liegt auf dem Berg und kann über sechshundertneunzig Stufen erreicht werden. Wichtige Tempel sind Ganga, Krishna, Rama, Parasurama, Kedareshvara und Gayatri geweiht. Vierzig Kilometer nördlich von Nasik befindet sich der Saptashringi Devi-Tempel, den man über siebenhundertfünfzig Stufen erreicht – nur sehr wenige Pilger schaffen es bis zu diesem Ort.

Pandharpur

In Pandharpur im Südosten von Poona am Ufer des Bhima-Flusses steht ein Tempel des Vithoba, einer Inkarnation des

Vishnus, aus dem dreizehnten Jahrhundert. Dies ist das heiligste und beliebteste Pilgerziel in diesem Bundesstaat. Große Dichter-Heilige wie Jnaneshvara, Namdeo und Tukaram, haben dort zur Zeit des Mittelalters gelebt. An den Flußufern gibt es mehrere Bade-*ghats* und während der Pilgerhauptsaison im Juli (dem Ekadashi-Markt) strömen Zehntausende von Menschen herbei.

Andhra Pradesh

Amaravati

Ungefähr vierzig Kilometer im Westen von Vijaivada, der mittelalterlichen Hauptstadt von Reddi, des Königs von Andhra, liegt die Stadt Amaravati, die als Zentrum des Mahayana-Buddhismus bekannt ist. Dort wird Buddha als Amreshvara verehrt. Der große *stupa* (Chaitya) ist angeblich höher als der von Sanchi und geht auf die Zeit des dritten und zweiten Jahrhunderts vor Christus zurück.

Pithapuram

Pithapuram liegt in der Nähe von Annavaram und ist einer der fünf Orte, an denen Rituale für die Ahnen abgehalten werden. Pilger aus Südindien besuchen diese Stadt oftmals aus diesem Grund. Die Tempel des Kukuteshvara Shiva und des Madhu Svami sind berühmt. An jedem dreizehnten Neumond findet dort ein Fest statt und zieht viele Pilger aus dieser Gegend an.

Simhachalam

Im Norden der Hafenstadt Vishakhapatnam steht auf einem etwa achthundert Meter hohen Berg eine Statue des Vishnus in seiner Ebergestalt, genannt Narsimha. Während des ganzen Jahres wird dieses Standbild mit Sandelholzpaste bedeckt. Das *mandapam* mit seinen sechzehn Pfeilern beherbergt einen Wagen aus Stein.

Srishailam

Srishailam liegt zweihundert Kilometer im Süden von Hyderabad und hundertsiebzig Kilometer im Osten von Kurnool auf dem Weg nach Doranala und ist einer der zwölf *jyoti*-Lingas. Der Haupttempel von Mallikarjuna auf dem Berg stammt aus dem vierzehnten Jahrhundert. Dieser Ort wird als Kailash des Südens bezeichnet, und der Fluß Krishna heißt auch Patala Ganga (Ganges der Unterwelt). Das Bild des Mallikarjuna ist eine alte Metallstatue des Shiva Jataraja. Srishailam ist der wichtigste Ort des Shiva-Glaubens und beherbergt eines der fünf Hauptklöster der Virashaivas. Außerdem ist es auch ein bekannter Shakti-*pitha* von Brahmar-Ambika.

Tirupathi

Tirupathi liegt 247 km nordöstlich von Bangalore und 162 km im Norden von Madras auf den Tirumalai-Bergen und ist in Südindien der berühmteste heilige Ort. Die sieben Hügel, die es umgeben, werden mit dem Schlangengott Shesha mit seinen sieben Hauben verglichen, der den Gott Vishnu beschützt. Der Tempel des Venkateshvara im Noden von Tirupathi inTirumalai heißt Balaji oder Srinivas Perumalai. Er stammt ursprünglich aus dem zehnten Jahrhundert, aber es wurde dann auch noch später an ihm gebaut. Von allen indischen Tempeln zieht dieser die größten Pilgermengen an. Es wird geschätzt, daß dieser Ort jeden Tag von ungefähr 50.000 Pilgern besucht wird.

Tiruttani

Tiruttani liegt im Norden des Arkonam-Bahnhofes und ist einer der sechs Karttikeya-*pithas*. Hier befindet sich der berühmte Tempel des Subrahmanyam (Karrtikeya/Murugan/Skanda), der viele Pilger anzieht.

Karnataka

Belur

Im Nordwesten von Hassan am Yagachi-Fluß befindet sich der Chennakesava-Tempel des Belur aus dem zwölften Jahrhundert. Er ist Krishna gewidmet und steht in einem Hof, der von einer rechteckigen Mauer umgeben ist. Die geflügelte Gestalt des Garuda, Vishnus Reittier, bewacht den Eingang. Im Westen davon befindet sich der Viranarayan-Tempel.

Gokarn

Gokarn liegt in der Nähe von Ankola auf der NH17-Autobahn und ist berühmt für einen Lingam in Form von »Shivas Seele«, den man auch Mahabaleshvara nennt. Siddha Ganesh, der Große Nandi, Saptakotishvara Shiva, Bhairava und ein Götterbild, das zur Hälfte Vishnu und zur anderen Hälfte Shiva darstellt, sind dort die berühmten Orte und Bilder. Man findet dort auch viele heilige Teiche. Ungefähr einen halben Kilometer näher der Küste stehen in einem Tempelkomplex Götterbilder von Rama, Lakshmana und Sita.

Sringeri

In der Region Kadur, 112 km von Hassan entfernt, erheben sich die Berge von Sringa, die der Geburtsort des Weisen Rishyasringa waren. Hier ließ Adi Sankaracharya im achten Jahrhundert nach Christus ein Kloster errichten. An diesem Ort gibt es ein Bild der Mutter Sharda und ein Sri Chakra, ferner aus Rubin gefertigte Figuren von Venugopal und Srinivas und einen Nandi, der aus nur einer einzigen Perle gefertigt ist.

Srirangapatnam

Dieser Ort liegt im Norden von Mysore und ist bekannt für seinen Tempel des Vishnu Sri Rangam aus dem zehnten

Jahrhundert. Hier fand der große vishnuitische Philosoph Ramanuja Unterschlupf. Die berühmte Festung wurde im Jahre 1454 unter den Viayanagar-Königen erbaut.

Udipi

Udipi liegt im Norden von Bangalore an der NH17-Autobahn und ist ein berühmtes Pilgerziel. Dort wurde nämlich im zwölften Jahrhundert der Heilige Madhava geboren, der auch den dortigen Krishna-Tempel errichtete. Das Krishna-Standbild besteht aus Saligram-Stein.

Vijayanagar (Hampi)

Hampi ist der Sitz von Pampavati (Pampa Sarovar) und Virupaksha Shiva und liegt am Tungabhadra-Fluß. Es gibt dort Standbilder von Bhuvaneshvari Devi, Parvati, Ganesh und viele Höhlen und Plastiken in den Bergen. Die Mythologie erzählt, daß diese Höhlen von Hanuman und seinen Affensoldaten in den Fels gehauen wurden. Acht Kilometer nordöstlich von Hampi erheben sich die Malyavan-Berge, in denen Rama und Lakshmana vier regnerische Monate verbrachten; deshalb stehen dort auch ihre Standbilder.

Kerala

Guruvayur

Im Westen von Trichur liegt an der Küste das Guruvayur Tirtha, das das ursprüngliche Bild des Krishna darstellt. Ganz in der Nähe errichtete Dharmaraja, der ältere Bruder der Pandavas im Mahabharata, den Shiva-Lingam Mammipurappan.

Kaladi

Im Norden von Kochi am Periyar-Fluß liegt Kaladi. Dort wurde Indiens größter Philosoph Sankaracharya im achten

Jahrhundert nach Christus geboren. Heute befinden sich dort zwei Heiligtümer zu seinem Gedenken – Dakshinmurti und die Göttin Sharada.

Sabarimalai

191 km nördlich von Tiruvannapuram und 63 km östlich von Kottayam liegt inmitten von waldbedeckten Bergen der Ort Sabarimalai (914 m). Dies ist der bekannteste hinduistische Pilgerort der Ayyappan-Sekte. Von Kottayam aus führt der Weg durch Erumeli, Chalakkayam und Pampa (fünf Kilometer am Tempel verbei). Dann muß man ungefähr zwei Stunden lang einen steilen Pfad zum Heiligtum ersteigen. Die Pilger, die dorthin ziehen, kann man in vielen Teilen von Südindien an ihren schwarzen *dhotis* erkennen. Dies ist ein Symbol der Buße, der sie sich einundvierzig Tage lang unterwerfen, bevor sie sich auf die Pilgerreise machen.

Trichur

Trichur liegt im Norden von Ernakulam und wurde rings um einen Hügel gebaut, auf dem der Vadakkunnatha-Tempel steht. Dies ist ein Tempelgelände mit vielen Heiligtümern, von denen die drei wichtigsten Vadakkunatha, Sankaracharya und Rama geweiht sind. Dort befinden sich auch Ayyappan- und Krishna-Tempel, die mit schönen Holzschnitzereien verziert sind.

Tamil Nadu

Chidambaram

Chidambaram liegt im Süden von Cuddalore, 241 km südlich von Madras und ist berühmt für den Tempel, der dem Shiva Nataraja geweiht ist. Es gibt dort auch Heiligtümer für Vishnu und Ganesh. Im Osten des Shivaganga-Beckens befindet sich die Halle der Tausend Säulen.

Kanchipuram

Kanchipuram liegt im Westen von Madras, wurde im zweiten Jahrhundert nach Christus gegründet und heißt auch »Goldene Stadt der Tausend Tempel«. Der größte davon ist der Ekambareshvara-Shiva-Tempel mit einer Fläche von neun Hektar. Er besitzt fünf umzäunte Bezirke und eine Halle mit tausend Säulen. Eineinhalb Kilometer im Westen der Stadt befindet sich der Kailashnatha-Shiva-Tempel, einen Kilometer südwestlich der Vaikuntha-Perumal-Tempel, der dem Vishnu geweiht ist und im achten Jahrhundert erbaut wurde. Kamakshi Amman (Parvati) ist ein weiterer Tempel, der bei den Pilgern beliebt ist.

Kanyakumari

Kanyakumari liegt im Südosten von Tiruvannapuram (Trivandrum) und ist der heilige Zufluchtsort der Göttin Kumari, der jungfräulichen Inkarnation der Parvati, deren Bild sich im Kanyakumari-Tempel befindet. Hier treffen sich der Golf von Bengalen, der Indische Ozean und das Arabische Meer. Auf einer Felseninsel, die sich etwa fünfhundert Meter von der Küste entfernt aus dem Meer erhebt, steht das Vivekananda-Denkmal, das im Jahre 1970 erbaut wurde und ebenfalls von vielen Pilgern besucht wird.

Kumbakonam

Diese Stadt liegt 244 km südlich von Madras und 32 km von Mayruam entfernt und ist für den Nageshvara Svami-Tempel und ein Kloster des Kumbakonam Sankaracharya berühmt. Bekannt sind auch die Tempel von Sarangapani, Kumbeshvara und Ramasvami. Unmengen von Pilgern besuchen alle zwölf Jahre das Mahamagham-Becken, und zwar immer dann, wenn Jupiter durch das Zeichen des Löwen läuft: Denn man glaubt, daß dann der Ganges in das Becken fließt.

Madurai

Am Ufer des Vaigai-Flusses in der berühmten Stadt Madurai stehen die Tempel der Göttin Minakshi und des Sundarshvara, einer Gestalt des Shiva. Die neun hochragenden Tempeltürme fallen durch ihre farbenfrohen Stuckbilder verschiedener Gottheiten und Tiere auf. Einen Kilometer vom Minakshi-Tempel entfernt steht der Tempel des Sundararaja Perummal, einer Gestalt des vierköpfigen Vishnu. Dort findet man auch Bilder des Sonnengottes Narsimha und der Göttin Lakshmi unter dem Namen Madhuballi. Ganz in der Nähe im Südosten befindet sich ein großes heiliges Wasserbecken, das Vandiyaur Mariammam Teppakulam heißt und in dessen Mitte ein kleines Heiligtum errichtet wurde.

Rameshvaram

Rameshvaram liegt ungefähr 160 km südlich von Madurai. Dort verehrten Rama, Lakshmana und Hanuman Shiva, bevor sie die Meerenge nach Sri Lanka überquerten. Der berühmte Tempel dieses Ortes ist Ramalineshvara, einem der zwölf *jyoti*-Lingas des Shiva geweiht. Die örtliche Gottheit Ramalingasvami (Rameshvara) ist zusammen mit seiner Gefährtin Parvatvardini dargestellt, und Visvanathasvami zusammen mit seiner Gefährtin Visalakshi Amman. In der Nähe befindet sich der goldbedeckte Garuda-Pfeiler.

Srirangam

Auf einer Insel im Westen von Trichy zwischen den beiden Läufen des Flusses Kaveri befindet sich der gefeierte Vishnu-Tempel des Gottes Ranganatha. Dieser Tempel ist von sieben konzentrischen, ummauerten Höfen umgeben. Von den acht heiligen Abbildern Vishnus ist dies das berühmteste. In der Nähe davon findet man Statuen von Nathamuni, Yamunacharya und Ramanujacharya.

Tiruvanaikkaval

Im Osten von Srirangam steht der Jambukeshvara-Shiva-Tempel mit seinen fünf Mauern und sieben Tempeltürmen. Der ungewöhnliche Lingam steht unter einem Holunderbaum und bleibt immer unter Wasser. Dieser Tempel gilt als das beste Beispiel des dravidischen Stils. Es gibt dort viele Bilder und Statuen von Gottheiten einschließlich von Parvati und Ganesh.

Tiruvannamalai (Arunachala)

Diese Stadt liegt im Nordwesten von Villpuram auf dem heiligen Feuerberg Arunachala und gilt als Heimat von Shiva und Parvati. Deshalb ist sie ein wichtiges Pilgerziel. Es gibt dort mehr als hundert Tempel, von denen der Arunachala-Tempel der größte ist. Hier befindet sich auch der Ashram von Ramana Maharshi, der viele Pilger sowohl aus Indien wie auch aus dem Ausland anzieht.

Tanjavur (Tanjor)

Diese Stadt liegt im Osten von Trichy (Tiruchirappali) und ist berühmt für ihren Brihadishvara-Shiva-Tempel, der im zehnten Jahrhundert durch einen Chola-König gegründet wurde. Die Stadt heißt auch Dakshina Meru. Neben dem Haupttempel stehen die Heiligtümer von Subrahmanyam oder Kartikeya, der Göttin Brihannayaki, Ganapati und des großen Nandi (vier Meter hoch). Der Tempelkomplex befindet sich innerhalb eines Festungsgeländes. Dies ist der hochragendste Tempel Indiens, er erreicht eine Höhe von 66 Metern.

Gruppen heiliger Stätten in Indien
(nach den Puranas)

Die vier heiligen Wohnstätten Vishnus, *Dhams*

Badrinath (Norden, Uttar Pradesh)
Puri (Osten, Orissa)
Dvaraka (Westen, Guajarat)
Rameshvaram (Süden, Tamil Nadu)

Fünf *Kashi* (regionale Symbole/Mikrokosmen von Benares), die sich manifestieren in

Gupt Kashi
Uttarkashi (Norden)
Dakshina Kashi
Ten Kashi
Shiva Kashi (Süden)

Sieben heilige Städte, die Erlösung gewähren *(Puris)*

Kanchipuram (Tamil Nadu)
Dvaraka (Gujarat)
Mathura (Uttar Pradesh)
Haridwar (Uttar Pradesh)
Ayodhya (Uttar Pradesh)
Varanasi (Uttar Pradesh)
Ujjain (Madhya Pradesh)

Zwölf *jyoti*-Lingas des Shiva

Kedarnath (Uttar Pradesh)
Vishveshvara (Varanasi, Uttar Pradesh)
Vaidyanath (Deoghar, Bihar)
Mahakala (Ujjaain, Madhya Pradesh)
Omkara (Mandhata, Madhya Pradesh)
Nageshvara (Dwaraka, Gujarat)
Somnath (Gujarat)
Triyambaka (Maharashtra)
Ghushmeshvara (Ellora, Mahrarashtra)
Bhimashankara (Maharashtra)
Mallikarjuna (Srishailam, Andhra Pradesh)
Rameshvaram (Tamil Nadu)

Vier buddhistische Orte, die mit Buddhas Leben assoziiert sind

Lumbini (Geburt, Nepal)
Bodh Gaya (Erleuchtung, Bihar)
Sarnath (Erste Predigt, Varanasi, Uttar Pradesh)
Kushinagar (Nirvana, Deoria, Uttar Pradesh)

Fünf heilige Teiche, *Sarovaras*

Vindu (Sidhapur, Gujarat)
Narayana (Kutch, Gujarat)
Pampa (Vijayanagar, Karnataka)
Pushkar (Rajasthan)
Mansarovarar (Tibet)

Die sieben heiligsten Flüsse

Ganga
Yamuna
Godavari
Sarasvati (heute von der Oberfläche verschwunden)
Cauvery
Narmada
Sindhu (Indus)

Neun heilige Waldregionen, *Aranyas*

Dandaka (Östliches Madhya Pradesh)
Saindhava (Zwischen den beiden Flüssen Indus und Satluj in Pakistan)
Pushkar (Mittleres Rajasthan)
Naimisha (Mittel-Östliches Uttar Pradesh)
Kuru (Nördliches Uttar Pradesh)
Utpalavarta (Südlich des Vaigai-Flusses in Tamil Nadu)
Jambu (Nordwestliches Rajasthan)
Himavada (Zwischen Indus und Satluj in Tibet)
Arbuda (Südöstliches Rajasthan)

Einundfünfzig Shakti-Pithas der Göttin:
die Orte, an denen ein Teil von Satis Körper
auf die Erde fiel.

Nr.	Ort	Herab-gefallener Teil	Göttin-gestalt	Shivas Gesta	Geographische Lage
1	Kirit	Krone (Tiara)	Vimala	Samvarta	24 Parganas, WB, Batnagar
2	Vrindavana	Haar (Kopf)	Uma	Bhutesha	Bhuteshvaratempel in der Nähe von Vrindavana, UP
3	Karvir (Kolhapur)	Drittes Auge	Mahisha-mardini	Krodhisha	Amba Bai, Kolhapur, MR
4	Sriparvat	Rechte Schläfe	Sri Sandari	Sundara-nanda	Am Induslauf in Ladakh, JK
5	Varanasi (Kashi)	Ohrringe/Augen	Vishalak-shi	Kala Bhairava	Varanasi, Vishalakshi Tempel, UP
6	Koti Tirth	Linke Schläfe	Vishveshi	Dandapani	Am Lauf des Godaveri, AP
7	Suchin-dram	Obere Zähne	Narayani	Samhara	13 km westlich von Kanyakumari, TN
8	Pancha-sagar	Untere Zähne	Varahi	Maharudra	Noch unbekannt
9	Jvala-mukhi	Zunge	Siddhida	Unmatta	34 km südöstlich von Kanyakumari, TN

Quellen: *Sivacaritra, Dakshayani Tantra, Yogini Tantra* und *Tantracunamani*, © Copyright an der Zusammenstellung by Rana P. B. Singh

Nr.	Ort	Herab-gefallener Teil	Göttin-gestalt	Shivas Gesta	Geographische Lage
10	Bhairava-parvat	Ober-lippe	Avanti	Lamba-karna	12 km westlich von Ujjain, MP
11	Attahas	Unter-lippe	Phullara	Vishvesha	93 km von Bard-wan bei Labpur, WB
12	Janasthan	Kinn	Bhramari	Vikriaksha	Bhadrakalitempel bei Nasik, MR
13	Amarnath	Kehle	Maha-maya	Trisan-dheshvara	Eisförmiges Abbild in Höhle, JK
14	Nandipur	Halskette	Nandini	Nandi-keshvara	33 km von Bolpur unter einem Feigenbaum, WB
15	Srishailam	Hals	Maha-lakshmi	Sambara-nanda	Mallikarjuna-Tempel, AP
16	Nalhatti (Naihatti)	Einge-weide	Kalika	Yogisha	75 km von Bolpur, 3 km von Naihatti, WB
17	Uchhaith (Mithila)	Linke Schulter	Uma	Mahodara	51 km östlich von Janakpur, Nepal
18	Ratnavali	Rechte Schulter	Kumari	Shiva	Madras, City Tamil Nadu
19	Prabhas	Magen	Chan-drabhaga	Vakra-tunda	Ambaji-Tempel, Nord-Gujarat
20	Jalandhar	Linke Brust	Tripura-malini	Bhishana	Jalandhar City, Punjab
21	Ramagiri	Rechte Brust	Shivani	Chanda	Banda Dt, UP

Nr.	Ort	Herab-gefallener Teil	Göttin-gestalt	Shivas Gesta	Geographische Lage
22	Deoghar	Herz	Jai Durga	Vaidya-nath	Berühmt in Bihar
23	Vaktrsh-var	Verstand	Mahisha-mardini	Vaktra-natha	Zwischen Naihatti und Mandipur, WB
24	Kanyaku-mari	Rücken	Sharvani	Nimisha	Südlichster Punkt Indiens, Tamil Nadu
25	Bahula	Linke Hand	Bahula	Ghiruka	144 km westlich von Kalkutta, in Brahmagram, WB
26	Ujjain	Ellbogen	Mangalya-chandika	Kapilam-bara	Harsiddhi-Tempel, Ujjain, MP
27	Mani-vedika	Beide Hand-gelenke	Gayatri	Sarva-nanda	In der Nähe von Pushkar, Rajasthan
28	Prayaga	Finger	Lalita	Bhava	Alopi, Dvi, Allahabad, UP
29	Puri	Nabel	Vimala	Jagata	Jagannath-Tempel, Orissa
30	Kanchi-puram	Skelett	Deva-garbha	Ruru	Südlich von Ma-dras, Tamil Nadu
31	Kal-madhav	Linke Brust-warze	Kali	Bhadra-sena	Sararam-Distrikt, Bihar
32	Sona	Rechte Brust-warze	Sonakshi	Bhadra-sena	Sararam-Distrikt, Bihar

Nr.	Ort	Herab-gefallener Teil	Göttin-gestalt	Shivas Gesta	Geographische Lage
33	Kamakhya	Genital-organe	Kamkhya	Umananda	Westlich von Guwahati, Assam
34	Jayantia (Baugram)	Linker Schenkel	Jayanti	Krama-dishvara	53 km östlich von Shillong, Meghalaya
35	Patna	Rechter Schenkel	Sarvanan-dakari	Vyoma-kesha	Patneshvari Devi, Patna, Bihar
36	Trisrota (Shalbadi)	Linker Fuß	Bhramari	Ishvara	Ialpaiguri-Distrikt, WB
37	Tripura Fuß	Rechter sundari	Tripura-	Tripuresha	57 km westlich von Agartala, in Udaipur
38	Vibhasha	Linkes Fuß-gelenk	Bhima-rupa	Sarvanan-da	Tamluk, West-Bengalen
39	Kuruk-shetra	Rechtes Fuß-gelenk	Savitri	Sthanu	Kurukshetra-Becken, Haryana
40	Ygadya	Große Zehe	Bhu-tadhatri	Kshira-kantaka	32 km von Burd-wan, in Chirgram, West-Bengalen
41	Virat (Vairat)	Rechte Zehen	Ambika	Amrita	64 km nördlich von Jaipur, Rajasthan
42	Kalipitha	Andere Zehen	Kalika	Nakulisha	Kali-Tempel, Kalkutta, West-bengalen

Nr.	Ort	Herab-gefallener Teil	Göttin-gestalt	Shivas Gesta	Geographische Lage
43	Manasa	Rechte Handfläche	Daksha-yani	Amara	Mansarovarar-See, Tibet
44	Nellore	Fuß-kettchen	Indrakshi	Raksha-sheshvara	Nellore, Sri Lanka
45	Gandaki	Rechte Wange	Gandaki	Chakra-pani	Quellregion des Gandakiflusses, Muktinath, Nepal
46	Pahupa-tinath	Beide Knie	Maha-maya	Kapala	Guhyeshvari-Tempel, am Ufer des Bagamati
47	Hingula	Gehirn	Bhairavi	Bhima-lochana	250 km westlich von Karachi am Lauf des Hingol, 30 km von der Küste entfernt, Pakistan
48	Sugan-dha	Nase	Sunanda	Trayam-baka	21 km von Barisala, Bangladesh
49	Kartoya	Linke Fußsohle	Aparna	Vamana	32 km von Bogada in Bhavanipur, Bangladesh
50	Chat-thal	Rechter Arm	Bhavanai	Chan-drashekhar	38 km von Chitta-gong in Sitakund, Bangladesh
51	Yashor	Linke Handfläche	Yashoshes-vari	Chanda	Jessore-City, im südwestlichen Bangladesh

Gurus, Ashrams und Meditationszentren

Preise

Die meisten Ashrams nehmen Spenden für Unterbringung und Verpflegung entgegen, die normalerweise um die hundert Rupien pro Tag betragen. Die Krishnamurti-Zentren haben feste Preise, die sich nur wenig von einer normalen Spende unterscheiden. Die Aurobindo Ashram Guest Houses haben nur für die Unterbringung feste Tarife, ebenso ist es auch bei den Auroville-Gemeinschaften. In der Internationalen Osho-Kommune gibt es keine Unterkunft. Dort wird aber eine Tagesgebühr für den Eintritt und eine Gebühr für den Aids-Test erhoben, die Preise für die verschiedenen Kurse orientieren sich am westlichen Preisniveau.

Ananda Ashram

P.O. Anandasram, Kanhangad Dr, Kasaragod, Nord Kerala, 670531. Dies ist der Ashram des verstorbenen Papa Ram Dass, der sich nie vom heiligen Namen des Rama trennen wollte. Noch heute wird dort ständig der Name Ram gechantet. Unterbringung ist möglich. Gäste können ihrem eigenen Rhythmus und ihrer spirituellen Disziplin folgen.

Aurobindo Ashram

Pondicherry, Tamil Nadu. Die verschiedenen kulturellen und erzieherischen Aktivitäten des Ashrams sind in der ganzen Stadt verstreut. Der wichtigste Ort ist das *mahasamadhi*-Heiligtum des Aurobindo und seiner Nachfolgerin, Der Mutter. Eine Reihe von Gästehäusern nehmen die Besucher auf. Die besten davon sind: Park Guest House (Tel. 02 44 12) und das Internationale Gästehaus (Tel. 02 66 99).

Auroville

Dies ist das »Experiment in einer internationalen Lebensweise«, das von *Der Mutter* gegründet und inspiriert wurde. Es liegt wenige Kilometer nördlich von Pondicherry. Einige tausend Menschen leben dort gegenwärtig in verschiedenen kleinen Gemeinschaften, von denen sich viele durch Unternehmungen mit alternativer Technologie finanzieren. Das spirituelle und geographische Zentrum von Auroville ist das Matri Mandir, eine noch nicht fertiggestellte Meditationshalle in der Form einer riesigen zwölfseitigen Kugel. Die wichtigste Unterkunft ist das Centrefield Guest House, Tel. 21 55. Die meisten Gemeinschaften haben auch Gästezimmer. Weitere Details können Sie beim Matri Mandir Informationszentrum erfragen.

Avatar Meher Baba Trust

King's Road, Pst Bag 31, Ahmednagar, Maharashtra 414001. Meher Baba war jener Guru, der den größten Teil seines Lebens nur schwieg und im Westen in den späten sechziger Jahren durch berühmte Schüler wie Pete Townsend von The Who bekannt gemacht wurde. Ausländer sind in diesem Zentrum nur zwischen dem fünfzehnten Juni und dem fünfzehnten März willkommen. Das Meher Baba Pilgerzentrum kann 58 Menschen aufnehmen, Männer und Frauen schlafen getrennt. Es gibt drei Mahlzeiten pro Tag. Die Pilger können im voraus einen Aufenthalt bis zu einer Woche reservieren, aber nicht früher als sechs Wochen vor der Ankunft. Wichtig ist einfache Kleidung. Meher Babas Grab in Meherbad ist täglich von 6.30 Uhr in der Frühe bis 8.00 Uhr abends für den *darshan* geöffnet.

Wichtig ist das Schweigen. Die Heimat des Meisters befindet sich im nahegelegenen Meherazad. Die nächste größere Stadt ist Ahmednagar im Norden von Bombay.

Chadra Swami

Sadhana Kendra, Domet Village, P.O. Ashok Ashram, Dr.
Dehra Dun 248125 U.P. Besucher müssen bereit sein, täglich
vier Stunden zu meditieren.

Ma Amritanandamayi

M.A. Math, Kuzhithura P.O. (über Athinand), Quilon Dt.
Kerala 690542. Die Gäste sind aufgefordert, am Tagesablauf
des Ashrams teilzunehmen, der um fünf Uhr morgens mit
Chanten beginnt und drei Stunden Gruppenmeditation und
eine Stunde Arbeit beinhaltet. Wenn Ma Amritanandamayi
zugegen ist, hält sie jeden Tag einen *darshan* ab. Von Quilon
aus können Sie mit dem Bus oder dem Taxi nach Vallickavu
Jetty fahren und dann die Fähre besteigen, die Sie zum
Ashram bringt.

Ma Ananda Mayi Ma

In vielen Städten in ganz Indien gibt es Ashrams zum Gedenken an diese große Heilige. Ihr *mahasamadhi*-Heiligtum
befindet sich im Ashram von Khankal in der Nähe von Haridwar in Uttar Pradesh. Eine Unterkunft wird nicht angeboten, aber im Dorf gibt es ein *dharmsala*.

Nanagaru

c/o Andhra Ashram, Ramanashram P.O., Tiruvannamalai,
Tamil Nadu. Nanagaru ist immer auf Reisen, aber in der
sommerlichen Regenzeit kann man ihn mit großer Wahrscheinlichkeit unter dieser Adresse treffen oder postalisch
erreichen. Es gibt dort keine Unterkunft.

Osho Commune International

17 Koregaon Park, Poona, 411011 Maharashtra. Tel. 00 91/
2 12 62 85 62, Fax 0 09/12 12 62 41 81
Die Osho-Kommune bietet eine große Auswahl an Kursen in Psychotherapie, Körperarbeit und Meditation an. Es

gibt dort keine Unterkunft. Die Besucher müssen bis zu zweihundert Rupien für einen Aids-Test bezahlen, bevor sie eingelassen werden. Auf dem Grundstück müssen durchgängig braune Kleider getragen werden. Die Kommune besitzt hervorragende Restaurants und verschiedene Sport- und Heileinrichtungen.

H.W.L. Poonja (Poonjaji)

20/144A Indira Nagar, Lucknow, Uttar Pradesh 226016. Jeder in Lucknow kann Ihnen sagen, wo sich der Bezirk Indira Nagar befindet, und jeder weiß dort, wo Poonjaji wohnt. An den meisten Werktagen hält er morgens in seinem eigenen Haus *satsangs* ab. Die Besucher können einfach kommen und nach Zimmern fragen, die oftmals von Langzeitschülern vermietet werden. Es gibt dort keinen Ashram.

Ramakrishna-Mission

The Institute of Culture, Gol Park, Calcutta 700029. Tel. 0 33 74 13 03/4/5. Ein Zentrum für Kultur und Bildung mit einer gut ausgestatteten Bibliothek, täglichen Vorlesungen und anderen Veranstaltungen. Unterkunft ist möglich.

Satya Sai Baba

Der bekannteste von allen indischen Gurus hat seinen wichtigsten Ashram in Shanti Nilayam in Puttaparthi, fünf Busstunden von Bangalore entfernt. Man braucht nicht im voraus zu buchen, die Gäste werden in Schlafsälen und »Wohnungen« untergebracht, die bis zu drei oder vier Personen beherbergen. Man bekommt, was eben gerade da ist. Das wichtigste Ereignis des Tages ist der *darshan* mit Sai Baba am frühen Morgen. Es gibt zwei Kantinen – eine mit westlicher, eine mit indischer Nahrung. Im Ashram befinden sich mindestens einige tausend Schüler gleichzeitig. In der heißen Jahreszeit von April bis Mai begibt sich Sai Baba gewöhnlich in seinen kleineren Ashram in Kodaikanal in den Nilgiri-Bergen im südlichen Teil von Tamil Nadu. Er besucht auch öfters Whitefields, seinen Ashram in Bangalore. Um zu wissen, wo er sich befindet und Information über die anderen Ashrams zu erfragen, wenden Sie sich an den Ashram von Puttaparthi unter der Nummer 0 85 55/73 75-72 36 oder per Fax an 0 85 55/73 90.

Shirdi Sai Baba

Das Heiligtum von Shirdi Sai Baba im Dorf Shirdi in Maharashtra ist einer von Indiens beliebtesten Pilgerorten. Shirda liegt sechs Busstunden von Poona entfernt. Dort lebt auch Sarath Babuji, ein Anhänger von Shirdi Sai Baba, der wahrscheinlich selbst in den nächsten zehn Jahren als Guru sehr bekannt werden wird. Die Adresse: Saipatham Ashram, Pimpalwadi Road, Shirdi, Dr. Ahmednagar, Maharashtra. Im Ashram gibt es keine Unterkunft, aber im Dorf findet man zahlreich *dharmsalas*.

Shivananda Ashram

Shivananda P.O., Rishikesh, U.P. In diesem Ashram finden regelmäßige Kurse in Yoga und im Studium der klassischen Texte wie etwa der Upanishaden und der Bhagavad Gita statt. Er bietet viele Gasträume in Wohnblöcken, die aber oftmals von Langzeitstudierenden besetzt sind. Im Ashram wohnen die Swamis Krishnananda, Brahmananda und Chidananda, die alle enge Schüler von Shivananda waren. Wenn Sie dort wohnen wollen, ist es wichtig, Ihre Interessen und Gründe schriftlich zu erklären. Zufällige Besucher, die in Rishikesh ankommen, sollten lieber in Ved Niketan (siehe unten) wohnen.

Sri Ramanasramam

Tiruvannamalai 606 603, Tamil Nadu, Tel. 2 32 92/2 24 91. Der Ashram von Ramana Maharshi, der auf den Hängen des Arunachala liegt. Es ist wichtig, im voraus zu schreiben, wenn man dort untergebracht werden möchte, aber selbst dann ist die Unterkunft nicht gesichert.

Ved Niketan

Dort übernachten die meisten Reisenden: Am Gangesufer gegenüber dem Shivananda Ashram. Der unternehmungslustige Swami, der dort lebte, sammelte Spendengelder und begann damit schon vor mehr als zwanzig Jahren zu bauen. Jetzt besitzt er ein Grundstück mit mehr als hundert Räumen, die rings um einen großen offenen Hof liegen und fast ausschließlich an Ausländer zu einem Preis von ungefähr fünfzig Rupien pro Tag vermietet werden. Es gibt kein Essen, und dieser Ort ist ungepflegt, da der Swami keine Leute anstellt, die wenigstens die Zimmer reinigen könnten. Trotzdem ist es ein angenehmer Ort unmittelbar am Fluß mit guter Atmosphäre. In den Wintermonaten läßt er Yogakurse geben, und das ist so ungefähr das Einzige, was Ved Niketan von irgendeinem billigen Hotel unterscheidet.

Krishnamurti-Zentren

Sie alle sind in schöner Umgebung angesiedelt und bieten Menschen, die ernsthaft in sich gehen wollen, einen Hafen der Ruhe. Es gibt zwar Information und Material über Krishnamurtis Lehren, aber man braucht keinem formalen Muster zu folgen, es wird erwartet, daß die Gäste diese Zeit der Einkehr selbst gestalten. Buchung im voraus ist wichtig.

Bangalore

Bangalore Education Centre, »Haridvanam«, Bangalore 560062. Tel. 0 80/84 35.

Banaras

Krishnamurti Study Centre: Rajghat Fort, Banaras. Tel. 33 02 18.

Uttarkashi

C/o Vijendra Ramola, Bagirathi Valley School, Dunda P.O.
Dr Uttarkashi, Uttar Pradesh. Tel. 0 13 74/8 12 06/8 12 17.

Buddhismus

Bodhi Zendo
Amo Samy

Amo Samy, Bodhi Zendo, Perumal Malai, Kodaikanal Hills,
Tamil Nadu 624108.

Amo Samy lehrt während des Sommers in Deutschland
und Holland. Das Bodhi Zendo-Zentrum für Zen-Buddhismus bietet von Oktober bis April Meditationsurlaube an.

Christopher Titmus and Friends

Dort gibt es jeden Winter in Bodhgaya eine Meditationsperiode. Information: c/o Thomas Jost, Bodh-Gaya P.O.,
Bodh-Gaya, Bihar. Frühzeitige Buchung ist zu empfehlen.

Tushita Meditations-Zentrum

McLead Ganj, 176219 Dharamsala, H.P. Tel. 0 18 92/
2 49 66. Fax 0 18 92/2 33 74. Tushita hält regelmäßige Einführungskurse in den tibetischen Buddhismus ab. Unterkunft ist nur für Personen möglich, die an einem Kurs teilnehmen.

Goenka-Zentren
Vipassana-Zentrum

Dhamma Thali, P.O. Box 208, Jaipur 302001, Rajasthan.
Tel. 01 41/4 95 20.

Vipassana International Academy

Dhamma Giri, Igatpuri, 422 403, Maharashtra. Tel. 0 25 33/
40 76. Fax 0 25 33/41 76.

Vipassana Internantional Meditation Centre

Dharma Khetta, Nagarjun Sagar Rd. Kusum Nagar, Hyderabad 500661. Tel. 0 40/53 02 90.

Christliche Ashrams und wohltätige Vereinigungen

Aanmodhaya Ashram

De Maznod Nagar, Enathur Village, Vedal P.O., Tamil Nadu 631552. Unterkunft ist möglich.

Christa Prema Seva Ashram

Shivajinagar, Poona 411 005. Der Ashram ist ein Hof rings um einen üppigen Garten. Er wird von der anglikanischen Schwester Brigitta und der katholischen Schwester Sarah Grant geführt. Unterkunft ist während des ganzen Jahres möglich.

Jeevan Dhara Ashram

Jaiharikhal, Garwhal Hills 246139, Uttar Pradesh. Für Personen, die ernsthaft nach meditativer Einkehr suchen, ist in den Sommermonaten die Unterkunft möglich. Wenn Sie einfach nur so auftauchen, werden Sie enttäuscht werden.

Mutter Teresa und die Caritas-Schwestern

53 Lower Circular Road, Calcutta. Zwar unterhalten die Schwestern in allen indischen Städten ihre Häuser, aber der Hauptsitz, wo auch Mutter Teresa wohnte, und die meisten freiwilligen Helfer eintreffen, liegt in Kalkutta. Wenn Sie in einem der zahlreichen Zentren in Kalkutta mithelfen wollen, so gehen Sie etwa um sechs Uhr morgens zum Mutterhaus in der Lower Circular Road, und man wird Ihnen eine Aufgabe zuteilen.

Saccidananda Ashram

Shantivanam, Tannirpalli P.O., 639107 Kulittalai, Tiruchi Dt. Tamil Nadu. Tel. 0 43 23/30 60. Unterkunft ist möglich, aber in den Wintermonaten müssen Sie im voraus reservieren.

Sadhana-Institut

Lonavala, Maharashtra. Es wurde von dem verstorbenen Anthony de Mello gegründet. Dieses jesuitische Zentrum führt Kurse durch, in denen spirituelle Übungen mit psychotherapeutischen Modellen und Methoden verbunden werden. Unterkunft ist möglich, falls sie im voraus abgesprochen wird. Lonvala liegt auf halbem Wege zwischen Poona und Bombay.

Share and Care Children's Welfare Society

28 Arumugan Street, Perambur, Madras 11. Dies ist die Organisation, unter deren Ägide die Arbeit von Arokiasamy und seiner Ehefrau, die im Kapitel über das christliche Indien beschrieben wurde, vonstatten geht. Zweifelsohne ist dies eine würdige Einrichtung, denn die Spender können sicher sein, daß ihr Geld voll und ganz für die Zwecke verwendet wird, um derentwillen sie es geschickt haben – ein seltener Fall in Indien.

Hinduistische Feste und Kalender

Caitra (März/April)

Nava Pratipada (Neujahr)
Holi (Krishnas Farbenfest)
Navaratri (Nächte der Göttin: Durga und Gauri)
Ramanavami (Ramas Geburtstag – der letzte Tag von Navaratri)

Vaisakha (April/Mai)

Narasimha Jayanti (Geburt von Vishnus Löweninkarnation)

Jyestha (Mai/Juni)

Ganga Dasahara (Geburtstag der Ganga)

Asadha (Juni/Juli)

Rathayatra (Vishnu in Gestalt des Gottes Jagannath)
Guru Purnima (Vollmondtag des Lehrers)

Sravana (Juli/August)

Nava Gauri (neun »helle« Göttinnen)

Bhadrapada (August/September)

Ganesh Cathurti (Ganeshs Geburtstag)
Krishna Janmastami (Krishnas Geburtstag)
Mahalakshmi Yatra (Pilgerreise zu Lakshmi)

Asvina (September/Oktober)

Pitrpaksa (zu Ehren der Ahnen)
Navaratri (Huldigung an die neun Gestalten der Durga)
Dasahara (letzter Tag von Navaratri – Ramas Sieg über den Dämon Ravana wird gefeiert)

Kartikai (Oktober/November)
Hanuman Jayanti (Hanumans Geburtstag)
Dipavali (»Lichterkette« zu Ehren von Lakshmi)
Annakuta (Krishna als Kuhhirte)

Margasirsa (November/Dezember)
Bhairavastami (Pilgerreise zu Bhairava)

Pausa (Dezember/Januar)

Magha (Januar/Februar)

Phalguna (Februar/März)
Mahashivaratri (große Nacht Shivas)
Holika (Feuerritual)

Glossar

Abishekam: Rituelles Bad, Waschung eines Götterbildes mit Substanzen, die durch die Agama-Texte vorgeschrieben sind.

Acharya: Lehrer, Meister.

Advaita: »Nicht Zwei«. Nicht-Dualismus.

Agamas: Heilige Texte der Shiva-Anhänger, die den Ablauf des Tempelrituals vorschreiben.

Ahamkar: Das Egoprinzip.

Ahimsa: Gewaltlosigkeit.

Akash: Raum oder Äther; das fünfte der traditionellen fünf Elemente.

Amrta: »Nicht-Tod«. Der Nektar der Unsterblichkeit.

Ananda: Göttliche Freude, Seligkeit.

Arati/arti: Licht als Opfergabe für eine Gottheit.

Ashtanga Yoga: »Achtgliedrige Vereinigung«. Das klassische Raja-Yoga-System, das aus acht fortschreitenden Stadien oder Schritten besteht. Es wurde von Patanjali in seinen Yoga Sutras beschrieben. Die acht Glieder sind wie folgt: Einschränkungen (yama), Rituelle Praxis (niyama), Haltungen (asana), Kontrolle des Atems (pranayama), Zurückzug der Sinne (pratyahara), Konzentration (dharana), Meditation (dhyana), Absorption (samadhi).

Astral: »Zu den Sternen gehörig«, Teil der subtilen, nicht-physischen Welt.

Asura: Dämon.

Atman: Das ewige Selbst, das mit Brahman, dem Absoluten identisch ist.

Aum: Der Urklang, aus dem alle Schöpfung hervorströmt.

Avatar: Ein Abkömmling oder eine Inkarnation eines Gottes.

Barakat: Segen. Die spirituelle Kraft eines Sufi-Heiligen.

Bayed: Loyalitätseid eines Sufi-Schülers gegenüber seinem Scheich.

Bhajan: Das Singen von religiösen Liedern durch Einzelpersonen oder Gruppen.

Bhakta: Gläubiger, Anhänger.

Bhakti: Der Weg der Hingabe.

Bilva: Eine Baumspecies, die dem Shiva heilig ist.

Brahmacarya: »Göttliches Benehmen«. Eine der ethischen Askesepraktiken (**yamas**): Es bedeutet sexuelle Reinheit. Es ist auch das erste **asrama**, das erste Stadium eines traditionellen Hindulebens.

Brahmin: Mitglied der höchsten Kaste, der Priesterkaste.

Buddhi: Intellekt, intuitive Intelligenz.

Chakra: »Rad«. Jedes einzelnen der vielen Zentren der Energie und des Bewußtseins im menschlichen Körper. Die sieben Hauptchakras sind übereinander an der Wirbelsäule angeordnet.

Chillum: Die Pfeife, mit der Sadhus eine Art von Marihuana rauchen.

Cit: Bewußtsein.

Dana: Geschenk, milde Gabe.

Danda: Stab des Asketen, Emblem spiritueller Macht.

Dargah: »Hof«. Grab eines moslemischen Heiligen.

Darshan: »Glückbringender Anblick«. Vision des Göttlichen.

Dharma: Göttliches Gesetz; Gesetz des Seins. Grob definiert als Weg der Rechtschaffenheit oder dessen, »was man im eigenen wirklichen Wesen enthält«. Die Erfüllung eines inhärenten Wesens oder Schicksals. Dem Dharma zu folgen heißt, in Übereinstimmung mit dem Göttlichen Gesetz zu handeln.

Dhikr: Rezitation des Namens Gottes.

Dhyana: Kontemplation, Meditation.

Diksha: Initiation.

Ganesh: »Herr der Ganas«. Der erste Sohn Shivas, der elefantengesichtige Patron der Kunst und Wissenschaft, der Hindernisse entfernt, der Herr der Anfänge. Ein großer Gott, der von Shiva geschaffen wurde, um Seelen bei ihrer Evolution zu helfen.

Garbagriha: Das innerste Gemach, das Allerheiligste eines Hindutempels, in dem die Hauptgottheit ihren Sitz hat.

Ghat: Zugang zum Fluß: Badeort.

Ghee: Gereinigte Butter.

Gopi: Gattin des Kuhhirten im Krishnamythos.

Gopuram: Eingang eines südindischen Tempels.

Guru: »Entferner der Dunkelheit«. Spiritueller Führer – kann allerdings für Lehrer aller beliebigen Disziplinen verwendet werden.

Hrdaya: Das innere Herz oder Herz der Herzen.

Jagat: Die Welt.

Japa: Wiederholung des Namens Gottes oder Mantra.

Jnana: Weisheit.

Jnani: Eine weise Person, die vollkommenes Wissen erlangt hat.

Jyoti: »Licht«. Bezieht sich auf eine Art von **lingam**, von denen es zwölf in ganz Indien gibt, die sich aus Licht materialisiert haben.

Kali Yuga: Das vierte Zeitalter des vierfachen Zyklus des Universums. Das »dunkle Zeitalter«, in dem wir jetzt leben.

Kama: Gott des Verlangens und der Liebe.

Kapala: Schädel (von Bhairava, der an Shivas Hand hängenblieb).

Kirtan: Religiöse Darlegung, die von **bhajans** begleitet wird.

400

Krpa: Gnade.

Ksatriya: »Krieger«. Die militärische Kaste.

Kum-kum: Wörtlich »rot-rot«. Das Pulver, das von Hindus für den Punkt zwischen den Augenbrauen verwendet wird. Symbolisiert die Weisheit der Göttin.

Kundalini: Die Lebensenergie, die an der Basis der Wirbelsäule gespeichert ist. Durch spirituelle Übungen, vor allem des Raja Yoga oder Kundalini Yoga, steigt sie durch die verschiedenen Chakren bis zur Krone des Kopfes auf.

Lila: »Spiel« der Götter; spontane, unvorbereitete Tätigkeit.

Mahant: Oberhaupt eines Klosters oder einer religiösen Stiftung.

Mahasamadhi: Der »große Tod« eines Heiligen.

Manas: Bewußtsein.

Mandala: Schematische Karte des sakralen Universums.

Mandapam: Eine Halle in einem Tempel.

Mantra: Heiliger Klang, der mit dem Rosenkranz oder im Inneren gechantet wird. Meist wird er von einem Guru bei der Initiation verliehen.

Mati: Lehm, Mutter, Fleisch.

Maya: In der Shankara-Schule des Vedanta ist mit **maya** die manifeste Welt selbst: Da alles entsteht und schließlich wieder verschwindet, ist nichts beständig und deshalb auch nicht substantiell wirklich. Im Shivaismus von Kashmir ist **maya** das Licht, die göttliche Strahlungskraft der Gottheit. Sie ist ebenso wirklich wie das Sonnenlicht, das zwar von der Sonne stammt, dennoch aber nicht die Sonne selbst ist. Aus diesem Licht entstehen alle Formen und Gestalten.

Moksha/Mukti: Zwei Begriffe, die die Befreiung von ewigen Kreislauf der Geburten und Tode bezeichnen.

Mudra: »Siegel«. Symbolische Geste der Hände oder Finger.

Murti: »Bild«. Plastisches oder gemaltes Abbild Gottes oder eines Gottes, das beim Gottesdienst verwendet wird.

Murugan: »Schöner«. Bruder von Ganesh, der Aspiranten in die Geheimnisse des Yoga einweiht.

Naga: Schlangengottheit. Auch der Name einer Sadhu-Sekte.

Namarupa: »Name und Form«. Der Körper-Geist-Komplex.

Namashivaya: »Anbetung Shivas«. Das höchste Mantra des Shivaismus.

Namaskáram: Traditioneller Hindugruß. Dabei werden die Hände erhoben und vor der Brust gefaltet, um das Göttliche in anderen oder in einer Tempelgottheit zu ehren.

401

Nataraja: Shiva als Gott des Tanzes.

Navagraha: Tempelheiligtum für die Planeten.

Nyanmars: Dreiundsechzig kanonisierte Heilige aus Südindien. Mit nur wenigen Ausnahmen waren alle Familienväter und wurden als hervorragende Anhänger Shivas anerkannt. Viele von ihnen waren Dichter, deren Werke noch immer in südindischen Tempeln gesungen werden.

Neem: Eine Baumspezies, die Shiva geweiht ist.

Nirguna: Ohne Qualitäten oder Eigenschaften.

Omkara: Das Zeichen, die Darstellung des Klanges Om.

Pandit: Jemand, der sich in den Schriften auskennt.

Panth: »Straße« oder »Weg«. Eine religiöse Gruppe.

Pati: Herr.

Pipal: Ficus religiosa. In Indien der heiligste von allen Bäumen. Wohnstätte der Hindutrinität.

Pir: Titel eines moslemischen Heiligen.

Pitha: Sitz der Göttin, Stelle, an der eines der Stücke aus Satis Körper zur Erde fiel.

Pradakshina: »Richtige Orientierung«. Zeremonieller Umgang um einen Tempelbezirk oder anderen heiligen Ort, der im Uhrzeigersinn vollzogen wird. In Nordindien nennt man diesen Akt **Parikrama**.

Prakasha: Licht.

Prakrti: Im philosophischen System des Samkhya ist dies das weibliche Prinzip der aktiven Energie. Natur.

Prana: Lebensenergie oder Lebensprinzip. Wörtlich »Lebensluft«.

Pranayama: Atemübung.

Prasad: Speisen oder andere Opfergaben, die einer Gottheit während einer **puja**, oder einem Guru dargebracht werden. Diese Opfergaben werden von der Gottheit oder dem Guru gesegnet und dann unter die Gläubigen verteilt.

Prema: Reine Liebe.

Puja: Rituelle Verehrung einer Gottheit, um eine spirituelle Verbindung mit ihr zu erzeugen.

Puranas: Mythische Erzählungen von Göttern und Königen, die größtenteils im ersten Jahrtausend unserer Zeitrechnung geschaffen wurden.

Purnima: Vollmondtag.

Purusha: Geist. Die erste Gestalt Vishnus. Auch das männliche Prinzip ewigen Seins in der Samkhya-Philosophie.

Qawwali: Rezitation von Sufimusik zur Erzeugung von Ekstase.

Rasa: Geschmack, ästhetische Sensibilität. Ursprünglich ein Begriff, der bei der Beurteilung einer Theateraufführung verwendet wurde. Später bedeutete **rasa** den »Geschmack« des Gottes Krishna.

Rishi: Seher, weiser Mann.

Rudraksha: »Auge des Shiva«. Rotbraune Samen. Ketten aus diesen Samen sind dem Shiva geweiht und werden als Rosenkranz um den Hals oder das Handgelenk getragen und für **japa**, das heißt Mantrameditation verwendet.

Shabda: Klang, Wort, Autorität in den heiligen Schriften.

Sadguru: »Guter« oder »wahrer Lehrer«. Der höchste Lehrer.

Sadhaka: »Der Vollkommene«. Ernsthafter Aspirant, der spirituelle Disziplinen praktiziert.

Sadhana: »Effektiv«, »zielführend«. Die Praxis spiritueller Disziplinen.

Sadhu: Ein Asket, der meistens ein wandernder Bettler ist.

Saguna: Mit Qualitäten oder Eigenschaften versehen.

Shakta: Ein Anhänger der Göttinverehrung.

Shakti: Das Prinzip weiblicher Energie. Göttliche Energie.

Sama: Religiöse Zusammenkünfte mit Musik, die von den Sufis abgehalten werden.

Samadhi: Ein Zustand der unterschiedslosen Einheit mit dem Göttlichen, Seligkeit.

Sampradaya: »Tradition«. Bezieht sich sowohl auf die orale Überlieferung einer Lehre, die von einem Guru weitergegeben wird, wie auch auf eine historische Abstammungslinie, eine lebendige Theologie innerhalb des Hinduismus.

Samsara: Der ewige Kreislauf von Geburten und Toden. Unwissenheit.

Samskara: »Eindruck«. Der Abdruck oder die Spuren, die nach einer Erfahrung in diesem oder früheren Leben im Bewußtsein verbleiben.

Sanatana Dharma: Der ewige Weg, die ewige Weisheit.

Sangam: Der Zusammenfluß von zwei Strömen, der als heiliger Ort verehrt wird.

Sannyasin: Jemand, der das asketische Leben führt.

Shanti: Frieden.

Sat: Das Wahre, Wirkliche.

Satguru: Jemand, der die höchste Wahrheit verwirklicht hat und andere auf dem spirituellen Weg führen kann.

Sati: Die uralte Mutter Erde, Frau des Gottes Shiva. Als sie starb, war Shiva so sehr von Schmerz erfüllt, daß er sie über seine Schulter legte und mit ihr über die ganze Welt zog. Vishnu empfand Mitgefühl für Shiva und erleichterte seine Last, indem er Stücke von Satis Körper abschnitt. Dies ist eine Version des in der ganzen Welt verbreiteten Mythos von der Zerstückelung der Göttin oder des Gottes. Sati bezieht sich auch auf die Wahrheit.

Sati Mata: Eine Frau, die ihrem Ehemann auf den Bestattungsscheiterhaufen folgt, wenn er stirbt. Wenn sie lebendig verbrannt wird, betrachtet man sie danach als Heilige.

Sattva: Güte, Tugend.

Seva: Dienst.

Shakti: »Kraft«, »Energie«. Die aktive, weibliche Kraft des Gottes Shiva und anderer Gottheiten. Die Göttin in ihren verschiedenen Gestalten. Die göttliche Energie, die man in der Meditation oder mit einem Guru erfährt, wird **shakti** genannt.

Shariat: Das Gesetz Gottes. Die Gesamtheit der kanonisierten islamischen Gesetze.

Shastra: Ein hinduistischer Text oder eine Abhandlung, der man göttlichen Ursprung zuschreibt.

Shikara: Der Tempelturm, der über dem Allerheiligsten erbaut wird.

Siddha: Jemand, der durch asketische Disziplin ungewöhnliche Kräfte erlangt hat.

Siddhanta: »Vollkommene Leistungen oder Erkenntisse«. Das höchste Verständnis, das man in einem bestimmten Bereich erlangen kann. Dieser Begriff bezieht sich im besonderen auf das Shaiva Siddhanta, die wichtigste Schule des Shaivismus in Südindien.

Shishya: »Zu Unterrichtender«. Ein Schüler oder Anhänger eines Guru.

Smrti: Was dem Gedächtnis anheimgegeben wurde: Jener Teil der Schriften, die von Menschen aufgezeichnet wurden im Gegensatz zu göttlicher Offenbarung.

Sruti: Jener Teil der Schriften, die, wie man glaubt, unmittelbar von Gott stammen.

Shudra: Ein Mitglied der vierten und niedersten Kaste

Sutra: »Faden«. Eine Schrift in der Form einer Aphorismensammlung.

Swami: »Sich selbst Kennender«. Bezeichnung für einen heiligen Menschen im Hinduismus.

Tapas: »Hitze«, die durch spirituelle Übungen erzeugt wird.

Tat: Dies; Hinweis auf das Göttliche Wesen.

Tirtha: Kreuzung; Pilgerort.

Tirthankara: »Jemand, der den Übergang vollzogen hat«. Die Bezeichnung der Jains für ihre Gurus, von denen es vierundzwanzig gibt.

Tirukkural: »Heilige Verse«. Die moralische Schrift, die von dem Heiligen Tiruvalluvar vor über 2000 Jahren in der Nähe von Madras auf getrocknete Palmblätter geschrieben wurde.

Tiruvalluvar: Tamilischer Weber, Familienvater und Heiliger, der die wichtigste ethische Schrift des Shivaismus, das **Tirukkural** geschrieben hat.

Tulsi: Ocamum sanctum (Basilikum). Holz, das dem Vishnu heilig ist. Die Vishnu-Anhänger tragen Malas aus Tulsiholz.

Upadesha: Lehre, religiöse Unterweisung.

Urs: »Hochzeit mit Gott«. Ein Fest zum Gedenken an einen Sufiheiligen.

Vac: Göttin der Sprache, heiliges Wort.

Vaishya: Die dritte Kaste oder Klasse der Kaufleute

Vanaprastha: Waldbewohner; das dritte Stadium im Leben eines Brahmanen.

Vasanas: Die unbewußten Eindrücke im menschlichen Geist.

Vedanta: »Das Ende der Veden«. Die philosophischen Systeme, die auf den Upanishaden beruhen.

Veden: Die vier Veden sind die früheste Literatur der indoeuropäischen Völker, die auf die Zeit zwischen 1200-1000 v. Chr. zurückgehen.

Vibhuti: Heilige Asche.

Vicara: Befragung, Erforschung.

Vidya: Wissen.

Viveka: Unterscheidungskraft, Intelligenz.

Yajna: Vedisches Opfer.

Yantra: »Gefäß«, »Behältnis«. Ein mystisches Diagramm, das aus (oftmals in Gold, Silber oder Kupfer geätzten) geometrischen und alphabetischen Figuren besteht und spirituelle Energien fokusiert. Für jede Gottheit eines Tempels wird im allgemeinen ein Yantra angebracht.

Yatra: Eine Pilgerreise zu einem heiligen Ort oder einer heiligen Person.

Yoga: »Durch ein Joch vereinigen«. Der Prozeß, bei dem das individuelle Bewußtsein mit dem Göttlichen vereinigt wird, und die Methoden, um dieses Ziel zu erreichen.

Yogi: Jemand, der Yoga, vor allem Kundalini- oder Raja-Yoga praktiziert.

Yuga: »Periode«, »Zeitalter«. Eines der vier Zeitalter, die im Denken der Hindus die Zeitdauer der Welt bestimmen. Die vier Zeitalter heißen: Sat Yuga, Trata Yuga, Dvapara Yuga und Kali Yuga. In der ersten Periode herrscht Dharma unangefochten, aber im Laufe der Zeit schwindet die Tugend, und das Laster nimmt zu. Am Ende des Kali Yuga, der dunkelsten Periode – in der wir uns jetzt befinden – beginnt der Zyklus mit einem neuen Sat Yuga.

Stichwortregister

Aanmodhaya Ashram 346, 395
Abu, Berg 18, 235, 355
Adi Parashakti 97, 117 f., 339
Adi-Annamalai-Tempel 77
Agartala 369
Ahmednagar 389
Ajmer 314-316, 318, 321, 356
Ajnokh 47
Allahabad 49, 57-59, 153, 219, 359, 361, 365 f.
Amaravati 101, 323, 372
Amarkantak 359
Amarnath 352, 384
Amba Bai 371
Ambaji-Tempel 384
Amber 355
Amritsar 297, 300, 354
Ananda Ashram 388
Arbuda 382
Arunachala, Berg 25, 63-69, 71-75, 77-79, 102 f., 246, 250, 259 f., 283, 379, 392
Arunachala-Tempel 379
Arunachalesvara-Tempel 70, 75, 128, 130 f., 134
Assi-Ghat 173, 175, 181
Attahas 384
Aurobindo Ashram 388
Auroville 388 f.

Avatar Meher Baba Trust 389
Ayappan (Gott) 46, 95 f.
Ayodhya 42, 109, 111, 170, 203, 322, 362, 380

Badrinath 42, 45 f., 63, 173, 322, 362, 380
Bahula 385
Banaras 42, 103 f., 393
Banchaganga-Ghat 185
Bangalore 15, 69, 224, 276, 347, 373, 375, 391-393
Barsana 151, 365
Belur 374
Belur Math 233
Benares 13, 27, 43 f., 50, 57, 62, 100, 149, 169-175, 177, 179-181, 185-188, 190-193, 213, 216, 218, 226-228, 326, 352, 362, 380
Bhairavaparvat 383
Bharat Nataym 162
Bhimashankar 370, 381
Bhovargiri 370
Bhubaneshwar 369 f.
Bodh Gaya 243, 326, 364, 366, 381, 394
Bodhi Zendo 333, 394
Bolhai 116
Bombay 17, 58, 97, 167, 244, 306, 330, 336, 389, 396

Brahma (Gott) 26, 41, 52, 56, 67 f., 94 f., 98, 100, 118 f., 128, 149, 356, 362
Brahma Kumaris 234-238
Braj 47 f., 150 f.
Buddha 91, 101, 107, 171, 258, 286, 289, 305, 322 f., 325 f., 331, 363 f., 366 f., 372, 381
Buddhismus 200, 304, 321-328, 332, 336, 372, 394
Buddhismus, tibetischer 326 f., 330, 394

Cauvery (Fluß) 42, 382
Chadra Swami 390
Chamba 353
Chanderi 359
Chandod 356
Chandra Swami 245, 290-293
Chatthal 387
Chidambaram 99 f., 104 f., 132, 144 f., 161 f., 211, 376
Chintapurni 355
Chir-Ghat 47
Chitrakut 41, 359
Christa Prema Seva Ashram 346, 395
Christentum 108, 116, 209 f., 328, 333 f., 336, 345, f., 350
Christopher Titmus and Friends 394

Dakor 356
Dakshina Kashi 380
Dakshineshwar 229, 233, 368
Dalai Lama 240, 325, 327, 329, 353
Dandaka 382

Dandiswamis 218
darshan 75, 134-137, 139, 204 f., 242, 250, 260, 262, 272, 274, 276, 280, 282 f., 308, 389-391
Dasasvanedha-Ghat 185
Delhi 13, 15, 17, 32, 35, 38, 56, 58, 136, 167, 224, 313, 315, 352, 354
Deoghar 366, 381, 384
Devaprayaga 362, 366
Devi Patan 362
Dharmasala 353 f.
Dilwara-Tempel 302 f., 306, 355
Durga (Göttin) 27, 31, 75, 90, 97, 120-122, 124 f., 151 f., 178 f., 354 f., 365, 397
Dvaraka 356 f.
Dwarka 42, 170, 201, 204, 380

Ekaambareshwarar-Tempel 104
Eklingji 355
Elephanta 19
Ellora 19, 322, 370, 381

Gandaki 387
Ganesh (Gott) 73, 78, 88, 94, 97, 128 f., 174, 180, 352, 360, 375 f., 379, 397
Ganga (Fluß) 42, 48-50, 52 f., 55-58, 60-62, 83, 128, 353, 363, 371, 382, 398
Ganga-Ghat 186
Gangasagara 368
Gangotri 45, 51, 53, 63, 363
Gaya 41, 181, 222, 358, 366 f.
Ghushmeshvara 370, 381
Girnar 357

Godavari (Fluß) 42, 172, 259,
371, 382
Goenka 329-332
Goenka-Zentren 324, 394
Gokarn 374
Gokul 47, 147, 365
Gomukh 51, 363
Gorakhpur 183, 227, 363
Goraknathis 198, 216-219
Göttinnen, dunkle 120, 200
Göttinnen, helle 119, 120, 200,
398
Govardhan 47, 365
Gupt Kashi 380
Guruvayur 375

H.W.L. Poonja Poonjaji *siehe*
Poonjaji
Hanuman 75, 88, 90 f., 94, 96,
110 f., 182 f., 375, 378, 398
Hare Krishna 198 f., 214, 221,
224
Haridwar 42, 49 f., 56, 57, 61,
63, 153, 170, 245, 248, 291,
363 f., 380, 390
Hariscandra-Ghat 194
Himavada 382
Hinduismus 14, 24, 26 f., 83,
93, 95, 98, 125, 129, 181,
192, 196, 198, 200, 203, 231,
233, 297, 304, 324, 346, 369
Hingula 387
Hirapur 158
Hyderabad 311, 314, 373, 395

Igatpuri 330, 394
Islam 297, 309-312, 315

Jagannath-Tempel 370

Jainismus 171, 304 f.
Jalandhar 384
Jambu 382
Jammu 291, 352 f.
Janasthan 384
Javakban 47
Jayantia (Baugram) 386
Jeevan Dhara Ashram 348,
395
Jnanavapi Khund (Brunnen
der Weisheit) 173, 190
Joshimath 201
Jvalamukhi 353, 383

Kabir Chowra 228
Kabir Panth 225, 228
Kaheshvara 360
Kailash 104
Kailash (Berg) 42, 63, 99, 104
Kainchi 245
Kaladi 375
Kalakshetra-Tanzzentrum 163
Kali (Göttin) 31, 33, 88, 92 f.,
97, 104, 117, 121, 123-126,
229, 234, 273, 353, 365,
367, 368
Kali-ghat 31, 42, 367
Kalika-Mai-Altar 117
Kalipitha 386
Kalkutta 31, 42, 229, 232 f.,
336, 342 f., 367-369, 395
Kalmadhav 385
Kamakhya 42, 369, 386
Kanchi 42, 104, 170, 203 f.,
315, 339 f.
Kanchipuram 104, 204, 206,
210, 346, 377, 380, 385
Kangra 353 f.
Kanyakumari 377, 385

409

Kartoya 387
Karvir 383
Kasia *siehe Kushinagar*
Kathak (Tanz) 163-165
Kedarnath 45, 63, 362 f.,
381
Kerala 46, 95, 267, 334,
375
Khajuraho 13, 131, 148,
360
Khankal 390
Khyal (Musik) 167
Kirit 383
Kochuberia-Ghat 368
Kodaikanal 333, 391, 394
Kolhapur 371
Konarak 357, 370
Koti Tirth 383
Krishna (Gott) 41, 44, 47 f.,
107 f., 110-114, 120, 139,
147, 150 f., 159, 165 f., 168,
169 f., 186, 188, 220-224,
250, 263, 267 f., 273, 279,
312, 348, 357, 364 f., 368,
371, 373-376, 397 f.
Krishnamurti-Zentren 393
Kullu 354
Kumbakonam 377
Kuru 382
Kurukshetra 354, 386
Kushinagar 363, 381
Kutch 13, 36, 381

Lakshmi (Göttin) 90, 98, 110,
119, 129, 151, 159, 206,
307, 353, 362, 365, 371,
378, 397 f.
Leh 352
Lolarkakhund 177 f.

Lonavala 396
Lumbini 322, 381

Ma Amritanandamayi (Guru)
245, 390
Ma Ananda Mayi Ma (Guru)
245, 268, 390
Madhuban 102, 235, 236
Madurai 14, 96, 120, 137, 147,
212, 378
Mahabharata 42, 83, 107-109,
152, 354, 360, 375
Mahadevi (Göttin) 41, 98 f.,
118 f.
Mahakala 381
Mahoba 360
Mallikarjuna 373, 381
Manasa 387
Mandu 360 f.
Manikarnika-Ghat 186
Manivedika 385
Mansarovarar 381
Martand 353
Mata Amritanandamayi
266
Matangeshwara-Tempel 148
Mathura 42, 47, 147, 170,
364 f., 380
Melmeamathur 117
Minakshi 143, 147, 378
Minakshi-Tempel 96, 120,
123, 131, 137 f., 140 f.,
143, 147, 378
Modherea 357
Murugan (Gott) 78, 129,
373
Mutter Teresa und die
Caritas-Schwestern 395
Mütter, göttliche 114

Mylapore 335

Naga Babas 154, 184, 212, 214
Nageshvara 357, 377, 381
Naimisha 382
Nainital 364
Nalanda 367
Nalhatti 384
Nanagaru 14, 244, 259-266,
  390
Nandagaon 151
Nandipur 384
Narayana 381
Narmada (Fluß) 31, 42, 103,
  356, 359-361, 382
Nasik 153, 371
Nataraja (Gott) 99, 105, 130,
  144, 160-162, 211 f.
Nathdvara 355
Navadvipa 368
Nellore 387

Omkara 103, 381
Omkareshvara 361
Osho-Kommune, interna-
  tionale 285 f., 288, 290,
  388, 390

Pahupatinath 387
Pampa 381
Panchaganga-Ghat 226
Panchasagar 383
Pandharpur 371
Parayakadavu 266
Parvati (Göttin) 78 f., 104, 119,
  125, 130, 144, 148, 186, 208,
  307, 352, 366, 375, 377, 379
Patan 357
Patna 367, 386

Pavagadh 358
Pisaya 47
Pithapuram 372
Pondicherry 388 f.
Poona 286, 288, 290, 346,
  348, 370 f., 390, 392, 395 f.
Poonjaji (Guru) 246, 257,
  391
Prabhas 384
Prasad 115, 134
Prayaga 57, 361, 385
puja 53, 64, 75, 89 f., 134, 136
  f., 138, 140, 144 f., 156 f.,
  169, 182, 191, 205 f., 208,
  210, 229, 300, 307 f., 348
Puri 42, 139, 147, 170, 201, 203,
  204, 222, 370, 380, 385
Pushkar 41, 68, 98, 356, 381 f.
Puttaparthi 276, 278, 279-284,
  391 f.

Rabari 13, 36-39
Radha (Göttin) 47, 110, 112,
  114, 120, 150 f., 168, 222-
  224, 364 f., 368
Radha Ramana-Tempel 114
Radha-Madanamohana,
  Tempel der 150
raga (Musik) 167
Rajgir 367
Rama (Gott) 44, 94, 107-111,
  152, 170, 183, 188, 194,
  220 f., 226-229, 359, 362,
  364, 370 f., 374-376, 378,
  397
Rama-Ghat 362
Ramagiri 384
Ramakrishna 124, 229-231,
  233 f., 239 f., 268, 368

411

Ramakrishna-Mission 231, 232,
  391
Ramakrishna-Orden 229
Ramana Maharshi *siehe Sri
  Ramanasramam*
Ramanasramam 392
ramanath 392
Ramanathaswami-Tempel 111
Ramayana 83, 108 f., 152, 180,
  221, 360
Rameshvaram 103, 111, 173,
  378, 380, 381
Ranakunda-See 47
Ratnavali 384
Rishikesh 54, 56, 59, 245, 348,
  362-364, 392

Sabarimalai 95, 376
Saccidananda Ashram 349 f.,
  396
Sadhana Kendra Ashram
  290 f., 390
Sadhana-Institut 396
Saindhava 382
Sanchi 361, 372
Sankari Khor 47
Sarasvati (Fluß) 42, 57, 185,
  361, 382
Sarasvati (Göttin) 90, 119, 151,
  307, 353, 358, 365
Sarnath 171, 326 f., 364, 381
Satrunjaya 358
Satya Sai Baba (Guru) 275 f.,
  391
Shaiva Siddhanta 208-212
Shakti 79, 82, 92, 117 f., 252,
  307
Shankaracharya 203 f., 206 f.,
  210, 362

Shanti Nilayam 391
Shantivanam 349, 396
Share and Care Children's
  Welfare Society 396
Shirdi 392
Shirdi Sai Baba (Heiliger) 243
  f., 276, 392
Shiva (Gott) 26 f., 41, 48, 52,
  62-64, 67-69, 74, 77-82, 91,
  93-96, 98-106, 109, 111, 119-
  126, 129 f., 134 f., 139, 144,
  147-149, 154, 159-161, 169,
  173 f., 177, 185-188, 190,
  197-199, 208 f., 211-213,
  217 f., 220, 224, 235, 252,
  283, 297, 352, 354-363,
  365 f., 368-379, 381, 398
Shiva Kashi 380
Shivananda Ashram 392 f.
Shri Chaitanya Prema
  Sansthana 168
Shringeri 201, 203
Sidhpur 358
Sikh-Religion 227, 296 f.
Simhachalam 372
Sindhu (Fluß) 42, 382
Sita (Göttin) 110 f., 359, 364,
  374
Somnath 356, 358, 361, 381
Sona 385
Sonepur 367
Sri Ramanasramam
  (Ramana Maharshi) 14, 63-
  65, 69 f., 72, 74, 79, 240,
  246-248, 250, 253, 255,
  259 f., 264-266, 283, 332,
  379, 392
Sri Vaimanasa Bhattachariar
  (Guru) 84

Sringeri 374
Sriparvat 383
Srirangam 131, 378 f.
Srirangapatnam 374
Srishailam 373, 381, 384
Suchindram 383
Sugandha 387

Tapovan 51
Tarakeshvar 187, 368
Ten Kashi 380
Teresa, Mutter 342-344
Thanjavur (Tanjor) 379
Tirupathi 108, 141, 373
Tiruttani 373
Tiruvanaikkaval 379
Tiruvannamalai 68 f., 74, 77,
   104, 128, 134, 260, 266, 379,
   390, 392
Trichur 375 f.
Tripura 369, 386
Trisrota (Shalbadi) 386
Triveni-Ghat 364
Triyambaka 381
Tulsi-Acara 180
Tulsi-Ghat 180
Tushita Meditations-Zentrum
   394

Uchhaith 384
Udaipur 355, 369
Udipi 375
Ujjain 42, 153, 380, 385
Unberührbare 27, 137, 170,
   191 f., 324, 337 f.
Uttarkashi 380, 394

Vadanagar 359
Vaidyanath 366, 381

Vaishno Devi 353
Vaktrshvar 385
Varanasi 362-366, 380 f., 383
Ved Niketan 392 f.
Veerupaksha-Höhle 70, 262
Velankani 336
Vibhasha 386
Vijayanagar 375, 381
Vindhyachal 365
Vindu 358, 381
Vipassana Interantional
   Meditation Centre 395
Vipassana International
   Academy 394
Vipassana-Zentrum 324, 394
Virat (Vairat) 386
Vishnu (Gott) 26 f., 41, 52, 56,
   67 f., 77, 94, 96, 98 f., 102,
   106-111, 119, 123, 129, 139,
   141, 153 f., 159, 185-187,
   197-199, 220, 353, 355-357,
   359, 362-366, 368, 370,
   372-378, 380, 397
Vishram-Ghat 364
Vishvanath-Tempel 103, 190,
   365
Vishveshvara 381
Vrindavan 13, 47 f., 112-114, 150,
   165 f., 168, f., 244, 365, 383

Yamuna (Fluß) 42, 47, 57, 61,
   151, 185, 291, 361, 363 f.,
   366, 382
Yamunotri 362, 366
Yashor 387
Ygadya 386

Zentrum für tibetische Forschungen 353

Durch China zu reisen bedeutet, sich auf heiligem Boden zu bewegen. Einen der heiligen Berge Chinas zu erklimmen heißt, eine Reise in eine tausend Jahre alte Vergangenheit zu unternehmen. Die Seele Chinas zu verstehen, heißt zu erkennen, daß das Land – nach der Vorstellung seiner Bewohner – selbst heilig ist. Dieses Buch ist ein Führer zu dieser Seele des Reichs der Mitte, zu den spirituellen Stätten, zu Tempeln und Klöstern voller Geheimnisse. Wir begegnen Buddha, Lao Tse und Konfuzius und werden in eine Welt entführt, die aufregender und fremder nicht sein kann.

ISBN 3-404-70140-2

Jennifer Harper
Chinesische Heilgeheimnisse
Gesund durch sanfte
und natürliche Therapien

Im Gegensatz zur westlichen Medizin verfügt die traditionelle chinesische Medizin über einen ganzheitlichen Ansatz, den Menschen zu heilen. Jennifer Harper stellt diese Methode vor und hilft dem Leser, den eigenen Körper verstehen zu lernen, um Krankheitsymptome besser und schneller zu erkennen. Sie lehrt dabei die Beherrschung der Fünf-Elemente-Theorie sowie die Kunst der sanften und natürlichen Gesundung. Dabei wird auf alte Methoden wie Aromatherapie, Reflexzonenmassage und Akupressur genauso zurückgegriffen wie auf Meditation und die Kenntnis einer richtigen Ernährung, damit Körper, Geist und Seele zu einer Einheit verschmelzen – die letztlich keines Arztes mehr bedarf.

ISBN 3-404-70134-8

In Sibirien, wo die Natur und die Welt unendlich erscheinen, hat sich eine Kultur erhalten, deren religiöse Grundzüge geeignet sind, die verlorene Empfindung für das Wunder und das Wunderbare wiederzugewinnen. Aus diesem Grund reist Gala Naumova in das »Zentrum der Welt«, um dort Schamanen zu begegnen, deren Heilkunst sie hautnah miterleben darf. Was sie dabei erfährt, ist nicht nur sensationell, sondern zeigt auch, wie einfach es sein kann, sich selbst und die Wunden der Erde zu heilen. In der uralten Heilkunst der Schamanen liegt der Schlüssel zu einer dauerhaften Gesundung von Welt und Mensch.

ISBN 3-404-70129-1